本书为国家社会科学基金重点项目
“中国坚持绿色发展的技术路线、区域实现及政策工具选择”
（项目编号：2015AZD070）成果

中国绿色发展效率与政策工具选择

CHINA'S GREEN DEVELOPMENT EFFICIENCY AND POLICY INSTRUMENTS SELECTION

刘耀彬 著

社会科学文献出版社
SOCIAL SCIENCES ACADEMIC PRESS (CHINA)

摘　要

绿色发展作为一种共识已经确立。中国地域辽阔，地区内部资源环境、经济社会发展都存在显著的区域差异，使得中国绿色发展必然存在区域差异问题。因此，亟须构建绿色发展的理论分析框架，分析中国绿色发展的区域差异，提炼中国绿色发展技术路线，总结中国绿色发展的区域实现路径，预测模拟中国绿色发展趋势并提出相应的政策建议。这不仅有利于实现“生态文明”的中国话语体系的传播，而且能为中国生态文明建设提供理论依据、技术支撑、模式分类和政策保障。

本书坚持理论分析与应用分析、规范研究与实证研究相结合的原则，按照现象分析→理论提炼→模型构建→实证研究→情景模拟→政策建议的研究思路，在提出绿色发展的理论内涵、特征和概念分析框架的基础上，通过数据建模、实证检验、经验借鉴和情景模拟提出政策建议。

其一，本书从回顾理论和把握新时代条件下绿色发展的新内涵和新要求出发，对相关概念进行辨析，基于演绎归纳的视角阐释绿色发展的内涵特征，并从点状态和区间状态、点速度和区间速度、点效率和区间效率、点弹性和区间弹性、点覆盖和区间覆盖五个维度对绿色发展内涵特征进行模型刻画，为后面实证分析提供理论支撑和概念分析框架。其二，通过定量建模和实证检验，基于时间和空间动态差异的视角，分别从全国层面、省域层面和城市层面深入剖析和准确把握中国绿色发展现状、过程和挑战。其三，基于全国、三大地带、生态文明示范城市三个层面，从时间、空间、产业三个维度识别绿色发展效率变化，由此把握绿色发展的质量，进而提出中国绿色发展的技术路线图。其四，基于对国外典型国家和国内典型省份的绿色发展经验借鉴，通过对中国区域绿色发展的耦合协调评价，提出中国绿色发展的区域差异化实现途径。其五，在对中国绿色发展政策效果评价的基础上，构建绿色发展的 CGE 模型，对典型省份的绿色发展进行情景模拟，提出中国绿色发展的政策工具组合方案。

关键词： 绿色发展　技术路线　区域路径　政策工具

目　录

第1章 绪论

1.1 研究背景与研究意义

1.1.1 研究背景

（1）全球气候变暖致使人类生存和发展面临空前挑战，为应对严峻的环境问题，世界各国政府陆续启动“全球绿色新政及绿色经济计划”。然而，由于各国在自然环境和人文环境方面存在显著差异，不同国家和地区对绿色发展内涵的认识存在较大差异，导致绿色发展实施效果并不理想。因此，亟须构建一套符合中国特色的绿色发展理论体系来解决绿色发展问题。全球气候变暖致使人类生存和发展面临空前挑战，人们不得不重新审视传统发展模式。英国著名经济学家尼古拉斯·斯特恩在《气候变化经济学》中指出，“污染物的排放量是导致气候变暖的元凶。”① 气候变暖引发的灾难性事件是人类违背自然规律、片面追求经济发展的必然结果。2008 年国际金融危机爆发后，人们更深切地意识到气候变化引发的一系列危机都是人类社会发展模式的问题。为此，2008 年 10 月，联合国环境规划署提出了“全球绿色新政”和“发展绿色经济”的倡议。2011 年，联合国环境规划署发布的《迈向绿色经济——实现可持续发展和消除贫困的各种途径》报告指出，从 2011 年到 2050 年，每年将全球生产总值的 2% 投资于十大主要经济部门可以加快向低碳、资源有效的绿色经济转型，这得到了世界各国的高度认同。奥巴马

① Stern, N., *The Econometrics of Climate Change: The Stern Review* (Cambridge, England, UK: Cambridge University Press, 2007).

上台后明确提出“绿色新政”，积极调整环境和能源政策，旨在通过提高资源利用效率和开发新能源，在新一轮世界竞争中抢占制高点。欧盟更是绿色经济的倡导者和先行者。2009 年 3 月，欧盟宣布在 2013 年前出资 1050 亿欧元支持绿色经济发展，以保持欧盟在低碳产业中的领先地位。由此可见，绿色发展已成为当今的潮流，不可抗拒。恰如习近平总书记 2010 年在博鳌亚洲论坛开幕式上演讲所说，绿色发展和可持续发展是当今世界的潮流，为了实现绿色发展和可持续发展，为了使人类赖以生存的大气、淡水、海洋、土地和森林等资源环境得到永续发展，应该统筹经济增长、社会发展、环境保护[①]。目前国际上关于竞争力比较成熟的理论是波特的钻石模型，1990 年，美国哈佛商学院著名战略管理学家迈克尔·波特在其著作《国家竞争优势》中独创钻石模型，分析了一个国家的某种产业的竞争力影响因素。波特认为，一个国家的产业竞争力取决于四个要素：生产要素，需求条件，相关产业和支持产业的表现，企业的战略、结构、竞争对手的表现[②]。李娟基于迈克尔·波特的国家竞争优势钻石模型，认为国家竞争力要素包括主体素质、要素供给、国内需求、国际联系和公共制度五大方面[③]。然而，随着全球环境保护意识的增强，绿色发展成为时代潮流，绿色竞争力已经取代单纯的经济指标成为国际竞争力的重要组成部分。单纯地以经济增长来评估一个地区的发展成果和官员政绩显然是不科学的，Roegen 认为这是一种“增长癖”[④]。为此，国内外学者尝试将绿色发展理念融入发展评价中，相继提出生态需求指标（Ecological Requisite Index）、净福利经济指标（Net Economic Welfare）、可持续发展福利指标（Index of Sustainable Economic Welfare）等一系列概念，对经济增长和环境压力之间的关系进行研究，并逐步从传统经济增长核算中把环境污染扣除。此外，许多学者在绿色 GDP 价值核算方面取得了一定成果。如 1993 年荷兰的《包括环境账户的国民经济核算矩阵体系》、菲律宾的

① 习近平：《携手推进亚洲绿色发展和可持续发展》，《光明日报》2010 年 4 月 11 日。

② Porter, M. E., *National Competitive Advantage Theory* (Boston, MA, US: Harvard Business School Press, 1990).

③ 李娟：《国家竞争力视角下中国绿色发展研究》，《当代世界与社会主义》2012 年第 1 期。

④ Roegen, N. G., *The Entropy Law and the Economic Process* (Cambridge, MA, US: Harvard University Press, 1971).

《环境与自然资源核算计划》以及1994年欧盟统计局颁布的《欧洲环境的经济信息收集体系》。中国自2004年也开始正式开展绿色GDP核算的研究工作。尽管在理论方面已经有了相当丰富的研究成果，也有过许多实验方案，可是在官方实践中，一个显然的事实是，目前世界上的确还没有任何一个国家形成了正式、完整的绿色GDP核算体系并正式发布绿色GDP数据①。

（2）不健康的粗放型经济发展模式导致中国长期以来累积的生态环境问题和新生的环境问题叠加，超出资源承载力和环境容量，使得大量的环境问题层叠式出现。然而，技术路线的不具体没有从根本上缓解日趋加重的环境压力，反而影响到人们的健康。因此，制定具有中国特色的绿色发展技术路线已成为绿色发展的迫切需要。中国矿产资源的人均储量不足世界人均水平的一半，后备探明储量不足，而长期高速的经济发展对资源的需求又日益攀升，导致资源危机出现。同时，我国"富煤、少气、缺油"的能源状况决定了以煤为主的能源结构，长期的开采导致煤炭储量下降，能源危机凸显。经济进入新常态以来，中国经济内部面临一系列严峻挑战，如产能过剩、创新能力不足和财政金融风险增加等。沈坤荣认为，我国目前处于增长速度换挡期、结构调整阵痛期和前期刺激政策消化期"三期叠加"阶段，在受到国际经济形势不确定性影响的同时，也受累于自身的体制性问题②。面对严峻的经济形势，人们开始反思长期以来的粗放型经济发展战略，寻找新的经济增长点和探索新的发展战略，日益兴起的绿色发展无疑会成为摆脱危机并实现中华民族永续发展的重要途径。不可持续的增长策略和致污型的能源结构内生了巨大的生态危机，使人们付出了"高污染、高能耗"的沉重代价③。耶鲁大学和哥伦比亚大学每两年联合发布的世界环境绩效指数（EPI）评估报告显示，2006年中国在133个国家和地区中的EPI得分为56.2分，排名第94；2014年中国在178个国家和地区中的EPI得分为43.0分，排名第118④；2016

① 王立彦：《环境成本与GDP有效性》，《会计研究》2015年第3期。

② 沈坤荣：《把握经济新常态适应经济新常态》，《光明日报》2015年01月29日。

③ Vennemo, H., Aunan, K., Lindhjem, H. et al., "Environmental Pollution in China: Status and Trends", *Review of Environmental Economics & Policy* 3 (2), 2009, pp. 209 – 230.

④ Policy, Y. C. F. E., *The Environmental Performance Index* (New Haven, CT, US, 2014).

年中国在180个国家和地区中的EPI得分为65.1分，排名第109[①]。城市空气污染已成为一个全球性问题，根据世界卫生组织的空气污染数据库数据，在有空气污染监测的城市居住的居民中，八成以上暴露在空气污染中。其中，中国是空气污染最严重的地区之一，在2014年全球PM 2.5最高的20个城市中，有6个是中国城市。严峻的环境问题已经严重威胁人类的身心健康。多重危机的叠加，促使中国明智地选择了绿色发展之路。众所周知，技术是提高绿色效率、改善环境质量的关键途径。技术进步对环境质量的影响既体现在生产技术的进步上，又体现在污染治理技术的进步上。技术进步能提高自然资源的利用率，使资源得到节约和循环利用，从而降低单位产出的自然资源消耗，减少环境污染。同时，技术进步使生产者采用清洁生产工艺、清洁能源和污染处理设备，从而改善环境质量。Grossman 和 Krueger 认为，在理论上，结构优化和技术进步产生的环境效应之和足以超过经济规模增长所产生的负效应[②]。

绿色技术（Green Technologies），也可称为对环境友好的技术或环境健康技术（Environmental Sound Technologies，EST）。这一概念源于1992年联合国环境发展大会通过的《21 世纪议程》。从广义上理解，绿色技术是一切能够获得持续发展、支撑世界经济、保护生态环境、减少贫困和人类痛苦的技术。绿色技术亦可被看作把保护环境、改善生态与提高效率、发展经济统一起来的一种全新的技术经济模式。从经济学角度，又可把它看作同时减少生产和消费内外部边际费用的技术。绿色技术可以有各种不同的分类。这里暂且根据绿色技术影响社会经济的广度和不同侧面，将其分为三个层次：第一层次为污染防治技术，主要是传统的末端污染控制技术，如废水、废气、废物的净化处理技术等；第二层次是环境友好技术，是指在生产、流通和消费各个环节可以提高资源能源效率，减少污染物的排放及对生态环境的影响，提高产业绿色化水平的技术，包括清洁生产、节能和清洁能源、资源综合利用及再生技术，还包括绿色交通、绿色建筑等技术；第三层次是生态保

① Policy, Y. C. F. E., *The Environmental Performance Index* (New Haven, CT, US, 2016).

② Grossman, G. M., Krueger, A. B., "Economic Growth and the Environment", *NBER Working Papers*110 (2) 1995, pp. 353 - 377.

护技术，是指促进生态环境不断改善、维护生态平衡、提高生态服务功能的技术，包括生态修复、生态农业、林业、水土保持、生物多样性保护、生态景观建设技术等。需要说明的是，这里讲的技术，不应该简单理解为个别、具体的技术内容，它应该包括形成这一技术的知识、应用这一技术制造的产品以及围绕这一技术推广应用的各种服务及管理系统。

在技术上大力促进第六次创新长波，即以绿色创新长波为内容的技术创新。研究创新的绿色经济学家认为，以 50 年为一周期的世界经济长波正在进入第六个周期，这个周期的技术创新和经济创新以提高稀缺自然资本的生产率为标志，低碳能源技术和各种提高资源利用效率的技术是绿色经济长波的主要部分（见图 1－1）。

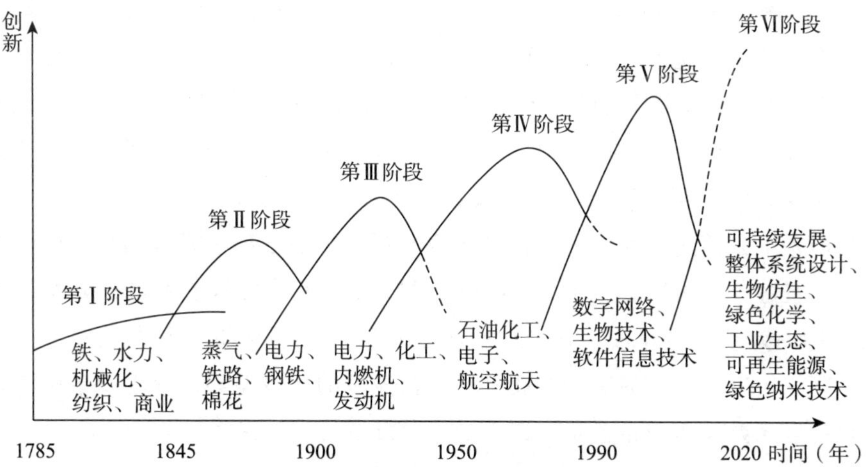

图 1－1 世界创新长波和绿色经济创新①

（3）中国地域辽阔，地区内部资源环境、经济社会发展都存在显著的区域差异，使得中国绿色发展必然存在区域差异问题。因此，寻求一条中国特色化的区域差异实现路径是促进中国绿色发展的重要保障。中国地大物博，是目前世界上人口第一大国，2016 年末中国大陆总人口约为 13.8 亿，约占世界人口的 1/5。陆地面积排名第三，约 960 万平方公里，约占世界陆地总

① 诸大建：《绿色经济新理念及中国开展绿色经济研究的思考》，《中国人口·资源与环境》2012 年第 5 期，第 40～47 页。

面积的1/15，仅次于俄罗斯和加拿大。海域面积约473万平方公里，陆地边界线长达2.28万公里。中国内部地形复杂多样，既有高耸入云的大山，也有大小不等的盆地；既有起伏不平的高原、丘陵，也有坦荡肥沃的平原。迄今为止，共发现矿产171种，其中探明储量的矿产158种。按探明储量计算，中国有45种优势矿产，有25种居世界前三位，其中8种矿产储量更是世界第一①（见表1-1）。复杂的自然条件和历史因素等影响，使得中国国内资源环境和经济社会发展存在显著的区域差异。2013年1月，全国有近1/4的国土经常被雾霾笼罩，近5亿人受到影响。2014年，环保部的统计数据显示，按照空气质量新标准，在受观测的161个地级以上城市中，有145个城市年均值超标，高达90%以上，其中PM2.5超标尤为严重，平均超标率为88.8%。按照欧盟的大气质量标准，只有1%的城市空气合格。2015年，全国338个地级及以上城市中，有73个城市环境空气质量达标，占21.6%；265个城市环境空气质量超标，占78.4%②。整理2000~2015年中国省域地区生产总值数据发现，16年间，中国省域经济发展水平差距显著扩大。从时间轴面和地区层面进行观察，各省地区生产总值都在逐年稳步上升，但是上升的速度和质量却存在显著差距，东部省市明显远远领先中西部省市，且各省市在不同年份的波动幅度较大，变系数基本维持在0.5以上（见图1-2）。总的来看，辽阔的疆域和复杂的地理环境以及人文要素的巨大差距，决定了中国的绿色发展必然存在显著的区域差异，寻求一条中国特色化的区域差异实现路径是促进中国绿色发展的重要保障。

表1-1 中国部分主要矿产资源储量变化

矿产	单位	2010年	2015年	增幅（%）
煤炭	亿吨	13408.3	15663.1	16.8
石油	亿吨	31.7	35.0	10.4
天然气	亿立方米	37793.2	51939.5	37.4
煤层气	亿立方米	1318.4	3062.5	132.3
页岩气	亿立方米	—	1301.8	—

① 中华人民共和国国土资源部编《2016中国矿产资源报告》，地质出版社，2016。

② 中华人民共和国环境保护部：《2016中国环境状况公报》，2017。

续表

矿产	单位	2010 年	2015 年	增幅（%）
铁矿	矿石亿吨	727.0	850.8	17.0
锰矿	矿石亿吨	8.9	13.8	55.8
铬铁矿	矿石亿吨	1490.5	1245.8	-16.4
钒矿	V_2O_5 万吨	4381.9	6125.7	39.8
钛矿	TiO_2 亿吨	7.2	7.6	6.1
铜矿	金属万吨	8040.7	9910.2	23.3
铅矿	金属万吨	5509.1	7766.9	41.0
锌矿	金属万吨	11596.2	14985.2	29.2
铝土矿	矿石亿吨	37.5	47.1	25.6
镍矿	金属万吨	938.0	1116.6	19.0
钴矿	金属万吨	68.2	68.0	-0.3
钨矿	WO_3 万吨	591.0	958.8	62.2
锡矿	金属万吨	431.9	418.0	-3.2
钼矿	金属万吨	1401.8	2197.6	108.1
锑矿	金属万吨	255.0	292.6	14.7

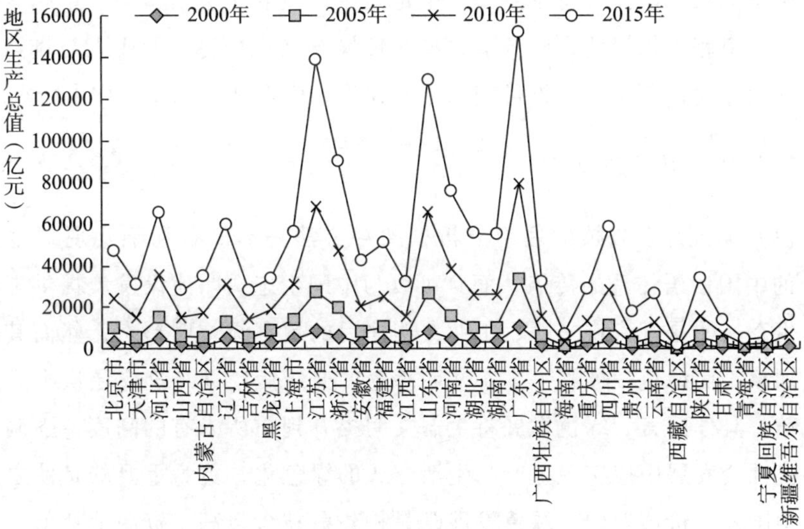

图 1-2　中国省域经济发展差距①

① 《中国统计年鉴》（2001、2006、2011、2016）。

（4）自20世纪70年代以来，中国环境保护开始受到重视，各种促进环境保护的政策陆续出台。然而，纷繁复杂的政策工具所产生的效果存在很大差异，选取科学的政策工具及其组合是促进中国绿色发展的重要政策保障。近年来，中国已经制定许多有利于保护生态资源环境的具体制度，如《清洁生产促进法》《循环经济法》等法律法规，《全国生态功能区划》《全国生态保护“十二五”规划》等政策文件，然而在落实过程中效果并不理想。究其原因，主要在于政策落实不到位。同时，分散的监管力量、交叉的部门职能、较低的公共管理能力都极大地影响了生态环境管理效果，行政效能不高，执法力度不够，无法统筹各方面的力量，政府环境监管的权威性及有效性不足，以致政策效果不尽如人意。绿色发展必须依托制度建设才能实现。需要强调的是，绿色发展的制度建设并不是单一、分散和独立的政策工具的简单设计，它是一套完整制度体系的构建，需要由政府引导、市场推动和公众参与来共同完成。至于如何构建保障绿色发展的制度体系，党的十八届五中全会报告已经给出了答案：“坚持绿色发展，必须坚持节约资源和保护环境的基本国策，坚持可持续发展，坚定走生产发展、生活富裕、生态良好的文明发展道路，加快建设资源节约型、环境友好型社会，形成人与自然和谐发展现代化建设新格局，推进美丽中国建设，为全球生态安全作出新贡献”。

1.1.2 研究意义

（1）研究绿色发展的理论分析框架和方法，不仅有利于实现“生态文明”的中国话语体系的传播，而且可以为中国生态文明建设发展提供理论依据。生态文明是继农耕文明、工业文明之后的更高级文明形态，然而其内涵偏于抽象。而绿色发展则是生态文明理念的升级版，即从理念层次上升至价值范畴。具体而言，绿色发展将生态文明提升到前所未有的高度，强调不仅在经济社会发展中应实现生产与生活方式的绿色化，更为重要的是使之成为一种中国式的价值取向。绿色发展既是构建科技含量高、资源消耗低、环境污染少的产业结构和生产方式，也是养成勤俭节约、绿色低碳、文明健康的生活方式和消费模式。

改革开放以来，凭借着“摸着石头过河”这一经验探索与总结的方式，我国经济增长取得了显著成就，但随着中国社会主义市场经济的深入发展与新常态下我国经济增长方式亟待转型，探寻可以科学、客观且合理解释并指导我国经济良性发展的理论依据已迫在眉睫。绿色发展的理念，是破解发展难题、厚植发展优势的根本出路，是我国未来经济发展的长期战略要义之一。因此，通过绿色发展来引领推进经济新常态，对于促进经济发展方式转型、产业结构优化升级具有极为重要的理论服务与实践指导意义。

如图 1－3 所示，19 世纪中叶以来全球变暖趋势日益显著，这在很大程度上源于世界碳排放量的增加。而 21 世纪以来我国碳排放量占世界碳排放量的比重逐渐攀升至第一位，2013 年已超过美国与欧盟的总和（见图 1－4）。因此，中国的绿色减排工作将在很大程度上影响全球环境保护工作，即中国实现绿色发展将有力推动世界环境状况改善，如国际能源署认为中国能源消费模式的转变是 2014 年全球年碳排放量停止增加的重要原因之一。为此，绿色发展这一具有中国特色的环境保护理念与方式，必将深刻影响世界环境保护的发展进程，从而为中国赢得更多的国际话语权，使中国成为具有世界影响力且负责任的大国。

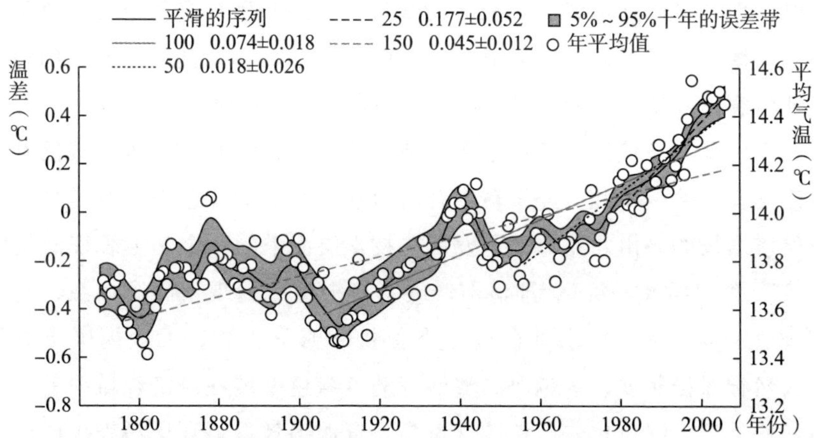

图 1－3 1850 年以来全球平均气温变化趋势

资料来源：国际能源署（IEA），网址：http://iea. org/。

此外，国际上无论是在理论上还是在实践中，对生态环境保护更多的是侧重技术与政策层面，在 2008 年金融危机之后更是间接地促成了发达国家

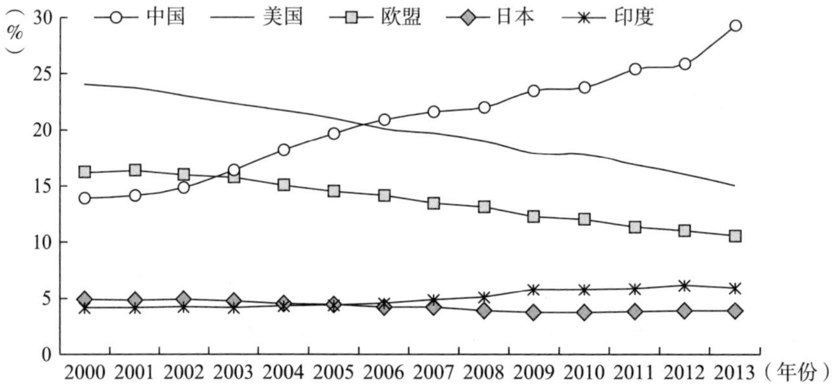

图 1-4　21 世纪以来全球主要经济体碳排放量占比

资料来源：http://sklged.whigg.cas.cn/kp/201011/t20101111_3008648.html。

凭借其先进技术而量身定制的"绿色壁垒"，成为一种新型的贸易保护主义。而这对于寻求摆脱金融危机阴影但技术发展相对滞后的发展中国家而言，无疑是雪上加霜。因此，绿色发展成为中国改善国内外经济环境的必然选择。

（2）研究中国绿色发展的特色技术路线，不仅有利于完善循环经济的实现机制，而且可以促进我国资源节约型与环境友好型社会的建设。改革开放以来，我国经济增长取得世人瞩目的成就，但不可否认其发展方式的粗放型特征非常突出，即经济增长奇迹是以资源大量消耗和环境不断恶化为代价的。而在资源与环境约束日益增强的情况下，该种增长方式可持续问题的严峻程度不言而喻。为此，经济转型升级迫在眉睫，而绿色发展则是新常态下我国经济增长的必由之路。绿色发展在技术层面中的一个基本表现便是"低碳经济"和"循环经济"，即清洁低碳、安全高效的现代能源体系，实施近零碳排放示范工程、山水林田湖生态保护和修复工程，大规模国土绿化行动、天然林保护制度、蓝色海湾整治行动。绿色发展在经济领域中的一个基本内涵便是经济绿色化，即科技含量高、资源消耗低、环境污染少的产业结构和生产方式。绿色发展是一个循序渐进的良性过程，其现阶段目标是推动国土空间开发格局优化、加快技术创新和结构调整、促进资源节约循环高效利用、加大自然生态系统和环境保护力度。简言之，绿色发展可以促进经济增长的方式由依赖资源投入的粗放型过渡到创新驱动的集约型（见图 1-5）。

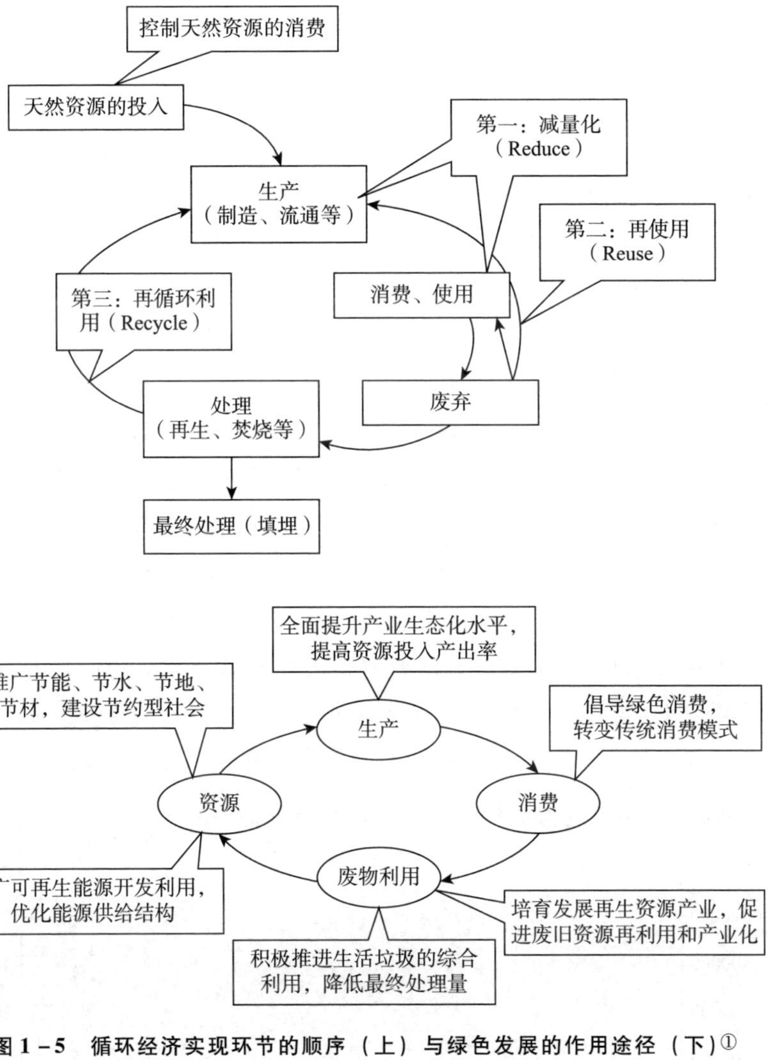

图 1－5　循环经济实现环节的顺序（上）与绿色发展的作用途径（下）①

“金山银山，不如绿水青山”道出了保持良好生态环境的重要性，而“绿水青山就是金山银山”则指明了生态环境优势转化为增长动力的经济价值。发达国家的经济发展历程也揭示了，靠牺牲环境换取经济增长的发展路

① 参见韩庆利、王军《关于循环经济 3R 原则优先顺序的理论探讨》，《环境保护科学》2006 年第 4 期，以及网络资源 http://baike. haosou. com/doc/6203055. html。

径是不可取的。那能否同时实现资源节约、环境保护与经济增长三个目标呢？绿色发展给出了肯定的答案。绿色发展强调因地制宜地将生态优势转化为经济优势，并通过技术创新、循环利用等实现资源高效利用，从而实现资源、环境与经济三者协调统一、相互促进的良性循环。因此，绿色发展是促进资源节约型与环境友好型社会建设的重要方式。

（3）研究中国绿色发展的实现路径，不仅有利于推进我国“五位一体”的战略布局，还可为不同地区绿色发展实现路径提供分类指导借鉴。在物质、精神、政治、社会、生态五种文明中，生态文明往往容易被忽略。以空气质量与治理为例，如图 1－6 所示，21 世纪以来虽然我国工业废气治理投资呈波动上升态势，但并未能阻止工业废气排放量的增加趋势，这导致了我国空气质量不断恶化。具体而言，《2013 中国环境状况公报》显示：2013 年全国平均雾霾日数为 35.9 天，华北中南部至江南北部的大部分地区雾和雾霾日数范围为 50～100 天，部分地区则超过 100 天。2014 年，按照《环境空气质量标准》（GB3095—2012）监测的我国 161 个城市中，城市空气质量达标的城市仅占 9.9%，而未达标的城市则达到了 90.1%。为此，大力推进生态文明建设刻不容缓，而绿色发展不仅是建设生态文明的重要方式，更为重要的是，可以使生态文明建设更好地融入经济建设、政治建设、文化建设、

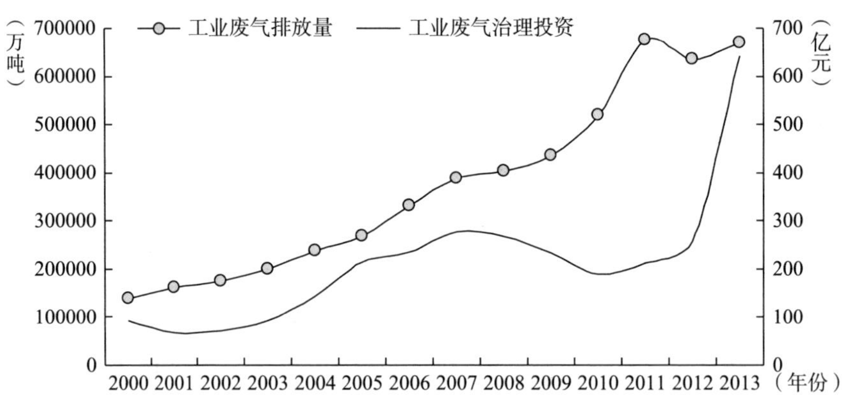

图 1－6　近年来我国工业废气排放量及治理投资①

① 图 1－6 根据《中国环境统计年鉴》（2001～2014 年）的相关数据整理而得。

社会建设各方面和全过程，即绿色发展是促进五个文明建设实现“五位一体”的重要政策保障与实现路径。

当然，由于不同地区的自然、社会及经济等禀赋存在差异，我国各省份绿色发展指数得分不仅在空间分布上差异明显，而且一个省份在该指数的3种一级指标分值方面亦存在显著差异。因而各地区实现绿色发展的具体方式不可能千篇一律，而应各有侧重，须因地制宜确定实现路径和选择政策工具。

（4）研究中国绿色发展的特色政策工具及其组合，不仅有利于促进生态文明建设，而且可以为绿色发展提供制度保障。本书主要致力于研究中国绿色发展的实现途径，以及应该采取什么样的政策工具措施来达成目标。为此，本书首先分别选取3个生态文明建设先行示范省和23个生态文明建设先行示范城市作为典型案例，分析现有政策工具在中国绿色发展中的优势和劣势；其次借鉴国内外经验，提出一套政策组合，比较政策工具在中国绿色发展中的效果；最后提出中国绿色发展的优化政策建议。

1.2　研究目标与主要内容

1.2.1　研究目标

（1）构建绿色发展理论分析框架和分析方法，为绿色发展提供理论依据。对绿色发展理念的解释需要上升到理论层面，需要进一步用中国话语体系来阐释。通过辨析低碳经济、循环经济和绿色经济，比较归纳绿色发展核心要义，从自然观、经济观、科技观和系统观四个方面总结绿色发展特征，从阶段论和动力视角阐释绿色发展的理论规律，进而基于状态、速度、弹性、效率和覆盖五个维度，系统阐释绿色发展的概念分析框架。

（2）设计具有中国特色的绿色发展技术路线，为绿色发展提供技术支撑。对绿色发展的技术路线进行系统化分析，需要进一步用适合中国的技术体系来细化。本书基于对中国绿色发展效率的分阶段分析，得到中国绿色发展的技术路线时间图谱；基于效率分析框架，借助空间分析方法，提出中国绿色发展的技术路线空间图谱；基于创新价值链的视角，采用价值链分析方法分析关键产业的技术路线产业图谱。

（3）总结国内外绿色发展的经典案例，为中国绿色发展的实现路径提供模式。对中国绿色发展实现路径的选择，需要进一步博采众长，立足中国国情。首先，本书在总结发达国家和发展中国家区域路径实现的基础上，分析不同路径的优劣，汲取经验，进行区域耦合协调度分析，总结不同区域绿色发展路径的共通之处。其次，从国内东中西三大地带的视角，分析了不同区域绿色发展路径的差异，提出了适合中国国情的实现路径。

（4）提出不同政策工具组合方案，为中国绿色发展的实现提供政策保障。对于选择什么样的政策工具组合方案，必须在科学认识不同政策工具组合效果的基础上，结合中国实际情况，有针对性地进行选择。本书首先在对国内外现有绿色发展政策工具梳理的基础上，深入分析不同类型政策工具的优劣；其次采用倾向得分匹配－倍差法（PSM-DID）对中国绿色发展政策工具的实施效果进行评价，最后采用动态环境 CGE 模型模拟得到适合中国国情的政策工具组合。

1.2.2 主要内容

第 1 章，绪论。阐明本书的研究背景和意义，阐述本书的研究目标与内容、研究的基本观点与重点难点、研究思路与研究方法，并提出本书的特色和创新之处。

第 2 章，理论回顾与研究综述。在对低碳经济、循环经济和绿色经济的相关理论进行回顾的基础上，对绿色发展研究现状进行综述，提出现有研究的不足和发展趋势。

第 3 章，绿色发展的理论分析。在对绿色发展的概念及内涵特征进行界定的基础上，通过对绿色发展的动力来源、阶段划分等方面的理论论述，以及对绿色发展的定量化表达，提供绿色发展的分析框架和分析方法。

第 4 章，中国绿色发展的现状与过程分析。以全国样本、东中西地带性样本、23 个生态文明示范城市为案例，在分析中国绿色发展现状和过程的基础上，比较总结其困境，进而分析其挑战。

第 5 章，中国绿色发展效率与技术路线图分析。从全国、东中西和生态文明示范城市三个层面，研究中国绿色发展的时间、空间、产业技术路线图。基于对中国绿色发展的效率判断，总结绿色发展技术路线的阶段性规律；借助标准差椭圆空间分析方法，提出中国绿色发展技术路线图的空间图谱；基于创新价值链视角，把握关键产业绿色发展技术路线图。

第6章，中国绿色发展的经验借鉴与区域实现路径。首先，选取发达国家美国，新兴国家韩国，发展中国家印度三个国外样本进行案例分析，并选取国内的生态文明先行示范省——贵州、江西、福建进行案例分析，主要分析中国绿色发展的地带性实现路径；其次，采用灰色关联度模型分析中国绿色发展状态、技术、效率的协调程度；最后，在总结不同区域绿色发展路径的基础上，从国内东中西三大地带的视角，分析不同区域绿色发展路径的差异。

第7章，中国绿色发展的政策工具比较与情景模拟。首先对国内外现有绿色发展政策工具进行梳理，通过列表法比较不同类型政策工具的优劣并分析其作用机理；其次选择全国的23个生态文明先行示范市为样本，运用倾向得分匹配-倍差法（PSM-DID）对中国绿色发展政策工具的实施效果进行评价；最后以江西省为例，运用动态环境CGE模拟得到适合中国的绿色发展政策工具选择。

第8章，主要结论和政策建议。对本书进行概括性总结，指出本书的不足并进行展望，提出促进中国绿色发展的政策建议。

1.3 基本观点与重点难点

1.3.1 基本观点

（1）绿色发展是一种新的发展方式和模式。绿色发展从本质上看是一种可持续发展模式，从表现上看是环状的发展过程，从动力上看是绿色驱动，从途径上看是增殖发展，从目标上看是实现人的全面发展。总的来看，绿色发展是环状式的螺旋增殖的可持续发展模式，它具有以下典型特征：①时间上的持续性和阶段性；②空间渗透和非均匀；③发展方向非线性，螺旋式上升；④导向是通过价值增殖解决人地协调问题；⑤技术是可传承和跃迁的；⑥最终解决的是人的全面发展问题，但政策工具的选择会改变其发展路径。

（2）绿色发展在状态、速度和效率方面存在时空差异性。绿色发展具有状态、速度和效率三个维度特性，在状态上要求可持续发展，在速度上要求生态循环，在效率上要求低碳高效。绿色发展的状态维度鼓励绿色增长，代表的是资源的永续利用和螺旋式增殖的理念，目的是实现人的全面发展。绿色发展的速度维度揭示了绿色发展不是简单线性的投入产出过程，而是强调循环增殖的理念，表明经济的绿色发展对自然环境有较强的依赖。绿色发展的效率维度阐明了经济发展和环境保护同等重要，说明绿色发展追求的是一种技术驱动型的集约型增长，注重生态效率。

（3）绿色发展的关键在于技术和制度。综合时间图谱、产业图谱和空间图谱，形成全局性的绿色发展技术路线图，为实现中国生态文明服务。充分考虑资源分配不均、区域发展失衡、能源约束增加以及创新不足的困境，从时间维度、产业维度、空间维度三个角度制定中国绿色发展的时间图谱、产业图谱以及空间图谱，逐步形成中国绿色发展的综合技术路线图。需要强调的是，绿色发展需要一套完整制度体系的构建，需要由政府引导、市场推动和公众参与来共同完成。通过情景模型进行情景比较，衍生出不同的政策组合工具，在此基础上通过专家评估和专题研究，提出能有效促进绿色发展区域差异化实现的政策工具建议。

（4）坚持区域差异化的绿色发展路径选择需要符合中国实际。我国东中西部区域的社会与自然环境存在显著的差异，且同一区域内部不同城市之间的差异也很明显。为此，省域与城市两种层次在绿色发展时应采用区域差异化实现路径。本书从经济发展水平、生态环境质量、产业结构特征、社会环保意识、低碳与循环使用技术等方面分析不同省域和城市之间绿色发展禀赋差异，从不同层次上总结省域样本和城市样板的差异化发展路径。

1.3.2 重点难点

（1）重点问题。①用合适的中国话语体系来阐释和解释中国绿色发展理念是本书要解决的一个重点问题，也是理论研究诉求。厘清绿色发展内涵特征是促进中国绿色发展的首要问题，本书主要采用归纳演绎的方法，推导绿色发展的科学内涵；其次，如何科学地定量化刻画绿色发展是本书的核心问题之一，本书综合采用主成分分析方法、空间自相关分析方法、重心模型和椭圆模型，从状态、速度和效率三个维度尝试刻画绿色发展内涵特征。②构建符合中国特色的绿色发展技术路线是本书要解决的一个重点问题。关于绿色发展的技术路径研究，目前与之最为接近的是低碳经济、循环经济的技术路径研究，学者大多进行分区域、分部门、分产业的“独立式”“分块式”研究，鲜有从统筹全局的高度进行“综合式”技术路线研究。党的十八届五中全会提出，“推动低碳循环发展，建设清洁低碳、安全高效的现代能源体系，实施近零碳排放区示范工程”，“筑牢生态安全屏障，坚持保护优先、自然恢复为主，实施山水林田湖生态保护和修复工程，开展大规模国土绿化行动，完善天然林保护制度，开展蓝色海湾整治行动”，但对于“绿色发展”的技术路线缺乏系统性研究，不利于绿色发展实践应用。③进行样板总结和经验借鉴并进行推广是本书要解决的一个重点问题。绿色发展具有阶段性和区域性特征，这就要求中国绿色发展的全面实现必须由近及远、以点带面，发挥先行先试、样板作用。重点总结归纳代表东中西三个区域的全国生态文明建设先行示范区的经验，在坚持绿色发展中加快建设主体功能区，发挥主体功能区作为国土空间开发保护基础制度的作用，结合区域发展实际情况，设计区域差异化的中国绿色发展实现路径，为实现具有中国特色的绿色发展提供政策依据。④提出中国绿色发展的政策工具组合是本书要解决的一个重点问题。在设计更具实际操作价值的分阶段、内质化、差别化绿色发展技术路线基础上，提出反映不同地区内在发展需求与国家战略整体需求相匹配的区域差异实现途径。进而基于匹配－倍差法的政策评价模型，衡量地区实施绿色发展政策前后的差异，总结提炼出原有政策方法的作用及不足之处。构建情景模拟模型，分析我国绿色发展的政策情景从而提出政策设计。用定量评价研究辅助公共政策模型对前文的政策评估进行分析总结，并构建符合中国国情的绿色发展战略政策模拟系统，针对不同政策工具进行符合区域实际的组合选择。

（2）难点问题。①理论构建主要采用演绎分析方法和比较研究方法进行推导，其中采用系统论和代数学的方法对绿色发展的状态、速度和效率的定量化表达是一个研究难点。②绿色发展技术路线设计主要从时间、空间和产业三个维度着眼，其中，广泛使用多种效率测算方法和椭圆模型的分析是本书的一个方法论难点。③区域差异实现是本书重点关注的一个问题，通过文献梳理绿色发展区域差异实现路径，比较不同实现路径的差异和效果，进而选择符合中国特色的绿色发展区域差异实现路径是一个样本示范难点。④选择合理的政策工具是绿色发展的政策保障，采用 PSM - DID 模型评价现有政策工具的效果，并采用动态 CGE 模型模拟不同的政策工具组合，从而选择适宜中国绿色发展的政策工具是一个技术实现难点。

1.4 研究思路与研究方法

1.4.1 总体研究思路

本书从我国“十三五”期间坚持“五大发展理念”的实际需要导入，立足于运用中国话语体系解决当前“绿色发展”的理论分析框架架构与实践问题，从梳理国内外与绿色发展密切相关的理论出发，从设计符合我国现阶段经济社会发展特征和基本国情的绿色发展技术路线图入手，抓住绿色发展过程中的多维效率、实现路径及政策工具这三个最基本问题展开研究，阐释中国式的绿色发展理念。同时，对中国绿色发展政策工具的实施效果进行评价，并运用动态环境 CGE 模型模拟实现中国绿色发展政策工具的选择。本书的总体思路可以概括为“坚持一条逻辑主线、明确三个关键问题、实现一个最终目标”（见图 1 - 7）。坚持一条逻辑主线就是绿色发展的理论和实践是什么？明确三个关键问题：第一个关键问题是如何灵活使用中国绿色发展的全国样本、东中西地带性样本、23 个生态文明示范城市样本；第二个关键问题在于如何客观分析中国绿色发展的状态、速度和效率的关系；第三个关键问题是如何选择中国绿色发展的技术路线、实现路径及政策组合工具。实现一个最终目标就是运用中国话语体系来阐释绿色发展的理念和实践问题。

1.4.2 研究方法

（1）归纳演绎和系统定量描述法。归纳法，对比相关概念归纳出一系列

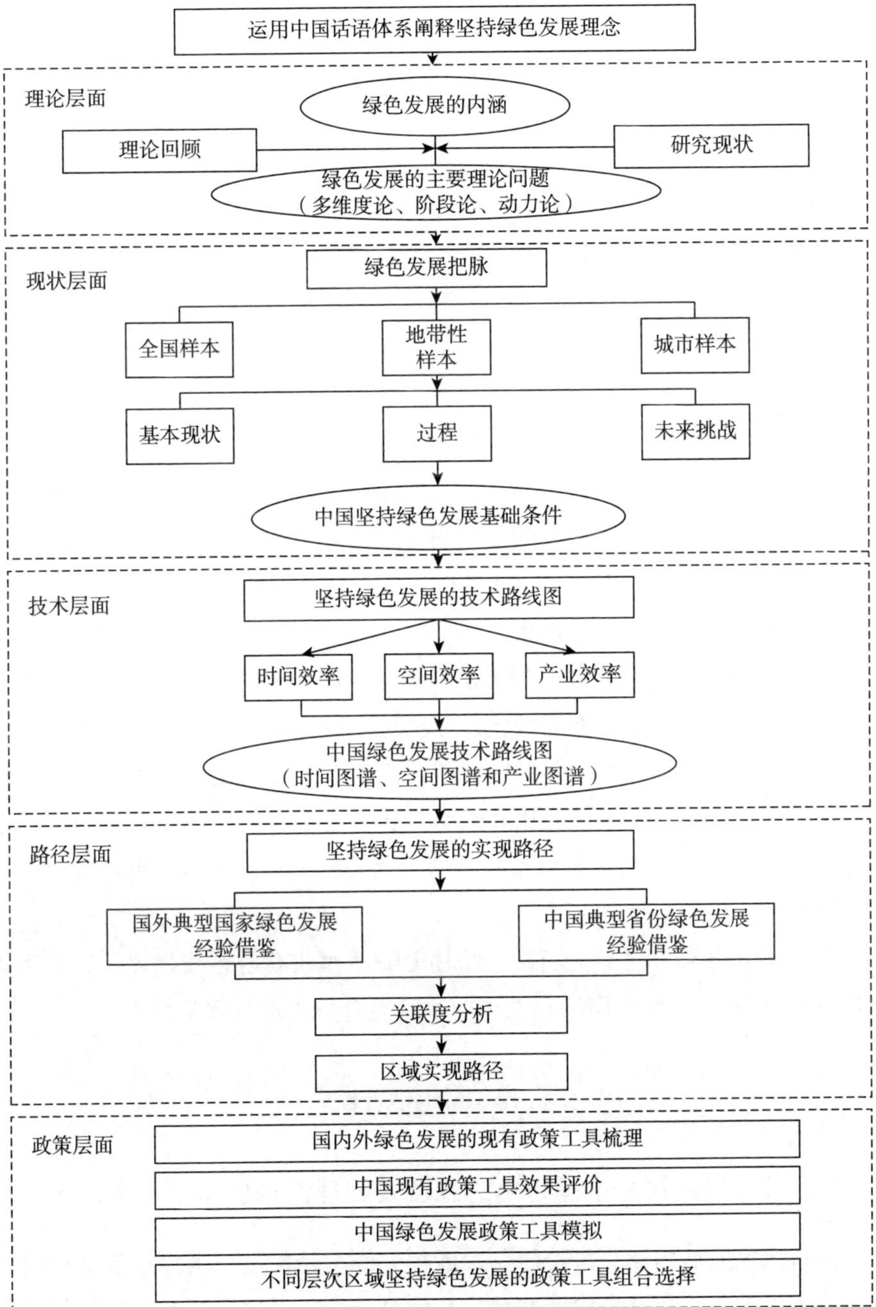
运用中国话语体系阐释坚持绿色发展理念
理论层面
绿色发展的内涵
理论回顾
研究现状
绿色发展的主要理论问题
（多维度论、阶段论、动力论）
现状层面
绿色发展把脉
全国样本
地带性样本
城市样本
基本现状
过程
未来挑战
中国坚持绿色发展基础条件
技术层面
坚持绿色发展的技术路线图
时间效率
空间效率
产业效率
中国绿色发展技术路线图
（时间图谱、空间图谱和产业图谱）
路径层面
坚持绿色发展的实现路径
国外典型国家绿色发展经验借鉴
中国典型省份绿色发展经验借鉴
关联度分析
区域实现路径
政策层面
国内外绿色发展的现有政策工具梳理
中国现有政策工具效果评价
中国绿色发展政策工具模拟
不同层次区域坚持绿色发展的政策工具组合选择

图 1－7　本书总体思路

的结论；演绎法，即运用抽象假设前提，进行一系列理论的推导。系统定量描述法就是使用系统论、控制论和信息论的分析思路和工具来描述系统。本书在绿色发展概念和理论基础部分将充分利用归纳演绎和系统定量描述法进行理论分析框架体系构建和系统描述。

（2）统计与计量分析方法。运用探索性分析方法（ESDA）探索绿色发展的空间关系，运用重心模型和椭圆模型分析绿色发展的现状与过程；基于 Mann-Kendall 方法，从时间维度对全国、三大地带、生态文明示范城市绿色发展效率进行阶段性划分，识别各层面的绿色发展效率的阶段性规律，进一步分析各层面绿色技术进步阶段性规律；采用序列 SBM-Luenberger 模型，科学测度绿色发展效率，进一步对绿色技术进步进行解构，探究绿色技术进步的内源性因素；基于创新价值链分析框架，从产业维度科学把握绿色发展效率，进一步运用两阶段网络 DEA，构建技术研发—技术成果转化二维矩阵，从而提出产业技术路线图；采用灰色关联度方法深入分析中国区域绿色发展状态、技术、效率的发展协调程度。

（3）经验借鉴法和比较分析方法。选取典型的国内外绿色发展的案例进行总结和分析，提炼绿色发展经验；分别选取发达国家和发展中国家实施的绿色发展政策，总结其在绿色发展方面的经验和效果，提出对中国绿色发展的政策启示；尤其注重区域对比和经验分析，通过对全国样本、东中西地带性样本、23 个生态文明示范城市样本的对比分析，提出中国绿色发展的区域差异路径。

（4）政策评估和情景分析法。采用 DID 模型进行政策效果评价；采用动态环境 CGE 方法，对中国绿色发展的政策组合情景进行政策模拟。

1.5 研究创新

1.5.1 构建符合中国特色的绿色发展理论分析框架

厘清绿色发展内涵，辨析绿色发展相关概念是促进中国绿色发展的首要前提。本书在系统梳理国内外文献的基础上，采用对比分析和归纳演绎的方法总结提炼绿色发展内涵，并通过系统定量描述方法刻画绿色发展的状态、速度和效率。本书认为，绿色发展从本质上看是一种可持续发展模式，从表现上看是环状的发展过程，从动力上看是绿色驱动，从途径上看是增殖发展，从目标上看是实现人的全面发展。总的来看，绿色发展是环状式的螺旋增殖的可持续发展模式，具有以下典型特征：①时间上的持续性和阶段性；②空间渗透和非均匀；③发展方向非线性，螺旋式上升；④导向是通过价值增殖的过程解决人地协调问题；⑤技术是可传承和跃迁的；⑥最终解决的是人的全面发展问题，但政策工具的选择会改变其发展路径。

1.5.2 设计符合中国国情的中国绿色发展的技术路线图

绿色发展具有因地制宜、因时制宜的内在特征。针对不同地区资源禀赋、发展阶段等差异所导致的区域发展问题存在较大差别，本书从区域视角出发，分别对我国不同区域典型地区绿色发展道路提出差别化技术路线，为探索我国绿色发展的实现路径及未来我国绿色发展可行可靠的政策工具支撑提供技术支持。

1.5.3 提出符合区域差异特征的中国绿色发展的可行路径

重点总结归纳发达国家和发展中国家先进的经验，结合区域发展实际情况，从全国层面、地带性层面和城市层面设计中国区域绿色发展实现路径，为中国坚持“绿色发展”的差异化路径提供政策依据。

1.5.4 选取具有技术引导作用的中国绿色发展的差别化政策

首先，基于 DID 模型构建政策评估模型以及基于情景模拟方法构建政策模拟分析。其次，通过整合以上模型结果，辅助以公共政策模型，从定性和定量两个层面上进行综合分析，为我国绿色发展的实现路径提供科学可行的路径选择，并为相关政策制定提供有效工具。最后，根据不同区域发展水平进行政策工具组合，以促进具有区域特色的绿色发展路径实现。

第2章 理论回顾与研究综述

2.1 绿色发展相关理论回顾

2.1.1 从传统粗放式增长到区域可持续发展

（1）传统粗放式增长带来环境外部性问题。自工业革命以来，人类社会迈入工业化时代，生产由原始的手工化生产迈向机械化生产，生产效率得到了极大提升，社会生产力迅速发展，社会财富不断积累。但是，人类对于财富的欲望是无穷的。随着生产力的发展以及生产规模的不断扩大，人类对于资源的消耗量不断增加，同时，受到技术等因素的制约，生产过程中产生了大量有毒、有害的环境污染物。由于环境污染物的排放并不会带来生产成本的增加，排污者也不需要付出额外的代价，因此，大量污染物被直接排入生态环境系统中，大气环境、水环境、城市环境遭到严重破坏，环境公害事件（如 1952 年伦敦烟雾事件、1943 年洛杉矶光化学污染事件等）频发，资源环境承载力面临严重挑战。庇古基于马歇尔提出的外部性理论，将上述问题称为环境外部性问题，并首先对其进行了分析。

（2）从环境保护到区域可持续发展实践成为绿色发展的逻辑主线。环境外部性问题的出现，使人们逐步开始关注生态环境的保护这一话题，并试图采取一定的手段解决环境外部性问题。因此，最初针对环境保护的理论主要是基于解决环境外部性问题这一市场失灵现象的角度展开的。例如：马尔萨斯、李嘉图、戴利等人认为经济活动存在生态边界，所有生产活动不应超过这一边界①；1932 年庇古提出了“庇古税”，试图用税收手段解决环境外部

① 陈劭锋、周志田：《效率革命：实现可持续发展的有效途径》，《科学与社会》2004 年第 4 期。

性问题[1]；1960年科斯提出了“科斯定理”，他认为应该通过明确产权解决环境外部性问题[2]；其他一些学者如鲍默尔和奥茨、皮尔斯、范里安也提出了一些较为新颖的解决环境外部性问题的方案。

但是，1973年以来的石油危机对西方国家的经济发展造成了巨大的冲击，人们意识到单纯解决环境外部性问题还不足以解决如何实现经济可持续发展的问题。因此，人们开始思考经济可持续发展的问题。1972年，在斯德哥尔摩举行的联合国人类环境研讨会上可持续发展被首次讨论。1987年，世界环境与发展委员会（WCED）发表的报告《我们共同的未来》正式提出可持续发展的概念，指出“可持续发展是能满足当代人的需要，又不对后代人满足其需要的能力构成危害的发展”，也即在“不损害未来一代需求的前提下，满足当前一代人的需求”。1992年，联合国环境与发展大会在巴西里约热内卢召开，大会通过“里约宣言”，102个国家的首脑共同签署《21世纪议程》，普遍接受了可持续发展的理念与行动指南，并设立了可持续发展委员会，以确保会议成果得到有效落实。在2002年9月南非约翰内斯堡举行的可持续发展世界首脑会议上，与会领导人通过了《约翰内斯堡可持续发展承诺》和《执行计划》，其中规定了重点更加突出的方针、做法，大会还将消除贫困纳入可持续发展理念之中。在2012年的“里约+20”峰会上，加强可持续发展机制建设成为主要议题，可持续发展理念在世界范围内持续升温。

从1987年《我们共同的未来》对可持续发展的定义来看，可持续发展的本质是要解决如何协调代际发展问题。最开始人们普遍认为它是一种注重长远发展的经济增长模式，但是随着发展问题的进一步暴露以及认识的加深，人们对可持续发展的认识已经不局限于经济的发展。它涉及可持续经济、可持续生态和可持续社会三方面的协调统一，要求人类在发展中讲究经济效率、关注生态和谐和追求社会公平，最终达到人的全面发展。它要求：①经济社会的发展要以自然资源为基础，同环境承载能力相协调；②可持续

① Baumol, W. J., “On Taxation and the Control of Externalities”, *American Economic Review*62 (3), 1972, pp. 307 - 322.

② Coase, R. H., “The Problem with Social Cost”, *Journal of Law and Economics*3 (1), 1960, pp. 1 - 44.

的发展要承认自然环境的价值；③可持续的发展必须培育出新的经济增长点；④可持续的发展要以提高生活质量为目标，同社会进步相适应。

从绿色发展的角度来看，可持续发展与绿色发展是息息相关的。首先，绿色发展鼓励绿色增长。经济发展是人类生存和进步所必需的，也是社会发展和保护、改善环境的物质保障。绿色发展并不否认经济增长的必要性，但是其所强调的增长并不是传统意义上的增长，而是绿色的增长，是一种长远的、可持续的增长。其次，绿色发展以实现人的全面发展为最终目标。可持续发展的观念认为，世界各国的发展阶段和发展目标可以不同，但发展的本质应当包括改善人类生活质量，提高人类健康水平，创造一个保障人们享有平等、自由、教育、人权和免受暴力的社会环境。绿色发展在这一点上与可持续发展的理念高度吻合。最后，发展的可持续性本身是对经济社会发展状态的判断。对于绿色发展来说，绿色发展状态的判断是研究绿色发展的起始性环节。从这一点来说，发展的可持续性判断对绿色发展的状态判断具有十分重要的参考意义。

2.1.2 从生态经济理论到复合生态系统理论

（1）生态经济理论将经济、人类社会、生态作为系统进行研究，强调资源在时间和空间维度上的持续性以及资源利用的高效性。

生态经济理论与绿色发展理论之间关系密切。首先，生态经济理论将经济、人类社会、生态作为系统研究，而国内目前有不少学者都从系统论的角度对绿色发展进行了定义，如清华大学胡鞍钢的“三圈模型”，所以，生态经济的系统理论为绿色发展提供了研究范式。其次，生态系统理论强调资源在时间和空间维度上的持续性，而绿色发展需要经历一个漫长的阶段，在时间维度上是一个持续的过程，在空间上存在空间覆盖范围和区域差异的问题，因此，不论是生态经济还是绿色发展，都需要分别从时间和空间两个维度来分析。最后，生态经济强调资源利用的高效性，而绿色发展同样强调以生产技术效率和资源循环利用效率为核心的绿色效率，这种绿色效率可以被看成生态经济理论中效率概念的拓展与延伸。

（2）复合生态系统理论强调不同系统不同要素和不同子系统之间的非线

性，以及系统循环增殖的耦合性和开放性。

绿色发展中复合生态系统理论主要体现在以下几个方面。①在复合生态系统中，强调不同系统不同要素以及不同子系统之间的非线性耦合关系。而从绿色发展的现实特征来分析，绿色发展的投入产出效率并不能被视为传统意义上的线性投入产出关系，应当也是一个循环增殖的非线性过程。从这一点来说，二者均表达的是一种非线性关系。②在复合生态系统中，自然子系统、经济子系统、社会子系统相互作用、相互关联、相互耦合。而从绿色发展的各组成要素来看，绿色发展依托自然生态系统提供的物质和能量，推动经济系统和社会系统的正常运转，人类的经济生产活动和减排调控等活动同样会反过来影响自然生态系统，而组成自然生态系统和社会经济系统的各个子要素同样相互关联相互影响。因此，对于绿色发展来说，像复合生态系统一样研究绿色发展要素之间的耦合性和协调性显得十分必要。③与自然生态系统自身蓄积的生物量相比，复合生态系统与外界进行能量与物质交换甚小，该系统的开放性最初也不强，起码在人类社会发展之初是这样，后来，随着人口增长，经济活动规模扩大，商品经济和市场经济的发展，系统的开放性越来越明显，到今天已经达到前所未有的程度。类似地，绿色发展自身的复杂性和多维性是前所未有的，而且绿色发展是一个价值增殖的过程，这注定绿色发展系统必须是一个不断向外扩张的开放式系统。

2.2　绿色发展相关研究现状

2.2.1　绿色发展概念和测度研究现状

（1）绿色发展的概念起源于国外的“绿色经济”和“可持续发展”等理念。1985 年，Friberg 和 Hettne 等学者提出了绿色发展是在传统发展基础上的一种模式创新，是在生态环境容量和资源承载力的约束条件下，将环境保护作为实现可持续发展重要支柱的一种新型发展模式①。John Knott 和

① Addo, H., University, U. N., *Development as Social Transformation: Reflections on the Global Problematique* (Boulder, CO, US: Westview Press, 1985).

Charles 认为绿色发展就是“回归一种结合新技术，对气候、地理、文化影响良好的发展方式”[①]。目前，国际上对绿色发展理论的直接研究还比较少，大部分研究集中在上文所谈到的绿色经济、循环经济、低碳经济、生态经济理论等方面。绿色发展的理论研究主要集中在国内。目前国内学术界对绿色发展的较为典型的观点主要可以分成四大类：系统观、自然观、经济观、科技观。

（2）关于绿色发展评价指标体系的研究。目前国内较为成熟的是著名学者李晓西等所建立的绿色发展指数及相对应的指标体系。李晓西等联合北京师范大学科学发展观与经济可持续发展研究基地、西南财经大学绿色经济与经济可持续发展研究基地以及国家统计局中国经济景气监测中心三家研究机构，连续四年（2011～2014 年）发布了《中国绿色发展指数年度报告》，对我国绿色发展情况进行了较为全面的定量分析与客观评价。在研究方法方面，以 2010 年绿色发展指数为例，三家研究机构在比较分析各种评价方法的基础上，结合中国实际提出了编制中国绿色发展指数体系的思路，构造了一个包括 3 个一级指标、9 个二级指标和 55 个三级指标的结构体系，并采用专家咨询法确立权重[②]。该指数为绿色发展状况的核算与评估提供了研究思路与方法基础。借鉴上述绿色发展指数，李晓西等在社会经济可持续发展和生态资源环境可持续发展两大维度同等重要的基础上，构建了“人类绿色发展指数”，以 12 个元素指标为计算基础，测算了 123 个国家绿色发展指数值及其排序[③]。而北京师范大学中国扶贫研究中心课题组则根据绿色发展指数理论框架，结合减贫的特点，进一步将绿色发展与减贫相结合构建了绿色减贫指数，是绿色发展指数在减贫方面的应用和发展，也是对绿色发展指数在减贫方面的一个检验[④]。

（3）对绿色发展水平的评价与测度研究。全国层面上，向书坚和郑瑞坤

---

① 陆小成、冯刚：《生态文明建设与城市绿色发展研究综述》，《城市观察》2015 年第 3 期。

② 李晓西、潘建成：《中国绿色发展指数的编制——〈2010 中国绿色发展指数年度报告——省际比较〉内容简述》，《经济研究参考》2011 年第 2 期。

③ 李晓西、刘一萌、宋涛：《人类绿色发展指数的测算》，《中国社会科学》2014 年第 6 期。

④ 许凌筠、宋涛、施发启：《中国绿色减贫指数研究》，《经济研究参考》2015 年第 10 期。

根据生态经济系统物质流动的原理与绿色经济的关系，构建了中国绿色经济发展指数，并运用“十一五”时期的数据进行验证后提出中国绿色经济发展处于低水平发展阶段，目前的绿色经济发展不具有典型绿色经济的性质①。区域层面上，北京工商大学世界经济研究中心和遂宁绿色经济研究院等研究机构连续发表了2007～2014年中国300个省市绿色经济和绿色GDP指数（CCGEI）（2009年之前为300个省市区绿色GDP指数），对我国273个城市经济增长的绿色发展程度进行了测量，在此基础上分析不同区域存在的优势与问题及应对举措②。同时，林卫斌和陈彬引入非参数线性规划方法构建各省份经济增长的绿色指数，以衡量创造GDP过程中资源消耗强度和环境污染程度，并对绿色指数的地区差异和变化趋势进行分析③。产业层面上，谢红彬等基于可持续发展的压力—状态—响应框架模型，结合工业绿色化和系统科学的思想，形成了状态—压力—响应框架模型，并在此基础上构建了区域工业绿色化的评价指标体系框架④。张江雪和王溪薇运用DEA方法测算了2005～2009年我国各地区的工业绿色增长指数，并运用随机效应的面板Tobit模型分析其影响因素⑤。李琳和楚紫穗构建了区域产业绿色发展指数评价指标体系，采用主成分分析法对我国31个省份2007～2012年的产业绿色发展指数进行评估和多层次的动态比较⑥。此外，还有学者对企业层面的绿色发展指数进行了探讨，如袁瑜等构建了基于DEA的企业绿色竞争力评价模型，并以浙江省上市公司为案例进行了评价应用⑦。

---

① 向书坚、郑瑞坤：《中国绿色经济发展指数研究》，《统计研究》2013年第3期。

② 季铸、白洁、孙瑾等：《中国300个省市绿色经济与绿色GDP指数（CCGEI2011）绿色发展是中国未来的唯一选择》，《中国对外贸易》2012年第2期。

③ 林卫斌、陈彬：《经济增长绿色指数的构建与分析——基于DEA方法》，《财经研究》2011年第4期。

④ 谢红彬、林明水、黄柳婷：《工业绿色化评价指标体系框架设计》，《福建师大学报》（自然科学版）2006年第4期。

⑤ 张江雪、王溪薇：《中国区域工业绿色增长指数及其影响因素研究》，《软科学》2013年第10期。

⑥ 李琳、楚紫穗：《我国区域产业绿色发展指数评价及动态比较》，《经济问题探索》2015年第1期。

⑦ 袁瑜、王建明、陈红喜：《基于DEA法的浙江省上市公司绿色竞争力评价研究》，《经济问题探索》2007年第1期。

2.2.2 绿色发展技术与效率的有关研究现状

（1）国内外学者对绿色发展效率的研究主要体现在评价与提升路径等方面。国内外学者从全国层面、区域层面和城市层面评价了绿色发展效率。具体来说，全国层面上，杨志江等基于 SBM-DEA 模型考察了中国省际 1999 ~ 2012 年绿色发展效率的演变规律，研究发现，中国省际绿色发展效率水平不高，总体呈“先降后升”的演变趋势①。区域层面上，尹传斌等基于 SBM-Malmquist 模型，结合绿色发展理念，测算了西部地区绿色全要素生产率②。城市层面上，卢丽文等基于 DEA 的分析框架，构建绿色发展效率评价体系，分析了长江经济带 108 个地级及以上城市绿色发展效率，研究表明，长江经济带总体追求经济效应，而忽视了社会效益和环境效益③。也有学者从产业维度，评价绿色发展效率，如李静等以工业为例，基于 SBM - 网络 DEA 模型将工业发展分为绿色生产和环境治理两个阶段，工业注重生产升级的同时，也要关注污染治理技术的提升④。绿色效率产业维度具有异质性，绿色发展效率空间维度亦具有异质性，如钱争鸣等基于绿色经济效率理论，利用空间计量模型，研究绿色经济效率的空间收敛特征，研究表明各地区具有显著的空间正相关性⑤。基于绿色发展效率的评价，学者开始关注绿色发展效率的提升路径研究。如吴旭晓以工业为例，提出提升青海、河南和福建工业绿色效率的新路径分别为调整规模结构、促进技术创新和优化产权结构⑥。

---

① 杨志江、文超祥：《中国绿色发展效率的评价与区域差异》，《经济地理》2017 年第 3 期。

② 尹传斌、蒋奇杰：《绿色全要素生产率分析框架下的西部地区绿色发展研究》，《经济问题探索》2017 年第 3 期。

③ 卢丽文、宋德勇、李小帆：《长江经济带城市发展绿色效率研究》，《中国人口·资源与环境》2016 年第 6 期。

④ 李静、倪冬雪：《中国工业绿色生产与治理效率研究——基于两阶段 SBM 网络模型和全局 Malmquist 方法》，《产业经济研究》2015 年第 3 期。

⑤ 钱争鸣、刘晓晨：《资源环境约束下绿色经济效率的空间演化模式》，《吉林大学社会科学学报》2014 年第 5 期。

⑥ 吴旭晓：《区域工业绿色发展效率动态评价及提升路径研究——以重化工业区域青海、河南和福建为例》，《生态经济》2016 年第 2 期。

（2）国内外学者对技术路线图的研究聚焦于传统产业技术路线分析。黄萃等将政策维度纳入技术路线图的研究范畴，并将其与市场、产品和技术三个维度相结合，以中国风电产业和光伏产业为例，绘制中国风电和光伏产业政策－技术路线图①。贺正楚等采用专利地图分析法绘制了生物医药产业近期、中期和远期的综合技术路线图②。也有学者结合绿色发展理念，分析某个产业技术路线图，如盛济川等结合文献计量分析和德尔菲法，建立了低碳产业问卷指标体系，提出了绘制低碳产业技术路线图的方法和范式③。还有学者关注区域层面的技术路线图，如张金锁等通过文献研究、实地调研等方法绘制了陕西煤炭资源技术路线图④；曾鹏以区域技术战略为导向，绘制了广西北部区域技术战略技术路线图⑤。

2.2.3　绿色发展实现路径的有关研究现状

（1）对区域绿色发展实现现状的评价。关于区域绿色发展的评价，李晓西和潘建成运用中国绿色发展指数及其指标体系从绿色发展指数分布、经济增长绿化度分布、资源与环境承载潜力分布、政府政策支持力度分布对中国省级样板 2013 年的绿色发展实现情况进行了刻画。同时，他们还运用中国 285 个地级样板的数据，分析了工业集聚与工业污染物排放的库茨涅兹曲线的倒 U 形关系⑥。袁润松等从“技术创新”、“技术差距”和“管理”三个方面实证分析了中国绿色发展区域差异及其成因⑦。李文正运用中国绿色发

① 黄萃、徐磊、钟笑天等：《基于政策工具的政策－技术路线图（P-TRM）框架构建与实证分析——以中国风机制造业和光伏产业为例》，《中国软科学》2014 年第 5 期。

② 贺正楚、张蜜、陈一鸣等：《生物医药产业共性技术路线图研究》，《中国软科学》2012 年第 7 期。

③ 盛济川、曹杰：《低碳产业技术路线图分析方法研究》，《科学学与科学技术管理》2011 年第 11 期。

④ 张金锁、张伟、许建等：《区域煤炭资源安全绿色高效开采技术路线图研究——以陕西省为例》，《科技管理研究》2016 年第 8 期。

⑤ 曾鹏：《基于技术路线图的区域技术战略决策研究》，《科技进步与对策》2014 年第 1 期。

⑥ 北京师范大学科学发展观与经济可持续发展研究基地等：《2011 中国绿色发展指数报告：区域比较》，北京师范大学出版社，2011。

⑦ 袁润松、丰超、王苗等：《技术创新、技术差距与中国区域绿色发展》，《科学学研究》2016 年第 10 期。

展指数指标体系分别分析了陕西省和山东省地级市与县级层面的绿色发展水平的区域分布规律及区域差异化程度[①]。

（2）区域绿色发展实现路径的选择。一些学者探究了不同区域的绿色经济发展方式。潘家华和吴大华等以贵州省为案例，研究贵州省如何在新常态下实现生态转型和加快绿色发展进程[②]。刘纪远等以自然资本、经济资本、社会资本与人力资本四大资本为核心，提出了中国西部地区绿色发展概念框架[③]。刘耀彬等以江西省为案例，研究了区域如何实现生态优势以及进行生态文明建设[④]。张贡生指出，西部地区在接替东部地区已经或者即将淘汰的劳动密集型和资本密集型产业的过程中，工业化、知识化、信息化、服务化、高科技化和绿色发展应是其产业结构调整与升级的必然选择[⑤]。郭立伟和沈满洪认为，以生态文明建设促进区域经济协调发展的重点政策领域包括产业生态化政策、消费绿色化政策、生态经济化政策、生态科技创新政策、生态制度创新政策等，并认为中国现阶段紧迫且有效的重点政策包括强化绿色消费的宣传政策、政府绿色采购政策、居民绿色消费鼓励政策等[⑥]。周艳和彭新宇认为，把湘江打造成“东方莱茵河”既是建设绿色湖南的基本内容与主要标志，也是建设绿色湖南的贯通战略[⑦]。谢雄标和熊艳认为，资源密集型地区建立现代产业体系是一项系统工程，必须从矿业高级化、矿业绿色化、地区产业多元化和产业环境改善等方面开展工作，大力发展绿色矿业经济，培育接替产业“龙头”企业，构建区域创新系统，从而实现资源密集型地区社会经济的可持续发展[⑧]。

---

① 李文正：《基于层次分析法的陕西省城市绿色发展区域差异测度分析》，《水土保持研究》2015 年第 5 期。

② 潘家华、吴大华等：《生态引领 绿色赶超》，社会科学文献出版社，2015。

③ 刘纪远、邓祥征、刘卫东等：《中国西部绿色发展概念框架》，《中国人口·资源与环境》2013 年第 10 期。

④ 刘耀彬等编著《区域生态优势转化与生态文明建设》，社会科学文献出版社，2015。

⑤ 张贡生：《西部地区实现产业结构调整亟待深化的几个问题》，《经济问题》2002 年第 4 期。

⑥ 郭立伟、沈满洪：《以生态文明建设促进区域经济协调发展的政策选择》，《生态经济》（中文版）2011 年第 12 期。

⑦ 周艳、彭新宇：《江湖经济：绿色湖南建设的贯通战略》，《求索》2012 年第 3 期。

⑧ 谢雄标、熊艳：《资源密集型地区构建现代产业体系的路径研究》，《理论月刊》2013 年第 11 期。

2.2.4　绿色发展政策保障的有关研究现状

绿色发展支持政策是目前国内学者相关研究最多的一个领域，大体包括外贸政策、财税政策、产业政策及微观机制。

（1）外贸政策引起的绿色发展战略研究。为了应对发达国家利用其自身科技与环境的优势而设置的“绿色壁垒”，学者们提出了一些应对策略。李树指出，为跨越发达国家所设立的“绿色壁垒”这一非关税的贸易壁垒，我国必须实施经济的绿色发展战略，即培育经济绿色发展的核心基础，做好绿色制度安排，实施扶持绿色产业的政策措施，大力发展生态农业；积极发展生态工业，切实发展“绿色金融”，实施国际绿色认证；努力开展国际绿色营销[①]。刘蓉和黄钟仪认为，实行产业绿色发展战略、积极应对绿色贸易壁垒，是我国当前面临的一项重要任务，为此应从政府、企业、公民社会等几个维度入手，实施产业绿色发展策略[②]。吴喜梅指出，正环境效应的产生不仅有赖于生产者对相关环境法规的遵守，而且有赖于政府实施的“绿箱”补贴项目的绿色发展，即将农业生态环境的保护作为政府设计“绿箱”补贴和生产者获得“绿箱”补贴的法定条件之一[③]。

（2）财税与考核政策引导绿色发展的研究。一些学者从借鉴其他国家的绿色税收政策的经验着手分析。王彬辉认为，OECD 成员国在实现税制绿色化方面采取的值得我国借鉴的措施主要包括取消或修正现行扭曲性补贴和税收条款、调整现行税制、开征新的环境税等，并指出基于我国国情，应将实现税制绿色化的重点放在开征新的环境税——环境污染税和某些资源税上，同时以改革现行税制与逐步消除对环境不利的补贴政策辅助之[④]。李冬认为，日本各地的产业基础和自然状况存在差异，地区经济的绿色发展也存在各自的特点，其绿色发展的动力在于市场驱动下的企业经营绿色化，日益成熟的

---

① 李树：《“绿色壁垒”下我国经济的绿色化战略》，《探索》2002 年第 5 期。

② 刘蓉、黄钟仪：《我国产业绿色化对策分析》，《当代财经》2003 年第 8 期。

③ 吴喜梅：《准确定位推动农业“绿箱”补贴绿色化》，《环境保护》2012 年第 14 期。

④ 王彬辉：《OECD 税制绿色化与我国之借鉴》，《城市问题》2004 年第 5 期。

绿色消费者群体和具有日本特色的产、学、官、民合作体制[①]。梁云凤和雷梅青指出，我国环保产业的发展存在一系列问题，需要借鉴发达国家的成功经验，运用财税政策大力支持环保产业的发展壮大，促进调整经济结构和转变经济发展方式目标早日实现[②]。

如何设计我国绿色财税支持政策是学者们尤为关注的一个领域。梁劲等归纳了我国促进生态环境可持续发展的绿色财税政策选择：积极运用财税手段，调节环境资源的优化；调整现行税制中的有关税种，优化绿色化程度配置；改革现行排污收费制度；建立真正意义上的环境税[③]。陈盛光认为，从税制改革的发展趋势来看，我国税制绿色化应从完善现行的税制结构开始，而税制绿色化的重点应该是资源税和消费税[④]。张建松认为，绿色生态税收是政府保护环境、实施可持续发展战略的有力手段，在调整和完善现行资源税、开征环境污染税、开征环境保护专项税、完善现行保护环境税收支出政策方面提出了相应的思路[⑤]。王文娟和徐颖指出，我国现行资源税在立税基础、征税范围、课税依据、征税税额等方面存在绿色化程度低的问题，因而实现资源税绿色化道路的改革应考虑资源税的立税基础必须体现资源企业在开发利用过程中对环境负外部性影响的补偿等问题[⑥]。

还有一些学者探讨了如何从制度与机制设计方面来保障绿色发展的实施。高宏伟论述了制度对经济的绿色发展，即国民经济各部门的生态化、无污染化、无公害化发展的支持作用，指出不能靠消耗资源、牺牲环境换取经济的高速增长，而要依靠科学的制度安排和实施，使我国经济绿色发展可持续进行下去[⑦]。孙洪敏指出，应从根本上扭转地方政府片面追求 GDP 的政绩

① 李冬：《循环经济下消费行为绿色化探讨》，《商业时代》2010 年第 5 期。

② 梁云凤、雷梅青：《支持绿色（环保）产业发展的财税政策》，《中央财经大学学报》2010 年第 7 期。

③ 梁劲、田发、周琛影：《促进生态环境可持续发展的财税政策选择》，《现代财经》（天津财经大学学报）2003 年第 7 期。

④ 陈盛光：《中国税制“绿色化”与生态税》，《中央财经大学学报》2003 年第 1 期。

⑤ 张建松：《实现我国税收制度绿色化的路径》，《工业技术经济》2006 年第 8 期。

⑥ 王文娟、徐颖：《我国资源税改革中的“绿色化”探索》，《广东行政学院学报》2011 年第 3 期。

⑦ 高宏伟：《谈我国经济绿色化发展的制度支持》，《经济问题》2004 年第 11 期。

观，借鉴国外"环境保护问责制"的做法，用绿色 GDP 考核政府官员的政绩，提高公众在绿色 GDP 绩效评估过程中的参与程度[①]。李广东等认为，为保护耕地资源，应积极推进耕地保护绩效与政绩挂钩制，建立耕地保护动态督查制度，完善地方政府激励机制，促进政绩考核体系的绿色化[②]。王彩华和梁捍东基于循环经济理论对此问题进行研究，首先提出构建绿色公共预算制度的必要性和可行性，其次分析我国现有公共预算制度非绿色化的原因，最后对我国公共预算制度的绿色化进行重构[③]。

（3）产业绿色发展政策的选择研究。产业绿色化是实现绿色发展的具体路径。王军华提出了绿色金融的基本发展思路，既要建立绿色金融的间接融资体系，也要建立绿色金融的直接融资体系，要支持工农业生产的绿色化，要培育金融业的绿色文化[④]。周长春等认为，工业绿色化作为一个新的工业发展方向，主要包括工业组织行为绿色化和工业生产全过程绿色化两个方面[⑤]。刘红明将工业绿色化的影响因素划分为宏观因素（自然经济、社会文化和政治法律等）、中观因素（环境政策、市场机制和公众参与等）和微观因素（行业特征、企业实力、企业家特质、企业战略目标等）[⑥]。钟茂初指出发展"环保产业"、推进产业绿色化的产业政策主要包括：一要完善"生态环境损耗量"配额制度；二要充分体现高生态效率产业对低生态效率传统产业的产能更新（对传统产业的替代性削减应纳入产业绿色化的产业政策和规划之中）；三是对于拟政策性推广的"环保产品"，应先评估生态环境影响[⑦]。

（4）企业绿色发展战略与居民绿色消费行为的微观机制设计研究。在生

---

① 孙洪敏：《强化地方政府绩效评估的科学理念》，《探索》2009 年第 4 期。

② 李广东、邱道持、王平：《地方政府耕地保护激励契约设计研究》，《中国土地科学》2011 年第 3 期。

③ 王彩华、梁捍东：《基于循环经济理论的绿色公共预算问题研究》，《财会通讯》2015 年第 2 期。

④ 王军华：《论金融业的"绿色革命"》，《生态经济》（中文版）2000 年第 10 期。

⑤ 周长春、谢红彬、高玲：《工业绿色化：一个新的工业发展方向》，《福建师大学报》（自然科学版）2005 年第 3 期。

⑥ 刘红明：《工业绿色化的内涵及影响因素分析》，《现代经济探讨》2008 年第 11 期。

⑦ 钟茂初：《产业绿色化内涵及其发展误区的理论阐释》，《中国地质大学学报》（社会科学版）2015 年第 3 期。

产方面，很多学者认为绿色化战略是企业实现持续健康发展的重要途径。魏江认为，企业绿色化战略的制定要求企业必须在充分分析外部支撑条件和内部支持系统的前提下，确定企业绿色化战略的目标，结合资源的有限投入，把企业绿色化战略的思想贯穿到企业绿色化的核心过程中，并把经济效益和环境效益的最优化——追求长期利润最大化——作为企业的战略目标①。作为企业绿色化战略实现的保证，绿色化企业的组织文化和组织结构应不断完善②。袁志等基于循环经济发展模式，对企业绿色化管理的概念模型进行研究，分析了企业绿色化管理的集成特性和管理体系结构，提出了企业绿色发展模式下实现企业可持续发展的战略范式和具体举措③。卜华白和卜时珍以企业采取绿色生产经营行为的收益成本结构为研究的切入点，解释了企业实施绿色生产的绩效来源，从而澄清了企业实施绿色生产的思想误区，确立了企业实施绿色生产的成本收益结构，为企业实施绿色生产提供了理论支持和方法指导④。魏锋等指出，我国企业必须尽快顺应绿色潮流，采取积极的环保态度，壮大生态化实力，申请绿色认证，建立系统规范的绿色管理体系，重塑绿色企业形象，实现企业绿色化⑤。

在消费方面，如何通过改善消费行为来实现绿色化普及也是一个热点问题。李冬阐述了发展循环经济背景下消费行为绿色化动力机制的构成和构建消费行为绿色化机制的制度与政策措施⑥。井绍平和陶宇红以消费者需求为视角对产品绿色化创新路径进行研究，从消费人群不同的需求偏好、需求强度的差异化、内涵梯级递进、动机和候选框架等方面分析了我国消费者需求特征，并从结合需求热点、梯级递进的创新管理、绿色环节展示和利用行业

① 魏江：《绿色化企业及其战略分析》，《科学管理研究》1998 年第 5 期。

② 魏江：《绿色化企业及其战略分析》，《科学管理研究》1998 年第 5 期。

③ 袁志、白屯、赵丽坤：《循环型绿色化集成管理：企业可持续发展的新范式》，《软科学》2003 年第 6 期。

④ 卜华白、卜时珍：《低碳经济背景下企业实施绿色化生产的经济绩效研究》，《生态经济》（中文版）2011 年第 3 期。

⑤ 魏锋、魏宁、李海滨：《企业绿色化——21 世纪企业持续竞争力之源》，《经济问题探索》2004 年第 3 期。

⑥ 李冬：《循环经济下消费行为绿色化探讨》，《商业时代》2010 年第 5 期。

之间的“绿色”交互延展性影响等方面提出企业产品绿色化的路径建议①。

2.3　对绿色发展研究现状的评述

2.3.1　绿色发展的概念解释较多，而理论分析框架尚待构建

现有的绿色发展文献对绿色发展理论的研究包括系统观、自然观、经济观、科技观四种，这四种观点尽管对绿色发展的概念进行了较为详细的阐述，但是这些解释存在许多不足之处。第一，从系统观的角度对绿色发展进行阐述尽管具有一定的科学性，但绿色发展并不是简单的线性投入产出，而是一个循环利用的环状过程。第二，从自然观的角度对绿色发展进行解释比较符合人们的直观感受，但是，从自然观的角度对绿色发展的解释把绿色发展看成一个静态的过程，事实上绿色发展是一个动态变化的过程。第三，从经济观的角度很好地诠释了经济发展对于绿色发展的核心作用，然而经济发展不是绿色发展的唯一目标，绿色发展内涵十分丰富，涉及经济、社会、文化等方方面面，单一地从经济观的角度来定义绿色发展略显单薄。第四，从科技观的角度很好地解释了绿色发展的关键驱动因素——技术，但是，绿色发展的驱动力包括很多，仅仅从技术的角度进行解释略显单薄。第五，现有绿色发展理论与传统可持续发展、生态经济等理论交叉混用，导致绿色发展特征不鲜明。第六，从现有研究成果来看，还没有一套完整的评价方法体系对于绿色发展在某一时刻的状态水平、速度水平、效率水平的动态过程及空间覆盖面进行完整的刻画。

为此，需要进一步建立绿色发展的系统分析框架和分析方法体系。①科学界定绿色发展的概念和内涵特征，客观分析绿色发展的历史背景、发展阶段、发展动力。②建立一套完整的理论分析框架，从状态、速度和效率多个维度对绿色发展进行系统刻画。③对绿色发展的方法论和评价测度进行体系化和系统化归纳，使得定量研究可以比较和重复进行。

① 井绍平、陶宇红：《基于消费者需求视角的产品绿色化创新路径》，《河北大学学报》（哲学社会科学版）2013 年第 4 期。

2.3.2 绿色发展效率成为研究热点，而技术线路待提炼

绿色发展效率测算方法较为成熟，大多数学者采用非参数法来衡量绿色发展效率，不同学者根据研究目标的不同，采用不同的模型与之相适应。但是，绿色发展效率评价的维度较为单一，大多数学者只从区域、产业或者空间一个维度测算绿色发展效率，从时间、空间和产业三个维度综合分析绿色发展效率的研究相对较少。技术路线图的研究相对成熟，但由上文的文献综述可知，现有研究大多聚焦于传统产业技术路线分析，结合绿色发展理论，提出绿色技术路线图的研究相对较少。更为重要的是，技术路线图的研究大多采用专家访谈、德尔菲法等定性方法，定量提出技术路线图的研究相对较少。最后，现有研究大多从区域或者产业单一维度分析技术路线图，从时间、空间和产业综合提出绿色发展技术路线图的研究处于刚刚起步阶段。

为此，需要进一步建立绿色发展的技术路线图研究体系。①从时间、空间、产业三个维度评价绿色发展效率，以期全方位把握绿色发展质量。②结合绿色发展技术演变阶段理论，定量提出绿色发展技术路线图。③从时间、空间、产业三个维度综合提出绿色发展技术路线图，以期全方位客观把握绿色发展关键技术。

2.3.3 绿色发展区域形成特色，而区域发展模式亟待总结

当前，绿色发展区域层面的研究主要包括区域绿色发展水平的评价和区域绿色发展实现路径的选择，这些研究的不足之处主要体现在以下方面。第一，区域绿色要素禀赋的差异对于区域绿色发展路径的差异化选择具有至关重要的作用，但现有的研究对这一方面考虑不足，对于区域绿色发展实现路径的选择具有趋同化的趋势。第二，现有研究习惯于单独对某个特定区域或把各区域看成相互独立的样本进行分析，然而区域与区域之间、某个特定区域的绿色发展要素之间的联动性、协调性究竟如何，现有研究对这一问题显然没有很好地回答。第三，现有研究对于区域绿色发展的分析仅停留在个体案例分析的层面，对于案例分析中的经验总结没有提升到更高的区域层面或国家层面。

为此，需要进一步探索绿色发展的区域差异路径。①对于区域绿色发展的研究应当更多地体现区域差异，突出区域特色；对于区域绿色发展实现路径的选择应当更多地考虑区域的资源要素禀赋问题。②区域与区域之间的联动效应、区域内部要素之间的关联与协调度的问题是未来区域绿色发展研究的一个发展方向。③对于区域绿色发展样本的经验总结应提升到更高的层次，使得特定区域的绿色发展经验可以更好地被学习并进行推广。

2.3.4　绿色发展政策多样，而政策效果评价需要跟踪

对于如何运用政策对绿色发展的过程提供保障，不少专家学者都提出了看法，如外贸政策的运用、财税与考核政策的运用、产业政策的运用、微观机制的设计，但是现有研究也存在许多有待完善的地方。第一，现有文献的政策建议千篇一律，分析范式趋于同质化，没有考虑到不同类型政策的特点。第二，对于现有绿色发展政策实施的效果究竟如何，学界并没有进行深入研究。第三，从研究方法来说，对于绿色发展政策工具普遍采用定性的方法进行研究，对于绿色发展政策工具的定量化评价较少。第四，现有成果对于政策的实施对绿色发展的长远影响考虑不足。

为此，需要进一步研究绿色发展的政策保障。①在分析绿色发展政策时，应当充分考虑该类型政策的特征及其优点和缺陷。②对于绿色发展的政策效果应进行分析，并更多地采用定量化的分析方法，使得绿色发展的分析评价更具有科学性。③政策对于绿色发展的影响往往是长期的，对这种长期的、动态的政策效应的研究是绿色发展政策工具研究未来的一个重要发展方向。

第3章 绿色发展的理论分析

3.1 绿色发展的内涵特征

3.1.1 相关概念的辨析

（1）循环经济（Recycled Economy）是一种全新的经济运行模式和环状结构，强调的是资源循环利用。循环经济的思想萌芽可以追溯到环境保护兴起的20世纪60年代。1962年，美国生态学家蕾切尔·卡逊发表了《寂静的春天》，指出了生物界以及人类所面临的危险。“循环经济”一词萌芽于Boulding的“宇宙飞船经济”[①]，其概念最早由Pearce等提出，主要指在人、自然资源和科学技术的大系统内，在资源投入、企业生产、产品消费及废弃的全过程中，把传统的依赖资源消耗的线形增长经济转变为依靠生态型资源循环来发展的经济[②]。

当前，对循环经济的研究已经取得了以下共识。①循环经济是一种全新的经济运行模式。循环经济的活动组成“资源—生产—消费—再生资源”的闭环过程。②循环经济的基本原则是减量化、再使用、再循环。③循环式经济是一场对线性式传统经济的革命，即从以“高开采、低利用、高排放”为特征的线性经济转变为以“低开采、高利用、低排放”为特征的反馈式、网络状经济。④循环经济本质上是一种生态经济。循环经济实质上是传统工业

① Boulding, K. E., Jarrett, H., *Environmental Quality in a Growing Economy* (Baltimore, MD, US: Johns Hopkins University Press, 1966).

② Pearce, D. W., Turner, R. K., *Economics of Natural Resources and the Environment* (Baltimore, MD, US: Johns Hopkins University Press, 1990).

化向后工业化阶段演替的必然产物，从经济与生态关系的视角考察自工业化运动以来的历史，不难发现，人类社会所追求的现代化实际上建立在经济社会发展与自然资本消耗同步增长的基础上，即所谓的强物质化阶段。而在导入循环经济发展模式后，人类将有望告别传统的现代化时代，取而代之的是可持续发展时代，实现经济社会发展与自然资本消耗的相对分离，即减物质化阶段（见图 3－1）。

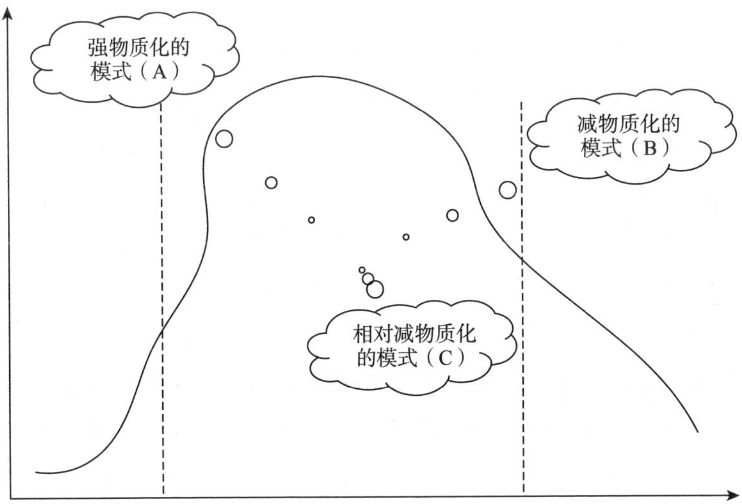

图 3－1　工业化发展阶段及相应的经济发展模式[①]

循环经济与绿色发展的关系表现：循环经济为绿色发展提供了一个全新的生产观念和技术支撑，绿色发展对循环经济进行了批判性继承和发展。循环经济产生于资源能源紧缺，生产生活废物大量排泄，大气、水体和土壤大量污染的环境背景。循环经济要求转变过度依赖资源投入、高投入、高排泄、高废弃、重产品交换价值生产优先等传统的资源利用和商品生产观念理念，树立节约资源、循环高效利用资源、清洁生产、控排减排生产生活废物、变废为宝、服务优先等新的资源利用和商品消费观念理念。这为经济发展提供了一个全新的生产观念，而绿色发展不仅考虑科学技术对自然的开发

① 诸大建、朱远：《循环经济与自然资本稀缺条件下的中国发展》，《毛泽东邓小平理论研究》2008 年第 4 期。

能力，而且考虑它对生态系统的维系和修复能力，使生产成为一个良性循环的生态系统。循环经济以资源的高效利用和循环利用为核心，其关键是开发研究推广应用资源节约综合利用技术，彻底克服了传统线性发展模式的弊端，“资源—生产—消费—再生资源”的闭环过程使资源得到充分利用，废物在生产过程中得以再次利用，是物质生产方式的一次革新，对后来生产模式的调整具有重大借鉴意义，对后来的绿色生产模式起到重要引领作用。

（2）低碳经济是为了应对全球气候变暖，其实质是提高能源利用效率和创建清洁能源结构，核心是技术创新、制度创新和发展观的转变。2003 年英国政府发布的能源白皮书《我们能源的未来：创建低碳经济》，首次明确提出“低碳经济”（Low Carbon Economy）一词，指出低碳经济是指以低能耗、低污染为基础的绿色生态经济。低碳经济是低碳发展、低碳产业、低碳技术、低碳生活等一类经济形态的总称。它以低能耗、低排放、低污染为基本特征，以应对碳基能源对气候变化的影响为基本要求，以实现经济社会的可持续发展为基本目的。低碳经济的实质在于提升能源的高效利用、推动区域的清洁发展、促进产品的低碳开发和维持全球的生态平衡。这是实现从低碳能源时代到高碳能源时代再到低碳能源时代演化的一种经济发展模式（见表 3 -1）。因此，低碳经济的内涵应该是低二氧化碳排放的经济发展模式，包括低碳能源、低碳产品、低碳技术的开发利用，其目的是通过发展低碳经济来应对全球气候变暖，其实质是提高能源利用效率和创建清洁能源结构，核心是技术创新、制度创新和发展观的转变[①]。低碳经济有两个基本点：①它是包括生产、交换、分配、消费在内的社会再生产全过程的经济活动低碳化，把二氧化碳排放量尽可能减少到最低限度乃至实现零排放，获得最大的生态经济效益；②它是包括生产、交换、分配、消费在内的社会再生产过程的能源消费生态化，形成低碳能源和无碳能源的国民经济体系，保证生态经济社会有机整体的清洁发展、绿色发展、可持续发展[②]。

---

① 戴彦德、朱跃中、白泉：《中国 2050 年低碳发展之路——能源需求暨碳排放情景分析》，《经济研究参考》2010 年第 26 期；吴晓青：《关于中国发展低碳经济的若干建议》，《环境保护》2008 年第 5 期。

② 方时姣：《也谈发展低碳经济》，《光明日报》2009 年 05 月 19 日。

表3－1　低碳经济与高碳经济的多维度对比[①]

经济形态	运行本质	福利效应	技术、制度基础
原始的低碳经济	环境资源供过于求 碳排放权无偿使用	碳排放少，成本小 福利损失忽略不计	利用生物质能 无产权界定
高碳经济	环境资源供需失衡，再生产难以维系 碳排放权无序抢占，低效配置，过度使用	碳排放权需求大，稀缺性强，成本高 社会福利损失大，影响社会可持续发展	以碳氢化合物的使用为基础，较高排放量 环境产权模糊
新型的低碳经济	环境资源供求均衡，可持续再生产 碳排放权可通过市场与政府手段合理配置	通过既定环境资源的优化配置，社会福利趋于最大化 社会可持续发展	以化石能源和清洁能源的综合利用为基础 环境产权清晰

低碳经济与绿色发展的关系表现：低碳经济不同于工业文明时期的黑色经济发展模式，这种低碳高增长模式为绿色发展提供新的经济发展范式；低碳经济在包括生产、交换、分配、消费在内的社会再生产全过程中表现出经济活动低碳化和能源消费生态化，这为绿色发展的系统工程构建提供了经验借鉴；低碳经济通过技术跨越式发展和制度约束得以实现，表现为能源效率的提高、能源结构的优化以及消费行为的理性；低碳经济的竞争表现为低碳技术的竞争，着眼点是低碳产品和低碳产业的长期竞争力，这可以为绿色发展提供技术和制度支撑。

（3）绿色经济是低碳的、资源有效利用的、能够实现可持续发展的经济形态。发展绿色经济的理念是从人们对人类经济社会发展造成环境污染的关注开始的。早在20世纪60年代初，学者们就开始研究人类发展的足迹对环境的影响。美国海洋生物学家卡逊的《寂静的春天》指出，人类的许多活动不仅危及了许多生物的生存，而且正在危害人类自己的生存[②]。罗马俱乐部的《增长的极限》报告，分析了世界人口、工业发展、污染、粮食生产和资源消耗五种因素之间的互动关系。在关注环境及其污染的背景下，传统经济发展模式面临转型的必然要求，人们把转型过程中形成的新的经济形态概括

① 陈兵、朱方明、贺立龙：《低碳经济的含义、特征与测评：碳排放权配置的视角》，《理论与改革》2014年第5期。

② Carson, R., *Silent Spring* (Boston, MA, US: Houghton Mifflin Harcourt, 2002).

为绿色经济[①]。英国著名经济学家皮尔斯在其出版的《绿色经济蓝皮书》中首次提出“绿色经济”这一概念[②]。绿色经济是围绕人的全面发展，以生态环境容量、资源承载能力为前提，以实现自然资源持续利用、生态环境持续改善、生活质量持续提高、经济持续发展为目标的一种经济发展形态[③]。绿色经济新理论有三个特征：①提出了基于可持续发展的绿色思想，强调地球关键自然资本的非减发展，意味着人类经济社会发展必须尊重地球边界和自然极限；②提出了包含自然资本在内的生产函数，要求绿色经济在提高人造资本的资源生产率的同时，将投资从传统的消耗自然资本转向维护和扩充自然资本，要求通过教育、学习等方式积累和提高有利于绿色经济的人力资本；③将社会公平纳入绿色经济的概念之中，强调每个人拥有享有自然资本的同等权利。综上所述，绿色经济是可持续的经济发展形式[④]。在绿色经济条件下，资源与环境是经济增长的基础，这种经济形式有力协调了经济发展与资源和环境关系的矛盾，在一定程度上实现了经济效益、生态效益和社会效益的统一，经济发展与自然环境保护和生态环境改善成为有机整体。

绿色经济与绿色发展的关系表现：绿色经济为绿色发展提供了新的价值导向，与传统经济学认为经济系统是独立的不同，绿色经济理论认为经济发展规模和增长尺度是以环境容量和资源的承载能力为前提条件的，生态环境容量和自然资源的承载能力是经济发展的刚性约束，这为绿色发展重新认识资源环境作用提供了新的价值导向；绿色经济提出了包含自然资本在内的生产函数，要求将环境资源作为绿色经济发展的内生变量，革新了传统经济发展观；绿色经济的目标扩展至社会系统，希望促进人类幸福感的提升与社会公平的发展，将经济 - 社会 - 生态复合系统的发展作为目标为绿色发展多维目标设计提供了方向（见图 3 - 2）。

---

① Borowitzka, M. A., *Limits to Growth—Wastewater Treatment with Algae* (New York, NY, US: Springer, 1998).

② Pearce, D., *Blueprint for a Green Economy* (Oxfordshire, England, UK: Earthscan, 1989).

③ 余春祥：《对绿色经济发展的若干理论探讨》，《经济问题探索》2003 年第 12 期。

④ UNDESA, *Green Economy in the Context of Sustainable Development and Poverty Eradication* (2014).

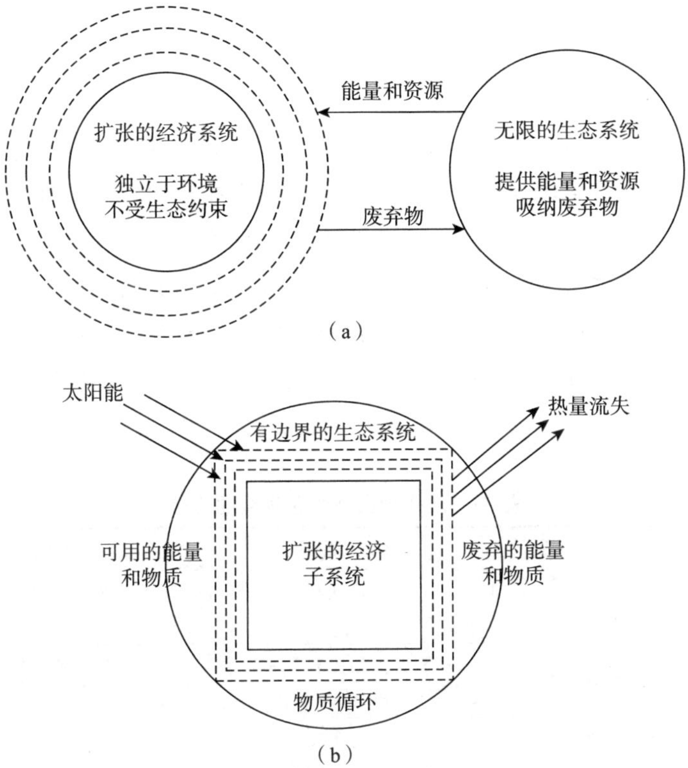

图 3－2　对比范式：独立于生态系统的经济系统（a）与作为生态系统子系统的经济系统（b）①

3.1.2　典型绿色发展观的梳理

（1）从系统观看绿色发展，绿色发展就是可持续发展。著名生态经济学家刘思华用科学发展观的思想对绿色发展进行了诠释，认为，绿色发展体现了过去发展、现在发展、未来发展和永续发展的统一，体现了经济发展、政治发展、文化发展、社会发展和生态发展的统一②。陈端计认为，绿色发展是以经济与环境的完整和健康为前提，以以人为本为核心，以增加国民的福

① Rees，W. E.，“Economic Development and Environmental Protection：An Ecological Economics Perspective”，*Environmental Monitoring & Assessment*，2003，86（1－2）：29－45.

② 刘思华：《科学发展观视域中的绿色发展》，《当代经济研究》2011 年第 5 期。

祉为目的，注重实现人与人、人与社会、人与自然之间的和谐、均衡、共同发展①。著名国情研究专家胡鞍钢在《中国：创新绿色发展》中将绿色发展界定为经济、社会、生态三位一体的新型发展道路②。吕福新认为，绿色发展的主要任务和目标是保持经济与环境、经济系统与生态系统的协调，实现可持续发展③。黄志斌等认为，绿色发展是建立在资源承载力和生态环境容量的约束条件下，通过“绿色化”“生态化”的实践，达到人与自然日趋和谐、绿色资产不断增殖、人的绿色福利不断提升，实现经济、社会、生态协调发展的过程④。从系统观的角度可以科学地诠释绿色发展的丰富内涵，但绿色发展并不是简单的线性投入产出，而应该是一个循环利用的环状过程（见表 3－2）。

表 3－2　几种典型绿色发展的比较

绿色发展观	核心问题	最终目标	存在问题
系统观	统筹经济、社会和环境的共同发展	在自然边界内实现经济的可持续发展	忽视了绿色发展的循环增殖过程
自然观	注重环境保护	以环境保护为主要目标，限制过度开发和不健康发展	忽视了生态环境容量和资源承载力的动态变化过程
经济观	致力于发展高质量经济	以经济发展为主要目标，进而采用经济手段解决社会问题	忽视了人类发展本身
科技观	依靠绿色科技驱动	以绿色科技为导向，解决经济社会发展中的难题	忽视了多元化驱动力的应用

（2）从自然观来看绿色发展，对绿色发展的直观感受就是天蓝地绿。王玲玲和张艳国认为，绿色发展是在生态环境容量和资源承载力的制约下，通过保护自然环境实现可持续科学发展的新型发展模式和生态发展理念，合理

① 陈端计：《绿色发展：中国“十二五”发展转型升级的必然选择》，《经济问题探索》2011 年第 8 期。

② 胡鞍钢：《中国：创新绿色发展》，中国人民大学出版社，2012。

③ 吕福新：《绿色发展的基本关系及模式——浙商和遂昌的实践》，《管理世界》2013 年第 11 期。

④ 黄志斌、姚灿、王新：《绿色发展理论基本概念及其相互关系辨析》，《自然辩证法研究》2015 年第 8 期。

利用资源、保护环境、维系生态平衡是其内在的核心要素①。蒋南平和向仁康认为，绿色发展应建立在“资源能源合理利用，经济社会适度发展，损耗补偿互相平衡，人与自然和谐相处”的基础上；全面树立珍惜及合理利用自然资源，尽快制定资源能源补偿标准，避免资本统制力对生态的破坏，以科技手段来加速生态的修复及经济的发展，是中国乃至世界各国实现绿色发展的有效途径②。绿色发展的核心思想是保护我们人类赖以生存和发展的自然资源基础，努力实现自然资源的可持续利用；保护与我们息息相关的自然环境，包括大气环境、水环境、土壤环境等，努力实现自然环境的优美；保护好与我们人类共同演进的生态系统，努力实现生态系统的持续稳定和服务功能增强③。然而，生态环境容量和资源承载力是动态变化的，基于静态视角定义绿色发展存在明显不足。

（3）从经济观认识绿色发展，绿色发展的核心就是经济发展。马平川和杨多贵等认为，绿色发展是指为了应对国际金融危机、全球气候变化和国内资源环境问题的三重挑战，以绿色创新为桥梁，以绿色经济为核心，在追求资源环境绩效的同时，依靠科技进步提高产业的资源效率和绿色竞争力，进而进行产业结构调整，以达到低碳的、高效的、可持续的发展④。王毅认为，在经济发展上，“绿色”有三层含义：一是开展资源节约、污染治理、生态保护等；二是发展节能环保、新能源汽车等“绿色产业”；三是把低碳、智能等理念融入工业化、城市化进程，对经济系统实施“绿色改造”⑤。王玉庆也认为绿色发展有两方面的含义：一是发展要绿色化，是指现有的各个经济部门、各个行业在发展中都要把环保要求和资源消耗标准作为刚性约束，做到低污染甚至无污染，高效利用资源和能源，以达到经济增长和资源能源消耗增长、生态环境恶化的脱钩；二是绿色要创造发展，是指一切用于改善环境、治理污染和节约资源的投资，将推动经济发展，创造就业岗位，达到

① 王玲玲、张艳国：《“绿色发展”内涵探微》，《社会主义研究》2012 年第 5 期。

② 蒋南平、向仁康：《中国经济绿色发展的若干问题》，《当代经济研究》2013 年第 2 期。

③ 谷树忠、谢美娥、张新华等：《绿色发展：新理念与新措施》，《环境保护》2016 年第 12 期。

④ 马平川、杨多贵、雷莹莹：《绿色发展进程的宏观判定——以上海市为例》，《中国人口资源与环境》2011 年第 12 期。

⑤ 王毅：《厘清“绿色发展”理念》，《北京观察》2011 年第 6 期。

消除贫困、改善民生的社会目标[①]。石敏俊和刘艳艳也主张绿色发展的内涵包含两个方面："经济要绿色，绿色要经济"[②]。尽管经济发展仍然是各国和地区发展的重要目标，但绝不是唯一的目标，绿色发展内涵丰富，渗透经济、社会、文化等各个方面，单一地从经济观的角度来定义绿色发展略显单薄。

（4）从科技观看绿色发展，绿色发展也是一个科技革命的过程。三次工业革命彻底颠覆了以往的物质生产方式和人们的生活方式，既为人类社会带来了巨额的物质财富，也给人类生存环境带来了巨大挑战。因此，人们都在期盼第四次科学技术革命的到来。绿色技术一词最早出现在 1992 年联合国环境发展大会通过的《21 世纪议程》中，绿色技术是把保护环境、改善生态与提高资源利用效率、发展经济统筹起来的一项全新的技术模式。杨多贵和高飞鹏认为，绿色发展是为了应对全球气候变暖、世界性金融危机、国内资源环境破坏和转方式调结构的四重挑战，依靠科技进步和绿色改革，从而实现可持续发展[③]。刘燕华认为，绿色发展是可持续发展的重要组成部分，有三大技术支撑其发展，分别是循环技术、低碳技术和生态技术[④]。齐建国则认为，绿色发展以绿色技术为基础，聚焦于提高人的生命力的持续健康发展，是人类在物质财富达到一定丰裕程度时的必然选择[⑤]。科技的发展固然重要，但由于绿色发展内涵丰富，渗透经济社会发展的各个方面，绿色发展应该是多元驱动而非单一科技驱动。显然，单纯的科技驱动存在缺陷。

3.1.3 绿色发展的基本内涵

（1）绿色发展是非线性和螺旋式上升的过程。绿色发展是一种全新的经济发展模式，它是一场对线性式传统经济的革命，是一个开放的环状发展过程，呈螺旋式上升。绿色发展不再像传统经济发展模式那样，只是简单地依

① 王玉庆：《我国实现绿色发展的关键问题》，《经济研究参考》2013 年第 1 期。

② 石敏俊、刘艳艳：《城市绿色发展：国际比较与问题透视》，《城市发展研究》2013 年第 5 期。

③ 杨多贵、高飞鹏：《"绿色"发展道路的理论解析》，《科学管理研究》2006 年第 5 期。

④ 刘燕华：《关于绿色经济和绿色发展若干问题的战略思考》，《中国科技奖励》2010 年第 12 期。

⑤ 齐建国：《循环经济与绿色发展——人类呼唤提升生命力的第四次技术革命》，《经济纵横》2013 年第 1 期。

靠投入实现产出，这是一种低端的线性生产方式，正是这种粗放型的生产方式导致了现在严峻的环境问题和社会问题。绿色发展依托新理念、新技术，从生产循环、低碳发展、绿色生活等方面着手，谋求投入端的低投入、生产过程的高效循环、产出端的效益最大化，整个绿色生产具有“低投入、低污染、高产出”的特征，显然，这不再是一种简单线性生产模式，这主要依靠技术投入和人力资本投入，高效的投入产生的乘数效应使整个生产过程不再具备线性特征，而且由于生产、消费、废物排放、废物利用都立足于技术创新和理念革新，不仅节约了成本，还保护了环境，实现了经济社会的发展。因此，绿色发展的轨迹是一个螺旋式上升的过程（见图3－3）。

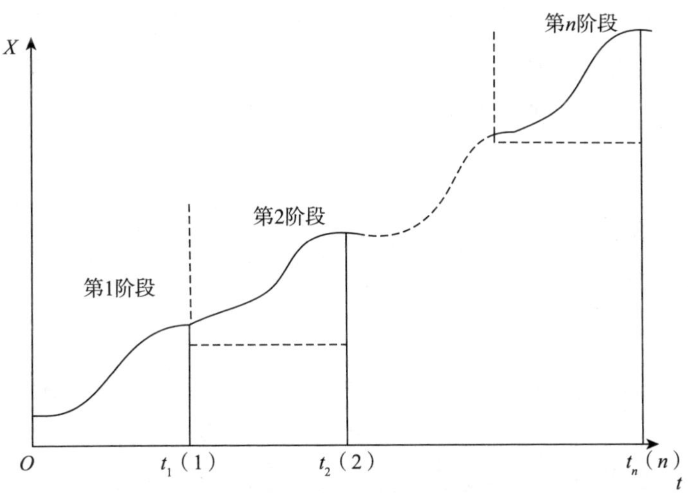

图3－3　绿色发展的非线性和螺旋式上升示意

（2）绿色发展在时间维度上具有持续性和阶段性。绿色发展理念的形成并非一蹴而就，而是经过漫长的酝酿，实践的积累，思想的碰撞，锤炼出来的智慧结晶。绿色发展不是无源之水，更不是无本之木，它虽创造于中国，但是扎根于浩浩荡荡的世界历史潮流之中，是人类集体智慧的结晶。20世纪60～70年代，人们在经受环境污染、生态破坏、资源耗竭、气候变化等环境压力下，对传统发展模式产生了质疑。1966年美国经济学家肯尼斯·鲍丁尔提出了“宇宙飞船经济”，指出地球经济系统就像宇宙飞船，是个孤立无援的独立系统，需要依靠自身的资源消耗而存在，只有实现资源的循环利用，地球才能得以长存。1989年英国经济学家大卫·皮尔斯在《绿色经济蓝皮书》中首次提出“绿色经济”概念，认为经济与环境相互影响，若将环境融入资本投资中或许可以缓解经济与环境之间的矛盾。由此引发了人类关于发展方式的热议。2008年全球金融危机爆发，绿色发展悄然成为各国政府应对金融危机的重要途径。2009年联合国环境署发布《全球绿色新政政策概要》，启动“全球绿色新政及绿色经济计划”，2015年12月巴黎气候变化大会通过《巴黎协定》，由此在世界范围内掀起了一场“绿色革命”。绿色发展的形成过程不仅在时间维度上具有持续性，而且表现出明显的阶段性。绿色发展最典型的表征就是三种经济形态的演变，依次表现为循环经济→低碳经济→绿色经济。三种经济形态都是为解决针对性问题，在不同的经济社会发展背景下产生的，它们虽形式不同，侧重点存在差异，但本质上都是生态经济的范畴，目标都是可持续发展（见图3－4）。

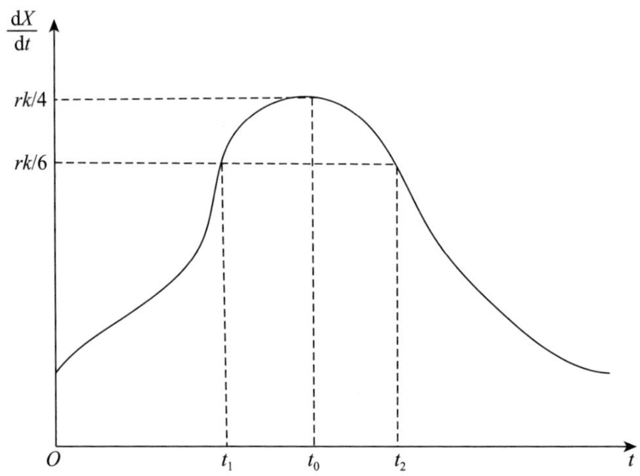

图3－4　绿色发展持续性与阶段性演变

（3）绿色发展的技术是可传承和跃迁的。绿色发展在广泛汲取循环经济、低碳经济和循环经济有益经验的基础上，进一步在绿色技术方面进行扩展。与黑色经济不同的是，绿色发展所依靠的投入要素在内容和位序上都发生了颠覆性的变化，绿色发展除了依靠传统的资本、劳动力外，更加关注环境资源在绿色发展中起到的重要作用，并且认为当前绿色发展的要素投入位序应该更加关注自然资本和人力资本的投入，其次才是传统要素，绿色发展应该重视绿色技术的开发和使用，并且认为这种技术是可以传承和跃迁的，即落后地区可以通过采用先进的绿色技术实现跳跃式发展（见图3－5）。

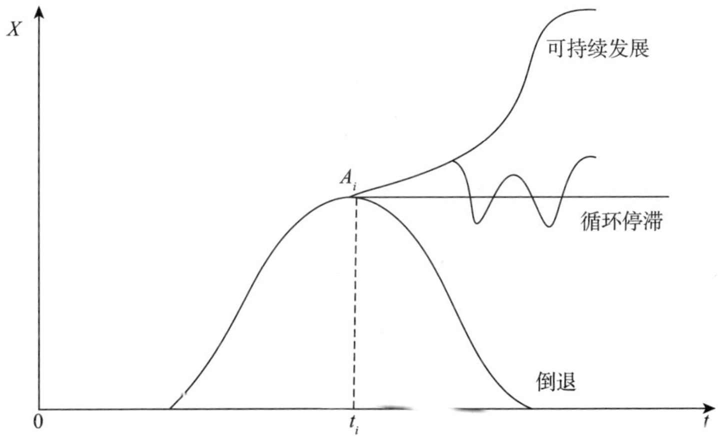

图3－5　绿色发展技术的传承与跃迁

（4）绿色发展在空间维度上具有非均匀性。由于经济发展情况、地理环境和人文环境等不同，绿色发展在空间维度上表现出非均匀性。不同国家、不同区域以及城乡间的绿色发展水平在初始阶段甚至是成熟阶段都存在显著差异，但是随着科技和交通的发展，要素禀赋与要素流动等初始条件对绿色发展的制约能力越来越小，绿色发展不再是单个孤立体独自发展，而是相互影响，相互补充，相互促进，逐渐形成一个全方位、多方面的区域复合系统甚至是全球绿色发展系统，实现共同发展、共享发展（见图3－6）。

（5）绿色发展的价值导向是价值增殖和可循环的过程。绿色发展的价值导向是价值增殖的过程，它不同于传统经济只关注数量上的增长或者体量上的扩张，绿色发展不否定经济增长。广大欠发达地区的贫困落后以及环境恶化问题很大程度上是因为经济发展较差。中国古代倡导“仓廪实而知礼节，衣食足而知荣辱”，如果广大民众吃不饱饭，穿不上衣，那绿色发展就失去了实践的主体，失去了根基，因此，绿色发展不仅要增长，而且要高效率增长，所谓的高效率增长不仅是低碳、低污染、低投入、低排放，而且是贯彻减量化、再使用、再循环的基本原则，以人地协调、社会福利增加、社会主体共融发展、城市复合系统健康持续运转为根本目的（见图3－7）。

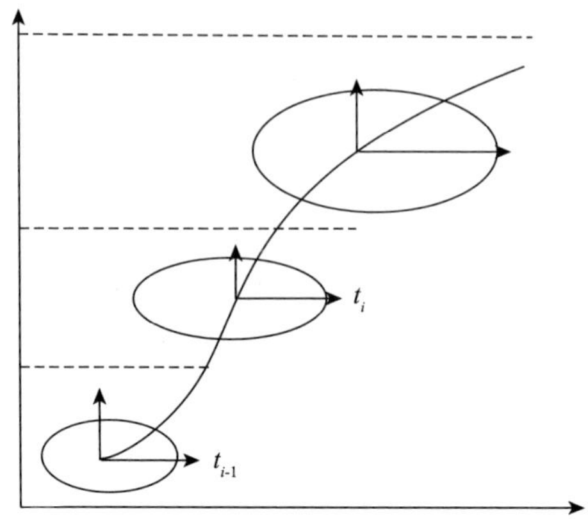

图 3-6　绿色发展空间非均匀

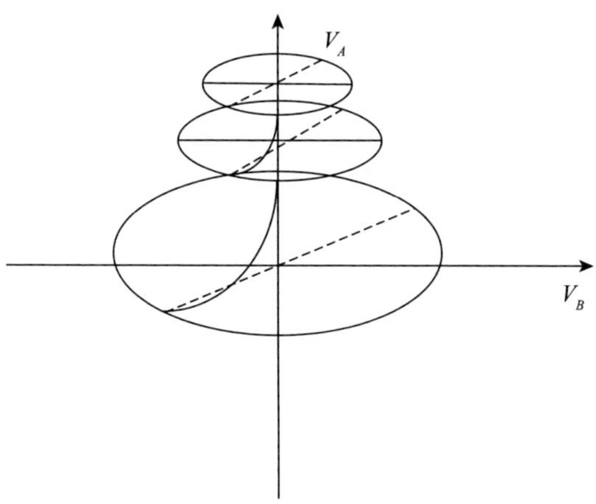

图 3-7　绿色发展的价值增殖与循环过程

（6）绿色发展的核心在于制度创新和政策工具的选择。绿色发展作为一种福利性、健康性发展模式，追求的不仅是经济的增长，更是社会系统的健康，社会福利的增加，更加关注自然环境系统与经济系统、社会系统所形成的城市复合系统能否协调健康发展。然而由于绿色发展具有极强的普惠性和外部性，这就需要依靠完善的制度支撑。此外，绿色发展对政策工具的选择比较敏感，不同政策工具以及不同组合对地区绿色发展产生的效果可能存在显著差别，甚至可能改变绿色发展路径（见图 3-8）。

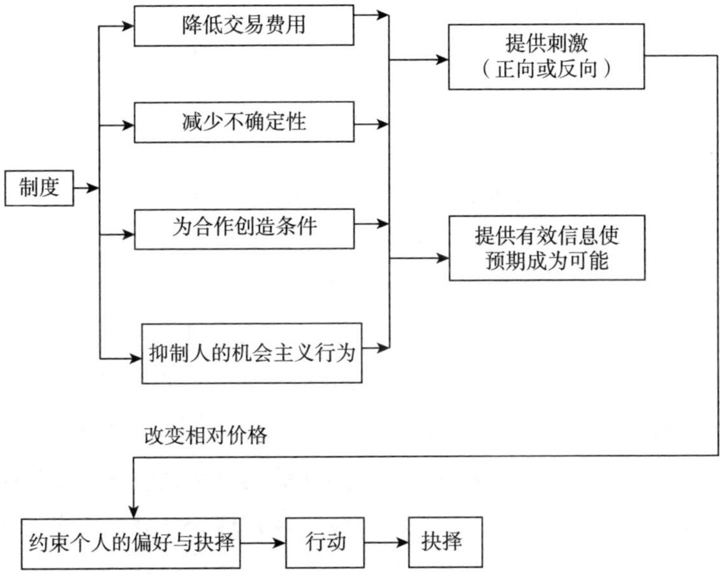

图 3－8　制度的职能

3.2　绿色发展的多维度论

3.2.1　状态维度

（1）可持续发展理论为绿色发展状态维度描述提供基础。可持续发展理论的形成经历了相当长的历史过程。20 世纪 50～60 年代，人们在经济增长、城市化、人口、资源等所形成的环境压力下，对“增长＝发展”的模式产生怀疑。1987 年，以挪威首相布伦特兰为主席的联合国世界与环境发展委员会发表了一份报告《我们共同的未来》，正式提出可持续发展概念，将可持续发展定义为“既满足当代人的需要，又不损害后代人满足需要的能力的发展”，并以此为主题对人类共同关心的环境与发展问题进行了全面论述，受到世界各国政府组织和舆论的极大重视。在 1992 年联合国环境与发展大会上，可持续发展成为与会者共识。可持续发展在具体内容方面涉及可持续经济、可持续生态和可持续社会三方面的协调统一，要求人类在发展中讲究经济效率、关注生态和谐和追求社会公平，最终达到人的全面发展。它的基本思想：①可持续发展并不否定经济增长；②可持续发展以自然资源为基础，同环境承载能力相协调；③可持续发展以提高生活质量为目标，同社会进步相适应；④可持续发展承认自然环境的价值；⑤可持续发展是培育新的经济增长点的有利因素。

（2）绿色发展的状态维度的可持续发展含义。绿色发展的状态维度可以借助可持续发展的思想来表达。①绿色发展鼓励绿色增长。经济发展是人类生存和进步所必需的，也是社会发展和保持、改善环境的物质保障。目前，发展中国家正经受贫困和生态恶化的双重压力，贫困是导致环境恶化的根源，生态恶化更加剧了贫困。因此，绿色发展并不否认经济增长的必要性，但是其所强调的增长并不是传统意义上的增长，而是绿色增长、可持续增长。②绿色发展的标志是资源的永续利用和螺旋式增殖。绿色发展承认自然环境的价值，强调人类社会的发展都要以自然环境为基础，要求资源的利用要做到可持续，同时关注资源利用效率，强调绿色发展是一个螺旋式增殖的过程并非简单的线性过程。③绿色发展以实现人的全面发展为最终目标。发展不仅仅是经济问题，单纯追求产值方面的经济增长不能体现发展的内涵。可持续发展的观念认为，世界各国的发展阶段和发展目标可以不同，但发展的本质应当包括改善人类生活质量，提高人类健康水平，创造一个保障人们享有平等、自由、教育、人权和免受暴力的社会环境。绿色发展在这一点上与可持续发展的理念高度吻合。

（3）绿色发展状态是可持续发展的必然要求。要实现绿色可持续发展，应该从以下几个方面着手。①积极转变经济发展方式，从依赖资源能源的粗放型增长模式向以技术驱动为主要动力的集约型增长模式转变，打破“高投入、高消耗、高污染、低产出”的传统发展路径，努力实现以绿色技术驱动为导向的“低投入、低消耗、低污染、高产出”的可持续发展路径过渡。②增加科技投入，鼓励技术创新，努力发展清洁型技术，着力从以下两个方面提高资源利用效率：一方面，从工艺流程的投入端、生产过程以及产出端实现清洁生产，同时通过技术革新，降低资源投入以及生产过程中的损耗，提高产出效率；另一方面，积极发展稀缺资源的替代品，鼓励开发新技术新产品，以缓解稀缺资源的紧张局面。③积极营造社会绿色氛围，提高公众环保意识。通过正式教育和非正式教育，引导公众自觉自发履行环保义务，维护绿色发展成果，承担绿色发展责任。

3.2.2　速度维度

（1）复合生态系统理论为绿色发展速度维度描述提供基础。20 世纪以来，人类的城市化进程日渐加快。据 1997 年联合国人居中心预测，到 2030 年全世界将有 60% 以上的人口居住于城市，2050 年世界城市化水平将达 61%。因此，城市作为人类的聚集地已成为人类历史发展的必然。即便如此，人类的衣、食、住、行和从前一样仍离不开自然界，城市必须依赖为其提供物质与能量并可接纳其“代谢”废物的生态系统才能存在。针对欧洲波罗的海沿岸地区 29 个大型城市的研究表明，任何城市生态支撑系统的面积应至少为此城市面积的 500～1000 倍。但在城市化进程加快的同时，城市环境问题日益突出，自然环境受到严重破坏。社会、经济发展和自然生态保护的矛盾使城市的发展面临严峻考验。1984 年马世骏等提出了“社会－经济－自然复合生态系统”的概念，他们对复合生态系统各子系统的结构耦合关系的描述可用图 3－9 表示。①自然子系统由土（土壤、土地和景观）、金（矿物质和营养物）、火（能和光、大气和气候）、水（水资源和水环境）、木（植物、动物和微生物）五行相生相克的基本关系组成，为地球生物化学循环过程和以太阳能为基础的能量转换过程所主导。②经济子系统由生产者、流通者、消费者、还原者和调控者五类功能实体间相辅相成的基本关系耦合而成，由商品流和价值流主导。③社会子系统由社会的知识网、体制网和文化网三类功能网络间错综复杂的系统关系组成，由体制网和信息流主导。三个子系统间通过生态流、生态场在一定的时空尺度上耦合，形成一定的生态格局和生态秩序。

（2）绿色发展的速度维度的复合生态循环发展含义。绿色发展的速度维度可以借助复合生态系统理论来表达。①绿色发展不是简单的线性投入产出过程，而是一个循环增殖的过程。绿色发展非常重视物质生产活动的投入产出效率，并且认为绿色发展的投入产出效率不再是以前的传统线性的，而是一个循环增殖的过程。这一点与复合生态系统思想非常相近，复合生态系统

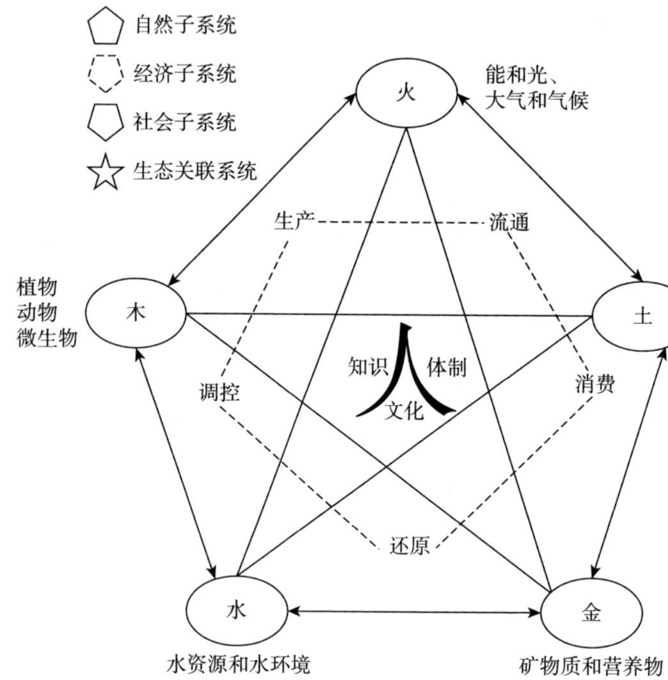

图 3-9 "五位一体"的复合生态系统①

的发展方向是反自然的，即与自然生态系统的演进方向相反。自然生态系统的演进方向是成熟化，即系统的净产量趋近于零，生物能流趋于彻底耗散，物质循环趋于完全；而复合生态系统的发展方向是年轻化，复合生态系统的净产量趋于越来越高，生物能流在系统内的耗散不充分，物质循环不完全。可见，绿色发展的演进方向与复合生态系统的演进方向是一致的。②绿色发展对自然环境具有较强的依赖性。绿色发展依托自然生态系统提供的物质和能量，推动经济系统和社会系统的正常运转，自然系统是绿色发展的基础和关键。在自然生态系统的重要性上，绿色发展与复合生态系统的观点是一致的。复合生态系统是一个能量物质流通量很大、贮藏与转换时间较短、流动速度很快的系统。该系统自身消耗的能量大大超过其自身捕获、转化的太阳

① 王如松、欧阳志云：《社会－经济－自然复合生态系统与可持续发展》，《中国科学院院刊》2012 年第 3 期。

辐射能，而靠消耗岩石圈中储存的太阳能及其他非初级生产的能量来维持。由于生产者的缺乏，大量能量和物质需要其他系统提供，这使得人控复合生态系统永远离不开自然生态系统而独立存在，依赖性很强。绿色发展与复合生态系统同样都对自然生态系统具有较强的依赖性。③绿色发展是个多维的复杂系统，具有不断发展的开放性。绿色发展自始至终就不是一个单一系统，它的复杂性和多维性是前所未有的，这注定该系统不可能拒绝开放走向封闭。在开放性的问题上，复合生态系统与绿色发展系统非常相似。与自然生态系统自身蓄积的生物量相比，复合生态系统与外界进行能量与物质交换甚小；该系统的开放性最初也不强，起码在人类社会发展之初是这样，后来，随着人口增长，经济活动规模扩大，商品经济和市场经济得到发展，系统的开放性越来越明显，到今天已经达到前所未有的程度。复合生态系统的高产出和高消耗的性质，加剧了物质循环的不平衡性，这种不平衡带来的物质与能量的消耗不能由系统自行补偿，人工能量和物质的投入是必需的，为此，不同层次的复合系统之间寻求开放互补，以维持系统的运行。

（3）绿色发展速度是复合生态循环必然要求。要实现绿色快速循环发展，应该从以下几个方面着手。①注重系统间的协调配合，促进“社会－经济－自然复合生态系统”高效运转。从复合型生态系统理论来看，绿色发展主要涉及自然系统、经济系统和社会系统，三大系统间的协调配合决定了一个地区的绿色发展水平。因此，要创造条件发挥自然系统的基础性作用，调动经济系统的发展动力，实现社会系统和谐永续。②以技术创新调节生产关系，培育系统增长动能。技术是经济高速增长的重要抓手，在“社会－经济－自然复合生态系统”中，生产活动的投入产出关系相对稳定，只有技术创新活动才能提高物质生产活动的投入产出效率，实现循环增殖，推动复合生态循环。③鼓励地区间加强交流与合作，走出一条具有地区特色的开放型发展道路。复合生态系统内部各要素之间、各部分之间的相互作用是通过物流、能流、价值流和信息流的形式实现的。同样，绿色发展系统中的各子系统及其与外部系统的交流也是通过各种流体的流动才得以实现，物流、能流、价值流和信息流等流体是各地区交流与合作的纽带，也是实现共同发展、协调发展、共享发展、开放发展的前提。因此，要更好地实现绿色发展，就必须走一条独具特色的开放型发展之路，而不能闭门造车。

3.2.3 效率维度

（1）生态经济学理论为绿色发展效率维度描述提供基础。自18世纪人类开始走向工业化以来，人与自然的冲突日益加剧，严峻的生态环境问题激起人们对传统经济发展观的深刻反思。在传统经济学里，资源和环境只是“自然要素”，是经济的外在变量，甚至是与经济无多大关联的外部因素。直至20世纪50～60年代，人们还毫无疑问地认为经济的增长是无限的。1968年，美国经济学家保尔丁首先提出了把生态学与经济学相结合的经济思想，但真正引起人们普遍关注的是1972年麦多斯发表的研究报告《增长的极限》。在这个报告中，麦多斯第一次破天荒地用“世界末日模型”向人们做出惊人的预测：人类经济增长在2100年以前将达到极限，并下了定论——“世界体系的基本行为方式是人口和资本的指数增长和随后的崩溃”。“世界末日模型”引起了人们的恐慌和忧虑，引起了人们重新审视和调整传统经济发展模式的思考和研究。生态经济是在资源、环境承载力基础上，依据可持续发展原理，人们合理利用自然、开发自然，人们的经济社会活动不以破坏环境为代价，而是以环境友好为前提，通过发展模式选择和技术创新，实现经济社会发展与生态环境提升相协调、相融合的高级经济形态[①]。它具有四个典型特征。①系统性，生态经济理论将经济、人类社会、生态当作不同系统来看，研究系统之间的相互关系。②时间性，指资源利用在时间维度上的持续性。在人类社会再生产的漫长过程中，后代人应该拥有同等的或更充分的对自然资源的享用权和生存权，当代人不应该牺牲后代人的利益换取自己的舒适，应该主动采取“财富转移”的政策，为后代人留下宽松的生存空间，让他们同我们一样拥有均等的发展机会。③空间性，指资源利用在空间维度上的持续性。区域资源开发利用和区域发展不应损害其他区域满足其需求的能力，并要求区域间农业资源环境共享和共建。④效率性，指资源利用在效率上的高效性。采取“低耗、高效”的资源利用方式，以技术进步为支

① 许新桥：《生态经济理论阐述及其内涵、体系创新研究》，《林业经济》2014年第8期。

撑，通过优化资源配置，最大限度减少单位产出的资源消耗量和环境代价，来不断提高资源的产出效率和社会经济的支撑能力，确保经济持续增长的资源基础和环境条件。

（2）绿色发展的效率维度的低碳生态发展含义。绿色发展的效率维度可以借助生态经济学思想来表达。①承认经济发展与环境保护同等重要，绿色发展强调经济社会的发展都要以自然界为依托，经济增长必须与自然环境相适应，经济系统只是生态系统中的一个子系统，经济的增长必须被限制在生态边界以内，这就是经济增长的最大规模问题[①]。②绿色发展同样依赖于技术驱动，生态经济的典型特征就是由原来的粗放型增长向集约型增长转变，摒弃传统的单纯依靠资源能源投入的增长方式。绿色发展与其导向一致，注重依靠绿色技术驱动，推动经济高效增长，同时最大限度降低其对环境的影响，最大限度地提高资源能源利用效率。③注重生态效率维度，资源配置领域中的效率分析自古以来就是经济理论研究的中心课题，由于受到资源短缺和技术的限制，效率意味着在资源和技术条件限制下尽可能满足人类需要的运行状况。但是，在现代经济增长理论中，生产函数一般完全不考虑自然和自然资源，在此情景下的生产函数表示为 $Y=f(L, K)$；而在生态经济学理论背景下，要求把自然资本视为经济增长的内生变量，相应地需要把生产函数修改为 $Y=f(L, K, N)$。不难发现，进入工业社会以来，长期对自然资本的忽视，导致生态效率一直处于历史较低水平。与以往不同的是，绿色发展在强调经济效率的同时更重视生态效率以及其他方面的效率，绿色发展从一开始就是一个多方参与的系统工程，不局限于经济增长与环境保护两个维度，在广义上更涉及一个国家和地区的各个方面，尤其重视生态效率维度，不仅关注经济增长效率，更关心资源利用的效率，关注自然资本在经济发展中的重要作用。

（3）绿色高效发展是低碳生态的必然要求。要实现绿色高效发展，应该做到以下几个方面。①尊重地区发展实际，对于不同阶段不同地区，其绿色

---

① Solow, R. M., "Georgescu-Roegen versus Solow-Stiglitz", *Ecological Economics* 22 (3), 1997, pp. 267 - 268; Victor, P., "Questioning Economic Growth", *Nature* 468 (7322), 2010, pp. 370 - 371.

发展存在显著差异，绿色发展是一个具体的、历史的、动态的过程。各地区在绿色发展过程中，首先要科学评价地区绿色发展水平、阶段、现状等问题，只有科学把脉地区发展实际才能有针对性地提出有效的地区绿色发展路径。②要坚持公平发展和共同发展理念，生态经济具有典型的时间性和空间性特征，不同地区都享有平等发展的权利，由于地区差异，不同地区发展程度和路径可能存在区别，但绝不允许以牺牲其他地区利益或牺牲子孙后代利益来图谋一时发展的不可持续行为。③讲求生态效率，不贪图一时的经济增长。长期以来，过度追求经济效率导致资源环境危机日益加重，自然环境恶化严重，已经威胁到人类健康，自然资本与人力资本在经济发展过程中的主体地位发生了转移。在农业社会和工业社会初期，人造资本和人力资本是最为稀缺的资源，自然资本（包括自然资源和生态容量等）并不算稀缺，因此工业化运动的目的是以机器替代人，从而大幅度提高劳动生产率。但在工业化运动 200 多年后的今天，人造资本和人力资本已不再是稀缺资源，稀缺的对象已经变成自然资本，这就颠倒了以前的稀缺性模式。换句话说，经济学的基本原理仍然是正确的，但是配置稀缺资源的主要矛盾变了。当自然资本演变成制约经济发展的主要因素和内生变量时，持续的经济增长就将受到自然资本的约束①。

3.3 绿色发展的阶段论

3.3.1 人类文明发展的一个阶段过程

从人类社会发展的历史维度看，生态文明被看成在反思和扬弃工业文明基础上发展起来的“后工业文明”（见图 3-10）。基于生态哲学、环境哲学和生态现代化理论，人们提出，生态文明是人类社会继原始文明、农业文明和工业文明之后的一种最高级的新型文明形态。申曙光、俞可平、周生贤等认为，作为对工业文明的超越，生态文明区别于工业文明的根本是人与自

① 诸大建、朱远：《生态文明背景下循环经济理论的深化研究》，《中国科学院院刊》2013 年第 2 期。

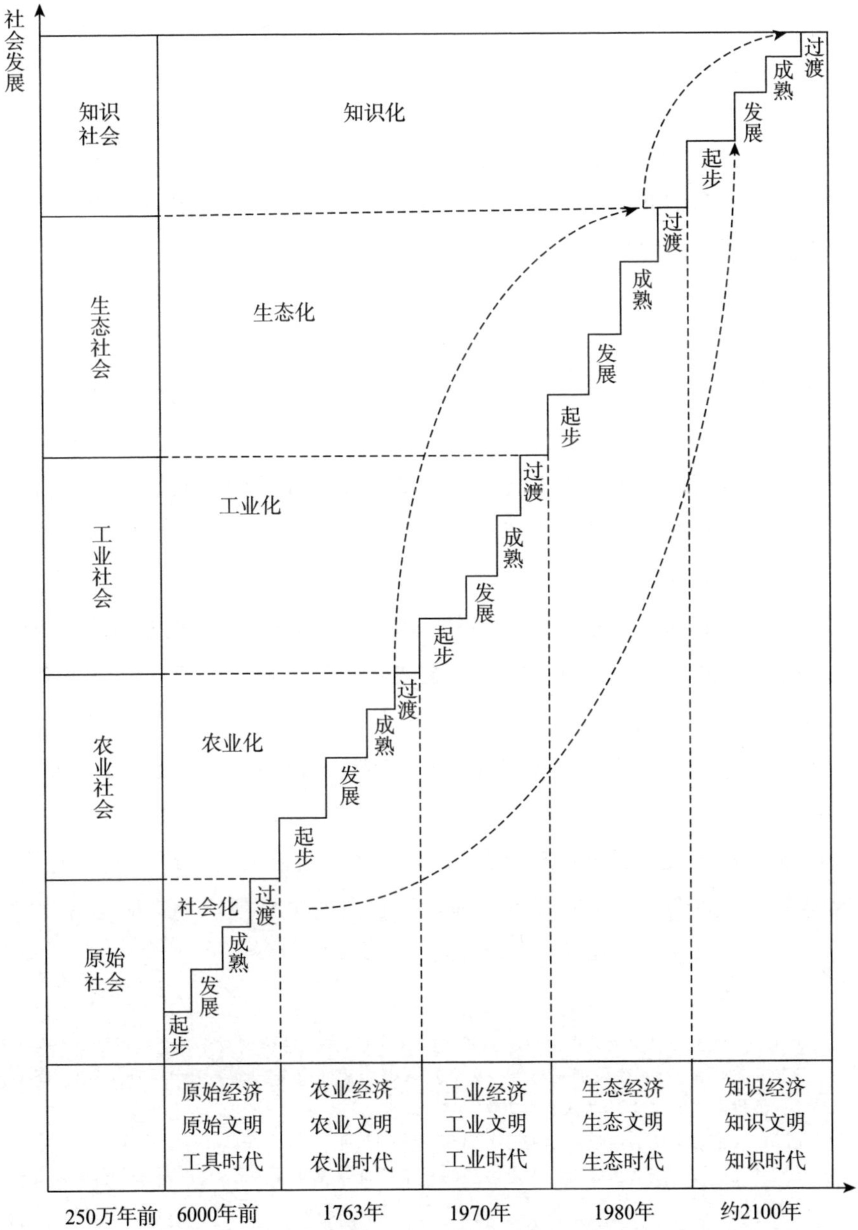

图 3－10　人类文明进程的坐标

然关系价值取向的不同，以及由此决定和衍生的生产生活方式以及制度体系的不同①。生态文明不仅是人类社会的文明也是自然生态的文明，是二者的有机统一，具有整体性、综合性和协调性，正因为如此，生态文明才是比工业文明更高级、更先进、更伟大的文明。在这个维度下，建设生态文明，就要摒弃工业文明“征服自然”“人类中心主义”的价值理念，代之以人与自然平等相处、和谐共生的价值理念，重塑价值体系，并对工业文明下的生产生活方式及其制度安排进行生态化改造和绿色转型。

3.3.2 “五位一体”战略发展阶段期

基于系统论以及马克思社会有机体理论和整体文明理论，结合我国社会主义建设的实践探索，学者们也将生态文明概念放在现实社会构成的维度上来理解，认为生态文明作为人类社会形态中某个领域的文明，是人类为实现人与自然和谐发展所做出的全部努力和所取得的全部成果，在外延上，与物质文明、精神文明等文明形态相对应。理论研究则经历了从“三个文明”一起抓到“四个文明”相统一，再到“五位一体”总体布局的过程②。刘思华最早在社会主义建设的语境下提出生态文明概念，并阐述了“三个文明”建设思想，认为，社会主义现代文明必须坚持物质文明、精神文明、生态文明这三大文明建设一起抓③。黄爱宝、陈家刚、潘岳进一步提出了“四个文明”统一论，认为人类社会文明是由物质文明、政治文明、精神文明和生态文明构成的体系④。关于生态文明与物质文明、政治文明和精神文明的关系，学者们有不同的理解：一种观点认为，生态文明与其他三个文明是并列的关

① 申曙光：《生态文明及其理论与现实基础》，《北京大学学报》（哲学社会科学版）1994 年第 3 期；俞可平：《科学发展观与生态文明》，《马克思主义与现实》2005 年第 4 期；周生贤：《积极建设生态文明》，《求是》2009 年第 22 期。

② 潘岳：《生态文明的前夜》，《瞭望》2007 年第 43 期。

③ 刘思华：《社会主义初级阶段生态经济的根本特征与基本矛盾》，《广西社会科学》1988 年第 4 期。

④ 黄爱宝：《生态文明与政治文明协调发展的理论意蕴与历史必然》，《探索》2006 年第 1 期；陈家刚：《生态文明与协商民主》，《当代世界与社会主义》2006 年第 2 期；潘岳：《生态文明的前夜》，《瞭望》2007 年第 43 期。

系[①]；另一种则强调，作为人类文明的最高形态，生态文明体现了物质文明、精神文明、政治文明建设的升华，是后者的落脚点[②]。社会系统维度下的生态文明建设，更加强调生态文明与其他文明的互动耦合，为我国在“五位一体”总体布局中推进生态文明建设提供了理论支持。作为现实社会系统的组成，中国生态文明建设在党的十七大报告中被首次提出并作为全面建设小康社会的目标任务之一，党的十八大报告进一步将其纳入社会主义建设“五位一体”总体布局，其地位更加突出、内涵也更加丰富。“五位一体”总体布局下，生态文明建设与经济建设、政治建设、文化建设和社会建设这四大建设一起，共同构成社会主义建设总体事业，这就把生态文明建设提升到前所未有的战略高度[③]，同时，建设生态文明的目标进一步指向“建设美丽中国”和“实现中华民族永续发展”，这使生态文明的内涵更为直观和具象，也更加具有时代意义。

3.4　绿色发展的动力论

3.4.1　全球气候环境问题催生绿色发展

全球气候变暖致使人类生存和发展面临空前挑战，人们开始不得不重新审视传统发展模式。英国著名经济学家尼古拉斯·斯特恩在《气候变化经济学》中曾指出，“污染物的排放量是导致气候变暖的元凶”[④]。气候变暖引发的灾难性事件是人类违背自然规律、片面追求经济发展的必然结果。2008 年国际金融危机发生后，人们更深切地意识到气候变化引发的一系列危机都是

① 孙钰：《生态文明建设与可持续发展——访中国工程院院士李文华》，《环境保护》2007 年第 21 期；黄爱宝：《生态文明与政治文明协调发展的理论意蕴与历史必然》，《探索》2006 年第 1 期。

② 陈家刚：《生态文明与协商民主》，《当代世界与社会主义》2006 年第 2 期；孙钰：《生态文明建设与可持续发展——访中国工程院院士李文华》，《环境保护》2007 年第 21 期。

③ 方世南：《深刻认识生态文明建设在五位一体总体布局中的重要地位》，《学习论坛》2013 年第 1 期。

④ Stern，N.，*The Econometrics of Climate Change*：*The Stern Review*（Cambridge，England，UK：Cambridge University Press，2007）.

人类社会发展模式的问题。为此，2008 年 10 月，联合国环境规划署提出了“全球绿色新政”和“发展绿色经济”的倡议。2011 年，联合国环境规划署发布的《迈向绿色经济——实现可持续发展和消除贫困的各种途径》报告指出，从 2011 年到 2050 年，每年将全球生产总值的 2% 投资于十大主要经济部门可以加快向低碳、资源有效的绿色经济转型，这得到了世界各国的高度认同。奥巴马上台后明确提出“绿色新政”，积极调整环境和能源政策，旨在通过提高资源利用效率和开发新能源，在新一轮世界竞争中抢占制高点。欧盟更是绿色经济的倡导者和先行者，2009 年 3 月，欧盟宣布在 2013 年前出资 1050 亿欧元支持绿色经济发展，以保持欧盟在低碳产业的领先地位。由此可见，绿色发展已成为当今时代的潮流，不可抗拒。恰如习近平 2010 年在博鳌亚洲论坛开幕式上演讲所说，绿色发展和可持续发展是当今世界的时代潮流，为了实现绿色发展和可持续发展，为了使人类赖以生存的大气、淡水、海洋、土地和森林等资源环境得到永续发展，应该统筹经济增长、社会发展、环境保护①。为此，国内外学者尝试将绿色发展理念融入发展评价中，相继提出生态需求指标（Ecological Requisite Index）、净福利经济指标（Net Economic Welfare）、可持续发展福利指标（Index of Sustainable Economic Welfare）等一系列概念，对经济增长和环境压力之间的关系进行研究，并逐步从传统经济增长核算中把环境污染扣除。此外，许多学者在绿色 GDP 价值核算方面取得了一定成果。如 1993 年荷兰的《包括环境账户的国民经济核算矩阵体系》、菲律宾的《环境与自然资源核算计划》以及 1994 年欧盟统计局颁布的《欧洲环境的经济信息收集体系》。中国自 2004 年也开始正式开展绿色 GDP 核算的研究工作。尽管在理论方面已经有了相当丰富的研究成果，也有过许多实验方案，可是在官方实践中，一个显然的事实是，目前世界上的确还没有任何一个国家形成正式、完整的绿色 GDP 核算体系并正式发布绿色 GDP 数据。

3.4.2 新理念新战略驱动绿色发展

（1）国家战略引导绿色发展方向和途径。“绿色发展”作为十八届五中

① 习近平：《携手推进亚洲绿色发展和可持续发展》，《光明日报》2010 年 04 月 11 日。

全会提出的五大发展理念之一，与“供给侧改革”“一带一路”“制度反腐”等热点话题一同位列全国两会重要看点之席。绿色发展的议题并不是第一次出现在人们的视野中。在2014年两会上，习近平总书记就强调要“走绿色发展之路”。2015年，《关于加快推进生态文明建设的意见》《生态文明体制改革总体方案》等中央重要文件先后印发；2015年中央经济工作会议指出，“保护生态环境，要更加注重促进形成绿色生产方式和消费方式”；2015年中央城市工作会议要求“科学规划城市空间布局，实现紧凑集约、高效绿色发展”，“推动形成绿色低碳的生产生活方式和城市建设运营模式”。党的十八届五中全会更将“绿色发展”作为“五大发展理念”之一，并将其上升为国家战略。绿色发展的实质就是将外部性内部化，中国政府将绿色发展上升为国家战略目的就是通过促进外部性内部化的战略，推动中国绿色发展进程。

（2）政府的绿色监管对绿色发展起着重要作用。20世纪50年代以来，在高投入、高污染、高消耗的生产模式下，世界经济在取得快速发展的同时，招致一系列重大环境问题和生态破坏，典型的就是全球气候变暖问题已经威胁到许多国家的发展和人类的健康。2008年，全球性金融危机的到来，迫使人们不得不对现在的发展模式进行反思，由此，循环经济、低碳经济和绿色经济等绿色思潮陆续迭起，全球掀起了一场史无前例的“绿色革命”。绿色发展的前提在于尊重环境容量和环境承载力，认清自然边界存在极限，将自然资本纳入生产函数中，使其成为经济社会发展的内生变量。然而，由于绿色发展中各种环境资源要素产权界定不明晰，受制于市场的盲目性和滞后性以及资本的逐利性特征，绿色发展存在较强的外部性，这个外部性需要通过政府规制来调整。20世纪90年代，环境保护、清洁生产、绿色消费和废弃物的再生利用等被整合为一套系统的以资源循环利用、避免废物产生为特征的循环经济战略（见表3－3）。这些早期的监管制度为绿色监管提供了经验借鉴，政府的绿色监管对绿色发展起着重要作用。

表 3-3　循环经济政策工具与范例①

政策分类		应用范围
创建市场	产权创建	墨西哥的森林认证制度
	分区	南非的公共区域管理项目（CAMPFIRE）
	许可、配额交易	美国的酸雨计划、美国的 XL 计划
	自愿协议	智利的清洁生产协议（APL）
利用市场	环境税	瑞典、挪威、丹麦对硫排放征税
	使用费	哥伦比亚的减污收费
	资源定价	墨西哥和赞比亚的差额电费
	专项资金	全球环境资金（GEF）、清洁发展机制基金（CDM）
	执行债券	英国准市政债券
	押金退款	中国台湾的 PET 塑料瓶押金退款制度
	专项补贴	能源税
直接规划	绿色信贷	德国二氧化碳建筑改建项目
	绿色采购	日本、德国、澳大利亚、美国、加拿大、欧盟政府绿色采购计划
	法规	德国可再生能源法（EEG）
	标准	ISO14000 环境管理系统
	禁令	欧盟限制使用有害物质的指令（ROHS）
	许可证	日本危险废物经营许可证
	限额	污染物排放的最高限额

（3）企业绿色生产引领是绿色发展的关键。企业是发展绿色生产的关键主体，应推动更多企业尤其是国有企业向绿色企业转变，将生态文明理念融入企业发展各方面和全过程，建设循环型、低碳型、生态型企业，同时应加快生态工业园区建设和推广，吸取北欧经验，实现园区资源环境良性循环和内部消化。所谓绿色生产方式是指节约资源和保护环境的生产方式。发展绿色、低碳、循环生产，实现生产环节与生态协调发展是实践绿色发展的主要形式。世界上许多发达国家已成功摆脱传统的粗放型增长方式，形成了有利于资源环境可持续发展的绿色生产方式。例如，瑞典一直

① 黄海峰、李慧颖：《国际循环经济政策经验的比较与借鉴》，《经济社会体制比较》2008 年第 3 期。

将生态环境保护放在首位，要求生产环节必须节约资源、保护环境。从20世纪70年代开始，瑞典有害气体排放量已下降40%，而GDP却增长105%，实现经济增长与生态环境保护的协调发展①。丹麦是绿色发展的全球领跑者，在实现经济增长的同时，能源消耗却维持不变，二氧化碳排放量逐步下降。许多企业从绿色投资、绿色设计、绿色产品、绿色管理、绿色包装与绿色标志等方面贯彻绿色生产要求，谋求微观效率增长和生态发展的统一（见表3－4）。这些实践表明，发展生产与保护生态并不对立，经济增长并不一定要牺牲生态环境，而是可通过发展绿色生产实现生态与生产双赢。

表3－4　经济各领域绿色发展情况

绿色领域		经验与案例
绿色投资	为防治环境污染和生态破坏，许多国家加大绿色领域扶持力度，规范投资去向，企业界的投资已出现了“绿色倾向”	美国绿色产品享受出口退税及出口信贷优惠；日本政府推行“绿化地球百年行动计划”，以扶持绿色产业；欧盟在税收、贷款、出口政策上对绿色产品实行倾斜；瑞士当年新增投资的70%用于开发各种绿色产品。20世纪90年代以来，经营废料处理之类业务的公司发行的“绿色股”价格在伦敦股市上的增幅，比全部股票平均增幅高出70个百分点
绿色设计	要求：一是清洁生产；二是节约原材料，又使产品使用后便于拆卸、分解、回收和利用	德国施耐德等几家公司开发的电视机，所采用的材料是轻型钢板、铝制件及塑料等，这种塑料可回收再利用且性能不变，各个部件均可以拆卸、更换。施乐的复印机、柯达的照相机等，都是在进行绿色设计。为便于拆卸，有些产品已用拉锁式、按钮式技术取代焊铆技术，有些新型的汽车可回收利用的部分已达80%
绿色产品	指那些从生产到使用再到回收的整个过程，都符合特定的环保要求，并有利于资源的再生、回收的产品。绿色产品将占据优势，非绿色产品将处于劣势	绿色食品和有机食品兴起，今后几年许多国家有机食品增长率将达20%～50%；茶、纯天然果汁提取物、无添加剂的纯牛奶等绿色饮品兴起；绿色洗涤品因不含磷，产品的酸碱度与人体皮肤的酸碱度相近，不会对皮肤造成刺激，越来越受消费者喜爱；CDMA手机被称为绿色手机；液晶显示器、环保主板、低噪音机箱等都是绿色电脑产品

① 林川：《瑞典可持续发展的国家战略》，《中国住宅设施》2008年第3期。

续表

绿色领域		经验与案例
绿色管理	标志着现代企业管理由单纯追求利润目标向追求经济与生态相统一的生态经济目标的转变	杜邦公司是首先推行“绿色管理”的企业，任命了专职的环保经理，在全球化工行业中率先回收氟利昂；将“环境”列入职工培训课程的日本企业越来越多；有70%以上的企业在企业发行的刊物上登载有关环保的专题；三菱等企业每年在员工中开展有关环境问题的专题研讨会
绿色包装	既要努力降低商品包装费用，又要有利于生态和环保。它包括环境和资源再生两方面的含义	国际商界流行被称为“绿色包装”的纸包装：日本的牛奶、饮料、酒类，大多改为纸包装；法国已不用塑料、玻璃等难以回收的包装，绝大多数的奶制品、果汁和液体食品都采用无菌纸盒包装，回收后可做成“彩乐板”，制作家具、装饰材料、玩具等
绿色标志	亦称为环境标志、生态标志，证明其产品生产、使用及处置过程符合环保要求，且有利于资源再生和回收利用	ISO14000认证以每年200%～300%的速度递增，2000年底，被203个国家采用，3万多家企业获得此认证；德国的“蓝色天使”和日本的“生态标志”应用得较为成功；德国已经为81类产品制定了生态标志标准，日本批准使用生态标志的产品达63类2300种
绿色营销	通过引进绿色观念、开发绿色市场、制定绿色价格、开展绿色促销、开辟绿色通道等在公众心中树立良好的绿色形象，以增加销售量	英国恩斯伯里超级市场集团称自己是“最绿杂货店”，使其营业额大幅度上升；不少著名的跨国公司和大企业纷纷利用“绿色商品”大做“绿色广告”；美国生产尿布的企业，从环保的角度做广告促销，强调尿布在土里至少要500年才能分解，而纸尿片能很快分解，这使其在公众中树立了“绿色形象”，短短三年，促销量猛增到1.8倍

（3）公众绿色消费是促进社会绿色发展的保证。消费是经济活动的重要环节，现代社会是消费主导型社会。绿色消费是节约资源和保护环境的消费，培育绿色消费是绿色发展的关键。绿色消费主要表现为消费无污染，有益于健康，节约能源，保护生态环境。人类的消费心理和行为向崇尚自然、追求健康转变，为国际市场带来一股绿色消费潮，成为新的时尚前沿，中国既应充分发挥消费对经济增长的重要拉动作用，又应面对扩大消费带来的资源环境压力，在吃、穿、住、行等各方面逐步培养绿色消费习惯。既要追求适当的物质消费，更要追求高端的精神文化消费。由于绿色生产与绿色消费相互影响，因此应通过发展绿色生产、提供绿色产品促进绿色消费，并通过引导绿色消费刺激绿色需求、拉动绿色生产，促使绿色生产与绿色消费实现良性循环。在整体消费体系中，公众是现代社会消费的主体，既是绿色发展重要的消费主体也是绿色发展重要的监管主体，公众始终是社会生活的主力军，

吃、行、住、购、娱中的每一件事情都与绿色发展息息相关。长期以来，面对严峻的环境危机，社会一直在营造绿色消费、环保发展的氛围，公众环保意识日渐增强，开始自觉自发坚持绿色消费观念，并自觉履行社会监督的责任，避免成为环境破坏的受害者，努力成为环境质量好坏的直接监督者。

3.4.3　资源环境压力约束绿色发展

（1）日趋增加的资源压力倒逼循环经济和绿色发展。大多数资源在人类历史周期上是可耗竭资源，在短期内难以再生。长期稳定的资源供给是国民经济健康持续发展的关键，因此资源问题是一个战略问题。随着中国经济的长期高速增长和资源消费规模的扩大，国内资源供需矛盾日益凸显，大量资源需要从国外进口，对外依存度较高。然而，受各种因素影响，世界市场的资源价格一直持续走高，成为输入性通货膨胀的重要原因，并威胁到宏观经济的稳定。资源是经济发展的基础，这里的资源是指作为人类进行生产活动的生产资料的自然资源。其中，自然资源是环境的重要组成部分，包括土地、大气、水、各种矿物和各种生物等，这里指除人类以外的各种资源。人类必须通过从环境中汲取物质，经过生产活动，与环境进行物质和能量交换，进行新陈代谢的循环，才能实现人类自身的成长和进步。经济发展需要社会资本和自然资本的支持。社会资本包括生产性资本、人力资本和知识资本。自然资本是指自然资源和自然环境，包括土地、大气、水、森林、草地、矿物资源、生物资源等有生命和无生命的物质和环境。自然资源和环境在经济发展中的作用是基础性的，任何一个国家和地区的经济发展都离不开资源环境的支持。从我国资源拥有量、分布情况、质量上看，我国资源具有以下特点。①资源总量丰富，人均数量少。中国是世界上人口第一大国，也是人力资源大国。国土面积较大，自然资源总量也较丰富。②资源区域分布不均衡。表现在：水资源东多西少，南多北少；耕地资源是平原、盆地多，山区和丘陵地带少，东部多西部少。水能的分布是西南多西北、华北、东北少，西南地区可开发的水能占全国的76.9%，华北占1.2%，东北占3.6%。矿产资源的分布是西部多、东部少。这与我国的工业分布具有很大的矛盾，因为中国的重工业大部分在沿海地区，特别是中部、北部沿海地带。经济发达的东部、东南部和正在崛起的中部严重缺水、缺能和其他资源。③资源类型多、品位低、开发难度大，浪费严重。中国低质资源比重大。例如，可耕地中有2/3的中低产田，其中大部分属于风沙、盐碱、红壤等地；大部分矿产属于贫矿，而且共生、伴生资源多，全国铁矿有95%以上为贫矿，铜矿中2/3为含量不到1%的矿场，磷矿中贫矿占19%。由于大多数矿床为共生、伴生，开发成本高，开采难度大，加上管理落后、生产技术水平低、设备落后，造成资源浪费严重，回收利用率低。④呆滞资源多，开发投资大。我国有相当多的资源是呆滞资源，不宜开发或投资巨大。例如，中国宜农荒地35亿公顷中有23亿公顷处在盐碱、沼泽、干旱地和沿海滩涂；草原大部分位于干旱、半干旱地区；水资源多处于偏远山区，交通不便，开发成本高。海洋资源中有相当部分处于“争执”状态，渔业和石油资源勘探难于进行。探明储量的煤炭资源中近期不能利用的占4%，铁矿中长期不能利用的占35%，还有许多矿藏位于交通不便的偏远地区，给开采利用带来了巨大的投资成本。

（2）日趋增加的环境压力倒逼生态经济和绿色发展。环境质量与人类健康息息相关，严峻的环境污染和生态压力已经严重影响到人类的健康发展，人类健康的威胁直接传导到经济竞争力和可持续发展。中国环境状况公报2016显示，全国338个地级及以上城市中254个城市环境空气质量超标，占比高达75.1%。338个地级及以上城市平均优良天数比例为78.8%，平均超标天数比例为21.2%。474个城市（区、县）开展了降水监测，酸雨城市比例为19.8%，酸雨频率平均为12.7%，酸雨类型总体仍为硫酸型，酸雨污染主要分布在长江以南云贵高原以东地区。全国地表水1940个评价、考核、排名断面（点位）中，Ⅰ类、Ⅱ类、Ⅲ类、Ⅳ类、Ⅴ类和劣Ⅴ类分别占2.4%、37.5%、27.9%、16.8%、6.9%和8.6%。6124个地下水水质监测点中，水质为优良级、良好级、较好级、较差级和极差级的监测点分别占10.1%、25.4%、4.4%、45.4%和14.7%。近岸海域417个点位中，一类、二类、三类、四类和劣四类分别占32.4%、41.0%、10.3%、3.1%和13.2%。322个进行昼间区域声环境监测的地级及以上城市的区域声环境等效声级平均值为54.0分贝；320个进行昼间道路交通声环境监测的地级及以上城市的道路交通等效声级平均值为66.8分贝；全国环境电离辐射水平处于本底涨落范围内，环境电磁辐射水平低于国家规定的相应限值。全国现有森林面积2.08亿公顷，森林覆盖率21.63%；草原面积近4亿公顷，约占国土面积的41.7%。全国共建立各种类型、不同级别的自然保护区2750个，其陆地面积约占全国陆地面积的14.88%；国家级自然保护区446个，其陆地面积约占全国陆地面积的9.97%。生态环境质量“优”和“良”的县域主要分布在秦岭淮河以南、东北大小兴安岭和长白山地区，“一般”的县域主要分布在华北平原、东北平原中西部、内蒙古中部、青藏高原中部和新疆北部等地区，“较差”和“差”的县域主要分布在内蒙古西部、甘肃西北部、青藏高原北部和新疆大部分地区。

3.4.4　市场化改革助力绿色发展

根据微观经济学基本原理，市场机制是实现资源优化配置的最佳手段。中国政府一直致力于深化市场化改革，目的就是发挥市场的决定性作用，建立有利于绿色发展的利益导向机制，从而促进中国绿色发展。十八届三中全会公报指出，要紧紧围绕使市场在资源配置中起决定性作用，深化经济体制改革，坚持和完善基本经济制度，加快完善现代市场体系、宏观调控体系、开放型经济体系，加快转变经济发展方式，加快建设创新型国家，推动经济更有效率、更加公平、更可持续发展。然而，绿色发展市场化改革过程中还面临一系列矛盾和问题，需要认真面对并加以有效应对（见表3－5）。具体表现在①绿色发展的市场机制失灵，需要进一步完善；②政府调节机制失灵，需要进一步理顺；③经济社会发展考核评价体系还不尽完善，需要进一步凸显绿色发展新理念的要求；④涉及生态环境保护和管理的法律法规、体制机制尚不够健全，需要加快建设步伐；⑤绿色制度供给手段单一，需要进一步丰富；⑥公众生态参与的意识和行为欠缺，需要尽快形成人人共建人人共享的良好发展局面[①]。

① 张乐民：《全面理解和深入践行绿色发展新理念》，《甘肃理论学刊》2016年第2期；田文富：《我国绿色发展的实践障碍及其机制建立与完善》，《井冈山大学学报》（社会科学版）2016年第2期。

表 3-5　中国绿色发展奖惩机制构建存在问题总结①

奖惩机制	政府体制约束	制度设计约束
征税机制	部门利益博弈	资源税：定位不合理，征税范围过窄，单位税额和计税依据不合理 消费税：征税范围过窄，高耗能、高污染产品未征税 车船使用税：征收额度较低 环境税：缺失 城镇土地使用税：征税范围过窄，单位税额过低 耕地占用税和车船使用税：单位税额过低；征收额度较低
税收减免机制	—	增值税：节能环保产品和垃圾处置免税范围过窄，鼓励产业发展优惠存在负面效应 营业税：减免范围过窄（污水处理和垃圾处置费） 企业所得税：减免条件苛刻
财政补贴机制	绿色农业：政府部门多头管理，效率低下	绿色农业：补贴数量不足，方式单一；中介组织缺乏，运行成本高；目标短期化，重点欠明确 清洁生产：缺乏引导性资金的支持 家电下乡：单一固定的补贴比例未考虑各类家电产品市场状况 新能源推广：补贴相关考核指标不当
排污收费机制	地方认识不到位、部门监管缺位	立法：立法层次低 设计：排污收费标准低，收费范围过窄，标准不统一，排污费可转嫁
投融资机制	—	绿色农业：金融服务供给主体单一，服务机构的业务范围过窄，信贷品种及方式单一 环保产业：投资主体单一，缺乏商业化的融资手段
补偿机制	中央政府和地方政府在补偿体系中的职能和定位界定不明	生态补偿：补助标准与成本投入差距较大，补偿资金全部依赖中央和省级财政，受益单位未能承担补偿职责
排污交易机制	政府干预过多导致市场失效	排污交易：总量控制理论尚不完全成熟，排污指标分配的公平性、时效性问题难以得到有效解决

3.4.5　新技术支撑绿色发展

技术进步使得绿色发展成为可能。绿色发展萌芽于 20 世纪 90 年代，兴

① 杨朝飞、里杰兰德：《中国绿色经济发展机制和政策创新研究综合报告》，中国环境科学出版社，2012。

起于21世纪初，为什么绿色发展迟迟未能走上前台？并不是人类排斥绿色发展，而是技术没有实现突破，绿色发展的成本较高，以致绿色产品没有竞争力，所以绿色发展长期以来迟滞不前，未能真正走入人类生活。但是，随着世界及中国经济的快速发展，一大批新技术应运而生，不仅实现了绿色技术的批量式开发，而且技术成本较低，使得绿色发展有了可能。由于绿色技术群和大规模生产技术的出现，资源循环利用变得有利可图，不仅提高了资源效率，而且降低了经济发展对环境的影响，促进中国绿色发展进程（见图3-11）。典型的环保关键技术有以下几种。①膜处理技术用于污水资源化、高浓度有机废水处理、垃圾渗滤液处理等。研发重点是高性能膜材料及膜组件，降低成本、提升膜通量、延长膜材料使用寿命、提高抗污染性。②污泥处理处置技术用于生活污水处理厂污泥处理处置。研发重点是污泥厌氧消化或好氧发酵后用于农田、焚烧及生产建材产品等处理处置技术，研发适用于中小污水处理厂的生物消减等污泥减量工艺。③脱硫脱硝技术用于电力、钢铁、有色等行业及工业锅炉窑炉烟气治理。研发重点是脱硝催化剂的制备及资源化脱硫技术装备。④布袋及电袋复合除尘技术用于火电、钢铁、有色、建材等行业。研发重点是耐高温、耐腐蚀纤维及滤料的国产化，研发高效电袋复合除尘器、优质滤袋和设备配件。⑤挥发性有机污染物控制技术用于各工业行业挥发性有机污染物排放源污染控制及回收利用。研发重点是新型功能性吸附材料及吸附回收工艺技术，新型催化材料，优化催

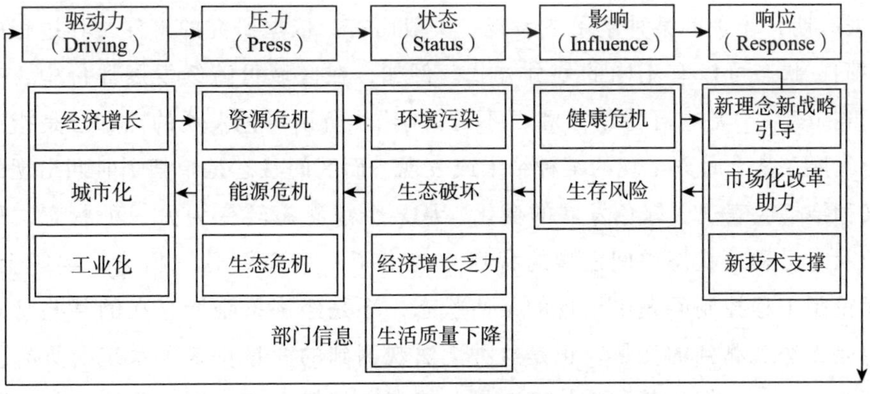

图3-11　绿色发展动力相互作用

化燃烧及热回收技术。⑥柴油机（车）排气净化技术用于国Ⅳ以上排放标准的重型柴油机和轻型柴油车。研发重点是选择性催化还原技术（SCR）及其装备、SCR 催化器及相应的尿素喷射系统，以及高效率、高容量、低阻力微粒过滤器。⑦固体废物焚烧处理技术用于城市生活垃圾、危险废物、医疗废物处理。研发重点是大型垃圾焚烧设施炉及其传动系统、循环流化床预处理工艺技术、焚烧烟气净化技术、二英控制技术、飞灰处置技术等。⑧水生态修复技术用于受污染自然水体。重点研发赤潮、水华的预报、预防和治理技术，生物控制技术，回收藻类、水生植物厌氧产沼气、发电及制肥的资源化技术，溢油污染水体修复技术等。⑨污染场地土壤修复技术用于污染土壤修复。研发重点是受污染土壤原位解毒剂、异位稳定剂，用于路基材料的土壤固化剂，受污染土壤固化体资源化技术及生物治理技术。⑩污染源在线监测技术用于环境监测。研发重点是有机污染物自动监测系统、新型烟气连续自动检测技术、重金属在线监测系统、危险品运输载体实时监测系统等。

3.5 绿色发展的模型化表达

3.5.1 点状态与区间状态

（1）点状态与区间状态的概念。所谓状态就是指某一事件在某个时刻（或时期）出现的某种结果或表现。一般而言，依据研究的事件及其过程的不同，状态可以有不同的划分方式。例如，在区域可持续发展评价中，有“可持续”、“基本可持续”和“不可持续”。所谓绿色发展的点状态是指绿色发展在某个时刻出现的某种结果或表现，而区间状态是指某个时期出现的某种结果或表现。绿色发展的变化，从某个点状态转变为另一种状态，称为状态过程。状态空间模型的特点是提出了“状态”这一概念。实际上，无论是工程控制问题中出现的某些状态，还是经济系统所存在的某些状态都是无法观测到的变量。正是这种无法观测到的变量反映了系统所具有的真实状态，我们将其称为状态变量。状态空间模型建立了可观测变量和系统内部之间的关系，从而可以通过估计各种不同的状态变量达到分析和预测的目的①。而且状态空间模型是一种结构化模型，具有良好的统计性质，可以对模型同时进行估计、预测和检验，保证了模型预测的精度和可信度。

（2）绿色发展的点状态表达。Luenberger、Harvey 和 Westing 先后提出了状态空间模型的可控制性问题②。状态空间模型的可控制性就是指模型具有这样的特性，对一列可观测的时间序列，通过对状态变量的唯一估计，可推导出模型。考虑下面的点状态空间模型：

$$Y_t = F'X_t + v_t \tag{3-1}$$

$$X_t = G_t X_{t-1} + w_t \tag{3-2}$$

在这里，$\{v_t\}$、$\{w_t\}$是白噪声序列；Y_t是可观测的时间序列变量；$\{X_t\}$是 n 维不可观测的状态变量；$\boldsymbol{F}$ 是量测矩阵；$\boldsymbol{G}$ 是转移矩阵。

一方面，如果$\{Y_t\}$的前 n 期连续的期望值可以通过可控制矩阵 $\boldsymbol{O}$ 唯一确定状态变量X_0的值，那么我们称方程（3－1）和方程（3－2）定义的状态空间模型是可控制的。

$$[E(Y_0),E(Y_1),\cdots,E(Y_{n-1})] = \boldsymbol{O}X_0\text{，其中，}\boldsymbol{O} = [\boldsymbol{F},\boldsymbol{G}'\boldsymbol{F},\cdots,(\boldsymbol{G}^{n-1})\boldsymbol{F}]' \tag{3-3}$$

另一方面，如果对于给定的同一个$\{Y_t\}$的值，存在两个或两个以上的不同的X_0的值与之对应，则称模型是不可控制的。上述定义表明由方程(3－1)确定的模型是可控制的，当且仅当可控制矩阵 $\boldsymbol{O}$ 的秩等于状态变量的维数 n。这样可控制的状态空间模型就可以应用线性系统理论很好地建立起来，并且应用到许多现代发展的状态空间模型中去。

可以利用因子分析来考察一个线性系统的输出方程：

$$y = Cx + Du \tag{3-4}$$

时间离散化，每一时间间隔取样一次，用矩阵 $\boldsymbol{X}$ 表示某一时段内的状态

---

① 董文泉、高铁梅、姜诗章、陈磊：《经济周期波动的分析与预测方法》，吉林大学出版社，1998。

② Luenberger，D. G.，*Introduction to Dynamic Systems：Theory，Models，and Apaalications*（New York，NY，US：John Wiley，1979）；Harvey，A. C.，*Forecasting Structural Time Series Models and the Kalmen Filter*（Cambridge，England，UK：Cambridge University Press，1989）；Westing，A. H. “The Environmental Component of Comprehensive Security”，*Security Dialogue*20（2），1989，pp. 129－134.

变量$\{X_t\}$的取样集，$\boldsymbol{X}$为$n \times m$矩阵，n为状态变量的个数，即状态空间维数，m为取样点数目，当足够大时，离散时间状态方程可以按照连续时间状态处理。定义状态观测矩阵$\boldsymbol{Y}$，$\boldsymbol{Y}$中取样点为y，$\boldsymbol{Y}$是一个$q \times m$的矩阵。当系统为严格为正时，状态方程可以写成：

$$Y = CX \tag{3-5}$$

$\boldsymbol{Y}$是过程监控中可以测得的q个测量样本的时间序列构成的矩阵。对$\boldsymbol{Y}$进行主成分分析，转置后有：

$$\boldsymbol{Y} = \boldsymbol{P}\boldsymbol{T}^T \tag{3-6}$$

其中，$\boldsymbol{P}$是每个样本矩阵的特征值矩阵。可以看出，得分矩阵$\boldsymbol{T}$是状态变量矩阵$\boldsymbol{X}$的一个坐标变换。可见，对于线性、无噪声系统，主成分分析是状态空间内的非奇异坐标变换，特征值不为零的主元数目等于状态空间的维数，对于可以用线性状态方程表达的过程，主成分分析中的主元数目不大于状态方程的维数。

（3）绿色发展的区间状态表达。Luenberger、Harvey、West 和 Harrison 先后提出了状态空间模型的可控制性问题①。状态空间模型的可控制性就是指模型具有这样的特性，对一列可观测的时间序列，通过对状态变量的唯一估计，可推导出模型。状态空间平均法是建模分析的常用方法之一，它用在物理学中概念清晰，模型比较简洁。为了建立具有物理系统的状态空间平均模型，可定义一个n维状态变量X、一个因变量uC和一个控制变量iL。于是一个状态变化过程可以表达为$X = (iL, uC)T$。其中，小写字母代表变量或瞬时值，与瞬时值相应的大写字母代表稳态值。例如，变量$u = u(t)$为某一变量的瞬时值，U为该变量的稳态值。u维的控制变量$u = (u_i, d)$，u_i为该变量的瞬时值，d为瞬时值的控制柄。输出变量为m维的变量$y = u_0$，其

① Luenberger, D. G., *Introduction to Dynamic Systems: Theory, Models, and Apaalications* (New York, NY, US: John Wiley, 1979); Harvey, A. C., *Forecasting Structural Time Series Models and the Kalmen Filter* (Cambridge, England, UK: Cambridge University Press, 1989); Westing, A. H. "The Environmental Component of Comprehensive Security", *Security Dialogue*20 (2), 1989, pp. 129 – 134.

中 u_0 为初始值。则可以定义如下的状态方程和输出方程：

$$dX/dt = Ax + Bu \tag{3-7}$$

$$Y = Cx + Eu \tag{3-8}$$

方程组中，A、C 及 B、E 分别为状态系数矩阵和控制系数矩阵，由整个状态的参数决定。

当状态方程在稳态运行时，稳态控制比 Du 为一定值，总可以在相空间（Phase Space）或状态空间（State Space）中，找到一个对应的状态变量稳态点（值）J。以二维为例，稳态工作点 $x = (T, U)$ T。从初始状态 $[i(0), u(0)]T$ 出发，可以在 $i-U$ 状态平面（或称相平面）上找到状态运动（变化）的轨迹，即二维面上工作点的运动轨迹（见图 3－12）。

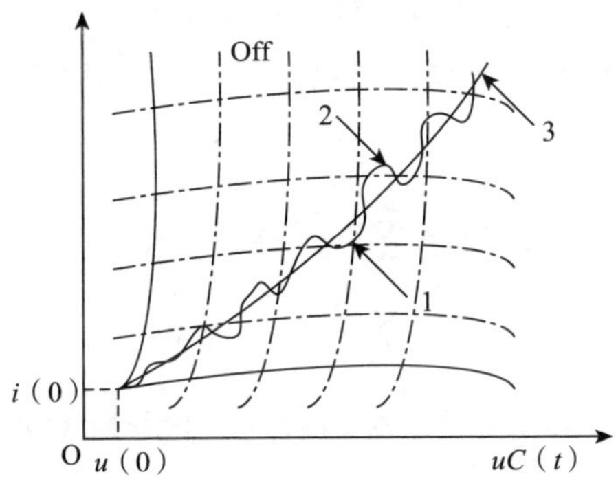

图 3－12　状态空间轨迹

3.5.2　点速度与区间速度

（1）点速度与区间状态的概念。速度是描述质点运动快慢和方向的物理量，等于位移和发生此位移所用时间的比值。所谓点速度就是运动物体在某一时刻（或某一位置）的速度；所谓区间速度是指物体通过的位移对所用时间的微分，同时等于加速度对时间的积分，在匀速运动中叫作平均速度。

$$\begin{aligned} v &= ds/dt \\ v &= \int g dt \end{aligned} \tag{3-9}$$

（2）绿色发展的点速度表达。绿色发展是一个多方参与的复合生态系统，其动态演变及耦合状态可以用演化方程表达：

$$\frac{dx(t)}{dt} = f(x_1, x_2, \cdots, x_i), i = 1, 2, \cdots, n \quad (3-10)$$

方程（3－10）中，f 为 x_i 的非线性函数。由于非线性系统运动的稳定性取决于一次近似系统特征根的性质，因此在保证运动稳定性的前提下，将其在原点附近按泰勒级数展开，并略去高次项 X（x_1，x_2，…，x_n）可以得到上述非系统的近似表达式：

$$\frac{dx(t)}{dt} = \sum_{i=1}^{n} a_i x_i, i = 1, 2, \cdots, n \quad (3-11)$$

为了简便起见，可以将绿色发展系统概括为经济和生态环境两个相互作用的共生系统。根据这种思想，可以建立绿色发展系统变化过程的一般函数：

$$f(E) = \sum_{j=1}^{n} a_j x_j, j = 1, 2, \cdots, n \quad (3-12)$$

$$f(U) = \sum_{i=1}^{n} b_i y_i, i = 1, 2, \cdots, n \quad (3-13)$$

式（3－12）和式（3－13）中，x、y 为两系统的元素；a、b 为各元素的权重。

鉴于经济系统和生态环境系统二者间的交互胁迫关系，可以把其作为一个复合系统来考虑，显然 f（E）与 f（U）是这一复合系统的主导部分，按照一般系统理论，该复合系统的演化方程可以表示为：

$$A = \frac{df(U)}{dt} = T_1 f(U) + T_2 f(E), V_A = \frac{dA}{dt} \quad (3-14)$$

$$B = \frac{df(E)}{dt} = U_1 f(\mathrm{E}) + U_2 f(E), V_B = \frac{dB}{dt} \quad (3-15)$$

方程组（3－14）和方程组（3－15）中，A、B 为受自身与外来影响下的经济系统与生态环境系统的各自演化过程。V_A、V_B 分别为二子系统在受自身与外界条件影响下的演变速度。在整个复合系统中，A 与 B 是相互影响的，任何一个子系统的变化都将导致整个系统的变化。整个系统的演化速度

V 可以看作 V_A、V_B 的函数，所以就有 $V=f(V_A, V_B)$，这样就可以以 V_A 与 V_B 为控制变量，通过分析 V 的变化来研究整个系统以及两个子系统间的协调耦合关系。

（3）绿色发展区间速度表达。由于整个系统的演化满足组合 S 型发展机制，可以假定经济系统与生态环境系统的动态协调关系呈现周期性的变化。这样在每个周期内，由于 V 的变化是由 V_A、V_B 引起的，可以把 V_A、V_B 的演化轨迹投影在一个二维平面（V_A，V_B）中来分析 V，这样 V 的变化轨迹为坐标系中的一个椭圆，如图 3－13 所示。由图可知，V_A 与 V_B 的夹角 T 满足 $\mathrm{tg}T=V_A/V_B$，则：

$$T=\mathrm{arctg}(V_A/V_B) \tag{3-16}$$

可以把 T 称为耦合度，根据 T 的取值，就可以确定整个系统的演化状态协调发展的耦合程度。显然，在一个演化周期内，整个系统将经历低级协调共生Ⅰ、协调发展Ⅱ、极限发展Ⅲ、螺旋上升Ⅳ四个阶段（见图 3－13）。

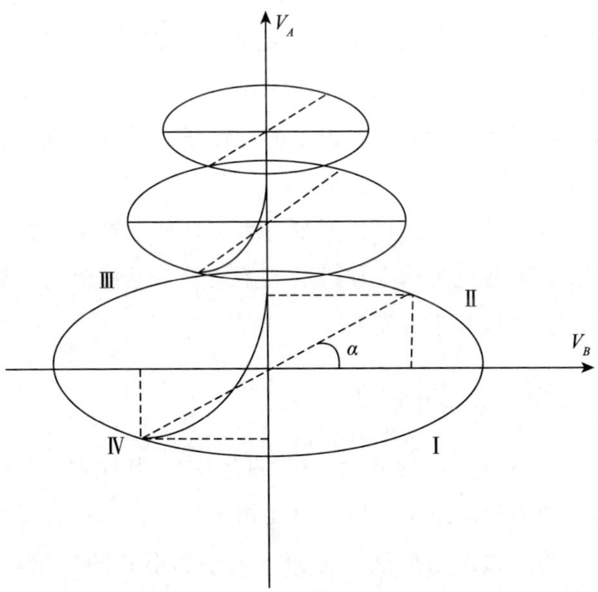

图 3－13　经济系统与生态环境系统耦合发展状态

由图 3－13 可知，①当 $-90° < T \leq 0°$时，绿色发展系统处于低级协调共生阶段。这一时期经济发展系统进程缓慢，并且基本不受生态环境系统的限制和约束，经济系统对生态环境系统的影响几乎为零。②当 $0° < T \leq 90°$时，系统处于协调发展阶段，为经济系统低速发展期。经济系统的发展过程已经开始显现出对环境的胁迫作用，生态环境系统对经济系统进程的约束与限制也日渐突出，二者之间的矛盾开始显露，但尚不突出。③当 $90° < T \leq 180°$时，系统处于极限发展阶段，为城市化经济系统的高速化发展期。由于经济系统的快速发展，经济社会的发展对资源的索取和环境的破坏日益严重，经济系统与生态环境系统之间的矛盾由激化到日益突出，并愈演愈烈，约束经济系统进程的限制圈也相应越来越小，资源与生态环境危机进入潜伏期。在这一阶段，系统的演进有两个方向。一是经济系统与生态环境系统之间的矛盾不可调节，当生态环境的恶化超越极限阈值时，整个系统解体崩溃，出现文明的倒退。由于这种情况超越了人类心理承受的极限，违背了社会发展的规律，因此只存在理论上的可能性，现实生活中一般不会发生。二是人类采取各种工程的、经济的、生物的、技术的和法律的措施，来缓解城市化与生态环境之间的矛盾，力求使发展圈与限制圈之间保持一个相对最佳的距离。经过人类不断地调节和控制，以及整个系统内部诸要素的不断调整优化，经济系统与生态环境系统不断磨合，二者的协调耦合关系不断向良性发展，最终达到经济系统与生态环境系统的高级协调共生。④当 $-180° < T \leq -90°$时，系统处于螺旋上升阶段，经济系统与生态环境系统之间的交互胁迫关系重组，并由相互胁迫转化为相互促进的关系，整个系统最终达到经济系统与生态环境系统高级协调共生的发展状态。

3.5.3 点弹性与区间弹性

（1）点弹性与区间弹性的概念。在物理学中，弹性理论是描述一个物体在外力的作用下如何运动或发生形变。在物理学上，弹性是指物体在外力作用下发生形变，当外力撤销后能恢复原来大小和形状的性质。在经济学上，弹性概念是由阿尔弗莱德·马歇尔提出的，是指一个变量相对于另一个变量发生的一定比例的改变的属性。弹性的概念可以应用在所有具有因果关系的变量之间，一般作为原因的变量通常被称作因变量，受其作用发生改变的变量被称作从变量，如因变量 x 和从变量 y 之间存在关系 $y=f(x)$，则 y 对 x 的变化的响应程度可以用点弹性和区间弹性表达。

（2）绿色发展的点弹性表达。对于在曲线 $y=f(x)$ 上的某一点 (x, y)，当其沿着曲线的变化量趋于无穷小时，从变量 y 对因变量 x 的点弹性需求的价格弹性要用点弹性来表示：

$$E_P = -\frac{\mathrm{d}y}{\mathrm{d}x} \times \frac{x}{y} \tag{3-17}$$

式（3－17）中，y 为从变量，x 为因变量。

（3）绿色发展的区间弹性表达。在曲线 $y=f(x)$ 上有两点 $A'(x_1, y_1)$ 和 $A(x_2, y_2)$，当因变量 x 发生 $B' \to B$ 的状态改变量 Δx 时，从变量 y 也发生从 $A' \to A$ 的状态改变量 Δy，从变量 y 对因变量 x 的区间弹性需求的价格弹性要用弧弹性来表示。

点弹性是曲线 $y=f(x)$ 上某一点的弹性，区间弹性则是该曲线上两点之间的弧弹性（见图3－14）。区间弹性没有“需求曲线上两点之间的变化量趋于无穷小”的前提，两点间平均区间弹性可以表达为：

$$E_a = -\frac{\Delta y}{\Delta x} \times \frac{\bar{x}}{\bar{y}} \tag{3-18}$$

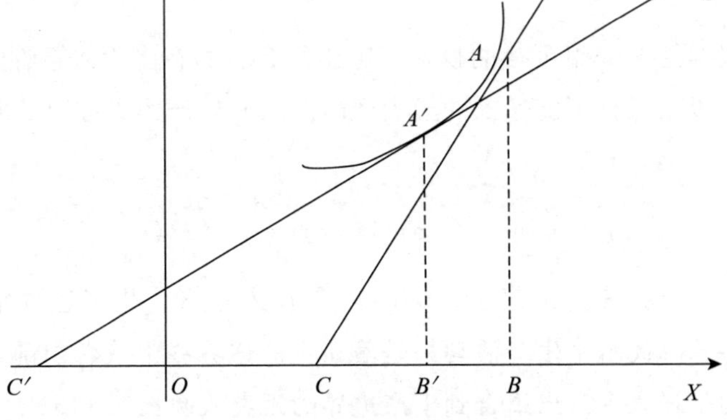

图3－14　点弹性的区间变化

式（3－18）中，y 为从变量，x 为因变量。

Heckman 等（1985，1986）最早提出使用 DID 方法对社会公共政策的实施效应进行评估，此后对 DID 方法的研究和应用成果层出不穷。近年来，DID 在政策评估研究领域得到了广泛应用。DID 处理选择偏差的基本思想：允许存在不可观测因素的影响，但假定它们是不随时间变化的，本质上还是测度某一观察点之间的对比效果。

3.5.4 点效率与区间效率

（1）点效率与区间效率的概念。效率是指在给定投入和技术等条件下，最有效地使用资源以满足设定的愿望和需要的评价方式。经济学中的效率概念包含两个条件：第一，它指最有效地使用社会资源以满足人类的愿望和需要；第二，给定投入和技术的条件下，经济资源没有浪费，或对经济资源做了能带来最大限度满足的利用，也是配置效率（Allocative Efficiency）的一个简化表达。所谓点效率就是在某一时刻，对经济资源做了能带来最大限度满足的利用程度；所谓区间效率是指在某一时段，对经济资源做了能带来最大限度满足的利用程度，同时等于边际效率对时间的积分，在线性情况下叫作全要素生产率。

（2）绿色发展的点效率表达。对于任何生产活动，都有一条生产技术曲线与之对应，代表了投入与产出之间的关系：

$$GR = \{(Y,X):X\ \text{能产生}\ y\} \tag{3-19}$$

该曲线描述了一组可行的投入－产出组合，而在多投入条件下该曲线则代表在给定投入条件下能达到的最大产出。因此生产边界可用函数（3－20）表示：

$$f(x) = \max\{y: y \ni p(x)\} = \max\{y: x \ni L(y)\} \tag{3-20}$$

其中，p（x）是产出集合，L（y）是投入集合。生产边界描述了生产可能的上界，因此每个生产活动都是落在生产边界线上或者内部，而下文的技术效率则是投入－产出组合到生产边界的距离（见图 3－15）。

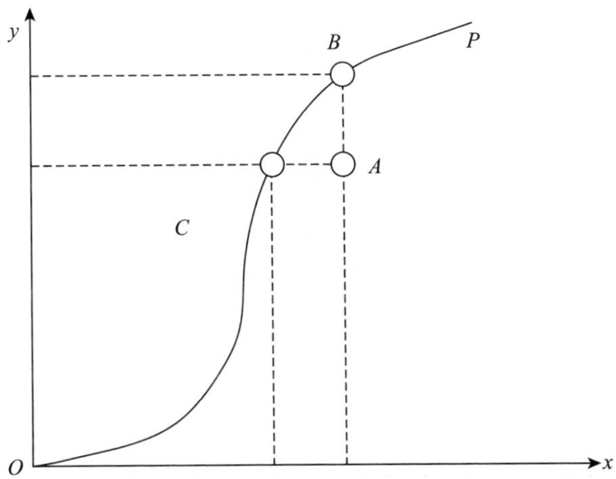

图 3－15　生产前沿面与技术效率

当从投入导向视角去看生产活动时，可以假设每个生产者都试图在达到一定产出的情况下最小化其投入成本，因此也会有一条对应的成本边界：

$$c(y,w)=\min_x\{w^Tx: x\ni L(\mathrm{y})\}=\min_x\{w^Tx: D_1(y,x)\geqslant 1\} \tag{3－21}$$

其中，w 为每项投入的价格。每个生产单元的支出必定落在 c（y，w）曲线上或者上方。

（3）绿色发展的区间效率表达。如果考察一段时间内生产活动投入产出的变化，就可以利用单投入单产出的生产前沿面与技术效率的对比来讨论绿色发展的区间效率变化（见图 3－16）。假定 OP 为生产前沿面，代表任何 x 投入下的最佳产出 y。生产者只能在 OP 下方进行生产，假设是生产者在 A 点生产，可以看到其处在技术无效的状态。当提高技术效率，则可以无需任何新增投入从 A 点移动到 B 点，也可以减小投入 C 达到技术最优。AB 支架的距离则是技术无效带来的产出损失，A 和 C 之间的距离则代表技术无效带来的投入浪费。

进一步讨论技术效率与技术进步二者的关系：由于二者关系密切，一项新技术的引入往往带来两方面的改善。一方面是生产前沿面的外移，也就是技术进步；另一方面则是技术效率的提高。从图 3－16 可以进一步看出：假

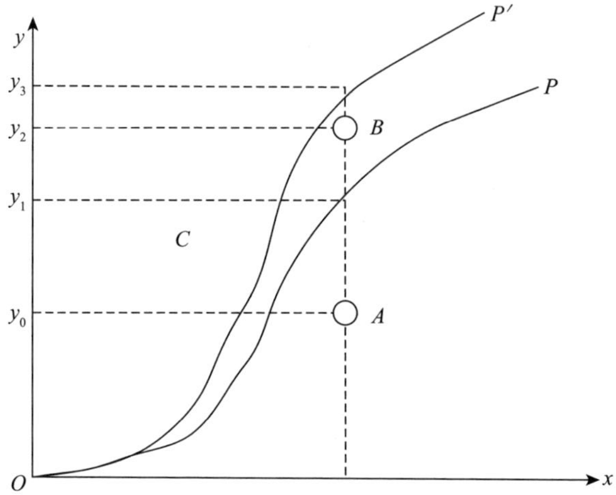

图 3-16　技术效率与技术进步

设原本产商在 P 生产前沿面下的 A 进行生产，在使用一项新技术后使用同样的要素投入可以达到 B 点的产量。可以看到，y_1 到 y_3 的产量变化是技术革命的技术进步效果，而原本 y_1-y_0 的技术效率改变到 y_3-y_2 的技术效率则是由于技术带来的新方法导致企业的技术效率得到提高，参考 Aigner 和 Meeusen 建立的模型刻画区间效率：

$$Y_{it}=f(X_{it},\beta)exp(-u_{it}),i=1,2,\cdots,T \tag{3-22}$$

$$TE_{it}=exp(-u_{it}) \tag{3-23}$$

Y_{it}表示第 i 个单位第 t 年的产出；X_{it}表示投入的矩阵；β 为带估计的参数矩阵；（$v_{it}-u_{it}$）共同构成了随机扰动项；其中，v_{it}为服从对称分布的随机误差项，指经济系统的外部影响因素（如气候、地理环境等）和一些数据误差；u_{it}为非负的服从单侧分布的随机项，反映第 i 个单位在第 t 年的技术无效程度。

3.5.5　点覆盖与区间覆盖

（1）点覆盖与区间覆盖的概念。覆盖的本意指的是空中某点发出的电波笼罩下方一定范围的地面。在本书中所提及的绿色发展点覆盖，是指某一事件在某个时刻（或时期）出现的某种结果或表现在地理空间上的方位和重心，而区间覆盖则是指某一事件在某个时刻（或时期）出现的某种结果或表现在地理空间上的展布范围和位移空间。

（2）绿色发展的点覆盖表达。在某物体（总质量为 M）所在空间任取一确定的空间直角坐标系 $O-xyz$，则该物体可微元出 i 个质点，每个质点对应各自坐标（x_i，y_i，z_i）及质量 m_i，已知 $M=m_1+m_2+\cdots+m_i$，设该物体重心为 G（X，Y，Z），则有：

$$X=(x_1m_1+x_2m_2+\cdots+x_im_i)/M \tag{3-24}$$

$$Y=(y_1m_1+y_2m_2+\cdots+y_im_i)/M \tag{3-25}$$

$$Z=(z_1m_1+z_2m_2+\cdots+z_im_i)/M \tag{3-26}$$

重心是个物理学概念，来源于牛顿经典力学理论，是指物体内各点所受重力产生合力的作用点①。从物理学的角度分析，一个物体的各个部分都会受到重力的作用，从效果上看，可以认为各个部分受到的重力最终会集中作用于一点，该点即物体的重心。进一步来讲，物体重心的位置与该物体的形状和质量是否均匀相关。均质且形状规则的物体，它的重心就在几何中心上，形状不规则的物体的重心却不一定在该物体之上。从词源的角度来看，经济重心是把物理学重心的概念引入经济学领域的一个概念，用以研究经济问题②。

首先，重心法要在坐标系中标出各个地点的位置，目的在于确定各点的相对距离。坐标系可以随便建立。在国际选址中，经常采用经度和纬度建立坐标。其次，根据各点在坐标系中的横纵坐标值求出运输成本最低的位置坐标 X 和 Y，重心法使用的公式是：

$$C_x=\frac{\sum D_{ix}V_i}{\sum V_i} \tag{3-27}$$

$$C_y=\frac{\sum D_{iy}V_i}{\sum V_i} \tag{3-28}$$

公式（3-27）和（3-28）中，C_x 为重心的 x 坐标；C_y 为重心的 y 坐

① 陆大道等：《中国区域发展的理论与实践》，科学出版社，2003。

② 黄金树：《中国大陆经济重心与空间发展状况之估测》，中华经济研究院，1986。

标；D_{ix}为第 i 个地点的 x 坐标；D_{iy}为第 i 个地点的 y 坐标；V_i为运到第 i 个地点或从第 i 个地点运出的物流量。最后，选择求出的重心点坐标值对应的地点就可以确定具有重要区位的地点。

（3）绿色发展的区间覆盖表达。设空间格局系列 P 与 3 个格局 O、O'、F 在无限空间 Ω 上的有限空间域 D 内存在，P 是观测格局 O 的代表，O'是 O 的参照格局，F 是 O 在 D 上的足迹格局，则有：

$$\{P(O,O',F) : F \in D\} \tag{3-29}$$

式（3－29）中，P、O、O'、F 与 D 分别表征空间格局的代表层、属性层、参照层、足迹层与空间层。P、O、O'、F 与 D 构成了 5 个层次的空间格局。这里 P 是一个格局序列，其他 4 个是不同的空间格局，其中 F、D 两个格局是纯几何的，P、O、O'通常是非几何的格局，但也可以是几何的格局。同时，P 是随机的，F 可以是随机的。一般情况下，P 来源于对 O 的空间抽样或空间随机试验。F 有两种特殊的情况：其一，$F=D$，即 F 和 D 完全相同；其二，$F=O$，即 O 是一个纯几何格局。

空间格局的状态特征有两种，即空间聚集与空间差异，它们代表空间格局与特定空间的联系。设空间格局 O、O'、F 在无限空间 Ω 上的有限空间域 D 内存在，O'是 O 的参照格局，F 是 O 在 D 上的足迹格局，则有：

$$\{O(O',F) : F \in D\} \tag{3-30}$$

式（3－30）中，O、O'、F 与 D 分别表征空间格局的属性层、参照层、足迹层与空间层。一个空间格局常处于空间聚集和空间差异状态，其中空间聚集是偏离空间随机的状态，空间差异是偏离空间全等的状态，偏离的程度越大表明空间聚集水平越高或空间差异程度越大（见图 3－17）。图 3－17 用多个距离椭圆表征的空间格局 O 处于空间聚集状态，左侧的虚线椭圆代表 D 上的完全空间随机状态，中间的虚线椭圆代表 O'上的相对空间随机状态，右侧的虚线椭圆代表 F 上的足迹空间随机状态。图 3－17 也表明 O 处于空间差异状态，O 与 D、F、O'拥有明显不同距离的椭圆。

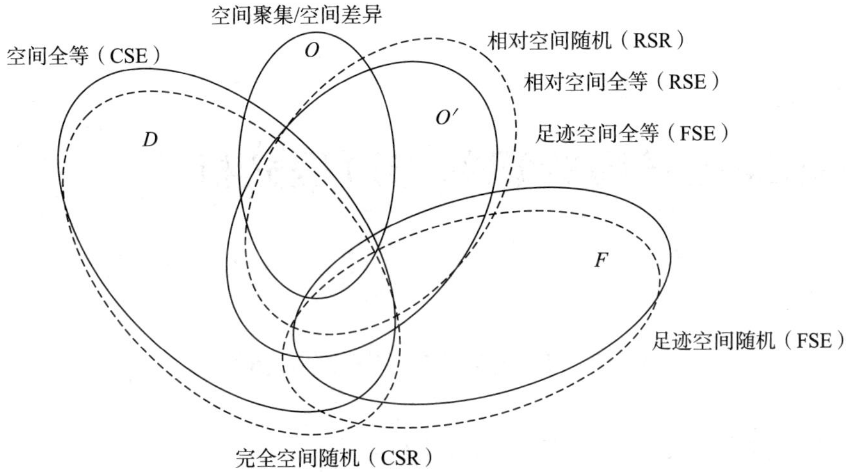

图 3－17　状态表征模型①

① 赵作权：《空间格局统计与空间经济分析》，科学出版社，2014。

第4章 中国绿色发展的现状与过程分析

4.1 中国绿色发展的现状分析

4.1.1 DPSIR 分析框架和指标体系

（1）DPSIR 分析框架。DPSIR 概念是在 PSR 模型和 DSR 模型的基础上发展而来的。1970 年，加拿大统计学家安东尼·弗雷德提出 PSR 模型，后又被 OECD（经济合作和发展组织）的环境组织所采纳。DSR 模型最初在 1996 年的 OECD 与 UN 的环境政策和报告中形成并发展起来。在 PSR 模型和 DSR 模型的基础上，20 世纪 90 年代初，澳大利亚 WSROC 在 PSR 模型中增加了当前社会技术水平下人类改造环境系统的潜力指标，提出了“压力－状态－响应－潜力”框架模型（Pressure-State-Response-Potential，PSRP）①。1993 年，联合国为综合分析和描述环境问题及其与社会发展的关系，综合 PSR 模型和 DSR 模型的优点，提出并发展了 DPSIR 模型②。DPSIR 模型描述了一条引发环境问题的起源和结果之间的因果链。这条因果链表明，社会、经济、人口的发展作为长期驱动力（D）作用于环境，因而对环境产生压力（P），造成生态环境状态（S）的变化，从而对水资源等生态环境造成各种影响（I）。这些影响促使人类对生态环境状态（S）的变化做出响应（R），响应（R）措施又作用于社会、经济和人口所构成的复合系统或直接作用于环境压力（P）、状态（S）和影响（I）。该模型从系统分析的角度看待人和

① The Western Sydney Regional Organisation of Councils Ltd（WSROC），“Western Sydney Regional State of the Environment Report 2000”，2011.

② Smeets，E.，Weterings，R.，*Environmental Indicators：Typology and Overview*，1999.

环境系统的相互作用，是一种在环境系统中广泛使用的评价指标体系概念模型，是组织环境状态信息的通用框架①。

DPSIR 能有效地反映系统的相互关系，并整合资源、发展、环境与人类健康等要素②，因此是评价绿色发展现状的适宜方法。与 PSR 框架一致，DPSIR模型是基于因果关系组织信息及相关指数的框架，目的在于建立驱动力（Driving）-压力（Pressure）-状态（State）-影响（Impact）-响应（Response）的因果关系链。其中，“驱动力”是推动绿色发展压力增加或减少的社会经济或社会文化因子，由绿色技术主导。“影响”是指由环境变化引发的反馈，因为绿色发展的根本目的是促进人类福祉的增加，因此“影响”主要指绿色发展所产生的社会福利。“响应”是指为了应对环境变化对人类社会产生的影响，所采取的干预措施。DPSIR 模型可涵盖社会、经济、环境等要素，以表明社会、经济和人类活动对绿色发展的影响，也可通过响应指标来表明人类活动及其最终效应导致的环境对社会的反馈（见图 4-1）。本书从绿色发展动力、绿色发展压力、绿色发展状态、绿色发展影响、绿色发展响应五个维度构建绿色发展指标体系，科学测度绿色发展现状。

（2）指标体系构建。以我国省和城市两个层面的绿色发展为研究对象，结合《国家生态文明建设试点示范区指标（试行）》、2014～2015 年中国绿色发展指数报告、省域低碳发展水平评价指标体系等，依据数据可得性、指标客观性等原则，从经济增长绿化度、技术绿化度、资源环境承载潜力以及政府政策支持度等方面构建中国省际和城市绿色发展评价指标体系（见表 4-1）。

---

① Westing, A. H., “The Environmental Component of Comprehensive Security”, *Security Dialogue* 20 (2), 1989, pp. 129-134；曹红军：《浅评 DPSIR 模型》，《环境科学与技术》2005 年第 S1 期；Elliott, M., “The Role of the DPSIR Approach and Conceptual Models in Marine Environmental Management: An Example for Offshore Wind Power”, *Marine Pollution Bulletin* 44 (6), 2002.

② Smeets, E., Weterings, R., *Environmental Indicators: Typology and Overview*, 1999.

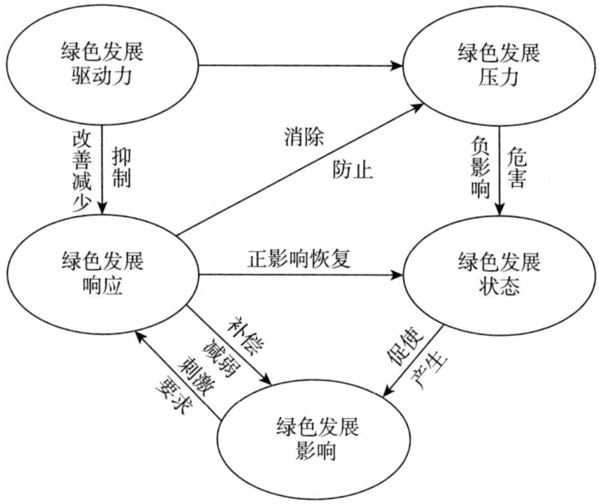

图 4－1　绿色发展的 DPSIR 分析框架

表 4－1　中国省际和城市绿色发展指标体系

目标层	准则层	省际指标及指标单位		城市指标及指标单位	
		指标层	指标单位	指标层	指标单位
绿色发展综合指数	绿色发展动力（D）	R&D 人员折合全时当量	人/年	地方财政科学技术支出	万元
		每万常住人口拥有发明授权量	件/万人	第二产业劳动生产率	万元/人
		技术市场成交额	万元	第三产业劳动生产率	万元/人
		高技术产业从业人员年平均人数	人	科学研究和技术服务业从业人员数占年末单位从业人员数的比重	%
		R&D 经费内部支出	万元		
		每万常住人口拥有专利授权量	件/万人		
		地方财政科学技术支出	亿元		
	绿色发展压力（P）	人口密度	人/千米^2	人口密度	人/千米^2
		第三产业增加值比重	%	第一产业增加值比重	%
		单位 GDP 工业二氧化硫排放量	吨/万元	第二产业增加值比重	%
		单位 GDP 工业烟尘（粉尘）排放量	吨/万元	第三产业增加值比重	%

续表

目标层	准则层	省际指标及指标单位		城市指标及指标单位	
		指标层	指标单位	指标层	指标单位
绿色发展综合指数	绿色发展压力（P）	第二产业增加值比重	%	单位 GDP 工业二氧化硫排放量	吨/万元
		单位地区生产总值能耗	吨标准煤/万元	单位 GDP 工业烟尘（粉尘）排放量	吨/万元
		单位 GDP 工业废水排放量	吨/万元	单位 GDP 工业废水排放量	万吨/元
				单位地区生产总值能耗	千瓦时/元
	绿色发展状态（S）	自然保护区面积占国土面积比重	%	人均工业二氧化硫排放量	吨/人
		单位耕地面积农用化肥施用量	吨/千公顷	人均工业固体废弃物排放量	吨/人
		突发环境事件次数	次	人均工业废水排放量	万吨/人
		单位工业增加值能耗	吨标准煤/万元	单位工业总产值能耗	千瓦时/元
		有效灌溉面积占耕地面积比重	%	制造业从业人口占年末单位从业人员数的比重	%
		环境问题信访—来访人次	人次	城市单位人口拥有公共汽车数	辆/万人
	绿色发展响应（R）	城市日均污水处理能力	万米^3/日	工业二氧化硫去除率	%
		环境保护系统年末实有从业人数	人	工业固体废弃物综合利用率	%
		工业污染治理完成投资总额	亿元	城市污水处理率	%
		排污费解缴入库金额/排污费征收金额	亿元	工业废水达标率	%
		工业废气治理设施运行费用	万元	城市生活垃圾无害化处理率	%
		地方财政教育支出	亿元	地方财政教育支出	万元
	绿色发展影响（I）	城镇居民人均可支配收入	元	城乡居民储蓄年末余额	万元
		普通高等学校师生比	人/万人	普通小学师生比	人/万人
		单位人口拥有执业（助理）医师数	人/千人	普通中学师生比	人/万人
		城市人均绿地面积	米^2/人	建成区绿化覆盖率	%

续表

目标层	准则层	省际指标及指标单位		城市指标及指标单位	
		指标层	指标单位	指标层	指标单位
绿色发展综合指数	绿色发展影响（I）	普通小学生师生比	人/万人	单位人口拥有执业（助理）医师数	人/万人
		单位人口医疗卫生机构床位数	张/千人	单位人口医疗卫生机构床位数	张/万人
		人均公园绿地面积	米^2/人	人均公园绿地面积	米^2/人
				城市人均绿地面积	米^2/人

4.1.2 研究方法与数据来源

（1）因子分析法。因子分析的原理是根据相关性大小把原始变量进行分组，使得同组内的变量之间相关性高，而不同组的变量之间的相关性低。每组变量代表一个基本结构（即公共因子），并用一个不可观测的综合变量来表示。对于所研究的某一具体问题，将原始变量分解为两部分。一部分是少数几个不可观测的公共因子的线性函数，另一部分是与公共因子无关的特殊因子。

从全部计算过程来看，做 R 型因子分析与做 Q 型因子分析都是一样的，只不过出发点不同，R 型从相关系数矩阵出发，Q 型从相似系数矩阵出发，都是分析同一批观测数据，可以根据其目的决定用哪一类型的因子分析。

因子模型的性质：模型不受变量量纲的影响；因子载荷不是唯一的。

设有 p 个指标，则因子分析数学模型为：

$$\begin{cases} X_1 = r_{11} Y_1 + r_{12} Y_2 + \cdots + r_{1p} Y_p \\ X_2 = r_{21} Y_1 + r_{22} Y_2 + \cdots + r_{2p} Y_p \\ \qquad \vdots \\ X_p = r_{p1} Y_1 + r_{p2} Y_2 + \cdots + r_{pp} Y_p \end{cases} \tag{4-1}$$

其中，X_1，X_2，…，X_p 是已标准化的可观测的评价指标。F_1，F_2，…，F_k 出现在每个指标 X_i 的表达式中，称为公共因子，公共因子是不可观测的，其含义要根据具体问题来解释。ε_i 是各个对应指标 X_i 所特有的因子，故称为特殊因子，它与公共因子之间彼此独立。r_{ij}是指标 X_i 在公共因子 F_j 上的系数，称为因子载荷，因子载荷 r_{ij}的统计含义是指标 X_i 在公共因子 F_j 上的相关系数，表示 X_i 与 F_j 线性相关程度。

用矩阵形式表示为：

$$X = AF + \varepsilon \tag{4-2}$$

其中 $X = (X_1, X_2, \cdots, X_p)'$，$F = (F_1, F_2, \cdots, F_k)'$，$\varepsilon = (\varepsilon_1, \varepsilon_2, \cdots, \varepsilon_p)'$，$A = \begin{pmatrix} r_{11} & r_{12} & \cdots & r_{1m} \\ r_{21} & r_{22} & \cdots & r_{2m} \\ \vdots & \vdots & & \vdots \\ r_{p1} & r_{p2} & \cdots & r_{pm} \end{pmatrix}$。$A$ 为因子载荷矩阵，其统计含义如下。

A 中的第 i 行元素 r_{i1}，r_{i2}，…，r_{im}说明了指标 X_i 依赖各个公共因子的程度。

A 中第 j 列元素 r_{1j}，r_{2j}，…，r_{pj}说明了公共因子 F_j 与各个指标的联系程度。故常根据该列绝对值较大的因子载荷所对应的指标来解释这个公共因子的实际意义。

A 中的第 i 行元素 r_{i1}，r_{i2}，…，r_{im}的平方和 $h_i^2 = \sum_{j=1}^{m} r_{ij}^2$ 为指标 X_i 的共同度。

A 中第 j 列元素 r_{1j}，r_{2j}，…，r_{pj}的平方和 $g_j^2 = \sum_{i=1}^{p} r_{ij}^2$ 表示公共因子 F_j 对原始指标所提供的方差贡献的总和，用于衡量各个公共因子的相对重要性。称 $\alpha_j = \frac{g_j^2}{p} = \frac{1}{p}\sum_{i=1}^{p} r_{ij}^2$ 为公共因子 F_j 的方差贡献率，α_j 越大，公共因子 F_j 越重要。

（2）空间自相关系数。空间自相关性是指同一个变量在不同位置上的相关性，是对空间单元属性值聚集程度的一种度量①。空间自相关性有全局和局部两种指标可以度量，其中全局指标可以用来分析整个研究区域的空间模

① 张松林、张昆：《全局空间自相关 Moran 指数和 G 系数对比研究》，《中山大学学报》（自然科学版），2007 年第 4 期。

式，用单一的值来反映这个区域的自相关程度，而局部指标通过计算每一个空间单元与邻近单元就某一属性的相关程度来衡量其空间自相关性。衡量空间自相关性的全局指标通常有全局 Moran 指数、全局 G 系数和 Geary C 参数。衡量空间自相关性的局部指标通常有局部 Moran 指数①和局部 G 系数②。本书采用我国学术界最常用的衡量空间自相关性的指标，即全局 Moran 指数、局部 G 系数。下面分别介绍这两种指标。

全局 Moran 指数。全局 Moran 指数最早是 Moran 于 1948 年提出的，它反映空间上邻接或者邻近的区域单元属性值的相似程度，计算公式③：

$$I(d) = \frac{\sum_{i=1}^{n}\sum_{j\neq i}^{n} w_{ij}(x_i - \bar{x})(x_j - \bar{x})}{s^2 \sum_{i=1}^{n}\sum_{j\neq i}^{n} w_{ij}} \tag{4-3}$$

$$w_{ij} = \begin{cases} 1 & \text{当区域 } i \text{ 和 } j \text{ 的距离小于 } d \text{ 时} \\ 0 & \text{其他} \end{cases} \tag{4-4}$$

$$s^2 = \sum_{i=1}^{n}(x_i - \bar{x})^2 \quad \bar{x} = \frac{1}{n}\sum_{i=1}^{n} x_i \tag{4-5}$$

$$Z(d) = \frac{I(d) - E(I)}{\sqrt{VAR(I)}} \tag{4-6}$$

其中，x_i、x_j 为观测的空间区域 i、j 的属性值，$\bar{x}$为其属性的平均值，w_{ij} 为空间权重矩阵，s^2 为方差，I（d）为选定距离 d 时的 Moran 指数，n 为观测区域个数，Z（d）为检验值，用来检验在既定的置信区间内所得结果的可信度，VAR（I）为变异系数，E（I）为期望值。当 Moran 指数为正时，表明选定距离 d 时，观测区域的属性值有趋同的趋势；当 Moran 指数为负时，表明选定距离 d 时，观测区域的属性值有不同的趋势；当 Moran 指数为零时，表明观测区域的属性值服从独立随机分布。

---

① Anselin, L., "Local Indicators of Spatial Association—LISA", *Geographical Analysis*27（2）, 1995, pp. 93 – 115.

② Getis, A., Ord, J. K., "The Analysis of Spatial Association by Use of Distance Statistics", *Geographical Analysis*24（3）, 1992, pp. 189 – 206.

③ Moran, P. A., "Notes on Continuous Stochastic Phenomena", *Biometrika*37（1 – 2）, 1950, p. 17.

局部 G 系数。局部 G 系数是 Ord 和 Getis 提出的一种基于距离权重的能探测出高值聚集和低值聚集的局部空间自相关指标，计算公式如下（各变量含义同上）[①]：

$$G_i(d) = \sum_{j \neq i} w_{ij}(d) x_j / \sum_{j \neq i} x_j \tag{4-7}$$

$$E[G_i(d)] = w_i / n - 1, w_i = \sum_{j,j \neq i}^{n} w_{ij} \tag{4-8}$$

当 $i \neq j$ 时，

$$Z(G_i) = \frac{G_i - E(G_i)}{\sqrt{VAR(G_i)}} \tag{4-9}$$

其中，G_i（d）为第 i 个省市的 G 统计量。当 Z（G）为正时，说明高观测值在该区域单元周围趋于空间集聚，当 Z（G）为负时，说明低观测值在该区域单元周围趋于空间集聚。Moran 指数只能发现相似性观测值（正关联）或非相似性观测值（负关联）是否存在空间集聚，而局部 G 系数能探测出该区域单元是属于高值集聚还是低值集聚的空间分布模式。

（3）样本数据来源。分别选取 2000～2015 年的省域样本和 2003～2015 年的城市样本进行定量分析，其中省域样本来自各省份的统计年鉴、中经网数据库、国研网数据库以及国家统计局，城市样本来自历年的《中国城市统计年鉴》以及中经网数据库。对于部分缺失数据的样本，均采用前向插值法进行补充，对于数据严重缺失的样本均予以剔除，最终得到省域样本 30 个，生态文明示范城市样本 23 个。另外，由于中国各地区自然环境、市场环境、产业环境、政策环境存在显著差异，各地区绿色发展的途径和水平都存在明显不同。因此，按照传统的东中西划分方案，将中国省域单元划分为东中西部地区。其中，东部地区包括北京、天津、河北、辽宁、上海、江苏、浙江、福建、山东、广东、海南 11 个省份；中部地区包括山西、吉林、黑龙江、安徽、江西、河南、湖北、湖南 8 个省份；西部地区包括内蒙古、广西、重庆、四川、贵州、云南、陕西、甘肃、青海、宁夏、新疆 11 个省份。

① Getis, A., Ord, J. K., "The Analysis of Spatial Association by Use of Distance Statistics", *Geographical Analysis*24 (3), 1992, pp. 189－206.

分别按照全国、东中西地带性和城市三个层面分析中国绿色发展的现状，以把握中国区域绿色发展的点状态和区间状态变化的规律及特征。

4.1.3 全国层面绿色发展的现状

（1）时序状态演变。以30个省份2000年、2005年、2010年、2015年为例，计算结果如表4－2所示。从全国层面分布分析来看，绿色发展水平较高的地区主要集中在东部地区，这四年绿色发展水平较高地区始终在广东省、江苏省、山东省、浙江省、北京市和上海市之间波动，虽然个别省份排名在不同年份略有不同，但是总体来看，基本形成了一种固化态势。这种特点不仅存在于高水平绿色发展地区，在一般发展水平地区和落后发展水平地区也表现突出。

表4－2 中国绿色发展水平得分结果

省份	2000年	排名	2005年	排名	2010年	排名	2015年	排名
广东省	－0.12	2	0.35	1	1.60	1	2.68	1
江苏省	－0.16	3	0.32	3	1.35	2	2.56	2
山东省	－0.23	5	0.14	4	0.80	3	1.73	3
浙江省	－0.30	8	0.01	7	0.63	4	1.56	4
北京市	－0.01	1	0.04	5	0.47	6	1.19	5
上海市	－0.17	4	0.04	6	0.62	5	1.06	6
河北省	－0.33	11	－0.16	9	0.22	8	0.78	7
河南省	－0.38	13	－0.20	12	0.20	9	0.78	8
湖北省	－0.31	9	－0.21	13	0.06	11	0.58	9
安徽省	－0.44	18	－0.35	20	－0.04	16	0.52	10
辽宁省	－0.24	6	－0.01	8	0.26	7	0.51	11
天津市	－0.32	10	－0.18	11	0.04	12	0.51	12
湖南省	－0.47	21	－0.34	18	0.00	15	0.51	13
福建省	－0.41	17	－0.23	14	0.00	14	0.48	14
四川省	－0.53	29	－0.31	16	0.03	13	0.46	15
陕西省	－0.40	15	－0.33	17	－0.06	17	0.30	16
内蒙古自治区	－0.45	20	－0.37	22	－0.07	19	0.28	17

续表

省份	2000 年	排名	2005 年	排名	2010 年	排名	2015 年	排名
山西省	-0.38	14	-0.17	10	0.11	10	0.26	18
重庆市	-0.25	7	0.34	2	-0.16	21	0.22	19
江西省	-0.50	27	-0.39	24	-0.16	22	0.22	20
广西壮族自治区	-0.48	22	-0.34	19	-0.06	18	0.14	21
黑龙江省	-0.35	12	-0.30	15	-0.10	20	0.13	22
吉林省	-0.40	16	-0.36	21	-0.18	23	0.05	23
新疆维吾尔自治区	-0.44	19	-0.39	23	-0.23	25	0.05	24
贵州省	-0.49	24	-0.42	25	-0.26	26	0.02	25
云南省	-0.49	23	-0.44	27	-0.21	24	0.01	26
宁夏回族自治区	-0.49	25	-0.42	26	-0.27	27	-0.09	27
甘肃省	-0.49	26	-0.46	28	-0.31	28	-0.13	28
青海省	-0.51	28	-0.51	29	-0.43	30	-0.28	29
海南省	-0.59	30	-0.58	30	-0.40	29	-0.33	30

（2）状态转移变化。为进一步对全国层面样本绿色发展的状态转移变化规律有所把握，采用 Q 型聚类的方法对 2000 年、2005 年、2010 年和 2015 年 30 个省域样本进行聚类分析，得到中国 30 个省份 2000 年、2005 年、2010 年、2015 年四个年份的绿色发展程度分类表（见表 4-3）。从数量上来看，随着时间的推移，第一类和第二类省份的数量有递减趋势，说明绿色发展水平在 2000~2015 年存在一定程度的弱化趋势，反映出在全国层面上中国绿色发展的点状态空间正在发生变化。

表 4-3　中国绿色发展水平聚类结果

	2000 年	2005 年	2010 年	2015 年
第一类	北京市、上海市、江苏省、广东省	北京市、上海市、辽宁省、浙江省、山东省	江苏省、广东省	江苏省、广东省
第二类	天津市、浙江省、辽宁省、山东省、黑龙江省、河北省、湖北省、重庆市	江苏省、广东省、重庆市	北京市、上海市、山东省、浙江省	北京市、上海市、浙江省、山东省
第三类	其他	其他	其他	其他

（3）空间格局与空间状态变化。选择自然断裂法将中国30个省份的绿色发展水平分成三类，可以发现：总体上，2000～2015年中国绿色发展水平整体较低，但呈逐年上升的趋势，并且其空间分布与区域经济发展和资源禀赋有很强的关联性。以2015年为例，第一梯度的省份包括北京市、山东省、上海市、江苏省、浙江省和广东省，六省份都处于东部沿海地区；第二梯度省份包括辽宁省、河北省、河南省、湖南省、湖北省、安徽省、四川省、重庆市和福建省，大部分为中部省份；第三梯度省份包括黑龙江省、吉林省、内蒙古自治区、山西省、陕西省、宁夏回族自治区、甘肃省、青海省、新疆维吾尔自治区、云南省、贵州省、广西壮族自治区、海南省、江西省，大部分为西部省份。究其原因是2015年以来，中国大刀阔斧进行改革试验，供给侧改革全面推进，东部地区大量落后产业和重污染企业被淘汰或者转移到中西部落后地区，同时，由于东部地区经济发达，科技力量雄厚，环保意识较强，大量清洁型生产技术和治理技术如雨后春笋，广泛应用于企业生产；然而，中部地区一直处于崛起开发阶段，经济发展动力强劲，各省份为谋求经济发展，可能批量承接东部地区淘汰产业，以牺牲环境为代价谋求经济利益；西部地区发展情况与中部地区更为相似，广大西部地区地广人稀，生态环境脆弱，西部地区既有经济发展的需要，更有环境保护的迫切要求，但是基于GDP政绩观的影响以及群众脱贫的要求，有时候地方政府的决策会屈从于经济利益偏好，导致环境恶化，绿色发展水平较为落后。

利用计算得到的2000年、2005年、2010年、2015年中国30个省份的绿色发展水平综合指数，选取全局Moran指数衡量不同区域之间整体上的空间关联与空间差异，以判断整个研究区域绿色发展水平在空间上是否有集聚特性存在。全局Moran指数的计算对于空间权重矩阵的选择比较敏感，邻接空间权重矩阵在空间计量中应用最为广泛，通过定义一个空间邻接矩阵可以揭示属性值之间的空间联系，而空间邻接矩阵可以根据空间数据的拓扑关系或空间距离属性来构建。从全国层面来看，本书选取的空间范围是中国30个省份，研究绿色发展水平的空间自相关性特征，因此基于邻接性的拓扑关系构建权重矩阵。采用Rook原则确定邻接标准，具体而言，省份i与省份j

如果在地理空间上相邻，则用1表示，否则用0表示。通过计算发现，2000年、2005年、2010年、2015年，中国30个省份绿色发展水平的全局Moran指数均大于0，且基本在5%的置信水平上显著（见表4－4）。因此，可以认为中国绿色发展存在显著的空间自相关性。可见，中国全国层面绿色发展水平相似区域存在空间集聚效应。

表4－4　中国绿色发展水平全局Moran指数

年份	Moran'I	E（I）值	标准差	z值	p值
2000	0.128	－0.034	0.074	2.175	0.015
2001	0.106	－0.034	0.075	1.870	0.031
2002	0.095	－0.034	0.075	1.729	0.042
2003	0.075	－0.034	0.075	1.460	0.072
2004	0.083	－0.034	0.074	1.574	0.058
2005	0.038	－0.034	0.075	0.966	0.167
2006	0.037	－0.034	0.075	0.958	0.169
2007	0.086	－0.034	0.072	1.669	0.048
2008	0.085	－0.034	0.072	1.666	0.048
2009	0.119	－0.034	0.072	2.118	0.017
2010	0.100	－0.034	0.071	1.899	0.029
2011	0.111	－0.034	0.072	2.027	0.021
2012	0.110	－0.034	0.071	2.037	0.021
2013	0.107	－0.034	0.071	1.982	0.024
2014	0.117	－0.034	0.072	2.105	0.018
2015	0.121	－0.034	0.072	2.168	0.015

4.1.4　地带性绿色发展的现状

（1）时序状态演变。通过全国层面总体比较发现，中国绿色发展水平现状呈现以下几个特点：①2000～2015年，中国绿色发展水平基本处于上升态势，且东部地区的发展速度要快于中西部地区；②2000～2015年，中国绿色发展水平在区域内部基本处于固化态势，东部地区发展水平最高，中部地区绿色发展水平其次，西部地区绿色发展水平最低。

为进一步分析东中西地带性内部绿色发展的变化，分别以东部 11 个省份、中部 8 个省份和西部 11 个省份为样本分析其在 2000 年、2005 年、2010 年、2015 年的状态演变规律，计算结果如表 4－5 所示。①2000～2015 年，东部地区 11 个省份绿色发展水平从整体上来看都呈逐年上升态势，而且波动的幅度比较稳定，变异系数基本维持在 0.5 以内。究其原因是随着经济的发展和社会的进步，东部地区经济社会发展逐渐走向成熟，不论是从总量还是从质量上看，在国内都属于高度活跃经济区和领先技术创新区，伴随工业的发展、社会的进步，东部地区政府、企业和民众对环境保护的愿望也越来越强烈，大量新技术为节能减排和环境保护提供了可能，因此，大量新技术和新材料被广泛应用于各行业，政府也陆续制定实施环境规制政策。实践证明，东部地区的绿色发展的确取得了成效。②2000～2015 年，中部 8 个省份绿色发展水平从整体上来看都呈逐年上升态势，但是波动幅度较大，变异系数基本维持在 1.5 左右。具体表现在，2000～2015 年，中部地区的山西省、吉林省和黑龙江省一直处于绿色发展的末端，甚至在 2000 年、2005 年和 2010 年，山西省、吉林省和黑龙江省绿色发展水平处于负向水平。然而，安徽省、河南省、湖北省和湖南省一直是中部地区绿色发展水平较高区域，也是绿色发展速度特别快的省份。此外，还可以发现，2015 年对于中部地区是一个重要的转折点，这一年中部地区绿色发展水平的增速和增量都比前期有较大提高。究其原因在于党的十八大以来，党中央、国务院将绿色发展提到了前所未有的高度，长江经济带发展受到重视，中部地区经济社会发展受到高度关注的同时，其生态环境也成为政府关注的对象。中部地区长期以来经济发展落后，但是资源丰富，自然条件优越，发展潜力巨大，政府与社会都不希望中部地区再走先污染后治理的老路，以牺牲环境为代价换取经济的发展。③2000～2015 年，西部地区 11 个省份绿色发展水平从整体上来看都呈逐年上升态势，而且波动的幅度比较稳定，变异系数基本维持在 1.5 以上。究其原因是，改革开放以来，西部地区长期被定位为资源和能源供给的大后方，长期的资源和能源开采以及经济发展的落后，导致西部地区发展长期落后于东部地区和中部地区，而且生态环境面临严重威胁，经济社会发展滞后，西部地区面临严重而紧迫的发展任务和环保任务。十八大以来，绿色发展已经成为国家发展战略，环境保护和人地和谐成为国家可持续发展的保证与基石，过去东部地区先污染后治理的粗放型发展道路不可能再被复制和推广应用到广大西部地区，政府和社会都在警惕重走老路的短视行为，西部地区要想彻底解决问题，当然离不开经济的发展，但是这种发展应是绿色的、可持续的，事实证明，西部地区的绿色发展的确取得了成效。

表4－5　中国东中西地带性绿色发展水平综合得分

地带性	省份	2000年	排名	2005年	排名	2010年	排名	2015年	排名	变异系数
东部地区	广东省	0.71	8	0.93	5	1.68	1	2.54	1	0.57
	江苏省	0.88	6	0.98	3	1.52	2	2.54	2	0.51
	北京市	1.34	2	1.00	2	1.46	3	2.34	3	0.37
	山东省	1.05	4	0.89	6	1.21	4	1.96	4	0.37
	浙江省	0.80	7	0.83	7	1.04	7	1.75	5	0.40
	上海市	0.69	9	0.76	8	1.16	5	1.53	6	0.38
	河北省	1.34	3	0.96	4	0.93	8	1.44	7	0.22
	辽宁省	1.48	1	1.28	1	1.11	6	1.36	8	0.12
	天津市	0.88	5	0.60	9	0.59	9	0.93	9	0.24
	福建省	0.43	10	0.47	10	0.52	10	0.91	10	0.38
	海南省	0.41	11	0.19	11	0.15	11	0.27	11	0.45
中部地区	湖北省	－0.24	5	－0.06	3	0.33	2	1.89	1	2.02
	安徽省	－0.22	4	－0.04	2	0.31	3	1.62	2	1.99
	河南省	－0.04	1	0.07	1	0.46	1	1.38	3	1.38
	湖南省	－0.15	2	－0.07	4	0.29	4	1.12	4	1.95
	江西省	－0.21	3	－0.28	5	－0.14	5	0.47	5	8.62
	黑龙江省	－0.66	7	－0.61	7	－0.38	7	0.32	6	1.36
	山西省	－0.30	6	－0.48	6	－0.32	6	0.27	7	1.58
	吉林省	－0.69	8	－0.62	8	－0.52	8	－0.10	8	0.55

续表

地带性	省份	2000 年	排名	2005 年	排名	2010 年	排名	2015 年	排名	变异系数
西部地区	四川省	0.23	1	0.32	1	0.60	1	2.32	1	1.13
	陕西省	-0.01	2	-0.06	3	0.39	2	2.28	2	1.70
	重庆市	-0.10	3	0.21	2	0.22	3	1.70	3	1.59
	贵州省	-0.54	11	-0.54	11	-0.28	9	0.53	4	2.44
	广西壮族自治区	-0.13	4	-0.23	5	-0.17	7	0.52	5	140.30
	甘肃省	-0.40	9	-0.34	8	-0.22	8	0.49	6	3.51
	云南省	-0.31	6	-0.26	6	-0.16	6	0.46	7	5.29
	内蒙古自治区	-0.29	5	-0.19	4	-0.05	4	0.45	8	16.42
	新疆维吾尔自治区	-0.33	7	-0.34	7	-0.13	5	0.37	9	3.09
	青海省	-0.39	8	-0.43	9	-0.29	10	0.13	10	1.05
	宁夏回族自治区	-0.40	10	-0.46	10	-0.32	11	0.07	11	0.86

（2）状态转移变化。为进一步对东中西地带性层面样本绿色发展的状态转移规律有所把握，采用 Q 型聚类方法分别对东中西三个地带在 2000 年、2005 年、2010 年和 2015 年样本进行聚类分析，得到中国东中西三个地带 30 个省份 2000 年、2005 年、2010 年、2015 年四个年份的绿色发展程度分类表（见表 4-6）。①从 2015 年的聚类分析结果来看，东部地区绿色发展水平第一类主要集中在天津市、福建省和海南省，由于其历史原因和区位劣势等原因，三省份内部发展水平较低，绿色发展动力不足；第二类主要集中分布在河北省、辽宁省、上海市、浙江省和山东省境内，绿色发展水平相对较高；第三类地区主要集中在江苏省、广东省和北京市，是东部绿色发展水平最高的地区，这与其区位优势和政策优势密切相关。另外，从数量上来看，随着时间的推移，东部地区第三类绿色发展高水平省份的数量有不断递减趋势，第二类绿色发展水平较高地区有不断增加趋势，第一类绿色发展低水平地区数量相对保持不变，说明绿色发展水平在 2000～2015 年存在一定程度的弱化趋势，但绿色发展水平在整体上有明显提高。②2000～2015 年，中部地区绿色发展水平第一类在样本研究期间变动频繁，主要在吉林省、黑龙江省、山西省、江西省和湖北省之间；第二类集中分布在河南省、江西省、吉林省、黑龙江省、山西省、安徽省和湖南省，第二类数量随着时间的推移，有

表4-6　中国东中西地带性绿色发展水平分层聚类结果

绿色发展水平	2000年			2005年			2010年			2015年		
	东部	中部	西部	东部	中部	西部	东部	中部	西部	东部	中部	西部
第一类	北京市、河北省、辽宁省	吉林省、黑龙江省	四川省	天津市、福建省、海南省	吉林省、黑龙江省、山西省	重庆市、四川省	天津市、福建省、海南省	江西省	四川省	天津市、福建省、海南省	湖北省	重庆市
第二类	福建省、海南省	河南省	广西壮族自治区、重庆市、陕西省	辽宁省	江西省	陕西省	北京市、江苏省、广东省	吉林省、黑龙江省、山西省	重庆市、陕西省	河北省、辽宁省、上海市、浙江省、山东省	安徽省、河南省、湖南省	四川省、陕西省
第三类	天津市、江苏省、浙江省、上海市、广东省、山东省	安徽省、江西省、湖北省、湖南省、山西省	甘肃省、宁夏回族自治区、青海省、云南省、新疆维吾尔自治区、内蒙古自治区、贵州省	河北省、江苏省、北京市、山东省、广东省、上海市、浙江省	湖北省、湖南省、安徽省、河南省	广西壮族自治区、甘肃省、宁夏回族自治区、青海省、云南省、新疆维吾尔自治区、内蒙古自治区、贵州省	上海市、山东省、辽宁省、浙江省、河北省	湖北省、湖南省、安徽省、河南省	广西壮族自治区、甘肃省、宁夏回族自治区、青海省、云南省、新疆维吾尔自治区、内蒙古自治区、贵州省	江苏省、广东省、北京市	山西省、黑龙江省、江西省、吉林省	广西壮族自治区、甘肃省、宁夏回族自治区、青海省、云南省、新疆维吾尔自治区、内蒙古自治区、贵州省

明显的增加，说明中部地区绿色发展水平呈稳步上升态势；第三类绿色发展水平省份，在不同年份也有明显变化，但是数量上一直相对稳定。③2000～2015年，西部11省份绿色发展水平第一类在样本研究期间变动频繁，始终在四川省和重庆市之间变动；第二类集中分布在广西壮族自治区、四川省、陕西省、重庆市；第三类绿色发展水平省份集中了西部地区大部分省份，说明西部地区大部分省份的绿色发展水平较为落后。

（3）空间格局与空间状态变化。选择自然断裂法将东中西部地区的绿色发展水平分成三类。①东部地区整体水平总体向第一梯度和第二梯度转移，说明东部地区绿色发展水平一直呈现良好发展态势。具体以2015年为例，第一梯度的省份包括辽宁省、河北省、北京市、山东省、浙江省、江苏省、广东省；第二梯度省份包括天津市、上海市和福建省；第三梯度省份为海南省。从数量上来看，第一梯度省份占东部省份总数的63.64%，超过一半，充分说明东部地区绿色发展态势良好，绿色发展水平在全国首屈一指。②中部地区整体水平总体向第一梯度和第三梯度转移，说明中部地区绿色发展水平在样本研究期间呈现两极分化态势。具体以2015年为例，第一梯度的省份包括河南省、安徽省、湖北省和湖南省；第二梯度省份为江西省；第三梯度省份为黑龙江省、吉林省和山西省。从数量上来看，第一梯度省份占中部省份总数的50%，是2000年的2倍，第三梯度省份占中部省份总数的37.5%，这充分说明中部地区绿色发展态势两极分化严重，具有较大的绿色发展增长空间。③西部地区整体水平总体比较平稳，波动幅度较小，集中在第二梯度，说明西部地区绿色发展水平在样本研究期间保持稳定态势。具体以2015年为例，第一梯度的省份包括四川省、陕西省和重庆市；第二梯度省份包括内蒙古自治区、新疆维吾尔自治区、甘肃省、青海省、宁夏回族自治区、云南省、贵州省和广西壮族自治区；第三梯度省份为西藏自治区。从数量上来看，第一梯度省份占西部省份总数的25%，第二梯度省份占西部省份总数的66.67%，这说明西部地区绿色发展水平还有较大的发展空间。

利用因子分析法计算得到的2000年、2005年、2010年、2015年中国东中西三个地带的绿色发展水平综合指数，选取全局Moran指数衡量不同地带之间整体上的空间关联与空间差异，以判断整个中国东中西地带性绿色发展水平在空间上是否有集聚特性存在（见图4－2）。①2000～2004年，东部地区绿色发展水平的全局Moran指数均大于0，且基本在5%的置信水平上显著，但是2005～2015年，东部地区绿色发展水平的全局Moran指数均小于0，基本不显著。根据图4－2可以判定，东部地区绿色发展在2000～2004年，有明显的空间集聚趋势，即在此期间，东部地区绿色发展只是集中在个别城市。然而，2005～2015年，东部地区绿色发展开始逐步显现扩散态势，即在此期间，东部地区绿色发展开始成片发展、组团发展，但是强度还比较小。②2000～2015年，中部地区绿色发展水平的全局Moran指数均大于0，且基本在1%或者5%的置信水平上显著，这说明中部地区绿色发展在样本研究期间呈现空间集聚发展态势，即中部地区绿色发展呈现点状集聚或者组团发展模式。该结论也符合现实情况，中部地区8省份基础条件和社会经济发展水平存在巨大差异，其绿色发展水平也存在较大不同，因此，绿色发展的空间集聚可能只表现在个别典型城市恰恰是符合现实情况的。③2000～2015年，西部地区绿色发展水平的全局Moran指数均小于0，且基本都不显著，这说明西部11省份绿色发展在空间上呈现扩散态势，但是由于经济社会条件和自然条件的限制，其扩散强度十分有限，无法有效地进行组团式和片状式发展。

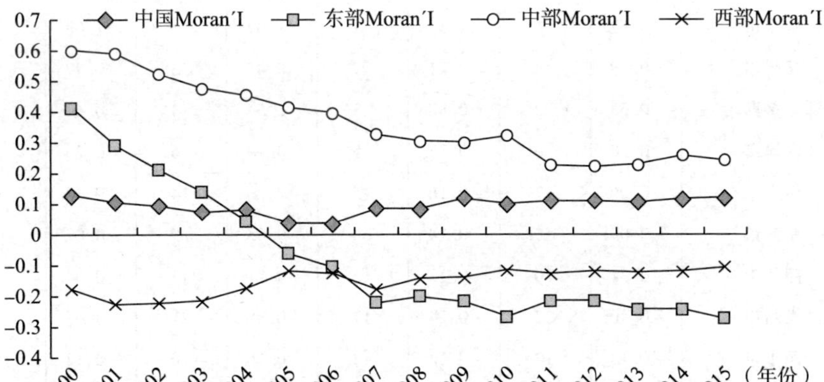

图4－2　绿色发展水平Moran指数趋势

4.1.5 城市层面绿色发展的现状

(1) 时序状态演变。以中国23个生态文明示范城市2003年、2005年、2010年、2015年数据为例，计算结果如表4－7所示。①23个生态文明示范城市四年绿色发展水平呈现不同的态势：黄山市、张家口市、延安市的绿色发展水平在2003年达到峰值；杭州市、鄂尔多斯市、淄博市、镇江市、宜昌市、巴彦淖尔市、玉林市、四平市的绿色发展水平都在2005年达到峰值，之后有逐年下降的趋势；成都市、郑州市、伊春市、韶关市、梅州市、临沂市、承德市、南阳市、定西市的绿色发展水平都在2015年达到峰值，并且有逐年递增趋势；十堰市、雅安市的绿色发展水平在2010年达峰值，2010～2015年有所下降；丽水市的绿色发展水平呈现“增长－恶化－增长”的态势。②2003～2015年，23个生态文明示范城市的绿色发展水平变化幅度较小，总体趋于稳定，其中成都市、杭州市、郑州市和鄂尔多斯市一直处于绿色发展的前沿，玉林市、四平市、雅安市、延安市一直处于绿色发展末端，其绿色发展水平呈现结构固化趋势。

表4－7 生态文明示范城市绿色发展水平得分结果

城市	2003年	排名	2005年	排名	2010年	排名	2015年	排名
成都市	0.57	3	0.49	3	0.55	2	1.40	1
杭州市	0.67	1	1.32	1	1.07	1	1.08	2
郑州市	0.28	4	0.21	7	0.42	5	0.77	3
鄂尔多斯市	0.63	2	0.88	2	0.54	3	0.40	4
淄博市	0.20	6	0.35	5	0.19	6	0.25	5
伊春市	0.06	7	－0.16	15	－0.23	14	0.10	6
镇江市	－0.09	10	0.14	8	0.03	9	－0.02	7
韶关市	－0.31	20	－0.12	13	－0.21	13	－0.04	8
梅州市	－0.40	22	－0.24	17	－0.38	21	－0.07	9
丽水市	－0.13	12	－0.12	12	－0.16	10	－0.12	10
宜昌市	－0.17	13	0.36	4	0.06	7	－0.15	11
临沂市	－0.19	15	－0.17	16	－0.19	11	－0.16	12
巴彦淖尔市	－0.01	9	0.25	6	0.06	8	－0.18	13

续表

城市	2003 年	排名	2005 年	排名	2010 年	排名	2015 年	排名
承德市	-0.28	17	-0.38	20	-0.20	12	-0.18	14
南阳市	-0.31	19	-0.39	21	-0.34	20	-0.23	15
黄山市	-0.12	11	-0.36	19	-0.27	17	-0.26	16
张家口市	0.01	8	-0.04	9	-0.26	16	-0.27	17
定西市	-0.30	18	-0.30	18	-0.28	18	-0.27	18
十堰市	-0.41	23	-0.39	22	-0.25	15	-0.28	19
玉林市	-0.22	16	-0.08	10	-0.31	19	-0.30	20
四平市	-0.33	21	-0.14	14	-0.39	22	-0.33	21
雅安市	0.27	5	-0.10	11	0.47	4	-0.35	22
延安市	-0.17	14	-0.47	23	-0.55	23	-0.39	23

（2）状态转移变化。采用Q型聚类的方法对2003年、2005年、2010年和2015年中国23个生态文明城市样本进行聚类分析，聚类结果如下（见表4-8）。

表4-8　生态文明示范城市绿色发展水平聚类结果

绿色发展水平	2003 年	2005 年	2010 年	2015 年
第一类	成都市、杭州市、鄂尔多斯市	杭州市、鄂尔多斯市	杭州市	成都市、郑州市、杭州市
第二类	淄博市、雅安市、郑州市	成都市、宜昌市、淄博市、镇江市、郑州市、巴彦淖尔市	雅安市、郑州市、成都市、鄂尔多斯市	鄂尔多斯市、淄博市、伊春市
第三类	其他	其他	其他	其他

以2015年结果为例（见表4-8），绿色发展水平第一类包括成都市、郑州市和杭州市三个省会城市，第二类包括鄂尔多斯市、淄博市和伊春市，第三类包括其他生态文明示范城市。从整体上来看，23个生态文明示范城市主要集中在第三类，说明中国生态文明示范城市总体绿色发展水平不高，且内部差异较大。

（3）空间格局与空间状态变化。选择自然断裂法将生态文明示范城市的绿色发展水平分成三类，可以发现，23个生态文明示范城市集中分布在第三梯度地区，说明23个生态文明示范城市的绿色发展还有很大增长空间。具体以2015年为例，第一梯度地区包括成都市、郑州市和杭州市；第二梯度地区包括伊春市、鄂尔多斯市、淄博市；第三梯度地区为其他城市。从数量上来看，第一梯度和第二梯度城市各占生态文明示范城市总数的13%，第三梯度城市占生态文明示范城市总数的74%。显然，第一梯度和第二梯度中只包括个别生态文明示范城市，绝大部分还是集中在低水平的第三梯度地区，说明生态文明示范城市的绿色发展水平总体不高。23个生态文明示范城市绿色发展水平内部差异巨大，且总体处于较低水平，这主要是由于23个生态文明示范城市绝大部分是位于中西部地区的落后城市，其经济发展基础薄弱，科技欠发达，资本不足，长期处于欠发达状态，经济的贫困导致城市交通和信息闭塞，无法及时吸收大城市和发达城市带来的科技和资本溢出，从而缺乏绿色发展的社会经济条件。

通过计算发现，2004～2015年，23个生态文明示范城市的绿色发展水平的全局Moran指数均小于0，但基本不显著（见表4－9）。根据计算结果可以判定：23个生态文明示范城市在2003～2004年，有明显的空间扩散态势。这表明在此期间，23个生态文明示范城市绿色发展有向周围城市扩散的倾向。然而，由于当地城市绿色发展并没有形成一个强有力的核心，对周边不能产生有效的溢出，这使得绿色发展这种溢出效应并不明显。

表4－9　生态文明示范城市绿色发展水平全局Moran指数

年份	Moran'I	*E*（*I*）值	标准差	z值	p值
2003	0.062	－0.045	0.126	0.857	0.196
2004	－0.238	－0.045	0.124	－1.547	0.061
2005	－0.175	－0.045	0.119	－1.088	0.138
2006	－0.183	－0.045	0.124	－1.108	0.134
2007	－0.219	－0.045	0.125	－1.385	0.083
2008	－0.194	－0.045	0.124	－1.202	0.115
2009	－0.217	－0.045	0.121	－1.415	0.079
2010	－0.004	－0.045	0.123	0.339	0.367
2011	－0.182	－0.045	0.118	－1.157	0.124

续表

年份	Moran'I	$E(I)$ 值	标准差	z 值	p 值
2012	-0.196	-0.045	0.124	-1.211	0.113
2013	-0.255	-0.045	0.120	-1.743	0.041
2014	-0.145	-0.045	0.124	-0.799	0.212
2015	-0.286	-0.045	0.118	-2.046	0.020

4.2　中国绿色发展的过程分析

4.2.1　研究方法与数据来源

（1）重心模型（点覆盖）。重心模型包括测度方法、移动方法和移动距离三个部分。①重心的测度方法。绿色发展重心，是假设中国为一同质的平面，而30个省份的绿色发展水平都是这个水平面上的一个质点，不同绿色发展水平的省份具有不同的重量，我国绿色发展的重心就是全国这个平面中与每个省份距离的平方和最小的一点，其位置取决于不同绿色发展水平省份的分布状况。也正因如此，绿色发展重心变化已成为目前学术界研究绿色发展格局变化的一个重要途径。人口重心是人口地理学中常用的预算指标，本书通过参考其计算方法类比测算我国三大区域以及全国绿色发展重心。重心的坐标一般是用地图的经纬度来表示的，第 t 年绿色发展重心的经纬度计算方法如下：

$$X_t = \sum C_{ti}x_i / \sum C_{ti} \tag{4-10}$$

$$Y_t = \sum C_{ti}y_i / \sum C_{ti} \tag{4-11}$$

在式（4-10）和式（4-11）中，X_t 表示第 t 年绿色发展重心的经度坐标，Y_t 表示第 t 年绿色发展重心的纬度坐标；C_{ti}表示第 i 市的绿色发展水平；X_i、Y_i 则分别是第 i 个城市的经纬度坐标。②重心移动方向模型。设第 t 年、第 $t+m$ 年绿色发展重心坐标分别为 P_t（x_t，y_t）、P_{t+m}（x_{t+m}，y_{t+m}），t 年份为起点，绿色发展重心的移动方向为 θ_m。那么重心 P_t、P_{t+m}移动方向模型为

$$\theta_m = \arctan[(y_{t+m} - y_t)/(x_{t+m} - x_t)] \tag{4-12}$$

其中，θ 表示各年绿色发展重心移动的角度（$-180° \leqslant \theta \leqslant 180°$），并以正东方向为 0°，逆时针旋转为正，顺时针旋转为负。具体而言，当 $-90° < \theta < 0°$ 时，表示绿色发展重心向东南方向转移；当 $0° < \theta < 90°$ 时，表示绿色发展重心向东北方向转移；当 $90° < \theta < 180°$ 时，表示绿色发展重心向西北方向转移；当 $-180° < \theta < -90°$ 时，表示绿色发展重心向西南方向转移；当 $\theta = \pm 90°$ 时，表示绿色发展重心向正南或正北方向转移；当 $\theta = 0°$ 或 $\pm 180°$ 时，表示绿色发展重心向正西或正东方向转移。③重心移动距离模型。重心 P_t、P_{t+m} 移动距离模型为

$$d_m = C \times \sqrt{(x_{t+m} - x_t)^2 + (y_{t+m} - y_t)^2} \tag{4-13}$$

其中，d_m 表示两个年份间绿色发展水平重心移动的距离；(x_t, y_t)、(x_{t+m}, y_{t+m}) 分别表示第 t 年和第 $t+m$ 年的区域绿色发展水平的重心在空间上的地理坐标（经度值，纬度值）；C 是把地理坐标单位（度）转化为平面距离（千米）的系数，取常数 111.111；$C \times (x_{t+m} - x_t)$、$C \times (y_{t+m} - y_t)$ 分别表示区域绿色发展水平的重心从第 t 年到第 $t+m$ 年在经度和纬度上移动的实际距离。

（2）椭圆模型。椭圆模型包括重心坐标、移动方法和移动距离三个部分。①重心坐标。设有空间格局 O，如果 D 在平面坐标系上，则 O 的重心坐标分别为

$$\bar{x} = \frac{1}{W} \sum_{i=1}^{N} w_i x_i \tag{4-14}$$

$$\bar{y} = \frac{1}{W} \sum_{i=1}^{N} w_i y_i \tag{4-15}$$

如果 D 在球面坐标系上，则重心的坐标为

$$\lambda = \alpha \tan \left(\frac{\sum_{i=1}^{N} w_i \sin\lambda_i \cos\phi_i}{\sum_{i=1}^{N} w_i \cos\lambda_i \cos\phi_i} \right) \tag{4-16}$$

$$\varphi = \alpha \sin \left[\frac{\sum_{i=1}^{N} w_i \sin\phi_i}{\sqrt{\left(\sum_{i=1}^{N} w_i \sin\lambda_i \cos\phi_i \right)^2 + \left(\sum_{i=1}^{N} w_i \cos\lambda_i \cos\phi_i \right)^2 + \left(\sum_{i=1}^{N} w_i \sin\phi_i \right)^2}} \right] \tag{4-17}$$

一般来讲，O 的重心是 N 个区位点之外的点，它不一定在 O 内，但在其凸壳内。在球面坐标系下，O 的重心是其三维空间的重心（在球面内）在球面上的投影。如果 O 是一个由网络节点构成的格局，其重心是这些节点构成的点格局的重心，与节点间的真实距离（如公路网距离）不直接相关，也与图论中有关网络重心（Centriod）的定义不一样。

②椭圆参数。设空间格局 O，距离椭圆拥有长半轴和短半轴，其长度分别用 L_L 和 L_S 表示，那么它们分别代表 O 上所有单元到重心或中位中心的直线（球面大圆弧或网络轴线）的最大加权距离和最小加权距离，这里要求 L_L 和 L_S 相互垂直。

$$L_L = \max\left(\frac{1}{W}\sum_{i=1}^{N} w_i d_i^L\right) \tag{4-18}$$

$$L_S = \min\left(\frac{1}{W}\sum_{i=1}^{N} w_i d_i^L\right) \tag{4-19}$$

式（4-18）和式（4-19）中，d_i^L 是 O 的区位点 i 到 O 的重心或中位中心的直线距离。

在网络空间，距离椭圆需要过 O 的中位中心，L_L 和 L_S 用区位点 i 到轴线上节点的最长和最短路径距离计算。O 的网络轴线需要特别界定，如轴线上节点的横坐标值（或纵坐标值）需要递增（或递减）。从距离最大（小）值角度来看，O 的网络轴线不一定经过其中位中心。

距离椭圆的面积 A 也是衡量 O 展布性的指标。如果 D 在平面坐标系，则 $A = \pi L_L L_S$；如果 D 在球面坐标系，则 A 的计算需要考虑球面曲率效应。

③形状指标和指数。设空间格局 O，距离椭圆的长半轴代表格局 O 的方位，方位指标用长半轴与 y 轴（或正北方向）的夹角表达，其中长半轴的确定参见式（4-18）。该长轴在球面空间为球面大圆弧，在网络空间为连接若干节点，具有特定方向的网络轴线。这里有两个形状指标：一个与 O 的距离椭圆参数有关，另一个需要与某一个特定的形状进行对比。关于形状指数，设空间格局为 O，距离椭圆形状指数 r 是距离椭圆短半轴与长半轴的长度之比：

$$r = \frac{L_S}{L_L} \tag{4-20}$$

从空间的平均角度来看，r 指数越大表明 O 的形状越接近于圆，反之越接近于线性，其取值范围为 0 ~ 1。

（3）数据来源。分别选取 2000 ~ 2015 年的省域样本和 2003 ~ 2015 年的城市样本进行定量分析，其中省域样本来自各省份的统计年鉴、中经网数据库、国研网数据库以及国家统计局；城市样本来自历年的《中国城市统计年鉴》以及中经网数据库。对于部分缺失数据的样本，均采用前向插值法补充，对于数据严重缺失的样本均予以剔除，最终得到省域有效样本 30 个，生态文明示范城市样本 23 个。另外，由于中国各地区自然环境、市场环境、产业环境、政策环境存在显著差异，各地区绿色发展的途径和水平都存在明显不同。因此，按照传统的东中西划分方案，将中国省域单元划分为东中西部地区。其中，东部地区包括北京、天津、河北、辽宁、上海、江苏、浙江、福建、山东、广东、海南 11 个省份；中部地区包括山西、吉林、黑龙江、安徽、江西、河南、湖北、湖南 8 个省份；西部地区包括内蒙古、广西、重庆、四川、贵州、云南、陕西、甘肃、青海、宁夏、新疆 11 个省份。分别按照全国、东中西地带性和城市三个层面分析中国绿色发展的现状，以把握中国区域绿色发展的点状态和区间状态变化的规律和特征。各个省级单元、地级单元的行政界线及城市经纬度等位置信息数据来自国家基础地理信息系统 1∶400 万数据库。

4.2.2　全国层面绿色发展的演变过程

（1）点覆盖演变过程。利用重心模型分别得到全国 30 个省份样本在 2000 ~ 2015 年的重心变化，可以发现：2000 ~ 2015 年，中国绿色发展重心向沿海方向移动，该趋势在 2005 ~ 2010 年更为显著。绿色发展重心（主要分布在河南省平顶山市和驻马店市）总体向沿海迁移，总位移为 111.021 千米，其中向东移动 82.836 千米，向南移动 73.917 千米。在 2005 ~ 2010 年，绿色发展重心向沿海方向移动的趋势更为显著，向东位移距离达到 47.202 千米，向南位移距离达到 29.375 千米，总体位移达到 55.596 千米（见表 4 – 10）。

表 4-10　中国绿色发展重心移动方向及移动距离

年份	移动方向/°	移动距离/km	东西移动距离/km	南北移动距离/km
2000~2005 年	-58.650	43.048	22.397	36.763
2005~2010 年	-31.895	55.596	47.202	29.375
2010~2015 年	-30.440	15.354	13.238	7.779
2000~2015 年	-41.744	111.021	82.836	73.917

（2）区间覆盖演变过程。通过分析 2000~2015 年中国绿色发展标准差椭圆各项参数及标准距离，得到全国层面绿色发展空间演化趋势（见图 4-3 和表 4-11）。①分布范围变化。2000~2015 年，中国绿色发展呈现空间收缩趋势。绿色发展标准差椭圆短半轴长度从 2000 年的 923.623 千米缩短到 2015 年的 884.619 千米，减少了 39.004 千米，同时长半轴长度从 2000 年的 1244.039 千米缩短到 2015 年的 1121.424 千米，减少了 122.615 千米。中国绿色发展的标准差椭圆面积在 2000 年达到最大值 360.955 万平方千米，在 2015 年达到最小值 311.639 万平方千米，减少了 49.316 万平方千米。②分

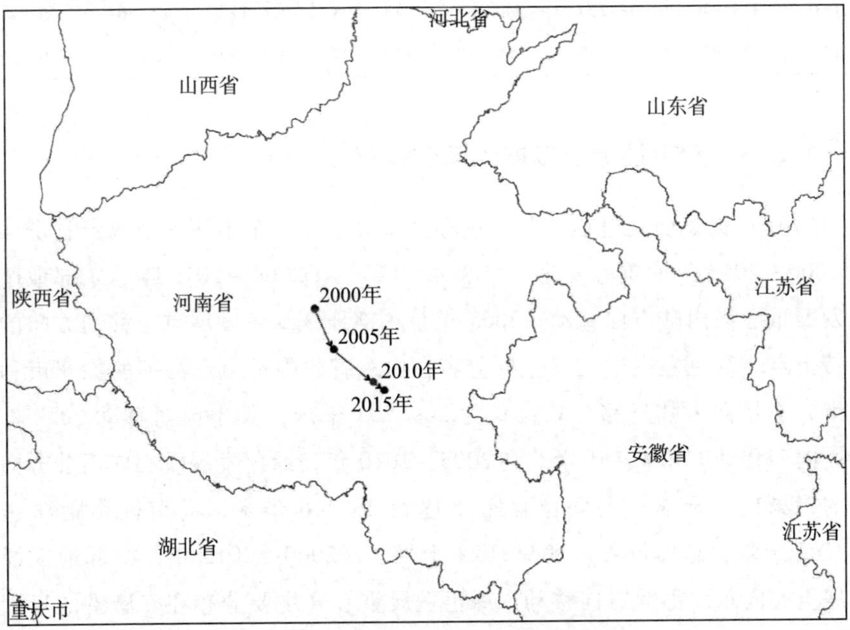

图 4-3　中国绿色发展标准差椭圆重心

布方向变化。2000～2015年，中国绿色发展的空间分布标准差椭圆方位角在波动中有减小趋势。绿色发展的方位角由2000年的69.383°（北－东）缩小为2015年的66.796°（北－东）。方位角减小表明，相较于西南地区城市，京津冀地区和中西部地区绿色发展对全国绿色发展的拉动作用在不断增强。③分布形状变化。2000～2015年，中国绿色发展的形状指数呈现明显增大趋势。绿色发展形状指数由2000年的0.742扩大为2015年的0.789。2000～2015年，中国绿色发展的空间分布标准差椭圆的长半轴和短半轴都在缩短，这表明绿色发展在东西方向和南北方向上都呈收缩趋势。

表4－11　全国层面绿色发展标准差椭圆参数

年份	中心性指标		展布性指标			方位指标	形状指标
	中心经度/°E	中心纬度/°N	短半轴/km	长半轴/km	椭圆面积/万 km^2	夹角/°	形状指数
2000	113.223	33.825	923.623	1244.039	360.955	69.383	0.742
2005	113.424	33.494	895.558	1191.912	335.323	68.031	0.751
2010	113.849	33.229	900.538	1152.798	326.123	65.307	0.781
2015	113.968	33.159	884.619	1121.424	311.639	66.796	0.789

4.2.3　地带性绿色发展的演变过程

（1）点覆盖演变过程。利用重心模型分别计算东中西三个地带省份样本在2000～2015年的重心变化（见表4－12）。①2000～2015年，东部地区绿色发展重心向内陆方向移动，2005年是东部地区绿色发展重心移动方向的重要转折点。绿色发展重心（主要分布在山东省的临沂市、江苏的徐州市和宿迁市）总体向内陆迁移，总位移为249.505千米，其中向西移动20.981千米，向南移动176.427千米。在2005～2010年，绿色发展重心向内陆方向移动的趋势更为显著，向西位移距离达到26.266千米，向南位移距离达到86.105千米，总体位移达到90.022千米。②2000～2015年，中部地区绿色发展重心向东北沿海方向移动。绿色发展重心（主要分布在安徽省的阜阳市和亳州市）总体向东北沿海迁移，总位移为65.872千米，其中向东移动49.805千米，向北移动43.111千米。绿色发展重心向东位移距离在2000～

2005 年达到 22.520 千米，向北位移距离在 2010 ~ 2015 年达到 25.367 千米。③2000 ~ 2015 年，西部地区绿色发展重心向东南沿海方向移动。绿色发展重心（主要分布在四川省的阿坝藏族羌族自治州和甘肃省的陇南市）总体向东南沿海迁移，总位移为 50.872 千米，其中向东移动 47.492 千米，向南移动 18.234 千米。

表 4 - 12 东中西三个地带绿色发展重心移动方向及移动距离

地带	年份	移动方向/°	移动距离/km	东西移动距离/km	南北移动距离/km
东部地区	2000 ~ 2005	-75.689	74.879	18.509	72.556
	2005 ~ 2010	73.036	90.022	26.266	86.105
	2010 ~ 2015	53.338	22.147	13.224	17.766
	2000 ~ 2015	83.218	249.505	20.981	176.427
中部地区	2000 ~ 2005	2.303	22.538	22.520	0.906
	2005 ~ 2010	67.522	18.223	6.967	16.838
	2010 ~ 2015	51.308	32.501	20.318	25.367
	2000 ~ 2015	40.880	65.872	49.805	43.111
西部地区	2000 ~ 2005	-44.078	41.332	42.684	41.332
	2005 ~ 2010	-56.514	20.412	13.504	20.412
	2010 ~ 2015	8.342	2.685	18.311	2.685
	2000 ~ 2015	-21.004	50.872	47.492	18.234

（2）区间覆盖演变过程。通过分别分析 2000 ~ 2015 年中国东中西三个地带性绿色发展标准差椭圆各项参数及标准距离，得到东中西地带性绿色发展空间演化趋势（见图 4 - 4 至图 4 - 6 和表 4 - 13）。①东部区间覆盖。2000 ~ 2015 年，东部地区绿色发展呈现空间收缩趋势。绿色发展标准差椭圆短半轴长度从 2000 年的 365.406 千米缩短到 2015 年的 354.823 千米，减少了 10.583 千米，同时长半轴长度从 2000 年的 969.466 千米缩短到 2015 年的 919.634 千米，减少了 49.832 千米。东部地区绿色发展的标准差椭圆面积在 2000 年达到最大值 111.274 万平方千米，在 2015 年达到最小值 102.498 万平方千米，减少了 8.776 万平方千米。东部地区的空间分布标准差椭圆方位角在波动中有减小趋势。绿色发展的方位角由 2000 年的 12.259 度（北 -

东）缩小为 2015 年的 11. 395 度（北 – 东）。方位角减小表明，相较于珠三角和长三角城市，京津冀地区绿色发展对东部地区绿色发展的拉动作用在不断增强。2000 ~ 2015 年，中国绿色发展的形状指数呈现明显增大趋势。绿色发展形状指数由 2000 年的 0. 377 扩大为 2015 年的 0. 386。2000 ~ 2015 年，东部地区绿色发展的空间分布标准差椭圆的长半轴和短半轴都在缩短，这表明绿色发展在东西方向和南北方向上都在呈收缩趋势。②中部区间覆盖。2000 ~ 2015 年，中部地区绿色发展在南北方向上呈扩张状态，在东西方向上呈现收缩状态，且南北方向上的扩张趋势强于东西方向上的收缩趋势。绿色发展标准差椭圆短半轴长度从 2000 年的 377. 765 千米收缩到 2015 年的 333. 488 千米，减少了 44. 277 千米，同时长半轴长度从 2000 年的 969. 065 千米增加到 2015 年的 1061. 615 千米，增加了 92. 55 千米。中部地区绿色发展的标准差椭圆面积在 2000 年达到最大值 114. 991 万平方千米，在 2005 年达到最小值 108. 534 万平方千米，减少了 6. 457 万平方千米。中部地区的空间分布标准差椭圆方位角在波动中有增大趋势。绿色发展的方位角由 2000 年的 37. 345°（北 – 东）扩大为 2015 年的 39. 434°（北 – 东）。方位角扩大表明，相对于东北部的城市而言，西南部的城市对中部地区绿色发展的拉动

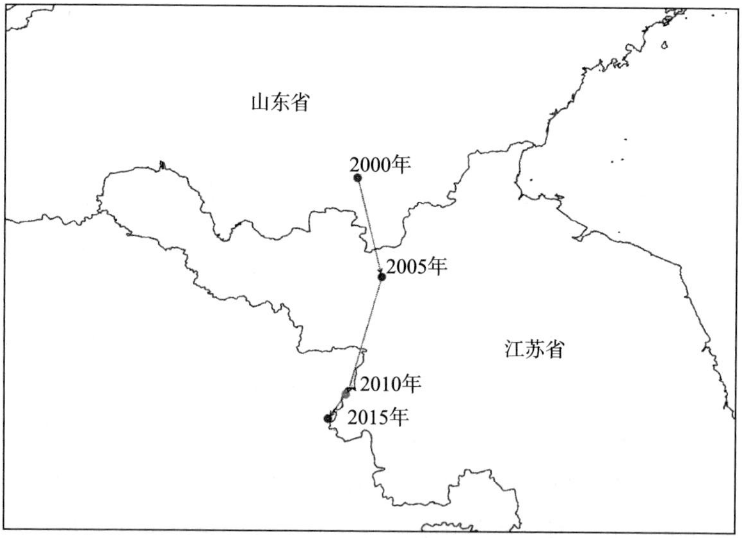

图 4 – 4　东部绿色发展标准差椭圆重心

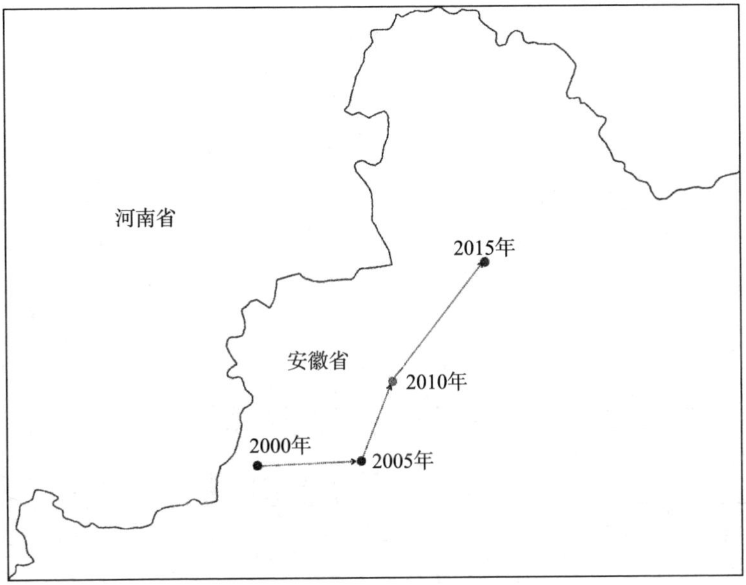

图 4－5　中部绿色发展标准差椭圆重心

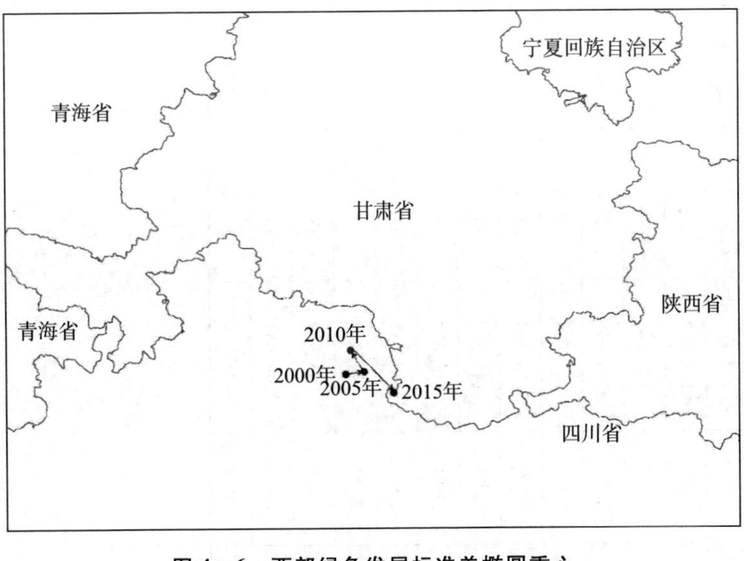

图 4－6　西部绿色发展标准差椭圆重心

表 4－13　东中西绿色发展标准差椭圆参数

地带	年份	中心性指标		展布性指标			方位指标	形状指标
		中心经度/°E	中心纬度/°N	短半轴/km	长半轴/km	椭圆面积/万 km^2	夹角/°	形状指数
东部地区	2000	118. 113	34. 879	365. 406	969. 466	111. 274	12. 259	0. 377
	2005	118. 28	34. 226	363. 964	939. 797	107. 443	12. 502	0. 387
	2010	118. 043	33. 451	361. 284	925. 591	105. 041	12. 447	0. 390
	2015	117. 924	33. 292	354. 823	919. 634	102. 498	11. 395	0. 386
中部地区	2000	115. 367	33. 203	377. 765	969. 065	114. 991	37. 345	0. 390
	2005	115. 569	33. 211	345. 25	1000. 823	108. 534	38. 732	0. 345
	2010	115. 632	33. 363	336. 896	1030. 692	109. 067	39. 017	0. 327
	2015	115. 815	33. 591	333. 488	1061. 615	111. 201	39. 434	0. 314
西部地区	2000	104. 343	32. 918	771. 717	974. 083	236. 145	115. 083	0. 792
	2005	103. 959	33. 29	819. 696	1041. 079	268. 079	112. 204	0. 787
	2010	104. 081	33. 106	831. 533	1021. 855	266. 929	113. 79	0. 814
	2015	103. 916	33. 082	821. 542	1047. 405	270. 315	116. 289	0. 784

作用在不断增强。中国绿色发展的空间形态呈现一定的扁平化趋势。绿色发展形状指数由 2000 年的 0.390 缩小为 2015 年的 0.314。短半轴与长半轴比值的显著减小，说明绿色发展在南北向的增长趋势明显强于东西向。③西部区间覆盖。2000～2015 年，西部地区绿色发展在南北方向上呈扩张状态，在东西方向上呈现扩张状态，西部绿色发展呈现空间均衡趋势。绿色发展标准差椭圆短半轴长度从 2000 年的 771.717 千米增加到 2015 年的 821.542 千米，增加了 49.825 千米，同时长半轴长度从 2000 年的 974.083 千米增加到 2015 年的 1047.405 千米，增加了 73.322 千米。中部地区绿色发展的标准差椭圆面积在 2000 年达到最小值 236.145 万平方千米，在 2015 年达到最大值 270.315 万平方千米，减少了 34.17 万平方千米。中部地区的空间分布标准差椭圆方位角在波动中有扩大趋势，绿色发展的方位角由 2000 年的 115.083°（北－东）扩大为 2015 年的 116.289°（北－东）。绿色发展形状指数由 2000 年的 0.792 减小为 2015 年的 0.784，短半轴与长半轴的比值显著减小。

4.2.4　城市层面绿色发展的演变过程

（1）点覆盖演变过程。利用重心模型计算 23 个生态文明示范城市样本 2003～2015 年的重心变化，可以发现在 2000～2015 年，生态文明示范城市绿色发展重心向西南方向移动。绿色发展重心（主要分布在河南省的许昌市、平顶山市和漯河市）总体向西南地区迁移，总位移为 66.727 千米，其中向西移动 31.504 千米，向南移动 58.822 千米。绿色发展重心向东位移距离在 2010～2015 年达到最大值 57.543 千米，向南位移距离在 2003～2005 年达到最大值 39.824 千米（见表 4－14）。

表 4－14　生态文明示范城市绿色发展重心移动方向及移动距离

年份	移动方向/°	移动距离/km	东西移动距离/km	南北移动距离/km
2003～2005	－53.806	49.346	29.140	39.824
2005～2010	20.642	58.964	55.179	20.786
2010～2015	1.779	57.571	57.543	1.788
2003～2015	－61.827	66.727	31.504	58.822

（2）区间覆盖演变过程。通过分别分析 2003 ~ 2015 年中国 23 个生态文明示范城市样本绿色发展标准差椭圆各项参数及标准距离，得到中国城市层面绿色发展空间演化趋势（见表 4 – 15）。①生态文明示范城市绿色发展在空间上呈现收缩趋势。绿色发展标准差椭圆短半轴长度从 2003 年的 740. 294 千米减少到 2015 年的 732. 073 千米，减少了 8. 221 千米，同时长半轴长度从 2003 年的 1043. 449 千米减少到 2015 年的 1027. 857 千米，减少了 15. 592 千米。生态文明示范城市绿色发展的标准差椭圆面积在 2003 年达到最大值 242. 661 万平方千米，在 2015 年达到 236. 380 万平方千米，减少了 6. 281 万平方千米。②生态文明示范城市的空间分布标准差椭圆方位角在波动中有减小趋势。绿色发展的方位角由 2003 年的 56. 274°（北 – 东）减小为 2015 年的 55. 355°（北 – 东）。方位角减小表明，相对于西南部的城市而言，东北部的城市对西南部地区绿色发展的拉动作用在不断增强。③西部绿色发展的空间形态呈现一定的均衡化趋势。绿色发展形状指数由 2003 年的 0. 709 扩大为 2015 年的 0. 712。短半轴与长半轴比值的增大，说明绿色发展在东西向的增长趋势明显强于南北向。

表 4 – 15　生态文明示范城市绿色发展标准差椭圆参数

年份	中心性指标		展布性指标			方位指标	形状指标
	中心经度 /°E	中心纬度 /°N	短半轴 /km	长半轴 /km	椭圆面积 /万 km^2	夹角/°	形状指数
2003	113. 617	34. 250	740. 294	1043. 449	242. 661	56. 274	0. 709
2005	113. 88	33. 891	774. 801	965. 159	234. 918	54. 167	0. 802
2010	113. 383	33. 704	739. 513	979. 076	227. 450	61. 534	0. 755
2015	113. 901	33. 720	732. 073	1027. 857	236. 380	55. 355	0. 712

第5章 中国绿色发展效率与技术路线图分析

5.1 中国绿色发展效率分析

5.1.1 研究思路和分析维度

（1）研究思路。萨缪尔森对“效率”的解释较为权威，即“在经济生产过程中，如果在不缩减其中任何一种生产物品的情况下，也不用增加其中任何一种生产物品，则说明整个生产活动的运行是有效率的。”随着发展过程中环境污染和能源短缺问题日益凸显，国内外学者逐渐将环境和资源因素纳入效率分析框架，这意味着效率更强调经济与资源环境协调发展，这与我国绿色发展理念相契合。因此，本书从投入产出角度理解绿色发展效率，即实现发展的经济利益最大化，环境污染和能源消耗最小化。基于绿色发展效率的内涵，本书拟从时间、空间、产业三个维度把握全国、地带和典型城市绿色发展效率，以期全方位把握绿色发展效率。

（2）绿色发展效率的时间维度。绿色发展效率在时间上具有阶段性特征，国内外学者研究绿色发展效率在时间维度上的规律性。如王兵等测算了2005～2010年全国112个环保重点城市绿色发展效率，提出我国各地区主要呈现U形和三次型变化①；杨志江等从效率视角对中国省际1999～2012年的绿色发展效率演变特征进行了考察，提出中国省际绿色发展效率水平不高且节能减排无效率是绿色发展无效率的主要来源②。也有学者用绿色全要素生

① 王兵、唐文狮、吴延瑞等：《城镇化提高中国绿色发展效率了吗?》，《经济评论》2014年第4期。

② 杨志江、文超祥：《中国绿色发展效率的评价与区域差异》，《经济地理》2017年第3期。

产率表征绿色发展效率，探寻其在时间维度上的规律。如刘瑞翔等基于SBM-Luenberger模型对资源环境约束下1995~2010年经济增长绩效变化趋势进行分析，研究表明中国绿色经济增长绩效呈现下降趋势①；尹传斌等基于绿色全要素生产率的视角研究西部地区绿色发展效率，研究表明西部地区绿色发展效率总体上是进步的②。综合国内外研究，本书发现绿色全要素生产率能较好地体现绿色发展效率时间维度上的含义，原因有三：第一，绿色全要素生产率是指总产出与综合要素投入之间的比率，追求实现发展的经济利益最大化，环境污染和能源消耗最小化，符合绿色发展效率的内涵；第二，绿色全要素生产率分析属于一种动态分析，能够反映绿色增长绩效的动态变化，符合本部分研究绿色发展效率时间维度规律；第三，绿色全要素生产率可分解为技术进步和效率变动，通过数理推导按照要素来源分解技术进步，更好地衔接下一部分绿色发展技术路线图研究。因此，本书拟用全要素生产率分析框架来分析绿色发展效率多维度的时间阶段性规律。

（3）绿色发展效率的空间维度。绿色发展效率在空间上是非均质的，绿色发展效率在空间上表现出明显的空间分异特征，国内外学者主要研究绿色发展效率在空间上的差异。张鹏等基于社会网络分析框架，研究中国绿色全要素生产率的空间关联和差异，研究表明2005~2014年全要素生产率增长空间关联网络密度逐年提升，但网络的均衡性和稳定性有待强化③；韩晶等从绿色增长的视角，运用包含空间计量的四阶段DEA模型对中国绿色发展创新效率进行实证研究，研究表明中国创新效率的区域差异明显，东部地区创新效率明显高于中西部地区，而规模报酬递增的区域数量远远少于中西部地区④。现有的研究大多以静态空间结构表征绿色发展效率的空间分异特征，

① 刘瑞翔、安同良：《资源环境约束下中国经济增长绩效变化趋势与因素分析——基于一种新型生产率指数构建与分解方法的研究》，《经济研究》2012年第11期。

② 尹传斌、蒋奇杰：《绿色全要素生产率分析框架下的西部地区绿色发展研究》，《经济问题探索》2017年第3期。

③ 张鹏、于伟：《基于社会网络分析的我国绿色全要素生产率增长空间特征及其动因研究》，《经济问题探索》2017年第2期。

④ 韩晶、宋涛、陈超凡等：《基于绿色增长的中国区域创新效率研究》，《经济社会体制比较》2013年第3期。

以“均质空间”为逻辑前提，探索均质空间上要素的空间分异规律，而标准差椭圆分析能避免“均质空间”假设带来的误差，充分考虑研究对象的空间区位的信息[①]。因此，本书拟用标准差椭圆方法探究绿色全要素生产率的空间维度特征，以期把握多维度绿色发展效率空间分异规律。

（4）绿色发展效率的产业维度。绿色发展效率在产业维度上也是非均质的，国内外学者从各个角度衡量产业维度绿色发展效率。有学者基于全要素生产率框架研究某个产业绿色发展效率，如陈诗一基于方向性距离函数对改革开放以来考虑环境约束的中国工业全要素生产率进行了分析，发现改革开放以来中国实行的一系列节能减排政策有效地推动了工业绿色生产率的持续提高，虽然2002年以后重化工业膨胀暂时降低了工业生产率，但是基于国家对节能减排与发展新能源和低碳技术的高度战略重视，中国新一轮绿色工业革命为期不远[②]；何剑等构建了SBM-Malmquist模型，测算2000～2014年长江经济带三大产业绿色效率指数，并进一步将其分解为效率变化指数和技术进步指数[③]。也有学者基于创新价值链理论研究某个产业的绿色发展效率，如罗良文和梁圣蓉基于两阶段创新价值链研究工业技术创新过程，分别测算了技术创新两个阶段的绿色技术创新效率，研究表明，在绿色技术开发阶段，中西部地区面临的环境问题严峻，三大区域绿色技术开发效率差距悬殊；在绿色技术成果转化阶段，绿色技术创新效率仍存在较大提升空间[④]。创新价值链理论可打开创新过程的“黑箱”，将创新过程分为创新成果研发和创新成果转化两个阶段。本书拟采用创新价值链的分析框架研究绿色发展效率的产业维度特征，原因如下：第一，基于创新价值链的绿色技术创新效率是绿色技术创新投入和产出效率之间的比率，追求创新投入最小化、期望产出最大化、非期望产出最小化，其本质符合绿色发展效率的内涵；第二，

① 赵璐、赵作权：《基于特征椭圆的中国经济空间分异研究》，《地理科学》2014年第8期。

② 陈诗一：《中国的绿色工业革命：基于环境全要素生产率视角的解释（1980—2008）》，《经济研究》2010年第11期。

③ 何剑、王欣爱：《区域协同视角下长江经济带产业绿色发展研究》，《科技进步与对策》2017年第11期。

④ 罗良文、梁圣蓉：《中国区域工业企业绿色技术创新效率及因素分解》，《中国人口·资源与环境》2016年第9期。

创新驱动战略和绿色发展是国家重要战略，而绿色技术创新要以产业为载体才能实现，因此，基于创新价值链的视角研究产业绿色发展效率符合国家战略要求；第三，基于绿色创新价值链研究绿色发展效率可打开技术创新的“黑箱”，将技术创新过程划分为绿色技术研发和成果转化两个阶段，从而更好地分析中国绿色发展产业价值链图谱，自然地衔接下一部分绿色发展技术路线图研究。

5.1.2 研究方法与分析模型

（1）时间维度采用的方法与模型。对中国绿色发展效率的时间维度分析采用 Mann-Kendall 方法和序列 SBM-Luenberger 模型。①Mann-Kendall 方法。Mann-Kendall 方法作为一种时间序列趋势的非参数检验方法，不需要样本服从一定的分布，也不受少数异常值的干扰，具有测度范围宽、随机作用小的优点。本书采用 Mann-Kendall 方法进行中国绿色全要素生产率变动的阶段划分。Mann-Kendall 方法是根据时间序列$\{X_1, X_2, \cdots, X_n\}$构造标准正态分布的统计变化量 UF 和 UB，若 UF 或 UB 的值大于 0，则表明时间序列呈上升趋势；若 UF 和 UB 小于 0 则表明呈下降趋势。有文献表明，如果在给定的显著性水平临界直线下，UF 和 UB 相交于一点，则该点为突变点。②序列 SBM-Luenberger 模型。全要素生产率是衡量效率的重要指标，本书基于全要素生产率的分析框架测度绿色发展效率。测度绿色全要素生产率主要有两种方法：参数估计与非参数估计。参数估计主要运用随机前沿法[①]，将环境要素及能源要素纳入具体的生产函数，构建超越对数生产函数，从而测算全要素生产率。但参数估计法存在估计的模糊性问题，因而有学者采用非参数估计，如李斌等采用考虑非期望产出的非径向非角度 SBM 效率测度模型并结合 ML 生产率指数来测算分行业的绿色技术效率和绿色全要素生产率[②]。但

① 杨振兵、邵帅、杨莉莉：《中国绿色工业变革的最优路径选择——基于技术进步要素偏向视角的经验考察》，《经济学动态》2016 年第 1 期；王奇、王会、陈海丹：《中国农业绿色全要素生产率变化研究：1992～2010 年》，《经济评论》2012 年第 5 期。

② 李斌、彭星、欧阳铭珂：《环境规制、绿色全要素生产率与中国工业发展方式转变——基于 36 个工业行业数据的实证研究》，《中国工业经济》2013 年第 4 期。

是运用当期样本数据构造生产技术前沿结构时，由于未考虑历史数据，测算结构容易产生技术长期大规模倒退的反常现象①，序列生产边界能有效解决这个问题。因此，综合借鉴李兰冰和刘秉镰②、王兵等③、刘瑞翔和安同良④、董敏杰等⑤的处理方式，构建序列 SBM-Luenberger 模型。具体公式如下：

$$IE^{t,k}(x^{t,k},y^{t,k};g_x,g_y)=\max_{S_x,S_y,S_b}\frac{\frac{1}{N}\sum_{n=1}^{N}S_{n,x}^{t,k}+\frac{1}{M+I}\left(\sum_{m=1}^{m}\frac{S_{m,y}^{t,k}}{y_m^{t,k}}+\sum_{i=1}^{1}\frac{S_{i,b}^{t,k}}{b_i^{t,k}}\right)}{2} \tag{5-1a}$$

$$\text{s.t.}\begin{cases}\sum_{k=1}^{K}Z^{t,k}X_n^{t,k}+S_{n,x}^{t,k}=x_n^{t,k};\sum_{k=1}^{K}Z^{t,k}y_m^{t,k}-S_{m,y}^{t,k}=x_m^{t,k};\sum_{k=1}^{K}Z^{t,k}b_i^{t,k}+S_{i,b}^{b,k}=x_m^{t,k};\\ \sum_{K=1}^{K}Z^{t,k}=1;z^{t,k}\geqslant 0;S_{n,x}^{t,k}\geqslant 0;S_{m,y}^{t,k}\geqslant 0;S_{i,b}^{t,k}\geqslant 0\end{cases}$$

(5 - 1b)

$$IE^t=\frac{1}{2N}\sum_{\substack{n=1\\IE_x}}^{N}\frac{S_{n,x}^{t,k}}{g_{n,x}^{t,k}}+\frac{1}{2(M+I)}\sum_{\substack{m=1\\IE_y}}^{M}\frac{S_{m,y}^{t,k}}{g_{m,y}^{t,k}}+\frac{1}{2(M+I)}\sum_{\substack{i=1\\IE_b}}^{I}\frac{S_{i,b}^{t,k}}{g_{i,b}^{t,k}} \tag{5-2}$$

$$GSSL_T^{T+1}=\frac{1}{2}\left\{[IE_t(t)-IE(t+1)]+[IE_{t+1}(t)-IE_{t+1}(t+1)]\right\} \tag{5-3}$$

首先，基于松弛量效率损失测度法，将 SBM 测度法与方向距离函数相结合，构建考虑投入、期望产出及非期望产出的效率损失函数，见式（5 - 1a）、式（5 - 1b）。其中，$IE^{t,k}$表示 t 时期，K 个生产单元的效率损失值。X 表示投入向量，Y 表示期望产出，b 表示非期望产出，三种向量包含的总量为 N、M、I；S 表示松弛向量；Z 表示权重，本书考察的是规模报酬可变的全要素生产率，因此需要约束条件 $\sum_{K=1}^{K}Z^{t,k}=1$。其次，进一步将效率的损失

① 庞瑞芝、李鹏：《中国新型工业化增长绩效的区域差异及动态演进》，《经济研究》2011 年第 11 期。

② 李兰冰、刘秉镰：《中国区域经济增长绩效、源泉与演化：基于要素分解视角》，《经济研究》2015 年第 8 期。

③ 王兵、唐文狮、吴延瑞等：《城镇化提高中国绿色发展效率了吗?》，《经济评论》2014 年第 4 期。

④ 刘瑞翔、安同良：《资源环境约束下中国经济增长绩效变化趋势与因素分析——基于一种新型生产率指数构建与分解方法的研究》，《经济研究》2012 年第 11 期。

⑤ 董敏杰、李钢、梁泳梅：《中国工业环境全要素生产率的来源分解——基于要素投入与污染治理的分析》，《数量经济技术经济研究》2012 年第 2 期。

值分解为投入的损失、期望产出的损失，非期望产出的损失［式（5－2）］。根据李兰冰和刘秉镰（2015）、王兵等（2015）、刘瑞翔和安同良（2012）、董敏杰等（2012）[①] 的研究，t 期和 $t+1$ 期之间的绿色 Luenberger 指标可表示为式（5－3）。再次，将绿色全要素生产率变动（$GSSL$）分解为绿色效率变动（$GSSLEC$）和绿色技术进步（$GSSLTC$），见式（5－4a）。最后，根据 SBM 方向距离函数和Luenberger生产指标的特点，进一步从要素层面分解绿色全要素生产率（$GSSL$）、绿色效率变动（$GSSLEC$）以及绿色技术进步（$GSSLTC$），见式（5－4a）、式（5－4b）、式（5－4c）、式（5－4d）。

$$GSSL_T^{T+1} = \underbrace{IE_t(t) - IE_{t+1}(t+1)}_{GSSLEC_T^{T+1}} + \frac{1}{2}\underbrace{\{[IE_{t+1}(t+1) - IE_t(t+1)] + [IE_{t+1}(t) - IE_t(t)]\}}_{GSSLTC_T^{T+1}} \quad (5-4a)$$

$$GSSL_T^{T+1} = GSSL_{X,T}^{T+1} + GSSL_{Y,T}^{T+1} + GSSL_{b,T}^{T+1} \quad (5-4b)$$

$$GSSLEC_T^{T+1} = GSSLEC_{X,T}^{T+1} + GSSLEC_{Y,T}^{T+1} + GSSLEC_{b,T}^{T+1} \quad (5-4c)$$

$$GSSLTC_T^{T+1} = GSSLTC_{X,T}^{T+1} + GSSLTC_{Y,T}^{T+1} + GSSLTC_{b,T}^{T+1} \quad (5-4d)$$

（2）空间维度采用的方法与模型。对中国绿色发展效率的空间维度分析采用基于标准差椭圆分析框架能充分考虑空间区位信息，揭示绿色发展效率的中心性、展布性、密集性、方位和形状（见图 5－1）。

（3）产业维度采用的方法与模型。对中国绿色发展效率的产业维度分析基于创新价值链理论，可打开绿色技术创新的“黑箱”，将绿色技术创新过程分解为绿色技术研发和绿色成果转化两个阶段（见图 5－2）。运用 DEA 模型分阶段测算技术研发和成果转化两个阶段的效率，同时将环境因素纳入技术创新过程分析框架。

DEA 模型由 Farrell（1957）[②] 提出，经过长时间的发展，DEA 模型可分为投入导向、产出导向和非导向三类。投入导向是在产出一定的情况下，尽可能减少各项投入；产出导向是在投入一定的情况下，尽可能增加各项产

① 董敏杰、李钢、梁泳梅：《中国工业环境全要素生产率的来源分解——基于要素投入与污染治理的分析》，《数量经济技术经济研究》2012 年第 2 期。

② Farrell, M., “The Measurement of Productive Efficiency”, *Journal of the Royal Statistical Society* 120（3）, pp. 253－290.

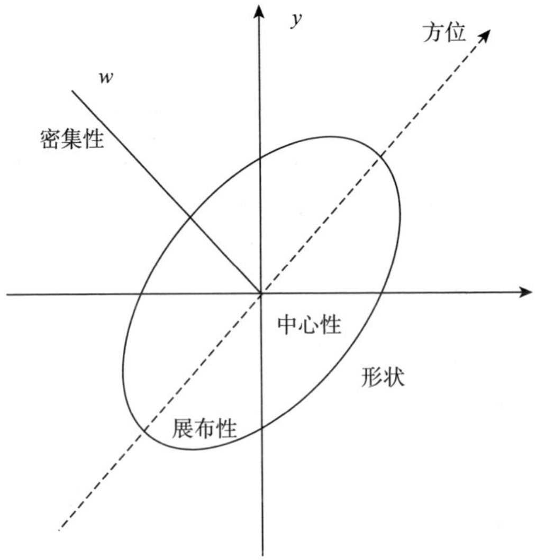

图 5－1　标准差椭圆分析模型

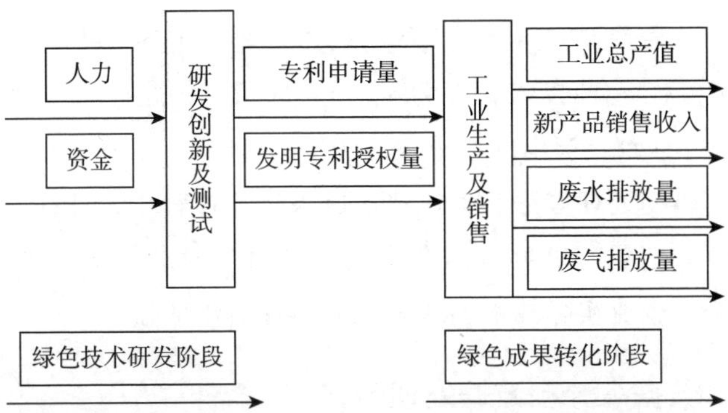

图 5－2　创新价值链视角下工业技术创新过程

出；非导向则同时考虑两个方面。本书分析的重点在于测算绿色技术创新效率，进一步探讨各阶段的效率值，从而对产业技术路线图进行分析，并不需要进一步做投影分析，三个导向模型都能达到分析目的，根据现有研究成果①，

① 罗良文、梁圣蓉：《中国区域工业企业绿色技术创新效率及因素分解》，《中国人口·资源与环境》2016 年第 9 期；钱丽、肖仁桥、陈忠卫：《我国工业企业绿色技术创新效率及其区域差异研究——基于共同前沿理论和 DEA 模型》，《经济理论与经济管理》2015 年第 1 期。

选取投入导向的 DEA 模型，也就是说从管理角度考虑，把尽可能减少投入作为提升绿色技术创新效率的途径之一。

基于规模报酬是否可变的假设，可将 DEA 模型分为 CCR 模型和 BCC 模型。CCR 模型由 Charnes、Cooper 和 Rhoades（1978）① 提出，基于规模报酬不变的假设，测算的结果称为综合技术效率，见式（5-5）。本书采用规模报酬不变假设测算技术创新效率值。

$$
\begin{aligned}
&\max \sum_{r=1}^{q} \alpha_r y_{rk} \\
&\text{s. t. } \sum_{r=1}^{q} \alpha_r y_{rj} - \sum_{i=1}^{m} \beta_i x_{ij} \leqslant 0 \\
&\sum_{i=1}^{m} \beta_i x_{ik} = 1 \\
&\alpha \geqslant 0, \beta \geqslant 0 \\
&i = 1,2,\cdots,m; r = 1,2,\cdots,q; j = 1,2,\cdots,n
\end{aligned}
\tag{5-5}
$$

其中，一共需要测量 n 个 DMU 的技术效率，记为 DMU_j（$j=1$，2，…，n）；每个 DMU 有 m 种投入，记为 x_i（$i=1$，2，…，m）；q 种产出，记为 y_r（$r=1$，2，…，q）。产出的权重表示为 α_r（$r=1$，2，…，q）。

非期望产出的处理方法。企业技术成果转化过程中，往往会伴随非期望产出，本书将非期望产出负向标准化，使非期望产出转化为普通期望产出，此处理方法符合企业实际技术创新过程，而且操作性强。

5.1.3 数据来源和数据处理

（1）全国层面数据来源和数据处理。分别从时间维度、空间维度和产业维度来分析全国层面的绿色发展效率。①时间维度。根据数据的可得性，基于 1994～2015 年的面板数据进行分析，研究对象为全国 30 个省份，其中西藏由于数据缺失过多，不予以考虑。此外，由于重庆在 1997 年成为直辖市，为了统一口径，按照常用处理方式，1997 年之后，将四川和重庆两省份的数

① Charnes，A.，Cooper，W.，Rhodes，E.，"Measuring the Efficiency of Decision-Making Units"，*European Journal of Operational Research*，2，pp. 429-444.

据合并。需要说明的是，序列 SBM-Luenberger 模型属于动态跨期模型，全国层面绿色全要素生产率和技术进步的研究区间为 1994 ~ 2015 年。所有投入产出的基础数据主要来源于《中国统计年鉴》、《中国能源统计年鉴》、《中国环境统计年鉴》以及《新中国六十年统计资料汇编》，缺失数据用插值法补齐。具体投入产出变量处理及解释如下。

第一，投入变量。投入包括三种生产要素：资本存量、劳动力、能源。资本存量测算采用永续盘存法①，基本公式为：

$$K_t = I_t / P_t + (1 - \delta_t) K_{t-1} \tag{5-6}$$

K_t代表 t 年资本存量，I_t为固定资产投资，P_t是固定资产投资价格指数，δ_t 为资本折旧率。I_t 以中国资本形成总额表示，并利用固定资产投资价格指数换算为以 1994 年为基期的不变价格固定资产投资，指标数据来自《中国统计年鉴》。各省份资本折旧率统一取 10.96%。

劳动力投入选取就业人员指标表示，就业人员指十五周岁及以上人口中从事一定的社会劳动并取得劳动报酬或经营收入的人口。能源投入选取各省份折合为标准煤的能源消费量作为衡量指标。

第二，期望产出变量。选取地区生产总值作为期望产出，根据各省份 GDP 指数构造以 1994 年为基期的 GDP 平减指数进行平滑缩减。

第三，非期望产出变量。将环境因素纳入全要素生产率分析框架主要有两种方式：一是将环境因素作为投入要素进行处理②，二是用参数估计法将环境因素作为非期望产出处理③。由于第二种方式与实际生产情况相似，本书选取第二种处理方式，即将环境因素作为非期望产出处理。具体来说，将环境因素细化为水环境和大气环境。水环境用工业废水排放量表征，而大气环境用二氧化硫排放量来表征。

---

① 单豪杰：《中国资本存量 K 的再估算：1952 ~ 2006 年》，《数量经济技术经济研究》2008 年第 10 期。

② 杨振兵、邵帅、杨莉莉：《中国绿色工业变革的最优路径选择——基于技术进步要素偏向视角的经验考察》，《经济学动态》2016 年第 1 期。

③ 王兵、唐文狮、吴延瑞等：《城镇化提高中国绿色发展效率了吗?》，《经济评论》2014 年第 4 期；李兰冰、刘秉镰：《中国区域经济增长绩效、源泉与演化：基于要素分解视角》，《经济研究》2015 年第 8 期。

②产业维度。将除西藏以外的全国30个省份作为考察样本，考察区间为2000~2015年，工业技术创新过程中的投入、产出等数据来源于对应年份的《工业企业科技活动统计年鉴》、《中国统计年鉴》和《中国环境统计年鉴》。值得注意的是，《工业企业科技活动统计年鉴》是从2006年开始统计，但《工业企业科技活动统计年鉴2006》中包含了2000~2005年工业企业投入产出的数据。另外，《工业企业科技活动统计年鉴2012》的统计口径由之前的大中型工业企业转变为规模以上工业企业，大中型工业企业指同时满足从业人员年平均人数在300人及以上、年主营业务收入在3000万元及以上、资产总计4000万元及以上的工业企业，而规模以上工业企业指年主营业务收入在2000万元及以上的工业企业，也就是说规模以上工业企业包含大中型工业企业。国内学者往往忽视这个问题，如黄奇测算工业技术创新效率忽视了统计口径不一致的问题①。本书基于创新价值链考察产业维度的绿色发展创新效率，并对其进行技术路线图分析，并不度量技术创新投入产出"量"的变化。因此，为了保证数据的延续性，基于本书研究目的，综合考虑2008~2010年和2011~2012年的数据信息，以2008~2009年、2009~2010年和2011~2012年三个时间段的平均变化率作为2010~2011年的变化率，再以2010年数据为初始值，根据2010~2015年数据变化率，将2000~2010年和2011~2015年的数据处理为相同的统计口径。

基于创新价值链理论，根据数据的可得性和完整性，工业绿色技术研发与绿色成果转化具体投入产出指标如下。

第一，研发投入。工业的研发投入主要包含两个方面：人力投入和资金投入。人力资本选取R&D人员全时当量来衡量，R&D人员全时当量包含R&D项目的管理人员和服务人员，能较客观反映工业企业技术创新人力投入②。资

① 黄奇、苗建军、李敬银等：《基于绿色增长的工业企业技术创新效率空间外溢效应研究》，《经济体制改革》2015年第4期。

② 罗良文、梁圣蓉：《中国区域工业企业绿色技术创新效率及因素分解》，《中国人口·资源与环境》，2016年第9期；钱丽、肖仁桥、陈忠卫：《我国工业企业绿色技术创新效率及其区域差异研究——基于共同前沿理论和DEA模型》，《经济理论与经济管理》2015年第1期。

金投入则选取 R&D 内部支出和新产品开发经费的指标①。由于资金投入具有时滞性和累积性，R&D 内部支出和新产品开发经费均采用存量指标。以 R&D 内部支出为例，采用永续盘存法计算存量指标：

$$K_{it} = (1 - \delta) K_{i(t-1)} + I_{it} \tag{5-7}$$

其中，K_{it}和$K_{i(t-1)}$表示第 i 个省份的 t 年和 $t-1$ 年的工业企业 R&D 资本存量，δ 为资本折旧率，根据 Wang 和 Szirmai 的估算②，采用 15%。I_{it}表示第 i 个省份 t 年的工业企业 R&D 经费支出，用研发价格指数将名义 R&D 经费支出平减至基期 2000 年。研发价格指数采用朱有为的处理方式③，即研发价格指数 =0.75 × 工业出厂品价格指数 +0.25 × 消费者价格指数。R&D 经费基期的计算公式为

$$K_{i2000} = \frac{I_{i2000}}{g_i + \delta}$$
$$g_i = \sqrt[14]{\frac{I_{i2013}}{I_{i2000}}} - 1 \tag{5-8}$$

其中 g_i 为 2000 ~2013 年工业 R&D 经费实际支出平均增长率。

第二，中间产出。中间产出选取专利申请量和发明专利授权量来表示，专利申请量可反映工业企业技术创新活动的活跃程度，发明专利授权量则可衡量科研产出和实际应用水平。

第三，成果转化产出。成果转化产出主要分为期望产出和非期望产出，期望产出主要表现工业企业技术创新过程的经济效应，本书选取工业总产值和新产品销售收入来衡量，并利用 2002 年工业品出厂价格指数来平减新产品销售收入，用工业 GDP 指数平减工业总产值。非期望产出主要表现工业企业技术创新过程的环境效应，为了避免信息重复，选取具有代表性的单位工业 GDP 废水排放量和单位工业 GDP 废气排放量两个指标作为非期望产出。

---

① 汪锦、孙玉涛、刘凤朝：《中国企业技术创新的主体地位研究》，《中国软科学》2012 年第 9 期。

② Wang, L. , Szirmai, A. , "Technological Inputs and Growth in China's High-Tech Industries", *China Economic Quarterly*7 (3), 2008, pp. 913 -932.

③ 朱有为、徐康宁：《中国高技术产业研发效率的实证研究》，《中国工业经济》2006 年第 11 期。

需要强调的是，工业绿色技术创新投入转化为产出具有时滞性，本书按照前人的处理方式，取滞后期为2年，即绿色技术研发投入、中间产出、成果转化产出的数据选取区间为2000～2013年，2001～2014年以及2002～2015年。

③空间维度。基于标准差椭圆的分析框架探究绿色全要素生产率空间分异特征，数据来源与时间维度的数据来源相同。

（2）地带性层面数据来源和数据处理。①样本分类。将全国30个省份划为三大地带，具体划分如下：东部包括北京、天津、河北、辽宁、上海、江苏、浙江、福建、山东、广东、海南11个省份；中部包括山西、吉林、黑龙江、安徽、江西、河南、湖北、湖南8个省份；西部包括内蒙古、广西、四川、重庆、贵州、云南、陕西、甘肃、青海、宁夏、新疆11个省份。②数据来源。所有投入产出的基础数据来源及数据处理与全国层面相同，绿色技术研发与绿色成果转化具体投入产出指标也与全国层面相同。

（3）城市层面数据来源和数据处理。①样本选取。以生态文明示范城市为例探寻地级市层面的绿色发展效率。2014年6月5日，国家发展改革委、财政部、国土资源部、水利部、农业部、国家林业局六部门发布《生态文明先行示范区建设名单》，确定张家口等27个城市为生态文明示范城市（见表5－1）。这些城市分别处于东、中、西部三个区域，更为重要的是其纳入了国家生态文明先行示范区，生态优势明显，因而其在绿色发展效率方面可研究空间非常广阔。通过对这些城市绿色发展效率的经验研究，可综合把握绿色发展效率，进而为其他地区绿色发展提供经验借鉴以便进行分类指导。

表5－1　国家生态文明先行示范区地级市层面建设名单

承德市（冀）	张家口市（冀）	十堰市（鄂）	宜昌市（鄂）
四平市（吉）	伊春市（黑）	梅州市（粤）	韶关市（粤）
延安市（陕）	镇江市（苏）	成都市（川）	雅安市（川）
杭州市（浙）	丽水市（浙）	鄂尔多斯市（蒙）	巴彦淖尔市（蒙）
黄山市（皖）	玉林市（桂）	定西市（甘）	甘南藏族自治州（甘）
淄博市（鲁）	临沂市（鲁）	山南地区（藏）	林芝地区（藏）
郑州市（豫）	南阳市（豫）	延边朝鲜族自治州（吉）	

②数据来源。基于 2003～2015 年的城市面板数据进行分析，西藏的山南地区和林芝地区、甘肃的甘南藏族自治州和吉林的延边朝鲜族自治州缺失数据过多，为了数据可得性和完整性，暂不把这四个地级市纳入考察范围。需要说明的是，延续前文的分析框架，序列 SBM-Luenberger 模型属于动态跨期模型，研究区间为 2004～2015 年。所有投入产出的原始数据来源于对应年份的《中国城市统计年鉴》、各省份统计年鉴以及各地级市国民经济和社会发展统计公报，缺失数据用插值法补齐，具体投入产出变量处理及解释如下。第一，投入变量。投入包括三种生产要素：资本投入、劳动力、能源。资本投入选取固定资产投资额表征，劳动力选取年末单位从业人员数表征，能源投入则选取工业用电量来表征。第二，期望产出。选取地区生产总值作为期望产出，构造以 2003 年为基期的 GDP 平减指数进行平滑缩减。第三，非期望产出。本书将环境因素作为非期望产出处理，并且将环境因素细化为水环境和大气环境。水环境用工业废水排放量表征，而大气环境用工业二氧化硫排放量表征。

同理，为了数据的可得性和完整性，产业维度的研究对象为 23 个生态文明示范城市，考察区间为 2013～2015 年。工业技术创新过程中的投入产出等数据来源于《工业企业科技活动统计年鉴》、各省份统计年鉴、各地市科技局以及各地市国民经济和社会发展统计公报，缺失数据用插值法处理。结合创新价值链，工业绿色技术研发与绿色成果转化具体投入产出指标如下。第一，研发投入。城市层面工业研发投入主要包含两个方面：人力投入和资金投入。人力资本选取 R&D 人员全时当量来衡量，鉴于统计口径，借鉴李琳和张佳的处理方式[①]，基于各省级工业 R&D 人员全时当量，将各地级市的工业生产总值占全省生产总值的比重作为权重进行推算。资金投入则选取 R&D 内部支出作为衡量指标，基于前文方法，测算省级工业 R&D 内部资本存量，再借鉴李琳和张佳（2016）的处理方式进行处理[②]。第二，中间产

① 李琳、张佳：《长江经济带工业绿色发展水平差异及其分解——基于 2004～2013 年 108 个城市的比较研究》，《软科学》2016 年第 11 期。

② 李琳、张佳：《长江经济带工业绿色发展水平差异及其分解——基于 2004～2013 年 108 个城市的比较研究》，《软科学》2016 年第 11 期。

出。城市层面中间产出选取专利申请量和专利授权量来表示。第三，成果转化产出。城市层面成果转化主要分为期望产出和非期望产出，选取工业总产值来衡量期望产出，由于地级市层面并没有工业 GDP 指数这个指标，采用各地级市对应省级层面工业 GDP 指数平减工业总产值。非期望产出表征工业技术创新过程中的环境效应，结合地级市层面的统计指标，选取具有代表性的单位工业总产值废水排放量和单位工业总产值二氧化硫排放量作为非期望产出。需要说明的是，由于考察期较短，典型城市的工业技术创新不考虑工业绿色技术创新投入转化为产出的时滞性。

5.1.4 绿色发展效率时间维度

（1）阶段划分。分别按照全国层面、地带性层面和城市层面来分析研究期的阶段。①全国层面的阶段性划分。全国层面绿色全要素生产率变动存在阶段性差异，采用标准差方法来衡量全国层面绿色全要素生产率差异。可以发现，1994～2015 年，中国绿色全要素生产率存在差异性，但差异程度呈现下降的趋势。进一步运用 Mann-Kendall 方法检测 1994～2015 年中国绿色全要素生产率变动的突变点（见图 5－3）。首先，对 1994～2015 年中国全要素生产率标准差进行趋势检验，测算 Z 值为－3.67，Z 值为负表示存在减少的趋势，印证了绿色全要素生产率的差异程度呈现下降的趋势。$|Z|>2.32$，通过了 99% 的显著性检验，因此中国绿色全要素生产率在时间维度存在突变点。其次，构建两个服从标准正态分布的时间序列 UF 和 UB，绘制两条曲线来判别时间突变点。如果 UF 和 UB 两条曲线出现交点，并且交点在临界直线之间，那么交点对应的时间即突变开始的时间，并给定显著性水平 $\alpha=0.01$，即 $U_{0.01}=2.58$ 或 -2.58（见图 5－3）。从图 5－3 可知，UF 和 UB 两条曲线在置信线区间存在交点，交点位置为 2003 年和 2009 年。因此，本书将 1994～2015 年划分为三个阶段，即 1994～2003 年、2004～2009 年和 2010～2015 年。

②东中西三大地带阶段性划分。运用 Mann-Kendall 方法检测 1994～2015 年三大地带的 Z 值分别为－2.31、2.65、4.11，分别通过 95%、99% 和 99% 的显著性检验（见图 5－4 至图 5－6），即证明三大地带绿色全要素生产率

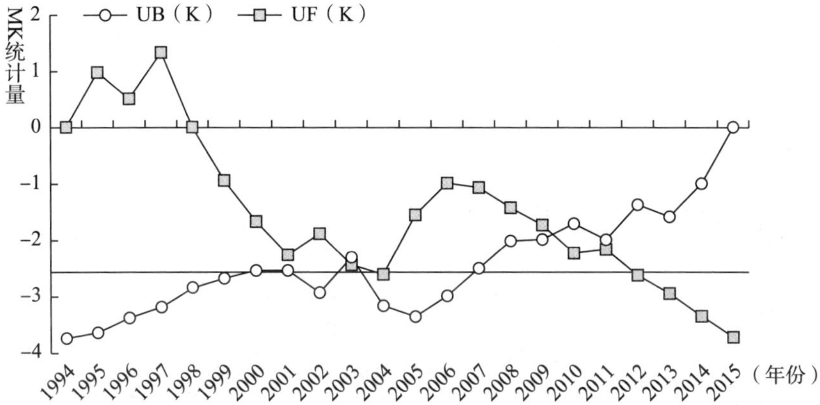

图 5-3　1994~2015 年中国绿色全要素生产率差异 Mann-Kendall 曲线

注：置信线为 $\alpha = 0.01$ 显著性水平临界值。

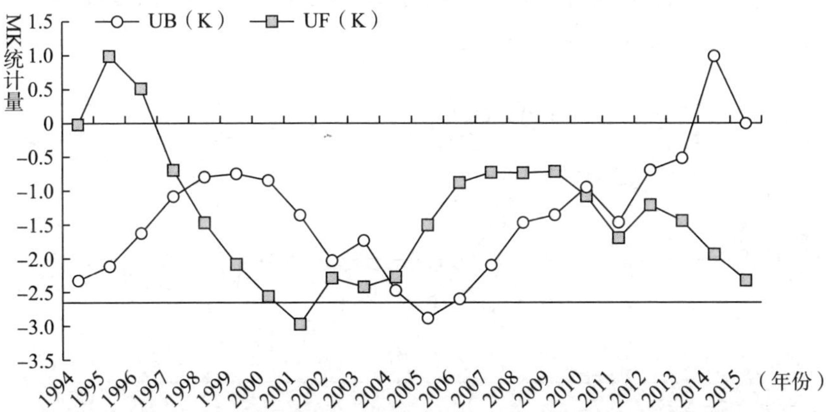

图 5-4　1994~2015 年东部绿色全要素生产率差异 Mann-Kendall 曲线

注：置信线为 $\alpha = 0.01$ 显著性水平临界值。

在时间维度存在突变点。给定显著性水平 $\alpha = 0.01$，即 $U_{0.01} = 2.58$ 或 -2.58，三大地带都通过了显著性水平检验，三大地带时间突变点各有不同。具体来说，东部交点位置在 1997 年、2004 年、2010 年，可将东部绿色全要素生产率演进划分为四个阶段，即 1994~1997 年、1998~2004 年，2005~2010 年、2011~2015 年；中部交点位置在 1999 年和 2007 年，可将中部绿色全要素生产率演进划分为三个阶段，即 1994~1999 年，2000~2007

年，2008～2015年；西部交点位置在2003年和2010年，可将西部绿色全要素生产率演进划分为1994～2003年，2004～2010年和2011～2015年三个阶段。

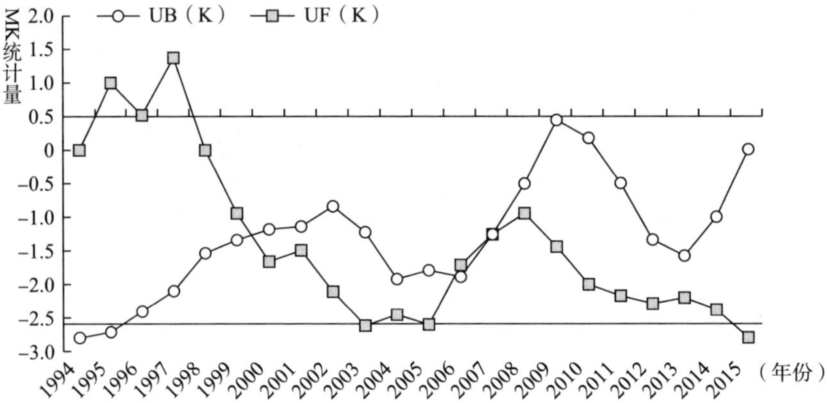

图5－5　1994～2015年中部绿色全要素生产率差异Mann-Kendall曲线

注：置信线为 $\alpha=0.01$ 显著性水平临界值。

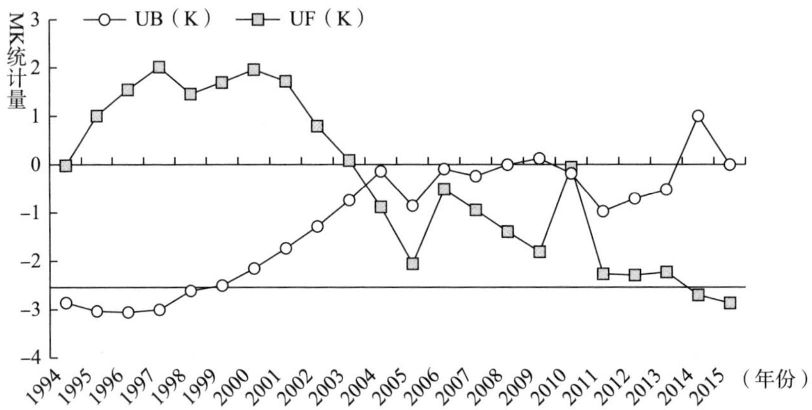

图5－6　1994～2015年西部绿色全要素生产率差异Mann-Kendall曲线

注：置信线为 $\alpha=0.01$ 显著性水平临界值。

③城市阶段性划分。用Mann-Kendall方法检测2004～2015年城市层面绿色全要素生产率变动的突变点（见图5－7），测算Z值为1.29，$|Z|>1.28$，通过了90%的显著性检验，中国城市层面绿色全要素生产率在时间维度存在突变点。给定显著性水平 $\alpha=0.01$，即 $U_{0.01}=2.58$ 或 -2.58（见图

5-7)。从图5-7可知，UF和UB两条曲线在置信线区间存在交点，交点位置为2013年，可将2004~2015年划分为两个阶段，即2004~2013年和2014~2015年。

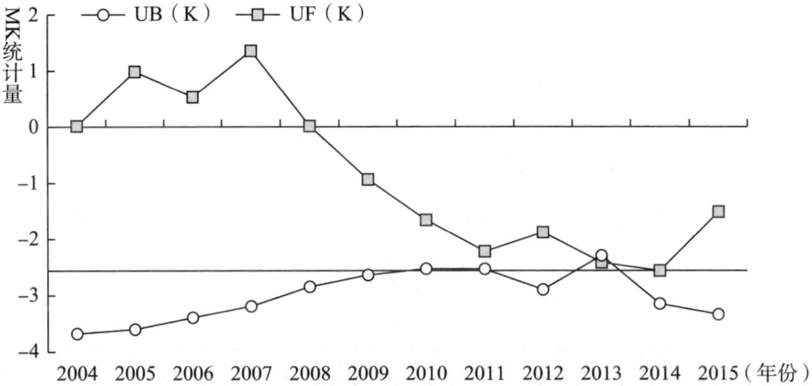

图5-7　2004~2015年中国城市层面绿色全要素生产率差异Mann-Kendall曲线

注：置信线为 $\alpha=0.01$ 显著性水平临界值。

(2) 绿色全要素生产率演进的阶段性特征。①全国层面。将1994~2015年全国层面的绿色全要素生产率变动划分为三个阶段，结合绿色发展实际情况和绿色全要素生产率演进情况，将三个阶段划分为启动期、发展期和调整期（见图5-8）。第一，启动期（1994~2003年）阶段特征。绿色全要素生产率增速均值为2.34%，整个阶段呈现W形分布。第二，发展期（2004~2009年）阶段特征。绿色全要素生产率增速均值为3.11%，整个阶段呈现N形分布。第三，调整期（2010~2015年）阶段特征。绿色全要素生产率增速均值为2.40%，整个阶段呈现W形分布。第四，从整个演进情况来看，1994~2015年，绿色全要素生产率增速呈现整体先上升后下降趋势。具体来说，三个阶段的绿色全要素生产率增速均值分别为2.34%、3.11%和2.40%，这个结果与王兵和刘光天测算的结果类似①，但低于匡远

① 王兵、刘光天：《节能减排与中国绿色经济增长——基于全要素生产率的视角》，《中国工业经济》2015年第5期。

凤和彭代彦测算的结果①，究其原因，除了测算的指标和时期的差异，更重要的是匡远凤将环境因素作为投入要素处理，此处理方法不符合生产过程的实际情况。

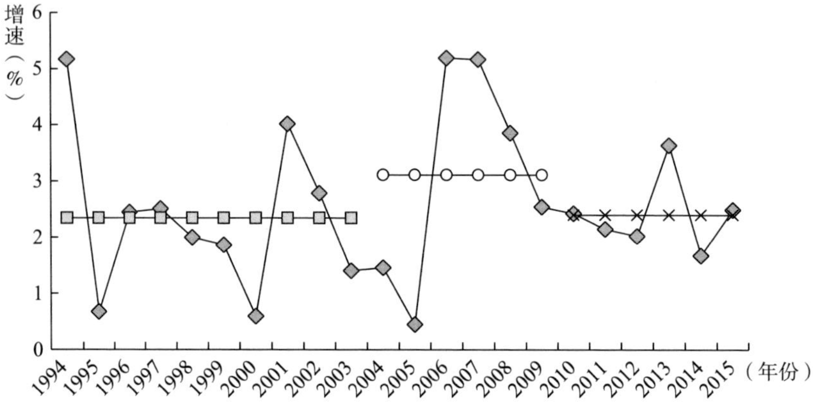

图 5－8　1994～2015 年中国绿色发展全要素生产率演进阶段性特征分析

②地带性层面。中国三大地带间绿色全要素生产率呈现显著的阶段差异，同理，可将三大地带绿色发展阶段划分为启动期、发展期和调整期，但各地区每个阶段所处时期呈现显著差异性（见图 5－9）。第一，启动期的阶段特征。根据阶段划分结果和绿色全要素生产率演进情况，东中西启动期的时间分别为 1994～1997 年、1994～1999 年和 1994～2003 年，绿色全要素生产率增速均值依次为 8.27%、－0.28% 和 0.38%。东部地区绿色全要素生产率增速一枝独秀，尤其是北京、天津、江苏三省份绿色全要素生产率的增速保持在 10% 以上，而且东部地区启动期的时间较短，中西部全要素生产率增速较缓，启动期时间较长②。第二，发展期的阶段特征。东中西三地区发展期的时间段分别为 1998～2010 年、2000～2007 年和 2004～2010 年，绿色全要素生产率增速均值依次为 6.13%、1.80% 和 －0.20%。需要说明的是，结合绿色全要素生产率演进情况和阶段划分，为了便于分析，将东部地区的

① 匡远凤、彭代彦：《中国环境生产效率与环境全要素生产率分析》，《经济研究》2012 年第 7 期。

② 李汝资、刘耀彬：《1978 年以来中国省际全要素生产率时空演变特征研究》，《华东经济管理》2016 年第 7 期。

1998～2004年和2005～2010年两个时间段统一为发展期。东部地区绿色全要素生产率增速继续保持优势，中部地区和西部地区全要素生产率呈现略微上升和略微下降的趋势。第三，调整期的阶段特征。东中西三地区调整期的时间段分别为2011～2015年、2008～2015年和2011～2015年，绿色全要素生产率增速均值依次为5.58%、1.46%和0.41%。在整个调整期内，东部和中部地区受金融危机的持续性影响，绿色发展全要素生产率增速下降，而在2011～2012年，三大地带的政府以“保增长”为目标，同时，扎实推进资源环境政策的落实，全要素生产率增速呈现上升趋势。第四，三个地带绿色全要素生产率增速存在下降趋势，类似全国绿色全要素生产率增速的变化趋势，主要原因在于发展的边际效应递减规律及绿色发展制度未能持续有效驱动绿色全要素生产率的提升。东部地区的绿色全要素生产率一直保持高位，中西部地区则处于落后地位。

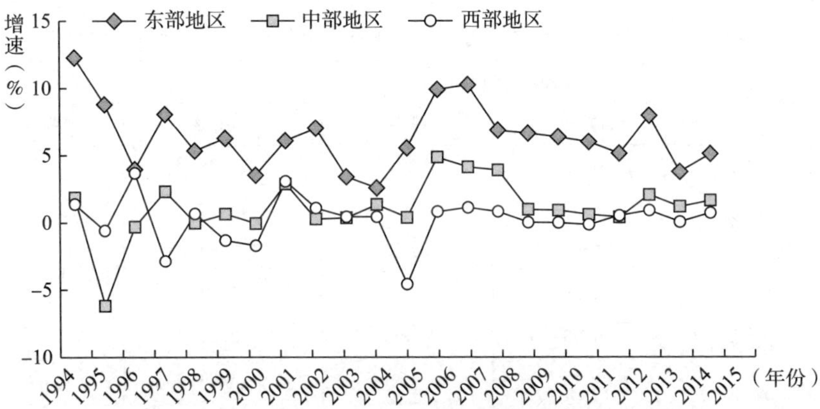

图5-9　三大地带绿色全要素生产率演进阶段性特征

③城市层面。为了便于分析，以23个生态文明示范城市为例，可将典型城市绿色发展阶段划分为平稳增长期和波动发展期（见表5-2）。第一，平稳增长期（2004～2012年）的阶段特征。生态文明示范城市整体上呈现平稳波动特征，大体上波动范围为-5%～5%，绿色全要素生产率演进排名前五的为鄂尔多斯市、黄山市、定西市、成都市和镇江市，排在后五位的是延安市、十堰市、伊春市、巴彦淖尔市和梅州市。第二，波动发展期（2013～2015年）的阶段特征。生态文明示范城市呈现较大波动，且绿色全要素生

产率增速差异显著。该阶段绿色全要素生产率增速的排名有别于原先的排名，绿色全要素生产率演进排名前五的为巴彦淖尔市、伊春市、成都市、黄山市和四平市，排在后五位的是雅安市、郑州市、延安市、鄂尔多斯市和梅州市。第三，2004～2015 年，大部分城市绿色全要素生产率增速呈现相似的波动规律，但地区间的差距显著。从绿色全要素生产率增速排名可知，资源消耗型城市实行绿色发展战略，除了提高资源的使用效率（如巴彦淖尔市等），更为重要的是寻找与自身禀赋相适应的发展助推器，摆脱过度依赖资源的发展模式，尽可能避免鄂尔多斯式的“资源诅咒”现象。以旅游为主的城市贯彻绿色发展战略，可最大化发挥生态资源优势（如黄山市、伊春市等）。大城市除了存在规模效应的优势（如成都市、镇江市），在绿色发展过程中也会遇到环境污染、与经济发展不相适应和企业创新能力不足等一系列问题（如郑州市）。

表 5－2　2004～2015 年生态文明示范城市绿色全要素生产率演进及排名情况

城市	2004～2012 年		2013～2015 年	
	增速/%	排名	增速/%	排名
巴彦淖尔市	-0.73	22	25.21	1
成都市	3.39	4	14.77	3
承德市	1.68	11	0.64	16
定西市	10.69	3	3.34	9
鄂尔多斯市	16.93	1	-2.01	22
杭州市	1.15	15	3.08	10
黄山市	11.59	2	13.87	4
丽水市	2.06	9	2.90	11
临沂市	2.54	7	0.49	17
梅州市	-2.39	23	-19.02	23
南阳市	1.64	12	3.50	8
韶关市	1.33	14	2.63	12
十堰市	0.00	20	0.39	18
四平市	1.57	13	11.01	5
雅安市	2.68	6	0.10	19

续表

城市	2004～2012 年		2013～2015 年	
	增速/%	排名	增速/%	排名
延安市	0.45	19	-0.55	21
伊春市	-0.33	21	17.06	2
宜昌市	0.92	18	7.23	6
玉林市	1.73	10	4.02	7
张家口市	0.94	17	2.30	13
镇江市	2.98	5	0.84	15
郑州市	1.14	16	-0.01	20
淄博市	2.22	8	2.29	14

5.1.5　绿色发展效率空间维度

（1）全国层面绿色全要素生产率演进的空间特征。沿用绿色全要素生产率表征绿色发展效率，运用标准差椭圆分析绿色全要素生产率演进的空间特征（见表 5-3）。①全国层面绿色全要素生产率重心总体向西北小幅度移动，西北部省份绿色全要素生产率提高速率加快，对中国全要素生产率总体分布格局的影响作用增大。②绿色全要素生产率空间分布范围总体呈现扩大的趋势，短半轴由 1994 年的 924.8km 增加至 2015 年的 964.4km，长半轴由 1994 年的 1223.7km 增加至 1281.2km，椭圆面积由 1994 年的 355.51 万 km^2 增加至 2015 年的 388.15 万 km^2。可见，位于椭圆外围的省份全要素生产率提高速率增快，其对椭圆内部拉动作用增强。③空间密集水平呈现下降的趋势，密集指数由 1994 年的 0.082 下降至 2015 年的 0.077。可见，绿色发展的集聚效应有所减缓，中国的绿色发展有均衡发展的趋势，但均衡发展速率不高。④空间分布方位角在波动中增加，方位角由 1994 年的 62.48°增加至 2009 年的 75.32°，随后下降至 2015 年的 71.66°。但总体来说，绿色全要素生产率标准差椭圆在空间上表现为顺时针旋转。可见，中国东南地区绿色全要素生产率呈现良好的发展态势，东南地区显著影响中国绿色发展效率的空间格局。⑤绿色全要素生产率形状指数在 0.75 上下波动，总体呈现圆化形态。

表 5-3 1994~2015 年中国绿色全要素生产率标准差椭圆参数

年份	中心性指标		展布性指标			密集性指标	方位指标	形状指标
	经度/°E	纬度/°N	短半轴/km	长半轴/km	椭圆面积/万 km^2	密集指数	夹角/°	形状指数
1994	112.725	33.346	924.8	1223.7	355.51	0.082	62.48	0.756
2003	112.291	33.524	965.4	1283.4	389.22	0.076	71.37	0.752
2009	112.199	33.303	956.7	1251.5	376.12	0.079	75.32	0.764
2015	112.333	33.493	964.4	1281.2	388.15	0.077	71.66	0.753

（2）地带性层面绿色全要素生产率演进的空间特征。三大地带绿色全要素生产率演进的空间特征见表 5-4。①三大地带绿色全要素生产率重心移动幅度不大，且方向各异，东部重心总体向东北方向小幅移动，中部重心向东北移动，西部重心向西北移动。②三大地带空间分布范围变动趋势有所差异，东部空间分布范围呈现先扩张后收缩的趋势，中部空间分布范围在变动中呈现先收缩后扩张的趋势，西部空间分布范围呈现扩大的趋势。可见，东部绿色发展主体地区辐射能力没有持续性，中部和西部主体地区辐射能力呈提高趋势。③三大地带空间密集水平呈现不同的变化趋势，中部地区密集水平变化不大，有小幅度升高趋势；东部地区密集水平变化最大，呈现先下降后上升的趋势；西部地区密集水平也发生较大变化，呈现下降的趋势。可见，中国绿色发展集聚效应减缓的主要原因是西部地区存在朝着均衡发展的趋势。④三大地带方位变化幅度不大，且方向各异，东部呈现先顺时针后逆时针旋转的趋势，中部地区先逆时针后顺时针旋转，西部地区则逆时针旋转。⑤三大地带形态各异，东部地区和中部地区呈现扁平化趋势，而西部地区则呈现圆化趋势。可见，东部和中部绿色发展质量较好的区域愈发集中在南北方向，西部地区则集中在东西方向。

（3）城市层面绿色全要素生产率演进的空间特征。生态文明示范城市绿色全要素生产率演进的空间特征见表 5-5。①生态文明示范城市重心向东北移动，经度由 2004 的 114.10°E 增至 2015 年的 114.27°E，纬度由 2004 年的 33.79°N 增至 2015 年的 34.26°N。②空间分布范围总体呈现扩大的趋势，短半轴由 2004 年的 733km 增加至 2015 年的 744km，长半轴由 2004 年的 1031km

表 5－4　1994～2015 年三大地带绿色全要素生产率标准差椭圆参数

地区	年份	中心性指标		展布性指标			密集性指标	方位指标	形状指标
		经度/°E	纬度/°N	短半轴/km	长半轴/km	椭圆面积/万 km^2	密集指数	夹角/°	形状指数
东部地区	1994	117.675	32.345	357.9	1110.3	124.817	0.088	14.204	0.322
	1997	117.669	32.449	360.2	1121.3	126.863	0.084	14.470	0.321
	2010	117.720	32.403	355.7	1101.7	123.094	0.091	14.343	0.323
	2015	117.687	32.367	358.0	1106.5	124.433	0.088	14.130	0.324
中部地区	1994	117.008	35.026	369.0	1226.5	142.156	0.055	40.018	0.301
	1999	117.073	35.132	368.2	1235.5	142.893	0.055	40.104	0.298
	2007	116.588	34.491	375.0	1156.5	136.208	0.056	39.974	0.324
	2015	117.113	35.142	366.5	1243.1	143.093	0.056	40.025	0.295
西部地区	1994	104.241	33.147	855.0	954.6	256.408	0.040	122.620	0.896
	2003	103.491	33.420	841.9	1096.6	290.046	0.037	116.111	0.768
	2010	103.513	33.400	841.5	1095.7	289.650	0.038	116.332	0.768
	2015	103.510	33.411	842.1	1096.1	289.953	0.038	116.301	0.768

增加至 1090km，椭圆面积由 2004 年的 237.44 万 km^2 增加至 2015 年的 254.89 万 km^2。③密集水平呈现下降的趋势，密集指数由 2004 年的 0.098 下降至 2015 年的 0.095。④空间分布方位角小幅度增加，在空间上表现为方位顺时针小幅度旋转。⑤生态文明示范城市绿色全要素生产率形状朝扁平化趋势发展，绿色发展较好的地区逐渐集中于东西方向。

表 5-5　2004～2015 年生态文明示范城市绿色全要素生产率标准差椭圆参数

年份	中心性指标		展布性指标			密集性指标	方位指标	形状指标
	经度/°E	纬度/°N	短半轴/km	长半轴/km	椭圆面积/万 km^2	密集指数	夹角/°	形状指数
2004	114.10	33.79	733	1031	237.44	0.098	47.05	0.71
2013	114.20	33.94	736	1048	242.26	0.095	47.06	0.70
2015	114.27	34.26	744	1090	254.89	0.095	47.15	0.68

5.1.6　绿色发展效率产业维度

（1）全国层面工业绿色技术创新效率特征。以工业为例，基于创新价值链的视角，探寻中国产业维度绿色发展效率特征（见图 5-10）。①中国工业绿色技术创新效率均值为 0.27，整体呈现先增后减、再增再减的趋势。具体来说，2002～2015 年，中国工业绿色技术创新效率保持较低水平波动，考察期内效率均值为 0.27，这与罗良文和梁圣蓉的研究结论类似①，效率低可能主要与污染废弃物排放有关。②2002～2015 年，第一个高点是 2007 年，这可能与创新型国家战略推进有关，区域创新环境不断改善，企业管理制度不断完善，但 2007～2011 年，效率呈现持续性下降趋势，可能与创新战略执行的持续性不强有关。第二个高点是 2014 年，原因可能是党的十八大以来，创新战略再次被摆在了国家发展全局的位置。可见，建立创新战略执行的长效机制是提升中国工业绿色技术创新效率的重要途径。

（2）地带性工业绿色技术创新效率特征。基于创新价值链的视角，探寻

① 罗良文、梁圣蓉：《中国区域工业企业绿色技术创新效率及因素分解》，《中国人口·资源与环境》2016 年第 9 期。

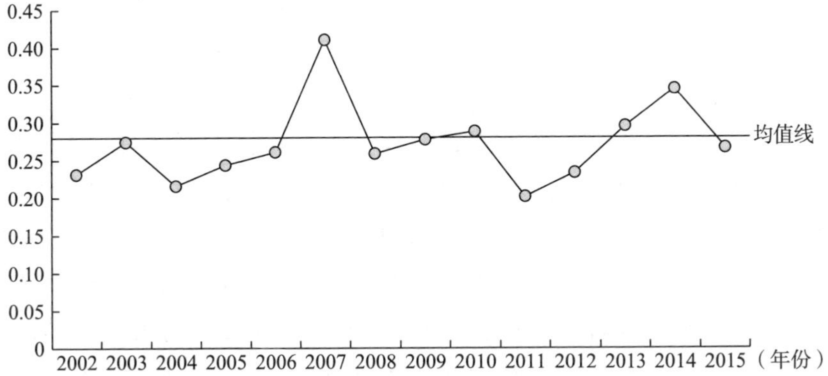

图 5-10　2002～2015 年中国工业绿色技术创新效率

三大地带工业绿色技术创新效率（见图 5-11）。①三大地带呈现趋同的波动规律，但区域差异显著。具体来说，东中西三个地区工业绿色技术创新效率均值依次为 0.28、022 和 0.30，三大地带呈现类似的先增后减、再增再减的趋势。②与以往的研究“东部高于中西部”的结论不相吻合。究其原因，本书是从创新价值链视角评价工业绿色技术创新效率，虽然东部地区在工业技术研发的资金和人才方面有显著的优势，相对应的期望产出也具有明显的优势，但西部地区以更少的投入取得了技术积累，并实现科技转化，从投入产出角度来看，更为有效。同时，本书研究结论也与考察期有关，在 2002～2010 年西部地区工业绿色技术创新效率最高，但在 2010～2015 年东部地区

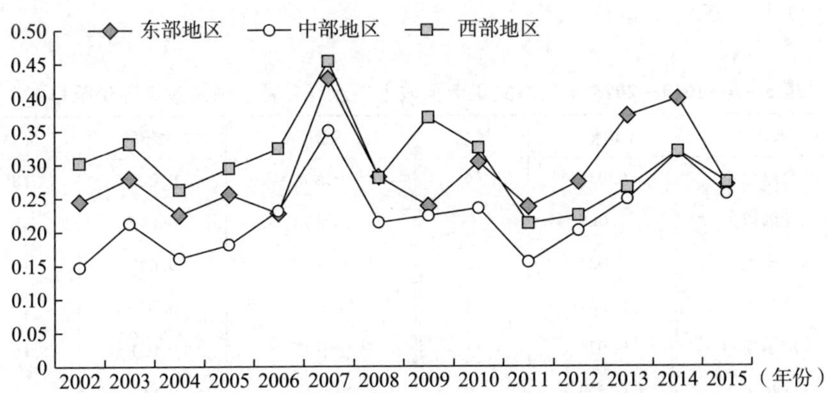

图 5-11　2002～2015 年三大地带工业绿色技术创新效率

的工业绿色技术创新效率实现赶超。东部地区工业绿色技术创新效率增速加快的原因可能与产业转移有关，东部高污染、高能耗的产业被转移到中西部。

（3）城市层面工业绿色技术创新效率特征。以23个生态文明示范城市为例，基于创新价值链的视角，探寻生态文明示范城市工业绿色技术创新效率（见表5－6）。①生态文明示范城市工业绿色技术创新效率呈现显著差异性，工业绿色技术创新效率前五名的是成都市、杭州市、郑州市、镇江市和宜昌市，排名在后五位的为延安市、黄山市、丽水市、韶关市和梅州市。②工业绿色技术创新效率较高的城市集中于大城市，如成都市、杭州市和郑州市等，这些城市经济发展良好，科研设备完善，人才储备充足，工业绿色技术创新与地区禀赋相适应。而以旅游为主的城市，如黄山市、丽水市等，由于工业基础薄弱，创新配套设施不完善，优秀科研人员缺失，工业绿色技术创新效率自然而然比较低。值得注意的是，资源消耗型城市延安市工业绿色技术创新效率排名靠后，说明该城市创新驱动战略实施效果不好，这也是其绿色全要素生产率排名靠后的原因之一。而韶关市和梅州市地处发达省份广东，但工业绿色技术创新效率较低，其原因有所不同。韶关市作为广东省的重工业城市，工业基础雄厚，但其非期望产出位居前列，导致工业绿色技术创新效率较低。梅州市工业基础薄弱，科研配套设施相对不够完善，也无法引入更多的科研机构，导致梅州市工业绿色技术创新效率偏低。

表5－6　2013～2015年生态文明示范城市工业绿色技术创新效率评价及排名

城市	均值	排名	城市	均值	排名
巴彦淖尔市	0.032	14	十堰市	0.026	18
成都市	1.000	1	四平市	0.042	9
承德市	0.034	12	雅安市	0.029	17
定西市	0.031	15	延安市	0.026	19
鄂尔多斯市	0.034	11	伊春市	0.031	16
杭州市	0.359	2	宜昌市	0.062	5
黄山市	0.022	20	玉林市	0.052	7

续表

城市	均值	排名	城市	均值	排名
丽水市	0.014	21	张家口市	0.032	13
临沂市	0.061	6	镇江市	0.107	4
梅州市	0.012	23	郑州市	0.342	3
南阳市	0.036	10	淄博市	0.044	8
韶关市	0.013	22			

5.2　中国绿色发展的技术路线图分析

5.2.1　研究维度与研究思路

（1）研究维度。从时间、空间、产业三个维度识别绿色发展效率变化，基于效率分析框架，进一步从时间、空间、产业三个维度提出绿色发展技术路线图。①绿色发展技术进步时间图谱。现有研究表明，中国及各地区绿色全要素生产率主要由技术进步单轮驱动[①]，而且技术进步过程中的内源性要素贡献具有显著差异。基于全要素生产率的分析框架，探求中国绿色发展的技术路线图。不同于杨振兵等基于参数估计法测算技术进步的路径[②]，本书将绿色发展技术进步类型内涵转化为技术进步的要素贡献大小的次序，原因有三：第一，基于序列SBM-Luenberger模型能有效避免参数估计中存在模糊性的问题；第二，相比杨振兵等从边际产出的角度定义技术进步类型，技术进步的要素贡献大小能合理地解释技术进步内生性来源，有助于深层次探讨技术路线图；第三，将产出因素纳入技术路线图分析框架，有助于更全面地探讨技术路线图。②绿色发展技术进步空间图谱。绿色技术进步是非均质的，绿色技术进步在空间上表现出明显的空间分异特征，本书延续全要素生

① 刘瑞翔、安同良：《资源环境约束下中国经济增长绩效变化趋势与因素分析——基于一种新型生产率指数构建与分解方法的研究》，《经济研究》2012年第11期；李兰冰、刘秉镰：《中国区域经济增长绩效、源泉与演化：基于要素分解视角》，《经济研究》2015年第8期。

② 杨振兵、邵帅、杨莉莉：《中国绿色工业变革的最优路径选择——基于技术进步要素偏向视角的经验考察》，《经济学动态》2016年第1期。

产率空间维度的分析框架，采用标准差椭圆分析框架，充分考虑研究对象的空间区位信息①，探究绿色发展技术的空间维度特征，以期把握多维度绿色发展技术空间分异规律。③绿色发展技术进步产业图谱。基于创新价值链理论将工业绿色技术创新过程分为绿色技术研发和绿色成果转化两个阶段，构建了绿色技术创新的“绿色技术研发 - 成果转化”效率矩阵（见图 5 - 12）。根据绿色技术研发效率和绿色成果转化效率两个维度的数值高低可划分为四种效率组合，不同组合方式代表不同的效率状态。具体来说，A 类型区域为低研发低转化区域，在此区域的省份绿色技术研发效率和绿色成果转化效率都属于较低的水平；B 类型区域为高研发低转化区域，在此区域的省份绿色技术研发效率属于较高水平，但绿色成果转化属于较低水平；C 类型区域为高研发高转化区域，在此区域的省份绿色技术研发和绿色成果转化属于较高水平；D 类型区域为低研发高转化区域，在此区域的省份绿色技术研发效率属于较低水平，而绿色成果转化属于较高水平。

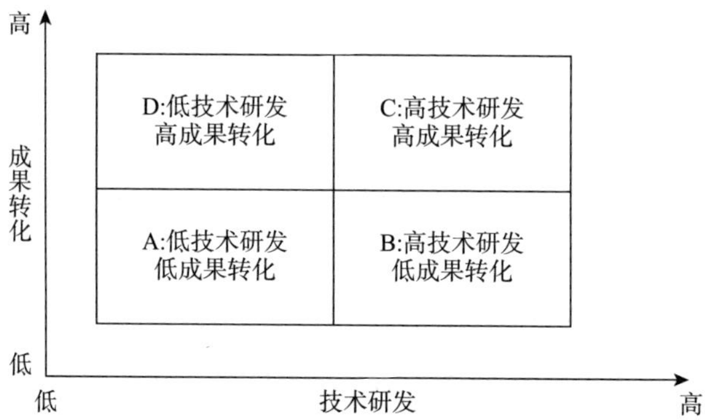

图 5 - 12　“绿色技术研发 - 成果转化”效率矩阵

针对以上效率组合，可分别实现三种不同的效率提升路径：第一，单边突进型，在绿色技术创新过程中，以低效率的某一阶段为突破口，从而提升绿色技术创新整体效率，如 D→C 和 B→C；第二，渐进型，在绿色技术创新过程中，根据自身发展情况，先提高某一阶段效率，再着力提高另一阶段的效率，如 A→B→C 和 A→D→C；第三，跳跃型，此类型的提升路径需要雄

① 赵璐、赵作权：《基于特征椭圆的中国经济空间分异研究》，《地理科学》2014 年第 8 期。

厚的经济基础、丰富的科研人员资源等条件，能较快地提高技术研发效率和成果转化效率，如 A→C。

（2）研究思路。基于效率分析框架，进一步从时间、空间、产业三个维度提出绿色发展技术路线图。①绿色发展技术进步时间图谱。基于全要素生产率的分析框架，探求全国、三大地带以及生态文明示范城市多层面绿色技术路线图。首先，基于序列 SBM-Luenberger 模型测算全国、三大地带和城市三个层面绿色技术进步数值。然后，将绿色技术进步解构为市场型、节能型和清洁环境型三种类型，从全国、三大地带和城市三个层面，提出时间维度多层次绿色技术路线图。②绿色发展技术进步空间图谱。使用全要素生产率分析框架测算技术进步，并将其解构为市场型、节能型和清洁环境型三种类型。与前文相对应，分析全国、三大地带以及生态文明示范城市三个层面总体绿色技术进步及各类型技术进步的总体区位、覆盖面积、密集水平、旋转方向、扁平化趋势，与之相对应的是总体绿色技术进步及各类型技术进步的中心性、展布性、密集性、方位和形状五方面空间特征。③绿色发展技术进步产业图谱。基于创新价值链分析框架，以工业为例研究产业维度技术路线图。首先，基于两阶段网络 DEA 模型，测算绿色技术研发效率和技术转化效率。其次，根据实证结果，构建“绿色技术研发－成果转化”二维矩阵。最后，与前文相对应，运用 MaxDEA 软件分析全国、三大地带以及生态文明示范城市三个层面工业绿色技术路线图。

5.2.2　研究方法与分析模型

（1）绿色发展技术进步时间图谱研究方法。基于序列 SBM-Luenberger 模型，结合绿色技术进步内涵，本书进一步将绿色发展技术进步（$GSSLTC$）根据生产要素进行解构见式（5－9）。

$$GSSLTC_{T}^{T+1} = GSSLTC_{E,T}^{T+1} + GSSLTC_{K,T}^{T+1} + GSSLTC_{L,T}^{T+1} + GSSLTC_{GDP,T}^{T+1} + GSSLTC_{AE,T}^{T+1} + GSSLTC_{WE,T}^{T+1} \tag{5-9}$$

其中，E、K、L、GDP、AE、WE 分别代表能源、资本、劳动、经济发展、大气环境和水环境。本书将技术进步类型分为三大类：市场型技术进步（$GSSLTC_{M,T}$），与资本、劳动和经济发展技术进步贡献程度相对应；节能型技术进步（$GSSLTC_{SE,T}$），与能源技术进步贡献程度相对应；清洁环境型技术进步（$GSSLTC_{CE,T}$），与大气环境和水环境技术进步贡献程度相对应。

$$
\begin{aligned}
&GSSLTC_{T}^{T+1} = GSSLTC_{SE,T}^{T+1} + GSSLTC_{M,T}^{T+1} + GSSLTC_{CE,T}^{T+1} \\
&GSSLTC_{SE,T}^{T+1} = GSSLTC_{E,T}^{T+1} \\
&GSSLTC_{M,T}^{T+1} = GSSLTC_{K,T}^{T+1} + GSSLTC_{L,T}^{T+1} + GSSLTC_{GDP,T}^{T+1} \\
&GSSLTC_{CE,T}^{T+1} = GSSLTC_{AE,T}^{T+1} + GSSLTC_{WE,T}^{T+1}
\end{aligned} \tag{5-10}
$$

（2）绿色发展技术进步空间图谱研究方法。基于标准差椭圆分析框架能充分考虑空间区位信息，揭示绿色技术进步中心性、展布性、密集性、方位和形状；同时，基于序列 SBM-Luenberger 模型，结合绿色技术进步内涵，本研究进一步将绿色发展技术进步（$GSSLTC$）根据生产要素解构。

（3）绿色发展技术进步产业图谱研究方法。根据以上模型的选择和非期望产出处理方法，利用两阶段网络 DEA 模型对绿色技术研发和绿色技术成果转化进行测算：

$$
\begin{aligned}
&[D(x_{i0t0}, y_{i0t0})]^{-1} = TE(x_{i0t0}, y_{i0t0}) = \min\theta \\
&\qquad \theta x_{i0t0} - X_{it}\lambda \geq 0, \; -y_{i0t0} + Y_{it}\lambda \geq 0 \\
&\text{s.t.} \quad \lambda \geq 0; i = 1,2,\cdots,30; t = 1,2,\cdots,14 \\
&\qquad (x_{it}, y_{it}) \in T
\end{aligned} \tag{5-11a}
$$

$$
\begin{aligned}
&[D^{k}(y_{i0t0}, z_{i0t0}, b_{i0t0})]^{-1} = TE(y_{i0t0}, z_{i0t0}, b_{i0t0}) = \min\theta \\
&\qquad \theta y_{i0t0} - Y_{it}\lambda \geq 0, \; -z_{i0t0} + Z_{it}\lambda \geq 0 \\
&\qquad -b_{i0t0} + B_{it}\lambda \geq 0 \\
&\qquad \lambda \geq 0; i = 1,2,\cdots,30; t = 1,2,\cdots,14 \\
&\qquad (y_{it}, z_{it}, b_{it}) \in T
\end{aligned} \tag{5-11b}
$$

其中，D_{it}表示共同前沿下第 i 个决策单元第 t 期距离函数；TE 表示 DMU 的技术效率，X，Y，Z，B，λ 分别表示技术研发投入、中间产出、成果转化期望产出、成果转化非期望产出及权重矩阵；θ 则表示产出一定时，投入达到的最小值。

5.2.3　绿色发展技术进步时间图谱

（1）全国层面技术进步时间图谱。技术进步影响绿色发展质量，因而提出中国绿色发展技术进步时间图谱，从而合理优化技术进步显得尤为重要。根据前文的分析结果，将全国层面绿色发展效率的三个阶段划分为启动期（1994～2003年）、发展期（2004～2009年）、调整期（2010～2015年）（见表5－7和图5－13）。①分阶段来看，绿色发展技术路线图呈现阶段性差异，绿色发展技术进步类型依据贡献程度高低依次为清洁环境型、市场型和节能型，但三种类型的技术进步的数值呈现差异。在研究期间（启动期、发展期和调整期），清洁环境型技术进步在绿色发展中的贡献始终排在首位，三个时期清洁环境型技术进步的数值依次为0.021、0.040和0.021，环境约束政策始终影响环境在技术进步中的作用，环境要素的有效利用持续地推动了绿色发展生产边界的前移。市场型技术进步在三个时期的数值依次为0.012、0.017和0.007。市场型技术进步呈现先上升后下降趋势的内源性因素是劳动要素对市场型技术进步贡献最多，其技术进步呈现先上升后下降的趋势。在启动期，企业通过培训等措施使就业人员有效应用节能减排等技术，但从发展期到调整期，劳动要素技术进步呈现下降的趋势，优化人力资源配置及加强生产技术积累与传承显得尤为重要。资本要素技术进步呈现下降的趋势，这可能跟资本误配置、资本投资不平衡以及金融部门低效率有一定关系①。经济发展对绿色发展技术进步的贡献趋于稳定，经济发展能为能源、资本、环境等要素技术研发投入提供资金支持，间接推动绿色发展技术进步。节能型技术进步启动期、发展期、调整期数值依次为0.008、－0.012和0.000，说明能源的有效利用亟待提高。②整体来看，1994～2015年，全国层面绿色发展三个阶段技术进步数值依次为0.041、0.044和0.028，技术进步呈现波动下降的趋势，这是全国层面绿色全要素生产率下降的内源性因素之一。绿色发展技术进步类型依据贡献程度由高至低依次是清洁环境型、市场型和节能型，三种类型的技术进步数值依次为0.027、0.012和－0.001。本书与杨振兵等的观点不同②，他们认为技术进步首要的要素偏向于资本和环

① 汪克亮、杨力、程云鹤：《要素利用、节能减排与地区绿色全要素生产率增长》，《经济管理》2012年第11期。

② 杨振兵、邵帅、杨莉莉：《中国绿色工业变革的最优路径选择——基于技术进步要素偏向视角的经验考察》，《经济学动态》2016年第1期。

境。究其原因，杨振兵等将绿色发展的目标定义为考虑环境因素的经济增长，是基于“投入更少，产出更多”的经济资源优化配置的角度考察技术进步路径，资本的边际产出快速增长，从资源优化配置的角度得出技术进步偏好使用资本这一观点毋庸置疑。而本书基于绿色全要素生产率的视角考察技术进步，关注的是绿色发展技术进步的要素次序。基于绿色全要素生产率的研究框架，中国绿色发展技术进步偏向于清洁环境型，也就是说清洁环境型技术进步是推动中国绿色发展生产边界前移的主要因素。环境约束下激励企业等微观主体强化环境优化方面的技术创新，从而推动了技术进步，技术进步直接导致绿色全要素生产率的增长，绿色全要素生产率的增长激励政府等进一步制定和优化环境法律法规，最终形成一个正反馈的闭合回路。因此，从样本区间整体来看，技术进步偏向于清洁环境型是合乎发展规律的。市场型技术进步亦是技术进步贡献的核心要素，特别是劳动要素，其技术进步数值为0.007，表明我国在技能培训、生产经验总结等方面效果显著，推动了技术的有效利用，进而导致了生产边界前移，而资本的技术进步贡献程度排在相对靠后的位置。从边际生产力的角度来看，资本的边际生产力相对较高，企业为了实现经济利益最大化，在生产过程中偏好使用资本，导致我国资本过度积累，当需求不足时，将产生严重的产能过剩。我国对于资本要素投入聚焦于其边际生产力，换句话说，对资本投入更多的是考虑其经济效应，忽视了资本的集约利用，这是资本技术进步贡献排名靠后的主要原因。节能型技术进步贡献程度相对靠后则说明我国能源的有效利用程度处于较低的水平，企业的节能技术仍需提高，一定程度上表明我国技术层面能源政策实施的有效性有待提高。

表5-7　1994~2015年中国绿色发展技术进步及分解结果

分析期间	技术进步	节能型	市场型	L	K	GDP	清洁环境型	WE	AE
1994~2003	0.041	0.008	0.012	0.005	0.003	0.005	0.021	0.008	0.013
2004~2009	0.044	-0.012	0.017	0.012	0.001	0.004	0.040	0.022	0.018
2010~2015	0.028	0.000	0.007	0.003	0.000	0.003	0.021	0.005	0.016
1994~2015	0.038	-0.001	0.012	0.007	0.001	0.004	0.027	0.012	0.015

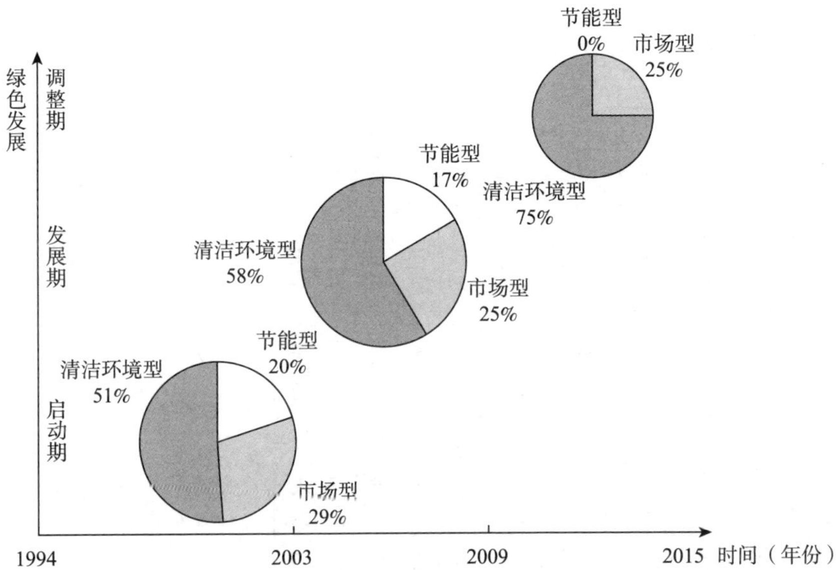

图 5－13　1994～2015 年中国绿色发展技术路线

（2）地带性层面技术进步时间图谱。三大地带绿色发展技术路线图呈现区域差异性，识别三大地带绿色发展技术路线图，从而差异化制定三大地带技术进步优化路径。将三个阶段划分为启动期、发展期和调整期（见表5－8和图5－14）。①分阶段来看，三大地带技术路线图具有显著的区域异质性，表现在技术进步和各类型技术进步呈现区域差异性。具体来说，东中西技术进步呈现区域差异性，东部地区技术进步呈现下降的趋势，三个阶段技术进步依次为0.103、0.063和0.055；中部地区技术进步保持稳定，三个阶段技术进步依次为0.026、0.025和0.027；西部地区技术进步呈现下降的趋势，三个阶段技术进步依次为0.024、0.014和0.009。三个地区技术进步波动原因各不相同，本书进一步按照要素分解技术进步，以期探求技术进步内源性因素。研究期间，东部地区清洁环境型、市场型和节能型技术进步均呈现下降趋势，清洁环境型技术进步下降幅度最大，这是导致东部地区技术进步下降的首要原因；中部地区清洁环境型和市场型技术进步呈现先增后降的趋势，节能型技术进步则呈现下降的趋势，节能技术的落后是制约中部地区绿色技术进步的内源性因素；西部地区清洁环境型技术进步呈现上升的趋势，

表 5-8　1994~2015 年三大地带绿色发展技术进步及分解结果

地区	发展阶段	分析期间/年	技术进步	节能型	市场型	L	K	GDP	清洁环境型	WE	AE
东部地区	启动期	1994~1997	0.103	0.018	0.028	0.010	0.004	0.014	0.056	0.011	0.045
	发展期	1998~2010	0.063	0.007	0.022	0.008	0.003	0.011	0.034	0.017	0.017
	调整期	2011~2015	0.055	0.003	0.020	0.006	0.003	0.011	0.031	0.014	0.018
	整体阶段	1994~2015	0.074	0.010	0.023	0.008	0.003	0.012	0.041	0.014	0.027
中部地区	启动期	1994~1999	0.026	0.006	0.006	0.005	0.000	0.000	0.015	0.005	0.010
	发展期	2000~2007	0.025	-0.037	0.014	0.015	-0.001	0.000	0.047	0.033	0.015
	调整期	2008~2015	0.027	0.001	0.008	0.005	0.003	0.000	0.019	0.001	0.020
	整体阶段	1994~2015	0.025	-0.010	0.008	0.008	0.000	0.000	0.026	0.012	0.014
西部地区	启动期	1994~2003	0.024	0.006	0.008	0.003	0.004	0.000	0.010	0.007	0.003
	发展期	2004~2010	0.014	0.001	0.002	0.002	0.000	0.000	0.011	0.000	0.011
	调整期	2011~2015	0.009	-0.003	-0.008	0.000	-0.007	0.000	0.020	0.003	0.017
	整体阶段	1994~2015	0.016	0.001	0.001	0.002	-0.001	0.000	0.014	0.003	0.010

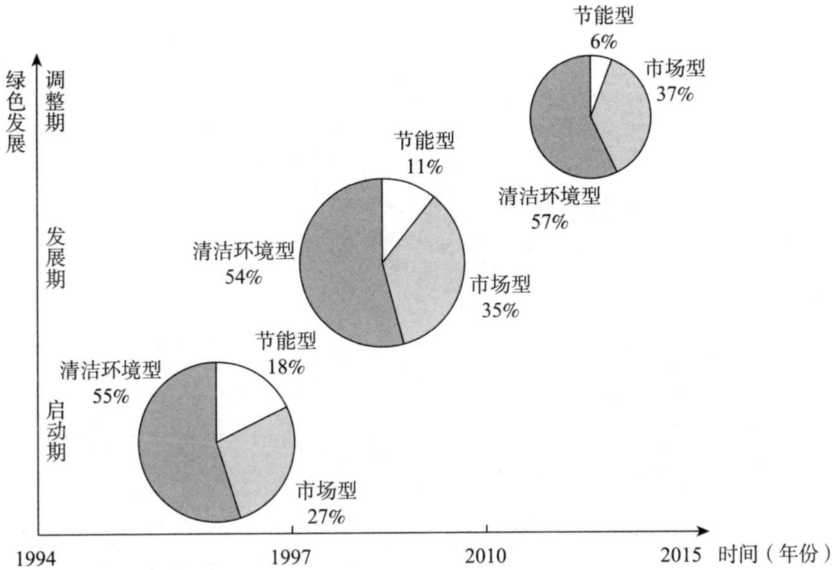
节能型
6%
市场型
37%
清洁环境型
57%
绿色发展
调整期
发展期
启动期
节能型
11%
清洁环境型
54%
市场型
35%
节能型
18%
清洁环境型
55%
市场型
27%
1994
1997
2010
2015
时间（年份）

a东部地区

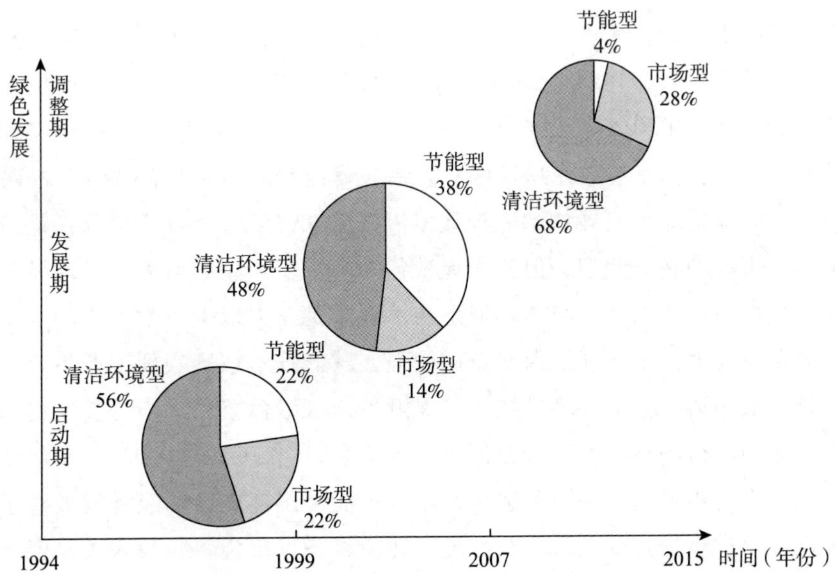
节能型
4%
市场型
28%
清洁环境型
68%
绿色发展
调整期
发展期
启动期
节能型
38%
清洁环境型
48%
市场型
14%
节能型
22%
清洁环境型
56%
市场型
22%
1994
1999
2007
2015
时间（年份）

b中部地区

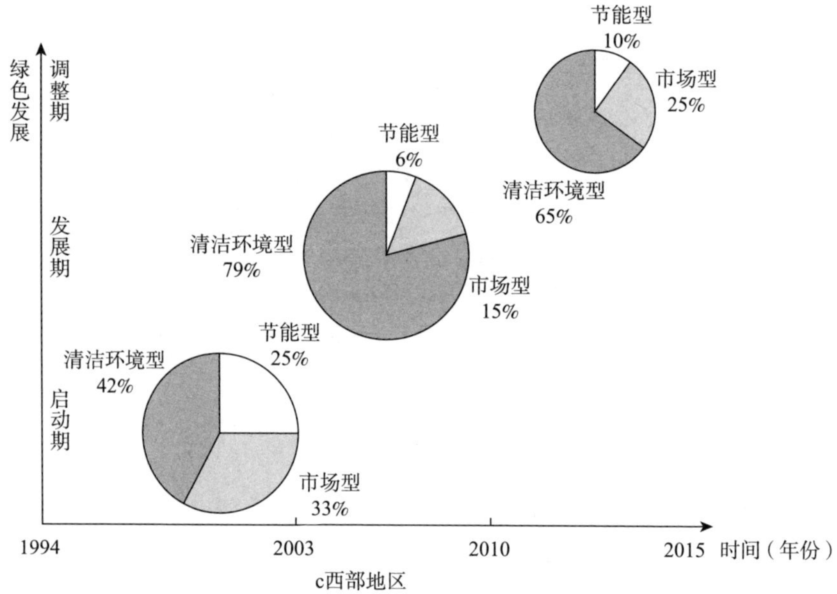

图 5－14　1994～2015 年三大地带绿色发展技术路线

而市场型和节能型技术进步呈现下降的趋势，并且市场型技术进步下降幅度最大，因而市场型技术进步的下降是导致西部地区整体技术进步下降的首要原因。②整体来看，1994～2015 年，东中西三大地带技术进步数值依次为 0.074、0.025 和 0.016，该结论与以往的“东部地区技术进步高于中西部”结论相符。从整体来看，东中西绿色发展技术路线具有类似的规律，在考察期内，三大地带绿色发展技术进步类型依据贡献程度大小排序都分别是清洁环境型、市场型和节能型，但三大地带各技术进步类型数值大小呈现显著的区域异质性。具体来说，清洁环境型技术进步是三大地带技术进步的首要要素，表明三大地带企业环境保护意识较强，减排技术被落实到生产各个领域中，这再次印证了清洁环境型技术是保障各地区绿色技术进步的重要内源性要素。东中西市场型技术进步数值依次为 0.023、0.008 和 0.001，东部地区市场型技术进步远高于中西部地区，原因可能是东部地区的经济发展对于绿色发展技术进步的贡献较大，东部地区凭借经济发展优势，投入大量资金支持节能减排、资本利用等技术的研发，同时，东部地区凭借区位优势和资源优势吸引高端人才，劳动对于绿色发展技术进步贡献较大。而中西部地区经济发展对绿色发展技术进步贡献程度排在靠后位置。中西部的经济发展远远落后于东部地区，没有充足资金支持节能减排技术研发和人才培养等，这是中西部技术进步落后于东部地区的内源性原因之一。值得注意的是，中部地区市场型技术进步中劳动贡献程度相对较高，表明中部地区人才优势显著，技术进步依靠劳动力被落实到具体生产活动中，绿色发展整体技术不断提升，具有高人力资本水平的劳动者是保障绿色发展技术进步的关键，因此，中部地区充分的人力资本优势是实现中部地区绿色技术进步追赶东部地区的重要途径。东中西节能型技术进步数值依次为0.010、-0.010和0.001，三大地带节能型技术进步相对落后，特别是中部地区节能技术落后制约了绿色发展技术进步。

（3）城市层面技术进步时间图谱。生态文明示范城市绿色发展技术路线图呈现区域差异性，识别生态文明示范城市绿色发展技术路线图，以期为全国城市层面绿色技术进步提供参考。为了便于分析，本书分别以鄂尔多斯市、杭州市、黄山市为例分析生态文明示范城市绿色发展技术路线图，原因有二：第一，三个城市同属于生态文明示范城市，且三个城市分别处于西部地区、东部地区和中部地区；第二，三个城市分别代表了三种不同类型的城市，即资源消耗型、经济规模较大型和旅游型城市。根据前文分析的结果，本书将生态文明示范城市绿色发展阶段划分为平稳增长期（2004~2012年）和波动发展期（2013~2015年）两个阶段（见表5-9和图5-15）。①分阶段看，生态文明示范城市呈现显著的区域异质性。在平稳增长期（2004~2012年），生态文明示范城市技术进步在-0.06~0.20的范围内波动，技术进步排名前五的为鄂尔多斯、黄山、临沂、定西和杭州，技术进步排在后五位的为十堰、成都、玉林、巴彦淖尔和梅州。生态文明示范城市之间技术进步差异显著，从技术进步的排名可知，鄂尔多斯技术进步排名靠前，技术进步驱动绿色发展使得鄂尔多斯绿色全要素生产率排名靠前。值得注意的是，鄂尔多斯作为资源消耗型城市，节能型技术并不占优势，其水平在生态文明示范城市中仅排在第十位，推动鄂尔多斯绿色技术进步最为主要的因素为清洁环境型技术和市场型技术。而作为资源消耗型城市的延安、巴彦淖尔、伊春技术进步排名靠后，绿色技术落后制约了绿色发展。技术落后的原因呈现

表 5－9　2004～2015 年生态文明示范城市绿色发展技术进步及分解结果

城市	2004～2012 年				2013～2015 年			
	技术进步	节能型	市场型	清洁环境型	技术进步	节能型	市场型	清洁环境型
巴彦淖尔	－0.011（22）	0.005（14）	0.004（5）	－0.02（22）	0.069（5）	－0.034（15）	0.050（5）	0.053（5）
成都	－0.006（20）	0.007（12）	0.000（10）	－0.013（18）	0.040（6）	0.017（4）	0.034（8）	－0.012（16）
承德	0.016（11）	0.019（3）	－0.006（18）	0.003（10）	0.000（15）	－0.001（10）	0.000（16）	0.001（12）
定西	0.023（4）	0.001（18）	－0.008（20）	0.029（4）	0.033（7）	0.000（9）	0.020（11）	0.013（9）
鄂尔多斯	0.169（1）	0.010（10）	0.032（2）	0.127（2）	0.116（1）	－0.052（19）	0.171（2）	0.002（14）
杭州	0.021（5）	0.003（17）	0.000（11）	0.017（5）	0.006（12）	－0.234（22）	0.047（6）	0.192（3）
黄山	0.073（2）	0.005（15）	0.007（4）	0.061（3）	0.107（2）	－0.035（16）	0.102（3）	0.040（8）
丽水	0.018（7）	－0.001（19）	0.002（7）	0.017（6）	0.022（9）	－0.221（21）	0.033（10）	0.209（2）
临沂	0.024（3）	0.019（4）	－0.007（19）	0.013（7）	－0.010（19）	0.001（8）	0.001（14）	－0.012（17）
梅州	－0.055（23）	－0.026（22）	0.003（6）	－0.032（23）	－0.144（23）	0.064（1）	－0.038（22）	－0.169（23）
南阳	0.006（16）	0.013（8）	0.000（12）	－0.007（16）	－0.018（22）	－0.017（12）	－0.001（18）	0.000（13）
韶关	0.011（14）	0.006（13）	0.018（3）	－0.013（19）	－0.012（20）	－0.022（13）	0.012（12）	－0.002（15）
十堰	－0.004（19）	0.004（16）	0.001（8）	－0.009（17）	－0.016（21）	－0.025（14）	0.000（17）	0.009（11）
四平	0.013（12）	0.013（9）	－0.004（17）	0.003（11）	0.016（10）	－0.102（20）	0.215（1）	－0.097（22）
雅安	0.007（15）	－0.002（21）	－0.002（15）	0.011（8）	0.011（11）	0.002（7）	－0.002（20）	0.010（10）
延安	0.006（17）	0.057（1）	－0.033（22）	－0.018（21）	0.001（14）	0.022（3）	－0.001（19）	－0.019（18）
伊春	－0.002（18）	－0.001（20）	0.001（9）	－0.002（15）	0.076（4）	－0.34（23）	0.093（4）	0.322（1）
宜昌	0.016（10）	0.018（5）	－0.001（13）	0.000（14）	0.078（3）	0.032（2）	0.001（15）	0.045（6）
玉林	－0.009（21）	0.010（11）	－0.002（16）	－0.017（20）	0.029（8）	－0.049（18）	－0.113（23）	0.191（4）

续表

城市	2004～2012 年				2013～2015 年			
	技术进步	节能型	市场型	清洁环境型	技术进步	节能型	市场型	清洁环境型
张家口	0.012（13）	0.018（6）	-0.008（21）	0.002（13）	-0.005（16）	-0.047（17）	-0.003（21）	0.045（7）
镇江	0.020（6）	-0.031（23）	0.040（1）	0.011（9）	-0.006（18）	-0.010（11）	0.034（9）	-0.030（20）
郑州	0.016（9）	0.014（7）	-0.001（14）	0.003（12）	-0.005（17）	0.011（5）	0.010（13）	-0.026（19）
淄博	0.017（8）	0.035（2）	-0.239（23）	0.221（1）	0.005（13）	0.003（6）	0.038（7）	-0.036（21）

注：括号内为排名。

显著的区域差异性，延安市场型技术和清洁环境型技术排名靠后，巴彦淖尔清洁环境型技术落后，伊春则节能型和清洁环境型技术落后。黄山作为旅游为主的城市，绿色技术进步位居前列，主要的原因是清洁环境型技术占优，说明黄山非期望产出较少，与当地资源禀赋相符。杭州作为大城市绿色技术进步排名靠前，符合其经济发展地位，但绿色全要素生产率并不占优势，表

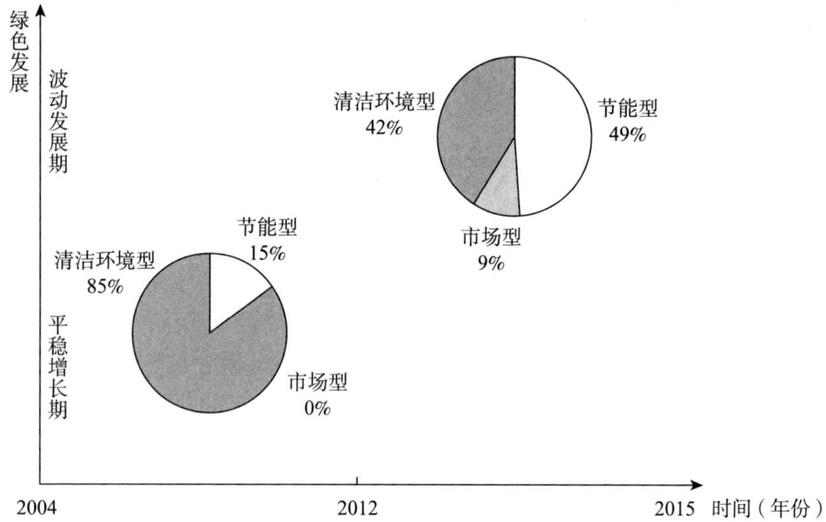

a东部地区城市—杭州市

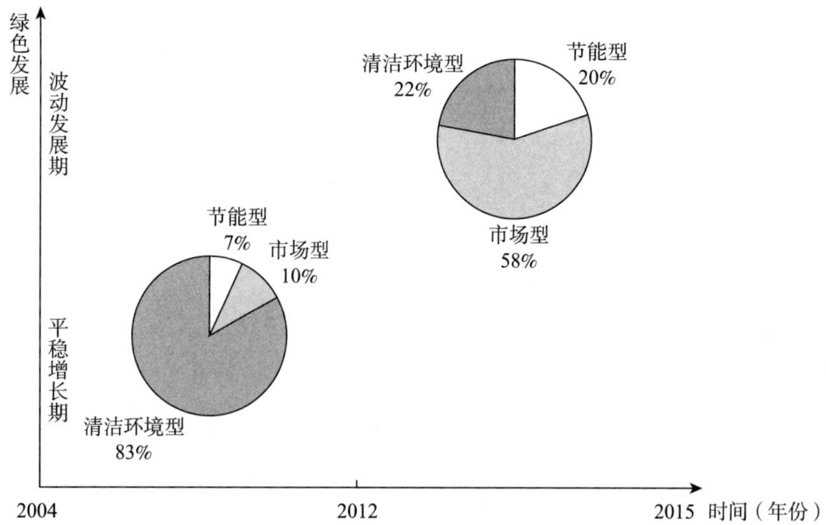

b中部地区城市—黄山市

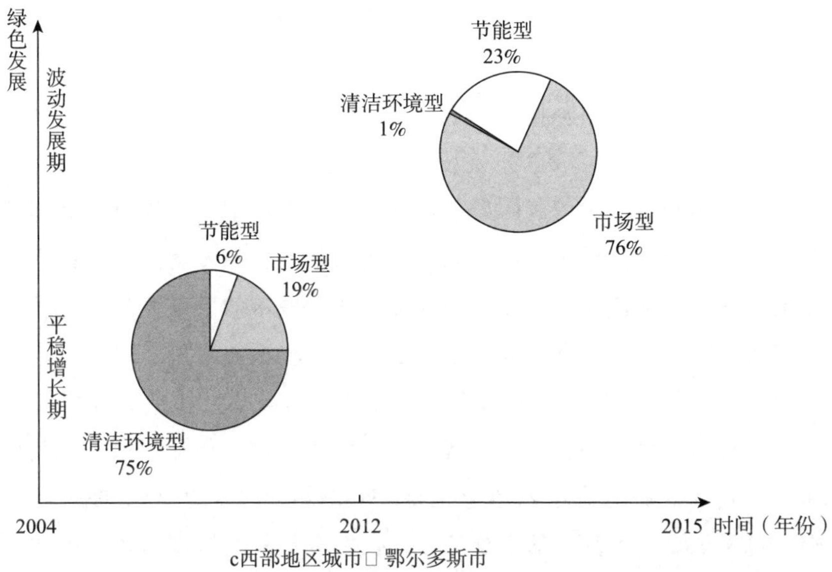

图 5-15　2004~2015 年生态文明示范区代表性城市绿色发展技术路线

明绿色发展是一个复杂的系统工程，技术进步只是推动绿色发展的因素之一。生态文明示范城市中，经济规模较大城市如成都、梅州绿色技术进步则排名靠后，成都清洁环境型技术落后制约了整体绿色技术进步，而梅州则是节能型技术和清洁环境型技术落后影响了绿色技术水平的提高。在波动发展期（2013~2015 年），生态文明示范城市技术进步在 -0.15~0.12 范围内波动，技术进步排名前五的为鄂尔多斯、黄山、宜昌、伊春和巴彦淖尔，技术进步排在后五位的为临沂、韶关、十堰、南阳和梅州。鄂尔多斯绿色技术进步仍处于生产前沿面，但结合前文的分析，其绿色全要素生产率排名靠后，先进绿色技术并不能使其摆脱“资源诅咒”困境，究其原因，过度依赖资源的模式使其发展受资源价格下降等因素的制约。巴彦淖尔绿色技术进步位居前列，市场型和清洁环境型技术进步是推动整体绿色技术水平提升的主要因素。韶关和梅州属于发达省份广东省，结合前文分析，绿色技术水平落后制约了两个城市的绿色发展。②从整体来看，生态文明示范城市技术进步范围由平稳增长期的 -0.06~0.20 整体下降至波动发展期的 -0.15~0.12，从城市层面再次印证了中国绿色技术进步呈现退化趋势的观点。与前文分析不同，生态文明示范城市绿色发展技术路线图具有较大差异，在考察期内，城市之间绿色发展技术进步呈现显著的区域异质性。具体来说，鄂尔多斯市作为资源消耗型城市，其绿色技术水平一直保持前列，但绿色全要素生产率却呈现显著下降的趋势，原因可能是技术进步类型与自身资源禀赋不相适应。能源的高效利用和污染物排放的最小化对于资源消耗型城市绿色发展至关重要，而在波动发展期，鄂尔多斯节能型和清洁环境型技术落后，其技术水平不足以支撑该城市绿色发展。而同为资源消耗型城市的巴彦淖尔绿色发展全要素生产率呈现明显的上升趋势，原因是清洁环境型技术进步由平稳增长期的第 22 位上升至波动发展期的第 5 位，清洁环境技术的提升，使巴彦淖尔由黑色发展转向绿色发展。作为经济规模较大的城市，如郑州市等，其绿色技术水平与经济发展地位不相适应，导致其绿色全要素生产率提高速率不高。但绿色发展是一个复杂的系统工程，技术进步只是推动绿色发展的因素之一，同为大城市的杭州市平稳增长期绿色技术占优，但绿色全要素生产率不高，这可能与全要素生产率的另一因素效率变动不高有关。大城市成都整个阶段绿色技术不占优势，但全要素生产率保持前列，原因可能是效率变动较高，即该城市规模效应显著。以旅游为主的城市，如黄山、丽水等，其绿色技术进步保持稳定波动，清洁环境型技术和市场型技术水平占优也符合自身资源禀赋特点。

5.2.4 绿色发展技术进步空间图谱

（1）全国层面技术进步空间图谱。在全国层面上，分析绿色发展总体技术进步空间图谱、节能型技术进步空间图谱、市场型技术进步空间图谱、清洁环境型技术进步空间图谱。①绿色技术进步空间图谱。采用全要素分析框架表征绿色技术进步，运用标准差椭圆分析绿色技术的空间特征（见表 5-10）。第一，中国绿色技术进步重心先向东北后向西南移动。1994～2009 年向东北移动，2010～2015 年则向西南移动。第二，空间分布范围呈现收缩的趋势，短半轴由 1994 年的 983.1km 缩短至 2015 年的 966.6km，长半轴由 1994 年的 1326.0km 缩短至 2015 年的 1274.8km，椭圆面积由 1994 年的 409.533 万 km^2减小至 2015 年的 387.101 万 km^2。第三，空间密集水平未发生显著变化，保持在0.08上下波动。第四，空间分布方位角在波动中减小，由1994年的78.874°波动减小至2015年的70.990°，在空间上表现为逆时针旋转。第五，形状变化不显著，形状指数保持在0.75上下波动。

表5-10　1994～2015年全国绿色技术进步标准差椭圆参数

年份	中心性指标		展布性指标			密集性指标	方位指标	形状指标
	经度/°E	纬度/°N	短半轴/km	长半轴/km	椭圆面积/万 km^2	密集指数	夹角/°	形状指数
1994	112.1	33.564	983.1	1326.0	409.533	0.080	78.874	0.74
2003	112.4	33.542	964.4	1282.3	388.485	0.080	71.855	0.75
2009	112.6	33.671	965.0	1302.5	394.838	0.079	68.396	0.741
2015	112.4	33.450	966.6	1274.8	387.101	0.080	70.990	0.758

②节能型技术进步空间图谱。绿色节能型技术进步呈现明显的空间分异特征（见表5-11）。第一，中国绿色节能型技术进步重心先向东南后向西南移动。1994～2009年向东南移动，2010～2015年则向西南移动，西南部的省份绿色节能型技术进步加快，对分布格局的影响作用增大。第二，空间分布范围呈现收缩趋势，短半轴由1994年的976.3km缩短至2015年的966.2km，长半轴由1994年的1306.1 km缩短至2015年的1273.4km，椭圆面积由1994年的400.581万 km^2减小至2015年的386.489万 km^2。第三，空间密集水平未发生显著变化，密集指数保持在0.077上下波动。第四，方位角在波动中减小，绿色节能型技术进步方位角由1994年的74.190°减小至2015年的72.323°，在空间上表现为逆时针旋转。第五，形状变化不显著，形状指数在0.75上下波动，绿色节能型技术进步占优的地区集中于东西方向。

表5-11　1994～2015年全国绿色节能型技术进步标准差椭圆参数

年份	中心性指标		展布性指标			密集性指标	方位指标	形状指标
	经度/°E	纬度/°N	短半轴/km	长半轴/km	椭圆面积/万 km^2	密集指数	夹角/°	形状指数
1994	112.236	33.571	976.3	1306.1	400.581	0.076	74.190	0.747
2003	112.321	33.503	966.0	1282.8	389.297	0.077	71.887	0.753

续表

年份	中心性指标		展布性指标			密集性指标	方位指标	形状指标
	经度/°E	纬度/°N	短半轴/km	长半轴/km	椭圆面积/万 km^2	密集指数	夹角/°	形状指数
2009	112.399	33.536	965.9	1288.4	390.949	0.077	70.639	0.750
2015	112.269	33.433	966.2	1273.4	386.489	0.077	72.323	0.759

③市场型技术进步空间图谱。绿色市场型技术进步呈现明显的空间分异特征（见表5－12）。第一，中国绿色节能型技术进步重心向东北移动，东北部的省份绿色市场型技术进步加快。第二，空间分布范围呈现不变的趋势，椭圆面积保持在390万km^2左右波动。第三，空间密集水平未发生显著变化，密集指数保持在0.078左右。第四，空间分布方位角减小，由1994年的73.042°减小至2015年的70.944°，在空间上表现为逆时针旋转。第五，形状变化不显著，形状指数保持在0.75左右，绿色市场型技术进步占优的地区集中于东西方向。

表5－12　1994～2015年全国绿色市场型技术进步标准差椭圆参数

年份	中心性指标		展布性指标			密集性指标	方位指标	形状指标
	经度/°E	纬度/°N	短半轴/km	长半轴/km	椭圆面积/万 km^2	密集指数	夹角/°	形状指数
1994	112.326	33.438	968.9	1281.8	390.168	0.078	73.042	0.756
2003	112.358	33.494	964.3	1278.7	387.363	0.078	71.578	0.754
2009	112.407	33.512	966.9	1285.6	390.510	0.077	70.762	0.752
2015	112.410	33.500	965.9	1282.4	389.118	0.078	70.944	0.753

④清洁环境型技术进步空间图谱。绿色清洁环境型技术进步呈现明显的空间分异特征（见表5－13）。第一，中国绿色清洁环境型技术进步重心向东南移动，东南部省份绿色清洁环境型技术进步速率加快，对分布格局的影响作用增大。第二，空间分布范围呈现收缩的趋势，椭圆面积由1994年的397.143万km^2减小至2015年的387.927万km^2。第三，空间密集水平未发生显著变化，密集指数保持在0.079上下波动。第四，空间分布方位角呈现减小的趋势。由1994年的75.897°减小至2015年的71.179°，在空间上表现

为逆时针旋转。第五，形状变化不显著，形状指数保持在 0.75 上下波动，清洁环境型技术进步占优的地区集中于东西方向。

表 5-13 1994~2015 年全国绿色清洁环境型技术进步标准差椭圆参数

年份	中心性指标		展布性指标			密集性指标	方位指标	形状指标
	经度/°E	纬度/°N	短半轴/km	长半轴/km	椭圆面积/万 km^2	密集指数	夹角/°	形状指数
1994	112.242	33.524	973.1	1299.2	397.143	0.079	75.897	0.749
2003	112.377	33.512	964.4	1281.8	388.346	0.079	71.797	0.752
2009	112.467	33.592	963.4	1290.0	390.406	0.079	70.137	0.747
2015	112.395	33.481	964.9	1279.8	387.927	0.079	71.179	0.754

（2）地带性层面技术进步空间图谱。在地带性层面上，分析绿色发展总体技术进步空间图谱、节能型技术进步空间图谱、市场型技术进步空间图谱、清洁环境型技术进步空间图谱。①绿色技术进步空间图谱。沿用全要素分析框架表征绿色技术进步，运用标准差椭圆分析绿色技术进步的空间特征（见表 5-14）。第一，三大地带绿色技术进步重心移动幅度不大，且方向各异。具体来说，东部地区重心先向西北后向西南移动；中部地区重心先向东北后向西南移动；西部地区重心向东南方向移动。第二，三大地带间分布范围波动趋势有所差异，东部呈现扩张的趋势，中部呈现先扩张后收缩的趋势，西部呈现收缩的趋势。第三，三大地带空间密集水平呈现不同的变化趋势，东部密集水平呈现略微下降的趋势，中部和西部密集水平变化不大，东部技术进步朝向均衡发展，中部地区和西部地区均衡发展形势趋于稳定。第四，三大地带方位角变化方向相同，幅度各异，东中西三个地区都呈现顺时针波动，但西部旋转幅度大于东部和中部，三大地带东南部绿色技术进步优势逐渐显现，特别是西部地区的东南部绿色技术进步优势相对较大。第五，三大地带绿色技术进步形状各异，东部和中部扁平化形状趋于稳定，而西部则呈现相对圆化的趋势，东部和中部绿色技术进步占优的地区集中在南北方向，而西部则集中在东西方向。

②绿色节能型技术进步空间图谱。三大地带绿色节能型技术进步表现出明显的空间分异特征（见表 5-15）。第一，三大地带绿色节能型技术进步

表 5-14　1994～2015 年三大地带绿色技术进步标准差椭圆参数

地区	年份	中心性指标		展布性指标			密集性指标	方位指标	形状指标
		经度/°E	纬度/°N	短半轴/km	长半轴/km	椭圆面积/万 km^2	密集指数	夹角/°	形状指数
东部地区	1994	117.723	32.401	352.8	1088.4	120.604	0.103	13.976	0.324
	2003	117.703	32.480	358.6	1101.6	124.076	0.094	13.845	0.326
	2009	117.698	32.442	356.9	1102.6	123.597	0.093	13.994	0.324
	2015	117.665	32.327	356.1	1114.1	124.626	0.093	14.347	0.320
中部地区	1994	117.132	35.132	367.4	1241.9	143.324	0.059	39.954	0.296
	2003	117.148	35.182	366.8	1246.3	143.592	0.057	40.017	0.294
	2009	117.573	35.679	358.3	1305.1	146.867	0.058	39.986	0.275
	2015	117.100	35.127	366.6	1241.0	142.898	0.057	40.008	0.295
西部地区	1994	102.814	33.669	829.0	1205.5	313.956	0.038	115.012	0.688
	2003	103.436	33.450	840.2	1100.9	290.569	0.039	115.911	0.763
	2009	103.500	33.405	840.9	1096.6	289.667	0.038	116.326	0.767
	2015	103.517	33.399	840.4	1094.3	288.881	0.038	116.362	0.768

表 5－15　1994～2015 年三大地带绿色节能型技术进步标准差椭圆参数

地区	年份	中心性指标		展布性指标			密集性指标	方位指标	形状指标
		经度/°E	纬度/°N	短半轴/km	长半轴/km	椭圆面积/万 km^2	密集指数	夹角/°	形状指数
东部地区	1994	117.683	32.408	357.3	1107.4	124.288	0.090	14.098	0.323
	2002	117.680	32.375	357.7	1110.8	124.797	0.089	14.221	0.322
	2008	117.685	32.376	357.5	1109.8	124.603	0.089	14.225	0.322
	2015	117.683	32.358	357.4	1110.4	124.658	0.089	14.255	0.322
中部地区	1994	117.204	35.248	365.7	1254.4	144.103	0.056	40.011	0.292
	2002	117.116	35.150	367.1	1242.3	143.235	0.056	40.033	0.296
	2008	117.243	35.294	364.6	1261.6	144.476	0.056	39.994	0.289
	2015	116.938	34.975	369.5	1229.6	142.690	0.055	39.713	0.300
西部地区	1994	102.814	33.669	829.0	1205.5	313.956	0.036	115.012	0.688
	2002	103.436	33.450	840.2	1100.9	290.569	0.038	115.911	0.763
	2008	103.500	33.405	840.9	1096.6	289.667	0.038	116.326	0.767
	2015	103.517	33.399	840.4	1094.3	288.881	0.038	116.362	0.768

重心移动幅度不大，且方向各异，东部重心向南方波动，中部重心向西南移动，西部重心向东南移动。第二，三大地带空间分布范围波动趋势有所差异，东部呈现不变的趋势，中部和西部呈现收缩的趋势。第三，三大地带空间密集水平呈现不同的变化趋势，东部和中部密集水平趋于稳定，西部密集水平略有提高，东部和中部节能型技术均衡发展形势趋于稳定，西部绿色节能型技术占优地区更为集聚。第四，三大地带方位角变化各异，东部和西部呈现顺时针波动，而中部呈现逆时针波动，东部和西部地区东南部绿色节能型技术进步优势逐渐显现，而中部地区的西北部绿色节能型技术进步优势相对较大。第五，三大地带绿色节能型技术进步形状各异，东部和中部扁平化形状趋于稳定，而西部则呈现相对圆化的趋势，东部和中部的形状指数分别保持在 0. 32 和 0. 29 上下波动，而西部的形状指数由 1994 年的 0. 688 增至 2015 年的 0. 768，东部和中部绿色节能型技术进步占优的地区集中在南北方向，而西部地区则集中在东西方向。

③绿色市场型技术进步空间图谱。三大地带绿色市场型技术进步表现出明显的空间分异特征（见表 5 – 16）。第一，三大地带绿色市场型技术进步重心变化方向各异，东部重心向南波动，中部重心向东北移动，西部地区重心总体向东移动。第二，三大地带空间分布范围波动趋势有所差异，东部和中部呈现扩大的趋势，西部地区呈现收缩的趋势。第三，三大地带密集水平趋于稳定，东中西三大地带密集指数依次保持在 0. 09、0. 056、0. 038 上下波动。第四，三大地带方位角变化幅度不大，方向各异，东部呈现先逆时针后顺时针旋转趋势，中部呈现顺时针旋转趋势，而西部呈现逆时针旋转趋势。第五，三大地带绿色市场型技术进步形状各异，东部和中部扁平化形状趋于稳定，而西部则呈现相对圆化的趋势，东部和中部绿色市场型技术进步占优的地区集中在南北方向，而西部则集中在东西方向。

④绿色清洁环境型技术进步空间图谱。三大地带绿色清洁环境型技术进步表现出明显的空间分异特征（见表 5 – 17）。第一，三大地带绿色清洁环境型技术进步重心移动方向各异，东部重心向南波动，中部重心向东北移动，西部重心向东南移动。第二，三大地带空间分布范围波动趋势有所差异，东部和中部清洁环境型技术进步范围呈现扩大的趋势，西部地区呈现收

表 5－16　1994～2015 年三大地带绿色市场型技术进步标准差椭圆参数

地区	年份	中心性指标		展布性指标			密集性指标	方位指标	形状指标
		经度/°E	纬度/°N	短半轴/km	长半轴/km	椭圆面积/万 km^2	密集指数	夹角/°	形状指数
东部地区	1994	117.678	32.291	356.5	1105.9	123.842	0.092	14.259	0.322
	2002	117.679	32.399	358.6	1108.4	124.833	0.090	14.127	0.323
	2008	117.673	32.365	358.4	1108.6	124.798	0.090	14.133	0.323
	2015	117.656	32.325	357.8	1113.5	125.143	0.090	14.271	0.321
中部地区	1994	117.066	35.075	366.9	1237.8	142.630	0.057	39.947	0.296
	2002	117.101	35.129	367.5	1240.0	143.144	0.056	40.003	0.296
	2008	117.218	35.261	365.9	1259.7	144.757	0.056	39.953	0.290
	2015	117.217	35.237	365.7	1247.2	143.238	0.057	40.219	0.293
西部地区	1994	103.385	33.427	833.4	1112.5	291.252	0.038	116.391	0.749
	2002	103.488	33.418	840.1	1094.3	288.811	0.038	116.242	0.768
	2008	103.491	33.396	841.2	1097.7	290.075	0.038	116.357	0.766
	2015	103.507	33.415	840.7	1095.5	289.304	0.038	116.281	0.767

表 5－17　1994～2015 年三大地带绿色清洁环境型技术进步标准差椭圆参数

地区	年份	中心性指标		展布性指标			密集性指标	方位指标	形状指标
		经度/°E	纬度/°N	短半轴/km	长半轴/km	椭圆面积/万 km^2	密集指数	夹角/°	形状指数
东部地区	1994	117.731	32.422	354.1	1093.6	121.627	0.097	14.095	0.324
	2002	117.712	32.427	357.8	1102.2	123.875	0.092	13.975	0.325
	2008	117.707	32.421	356.5	1103.9	123.600	0.091	14.119	0.323
	2015	117.693	32.360	356.3	1110.3	124.245	0.091	14.314	0.321
中部地区	1994	117.060	35.061	369.7	1230.7	142.921	0.057	39.974	0.300
	2002	117.127	35.155	367.1	1245.3	143.604	0.057	39.962	0.295
	2008	117.325	35.396	362.5	1271.3	144.753	0.057	40.020	0.285
	2015	117.135	35.161	366.4	1244.5	143.209	0.057	40.030	0.294
西部地区	1994	103.194	33.555	840.7	1153.0	304.513	0.038	115.187	0.729
	2002	103.473	33.422	841.7	1099.3	290.641	0.038	116.134	0.766
	2008	103.517	33.433	840.3	1092.7	288.416	0.039	116.234	0.769
	2015	103.510	33.398	840.4	1094.8	289.028	0.038	116.381	0.768

缩的趋势。第三，三大地带密集水平趋于稳定，东中西三大地带密集指数依次保持在0.09、0.057、0.038上下波动，东中西三大地带清洁环境型技术进步均衡发展都趋于稳定。第四，三大地带方位角变化幅度不大，方向类似，东中西三大地带呈现顺时针旋转。第五，三大地带技术进步形状各异，东部和中部扁平化形状趋于稳定，而西部地区则呈现相对圆化的趋势。可见，东部和中部绿色清洁环境型技术进步占优的地区集中在南北方向，而西部地区则集中在东西方向。

（3）城市层面技术进步空间图谱。在城市层面上分析绿色发展总体技术进步空间图谱、节能型技术进步空间图谱、市场型技术进步空间图谱、清洁环境型技术进步空间图谱。①绿色技术进步空间图谱。生态文明示范城市绿色技术进步表现出明显的空间分异特征，运用标准差椭圆分析生态文明示范城市绿色技术进步的空间特征（见表5-18）。第一，生态文明示范城市绿色技术进步重心总体向西北移动。第二，空间分布范围总体呈现扩大的趋势。第三，空间密集水平呈现先下降后上升的趋势，密集指数由2003年的0.097下降至2012年的0.089，然后再上升至2015年的0.101，生态文明示范城市绿色技术进步并未持续性朝均衡趋势发展。第四，空间分布方位角呈现先增大后减小的趋势，平稳增长期（2003~2012年）时，在空间上表现为顺时针旋转，但波动发展期（2013~2015年）时，在空间上表现为逆时针旋转。第五，生态文明示范城市绿色技术进步形状呈现圆化趋势，绿色技术进步占优的地区稳定集中于东西方向。

表5-18　2003~2015年生态文明示范城市绿色技术进步标准差椭圆参数

年份	中心性指标		展布性指标			密集性指标	方位指标	形状指标
	经度/°E	纬度/°N	短半轴/km	长半轴/km	椭圆面积/万 km^2	密集指数	夹角/°	形状指数
2003	114.119	33.894	733.1	1031.9	237.64	0.097	46.882	0.710
2012	114.013	34.201	721.1	1052.9	238.53	0.089	49.596	0.685
2015	114.114	34.130	753.8	1059.4	250.87	0.101	46.706	0.711

②绿色节能型技术进步空间图谱。生态文明示范城市绿色节能型技术进步表现出明显的空间分异特征（见表5-19）。第一，生态文明示范城市绿

色技术进步重心向西南移动。第二，空间分布范围呈现收缩的趋势，椭圆面积由 2003 年的 240.810 万 km^2 缩小至 2015 年的 223.753 万 km^2。第三，空间密集水平呈现先下降后上升的趋势，生态文明示范城市绿色节能型技术进步并未持续性朝均衡趋势发展。第四，空间分布方位角呈现增大的趋势，在空间上表现为顺时针旋转。第五，生态文明示范城市绿色节能型技术进步形状呈现圆化趋势，绿色节能型技术进步占优的地区更集中于东西方向。

表 5 - 19　2003 ~ 2015 年生态文明示范城市绿色节能型技术进步标准差椭圆参数

年份	中心性指标		展布性指标			密集性指标	方位指标	形状指标
	经度/°E	纬度/°N	短半轴/km	长半轴/km	椭圆面积/万 km^2	密集指数	夹角/°	形状指数
2003	114.052	33.948	741.5	1033.8	240.810	0.095	47.016	0.717
2012	113.744	34.007	735.3	1034.4	238.946	0.089	47.132	0.711
2015	113.655	33.675	743.9	957.5	223.753	0.101	47.183	0.777

③绿色市场型技术进步空间图谱。生态文明示范城市绿色市场型技术进步表现出明显的空间分异特征（见表 5 - 20）。第一，生态文明示范城市绿色技术进步重心总体向东北移动。第二，分布范围呈现扩大的趋势，椭圆面积由 2003 年的 241.009 万 km^2 上升至 2015 年的 260.046 万 km^2。第三，空间密集水平趋于稳定，密集指数稳定在 0.095 左右。第四，空间分布方位角呈现增大的趋势，空间上表现为顺时针旋转。第五，生态文明示范城市绿色市场型技术进步形状呈现扁平化趋势，市场型技术进步占优集中于东西方向，但南北方向绿色市场型技术进步呈现追赶的趋势。

表 5 - 20　2003 ~ 2015 年生态文明示范城市绿色市场型技术进步标准差椭圆参数

年份	中心性指标		展布性指标			密集性指标	方位指标	形状指标
	经度/°E	纬度/°N	短半轴/km	长半轴/km	椭圆面积/万 km^2	密集指数	夹角/°	形状指数
2003	114.047	33.952	740.7	1035.8	241.009	0.095	47.024	0.715
2012	114.381	34.215	727.9	1069.8	244.632	0.097	47.570	0.680
2015	114.531	34.452	737.3	1122.7	260.046	0.094	48.385	0.657

④绿色清洁环境型技术进步空间图谱。生态文明示范城市绿色清洁环境型技术进步表现出明显的空间分异特征（见表5-21）。第一，生态文明示范城市绿色清洁环境型技术进步重心总体向西南移动。第二，空间分布范围呈现波动扩大的趋势。第三，空间密集水平趋于稳定，密集指数稳定在0.095左右。第四，空间分布方位角呈现先增大后减小的趋势，空间上表现为先顺时针旋转后逆时针旋转。第五，生态文明示范城市绿色清洁环境型技术进步形状呈现圆化的趋势，绿色清洁环境型技术进步占优更集中于东西方向。

表5-21　2003~2015年生态文明示范城市绿色清洁环境型技术进步标准差椭圆参数

年份	中心性指标		展布性指标			密集性指标	方位指标	形状指标
	经度/°E	纬度/°N	短半轴/km	长半轴/km	椭圆面积/万 km^2	密集指数	夹角/°	形状指数
2003	114.099	33.900	732.6	1033.9	237.925	0.097	46.991	0.709
2012	113.932	33.856	741.3	1013.7	236.052	0.093	49.099	0.731
2015	113.982	33.894	754.2	1033.8	244.942	0.099	44.627	0.730

5.2.5　绿色发展技术进步产业图谱

（1）全国层面技术进步产业图谱。基于创新价值链分析框架，结合绿色技术研发-成果转化效率矩阵，本书以全国各阶段平均值为高低划分标准，将全国两阶段效率矩阵划分为四种不同的区域（见图5-16和表5-22）。可以发现：在2002~2015年，中国工业技术创新效率总体处于C区域，即高研发高转化区域。从国家层面来看，我国技术研发效率和成果转化效率具有一定优势，结果表明国家实行创新驱动战略和走新工业化道路整体效果良好，但深入分析发现，2002~2015年，全国大多数年份技术研发效率和成果转化效率在0.5~0.6范围内波动，技术研发和成果转化仍有很大的提升空间。

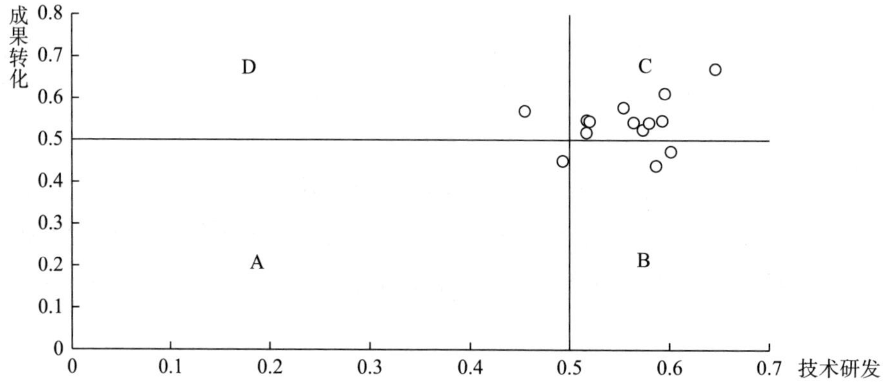

图 5－16　2002～2015 年全国绿色技术研发－成果转化效率矩阵

表 5－22　2002～2015 年全国绿色技术研发－成果转化效率数值

	2002 年	2003 年	2004 年	2005 年	2006 年	2007 年	2008 年
技术研发	0. 517	0. 573	0. 455	0. 517	0. 564	0. 646	0. 520
成果转化	0. 518	0. 525	0. 569	0. 548	0. 542	0. 671	0. 545
所处区域	C	C	D	C	C	C	C
	2009 年	2010 年	2011 年	2012 年	2013 年	2014 年	2015 年
技术研发	0. 579	0. 593	0. 493	0. 586	0. 554	0. 595	0. 601
成果转化	0. 541	0. 546	0. 450	0. 439	0. 578	0. 612	0. 473
所处区域	C	C	A	B	C	C	B

（2）地带性层面技术进步产业图谱。工业绿色技术研发和成果转化效率呈现区域差异性，基于创新价值链的视角，探寻三大地带工业创新价值链图谱（见图 5－17 和表 5－23）。可以发现：在 2002～2015 年，三大地带绿色技术研发和成果转化效率呈现显著的差异性，东部地区大多数年份处于 B 区域，表明技术研发效率较高，但绿色成果转化效率较低；中部地区大多数年份处于 D 区域，表明中部地区技术研发效率较低，但绿色成果转化效率较高；西部地区大多数年份处于 C 区域，表明西部地区技术研发和成果转化效率都处于相对较高的水平。尽管东部地区具有显著的资金和人才优势，但西部地区以更少的投入获得了科研专利，从而转化为期望产出和非期望产出，基于投入和产出的角度，西部地区绿色技术创新更为有效。制约东部地区绿

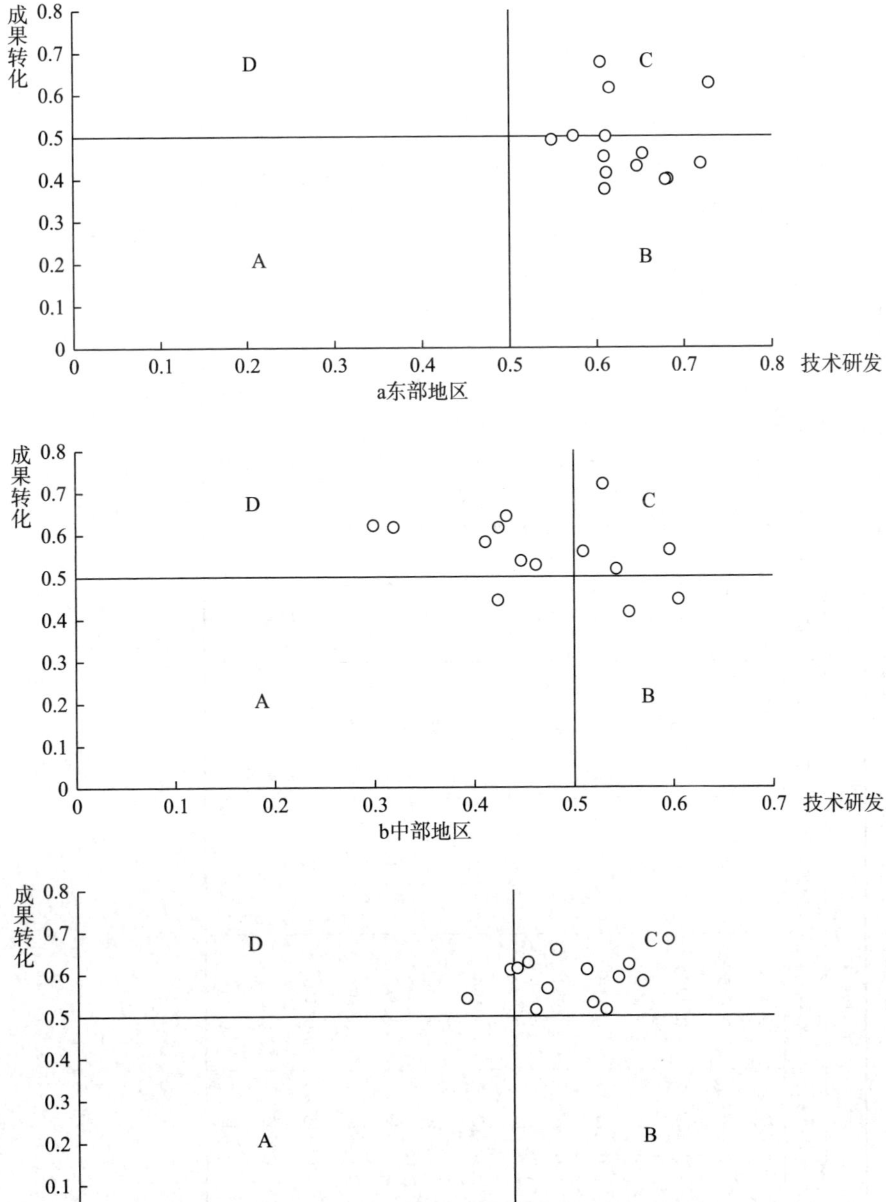

图 5-17　2002~2015 年三大地带绿色技术研发-成果转化效率矩阵

表 5-23 2002~2015 年三大地带绿色技术研发-成果转化效率数值

年份	东部地区			中部地区			西部地区		
	技术研发	成果转化	所处区域	技术研发	成果转化	所处区域	技术研发	成果转化	所处区域
2002	0.646	0.426	B	0.299	0.617	D	0.606	0.511	C
2003	0.652	0.455	B	0.447	0.533	B	0.620	0.587	C
2004	0.549	0.488	B	0.320	0.613	D	0.496	0.606	D
2005	0.574	0.497	B	0.462	0.524	D	0.517	0.622	C
2006	0.611	0.410	B	0.432	0.638	D	0.649	0.578	C
2007	0.729	0.621	C	0.529	0.714	C	0.678	0.676	C
2008	0.611	0.496	B	0.411	0.578	D	0.539	0.561	C
2009	0.681	0.396	B	0.425	0.611	D	0.632	0.617	C
2010	0.720	0.432	B	0.509	0.555	C	0.549	0.652	C
2011	0.609	0.372	B	0.424	0.441	A	0.447	0.538	D
2012	0.679	0.394	B	0.555	0.413	B	0.526	0.511	C
2013	0.615	0.610	C	0.542	0.514	C	0.505	0.609	C
2014	0.605	0.671	C	0.596	0.559	C	0.584	0.606	C
2015	0.608	0.448	B	0.605	0.443	B	0.591	0.528	C

色技术创新发展的主要因素是绿色成果转化水平不高，这也是东部地区工业实现绿色发展的突破口，即注重科研成果的经济效益和环境效益。制约中部地区工业绿色技术创新发展的主要因素为技术研发效率较低，中部地区人力资本占据优势，但深入分析发现，高素质的科研人员仍远远落后于东部地区，在一定程度上表明科研投入转化为中间产出的能力较低。制约西部地区工业绿色技术创新发展的是工业发展总体水平不高，尽管西部地区多数年份处于高研发和高转化区域，但结合实际可以发现，西部地区的工业发展情况仍落后于东部和中部地区，西部地区工业绿色技术创新效率处于低水平高效率状态，因此，从总量上着手是实现西部地区工业绿色发展的有效途径。

（3）城市层面技术进步产业图谱。以 23 个生态文明示范城市为例，基于创新价值链的视角，探寻生态文明示范城市工业创新价值链图谱（见图 5－18 和表 5－24）。可以发现：2013～2015 年，大多数生态文明示范城市处于 A 类区域，表明大多数生态文明示范城市技术研发效率和成果转化效率较低。经济规模较大的城市如郑州市、杭州市等，其实现工业绿色技术创新发展的突破口在于提高成果转化能力，实现创新发展的经济效益和环境效益。旅游型城市如黄山市、丽水市等，尽管工业发展比重较低，但工业绿色发展有利于旅游型城市多元化发展，旅游型城市实现工业绿色技术创新发展的关键在于兼顾技术研发效率和成果转化效率，并不单纯追求总量的提升。资源消耗型城市如鄂尔多斯市、巴彦淖尔市等，工业绿色技术创新的关键在于提

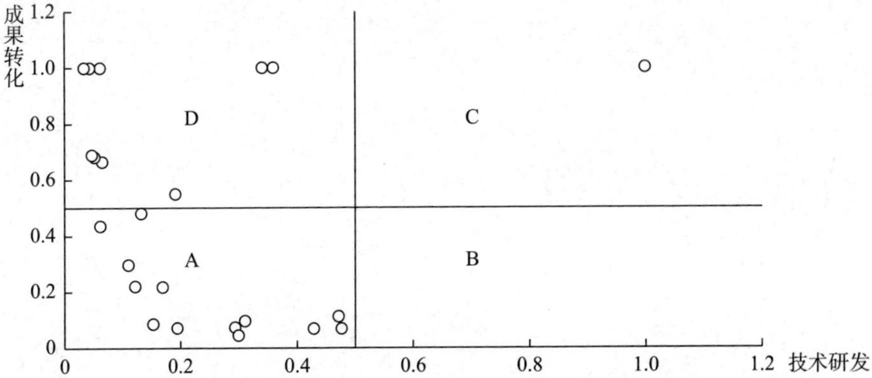

图 5－18　2013～2015 年生态文明示范城市绿色技术研发－成果转化效率矩阵

升技术研发效率，工业科研配套设施的完善及高端人才的引进也显得尤为重要。

表 5－24　2013～2015 年生态文明示范城市绿色技术研发－成果转化效率数值

城市	技术研发	成果转化	所处区域	城市	技术研发	成果转化	所处区域
伊春市	0.475	0.068	A	十堰市	0.123	0.220	A
成都市	1.000	1.000	C	四平市	0.066	0.664	D
承德市	0.052	0.682	D	雅安市	0.311	0.096	A
定西市	0.429	0.071	A	延安市	0.062	0.436	A
鄂尔多斯市	0.034	1.000	D	巴彦淖尔市	0.047	0.686	D
杭州市	0.359	1.000	D	宜昌市	0.132	0.480	A
黄山市	0.294	0.075	A	玉林市	0.470	0.115	A
丽水市	0.195	0.071	A	张家口市	0.110	0.298	A
临沂市	0.061	1.000	D	镇江市	0.192	0.549	D
梅州市	0.300	0.046	A	郑州市	0.342	1.000	D
南阳市	0.169	0.217	A	淄博市	0.044	1.000	D
韶关市	0.153	0.088	A				

第6章 中国绿色发展的经验借鉴与区域实现路径

6.1 国外绿色发展典型国家的经验总结

6.1.1 美国实施“绿色能源”模式

（1）美国实施“绿色能源”的背景。美国由于自然资源储量十分丰富，经济规模十分庞大，且一直以来其本国的资源消费观相对于欧洲及日本等国都较为粗放，因此，美国既是世界上最大的能源生产国，又是最大的能源消费国和能源进口国。美国各类一次能源消费均为全球第一的水平，结合图6-1可以发现，美国各类一次能源的消费量，特别是石油、天然气和煤炭消

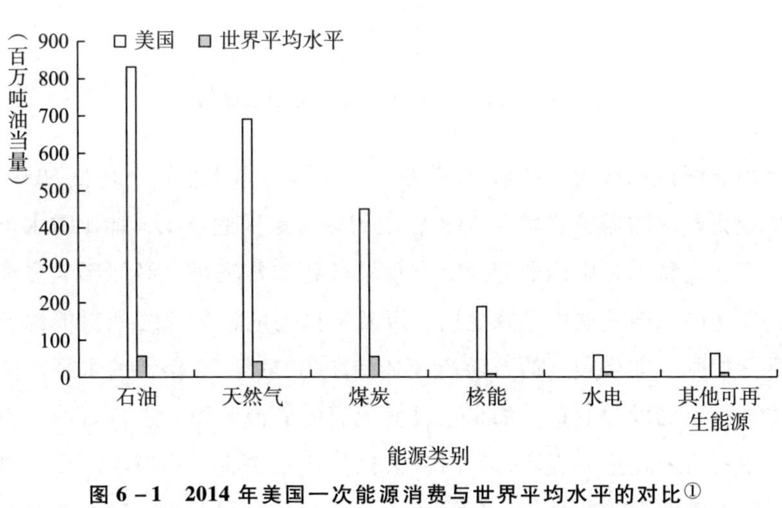

图6-1 2014年美国一次能源消费与世界平均水平的对比①

① 《BP世界能源统计年鉴2015》。

费量均远超世界平均水平。结合图 6－2 可以发现，美国的能源消费结构中，石油、天然气、煤炭等这类高碳、高污染的不可再生能源占有很大的比重，而核能、水电及其他可再生能源只占大约 13.7% 的比重。同时，根据美国能源信息署（EIA）的有关统计数据，美国 2014 年原油进口量达 36540 万吨，占全球原油进口量的 19%，2015 年达到 36600 万吨，占全球原油进口量的 19.2%，毫无疑问，美国是世界上的原油进口巨头。

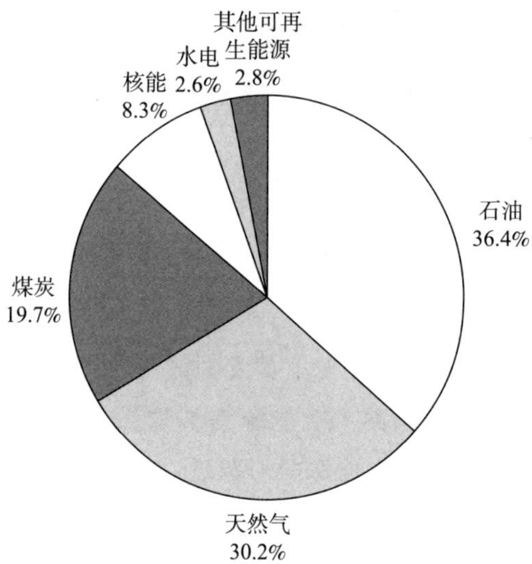

图 6－2　2014 年美国一次能源消费结构①

美国能源机构认为，今后 10 年内，全球能源需求估计会增长 50% 以上，其中工业化国家的需求将增长 23%，发展中国家因起点低，能源需求量将增长一倍以上，特别是中国的能源需求量增长将非常突出，必然影响全球能源市场；发达国家与发展中国家之间，以及美国与欧洲国家之间对能源资源的争夺可能加剧。如果美国的石油产量维持在 20 世纪 90 年代的水平，美国将面临更加严重的能源危机。如果不改变现有的能源政策，进口石油在石油消费总量中所占的比重将提高，同时，天然气产量也将供不应求。根据对世界和本国未来能源形势的分析，美国认为其在有效利用能源、建设能源基础设

① 《BP 世界能源统计年鉴 2015》。

施和增加能源供应及保护环境三方面面临严峻的挑战。美国新能源政策报告强调，美国的能源形势非常严峻，因此必须谋求美国能源的独立自主。

美国认为信息革命之后的又一轮的技术储备主要有两个方向：一个是生物技术；一个是绿色能源技术。而绿色能源技术的突破必将是美国从发展中国家提款的一张“王牌”，也是美国引领世界发展的关键所在，而新能源的开发成为其新一轮“绿色新政”的核心。

（2）美国实现“绿色能源”的途径。

①减少对石油的依赖。1973 年石油危机后，各届政府虽誓言降低对海外的依赖，但进口依存度却由 33% 增至 60%。因此，美国绿色能源发展计划要大力减少经济社会发展对石油的依赖，到 2030 年将石油消费量降低一半，或者至少减少 35%，从而每年节省因进口石油而支付的数千亿美元；帮助汽车产业转型；给每位纳税人紧急退税 1000 美元，以弥补国民因油价上涨造成的损失。

②支持新能源发展。2015 年，美国提出未来 10 年投资 1500 亿美元建立“清洁能源研发基金”，用于太阳能、风能、生物燃料和其他清洁可替代能源项目的研发和推广，为使用此类能源的企业提供 250 亿到 450 亿美元的税收优惠，这有助于增加 500 万个就业岗位；未来 30 年内增加可再生能源产量一倍。

③发展能效技术。一是提高燃料使用效率。未来 18 年（以 2015 年为基期），燃料利用效率至少要提高一倍。二是提高汽车能效。动用 40 亿美元政府资金，支持汽车制造商重组和改造，引进新材料、新引擎、新技术，生产更节能更高效的混合动力车。三是提高建筑物能效。未来 3 年内（以 2015 年为基期）将对大部分联邦政府建筑进行改造，未来 10 年内（以 2015 年为基期）将现有建筑物能效提高 25%，到 2030 年提高 50%。面对世界能源危机和气候变化，推动“新能源计划”将成为美国政府摆脱经济衰退、抢占新能源技术和政策制高点的重要途径。

④构建全世界最大的统一智能电网体系。以智能电网和超导电网为基础，跨越美国四大密集区，接入包括风能、潮汐能、地热能、太阳能在内的各种各样的新能源，并通过双向调控用户端的需求，达到信息共享、智能调度的目的。目前，美国科罗拉多州的波尔得已经成为全美第一个智能电网试

点城市，美国多个州已经开始设计智能电网系统，GE、IBM、西门子、谷歌、英特尔等信息产业龙头都已经投入智能电网业务，其中谷歌已宣布开始与太平洋煤气电力公司的测试合作①。

⑤通过新能源产业发展解决失业问题。新能源发展战略是解决美国金融危机以来产业空心化的重要举措，通过新能源产业的发展，可以解决金融危机后的失业问题。此次美国绿色能源计划提出，要以创新来建设新能源制造产业集群，为美国经济重塑新的增长点。原美国总统奥巴马的首席经济顾问萨默斯也曾提出美国经济增长模式的四个转向，首要一点就是要变依赖消费为依赖出口，而主要的出口来源在于高科技产品的制造，金融危机让人们认清了经济过度脱离制造业实体的危险。现在，美国正在从金融危机中汲取教训，大力发展实体产业，特别是诸如新能源等绿色产业，为美国经济增长找到新的驱动力。

通过对美国绿色能源行动计划的分析可知，美国实施这一战略的根本目的就是在能源危机和气候变化的关键时刻，化解现有能源危机，振兴美国经济。绿色能源行动计划实施后，美国在新能源方面的投入将超过过去所有时期的投入，其能源政策的短期目标是利用建立新的经济增长点和发展实业扩大就业，来解决国内的重重矛盾，拉动经济复苏；长期目标是使美国摆脱对外国石油的依赖，在新能源领域占领制高点，让美国继续领跑世界经济。

6.1.2 韩国实施“绿色增长战略”

（1）韩国“绿色增长战略”的实施背景。韩国是东北亚地区新兴的发达经济体，由于经济增长速度较快、经济规模不断扩大，韩国对资源的消耗量十分巨大。英国石油公司（BP）的统计数据显示，韩国目前已成为世界第九大能源消耗国，1965～2011年，韩国一次能源消费从6.4百万吨油当量增加到263百万吨油当量，每天石油使用量从25千桶增加到2397千桶，二氧化碳的排放量从23.6百万吨增加到738.1百万吨。从能源消费结构上来看，韩国的一次能源消费以石油和煤炭等传统不可再生矿产资源为主，而水

① 覃一宁：《美国发展新能源的政策思路、技术路径分析及对中国的借鉴启示》，http://www.docin.com/p-95540417.html。

电和其他可再生的清洁能源消费量占比不到1%（见图6－3），这样也导致韩国的碳排放量增长速度非常快。由于韩国本土自然资源储量较为匮乏，且其国土面积狭小、水力资源短缺，不便于大规模开发核能、水电等可再生清洁能源，加之韩国的产业结构是建立在对传统化石能源的利用基础之上的，韩国对于能源的消费极为依赖石油、天然气、煤炭等能源的进口。根据BP的统计数据，韩国能源进口的规模已经超过了1400亿美元，这样导致其能源安全性非常脆弱。同时，自20世纪90年代后期亚洲经济危机以来，韩国经济发展开始出现增速放缓，更加令人忧虑的是，韩国的经济发展并没有带来就业的增长。

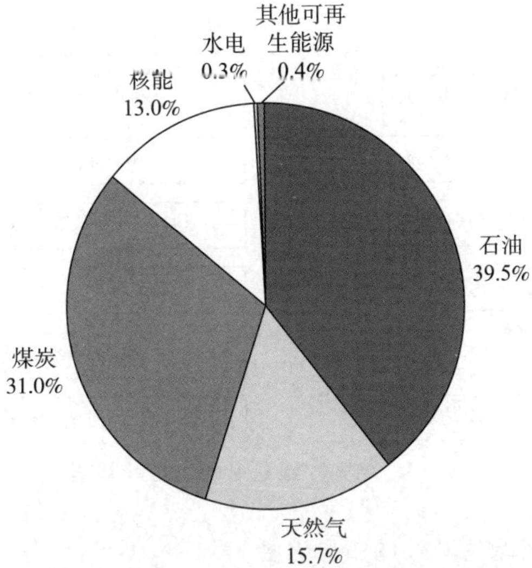

图6－3　2014年韩国一次能源消费结构①

基于上述的几点原因，在纪念韩国光复63周年和韩国建国60周年的大会讲演中，时任韩国总统李明博提出了“低碳绿色增长”的经济振兴战略，指明要依靠发展绿色环保技术和可再生能源，实现节能减排、增加就业、创造经济发展新动力三大目标。“绿色增长战略”被时任韩国总统李明博称为继韩国20世纪70年代后“汉江奇迹”之后又一次创造奇迹的未来战略，并

① 《BP世界能源统计年鉴2015》。

被称为“韩国未来发展的基轴”。2009 年 7 月，韩国政府公布了《绿色增长国家战略及五年计划》，韩国“绿色增长战略”明确指出只有不断实施大力发展绿色产业、积极应对气候变化、强化能源自立等战略，走绿色增长的发展道路，才能在国际竞争中最终胜出（见图 6 – 4）。

图 6 – 4　韩国“绿色增长战略”框架①

（2）韩国实现绿色增长的主要途径。

①推行组织机构建设，强化领导和管理。为推进绿色增长计划，韩国政府专门成立了推进和落实“绿色增长战略”的组织机构，即直属总统的“绿色增长委员会”，由其统率相关事项。绿色增长委员会牵头制定了《绿色增长国家战略及五年计划》，不定期召开绿色增长委员会会议，并在会上发布相关报告。2010 年 4 月《低碳绿色增长基本法》生效后，韩国环境部新设了“温室气体综合信息中心”，主要负责推行每年减少能源消耗量的有关计划。

① 杨朝飞、里杰兰德主编《中国绿色经济发展的机制与政策创新研究》，中国环境科学出版社，2012。

民间各界人士则成立了“绿色增长总协作团体”，下设 5 个分团体：产业协商体、金融协商体、科研协商体、消费市民协商体和地方政府协商体。

②制定绿色战略规划，确定战略的发展路径与重点领域。2009 年，韩国政府公布了《新增长动力规划及发展战略》，将绿色技术产业列为重点发展的三大领域之一，并为 17 个新增长动力中与绿色技术相关的 6 个设计了具体的推进措施，这 6 个绿色技术产业包括可再生能源、低碳能源、LED 应用、高质量水处理、绿色交通系统和高科技绿色城市。同年，韩国政府又公布了由政府以及三星、现代汽车等 73 家韩国大、中、小企业共同参与研发制定的《绿色能源技术开发战略路线图》。该文件以需求者为中心，基于国内企业的投资方向，划分出 15 个未来需要重点发展的朝阳产业，分别是太阳能、风力、氢燃料电池、IGCC（整体煤气化联合循环）、原子能、清洁燃料、CCS（二氧化碳的捕捉和储存）、电力 IT、能源储存、小型热电联供、热泵、超导、车载蓄电池、能源建筑、LED 照明。

③鼓励和吸引民间资本参与，推动产业结构调整与企业转型。为了有效实施“绿色增长战略”，韩国政府鼓励中小企业与大企业建立绿色伙伴关系，推进大企业的绿色转型和规模化，以打造“绿色王国”。同时，政府不断加强现有主力产业的绿色技术改造，积极培养资源循环型新兴绿色产业，发展尖端技术交叉融合型产业，培养医疗、教育等高附加值服务产业，改变能源依赖型的产业结构。这些产业集中于知识、绿色和高附加值领域，未来将取代半导体、造船和汽车等产业的主导地位。

④促进财税、金融等领域的创新，加大对绿色产业的投入。韩国政府积极为绿色中小企业建立资金“输血”管道，如设立 1.1 万亿韩元的绿色中小企业专用基金，并以产业银行为主成立规模为 3000 亿韩元的研发及产业化专项支援基金，对绿色存款免征利息所得税，并发行 3 年期或 5 年期的绿色债券，对投资绿色产业比例超过 60% 的基金给予分红所得收入免税等税制优惠。对于节能领域企业，政府加大融资力度。此外，韩国政府还力图通过金融市场创新促进绿色产业发展，并将绿色金融划为高附加值服务业进行重点扶持，借以为绿色技术产业的发展提供服务保障，包括：设立碳排放权交易所；使绿色产业专用基金制度化；开发绿色产业股价指数和帮助绿色公募基

金成长；开发绿色股份专用交易市场；等等。

⑤实施标识警告制度，规制能耗产品的使用与排放。为促进节能减排，韩国政府推行了待机能耗警告标识制度，要求在电视机、电脑、显示器、打印机、多功能一体机、机顶盒、微波炉 7 类产品中，对待机能耗超标的型号要强制加贴“警告”标志。同时，韩国实施“燃料消耗率与二氧化碳排放量”注明制度，标识对象从交通用车扩大到新款冰箱、空调、洗衣机、照明产品等 17 类家用电器。

⑥出台国家温室气体减排规划，明确绿色战略的目标与抓手。韩国知识经济部于 2009 年 11 月 5 日在第六次总统直属绿色增长委员会会议上发布了国家温室气体减排规划。规划实施的主要措施包括四点。一是实施《能源使用量目标管理制》。政府要求高耗能企业和大型建筑物应通过与政府部门协商的方式制定能源使用量目标，并按目标履行情况，享受优惠或接受罚款。二是提高核电比重。韩国政府将修改《发电机周边地图支援法》，提高核电在能源消费中的比例。三是推广可再生能源。政府修改《可再生能源开发、利用、普及促进法》，将“可再生能源电力强制收购电价补助制”转为“可再生能源配额制”，并实施可再生燃料标准（RFS）制度。四是建设智能电网。韩国将引进智能电网产品认证制度，并通过济州岛智能电网示范园挖掘商务模式。

到 2009 年，韩国还提出了更为完善的绿色发展的“3G”战略，主要包括绿色创新、绿色结构调整、绿色价值链[①]，这一战略让绿色经济的内涵涉及经济的四个环节、宏微观的多个方面（见表 6 - 1）。

表 6 - 1　韩国的绿色“3G”战略

战略	内容
绿色创新	研发一些新的技术，创造出更多的环保型材料，并且在交通设施上研发出更多的混合型引擎
	研发出更多的可再生的以及可替代的能源
	确定全球 IT 以及 IT 产品国家方面的标准

① 杨朝飞、里杰兰德主编《中国绿色经济发展的机制与政策创新研究》，中国环境科学出版社，2012。

续表

战略	内容
绿色结构调整	将高耗能产业转型为低碳产业
	引进低碳的知识型经济
	创造一个新的环境友好型市场
	通过 IT、生物科技、纳米科技的组合把现有的产业变成绿色产业
绿色价值链	把绿色价值带入工业行业当中，要建立绿色标准
	在绿色产业链当中充分地利用 IT 技术
生态里程项目	目标是改变公民的生活方式，要采取鼓励政策，让他们自愿加入项目

6.1.3　印度实施“八大计划”

（1）印度实施“八大计划”的背景。印度属于典型的发展中国家。近十几年来，印度的国家工业化进程不断推进，制造业发展迅速，人民的收入水平也不断提高。但是，与工业化进程特别是重工业化进程伴随而来的是大规模的环境污染物的排放。过量的工业废气、工业废水、固体垃圾等污染物的排放导致环境公害事件频发，空气质量状况也十分堪忧。印度各主要城市空气污染指数值几乎全部超过了中度污染级别，其余不少地区甚至超过了重度污染级别。同时，由于工业规模的不断扩大，人们生活需求的不断提高，以及城市化建设、基础设施建设的推进，印度对于高碳能源的消费不断增长，印度温室气体排放量大幅度增加（见图6－5）。自2013年以来，印度已经成为世界第四大温室气体排放国。由于人口基数较大，加之近年来印度政府对于人口的增长没有实施有效的控制，印度人口总量激增。印度近十几年来人口增长十分迅速，截至2015年已逼近13亿大关，据估计在7～10年后印度人口将超过中国成为世界第一人口大国（见图6－6）。人口的过快增长带来资源消耗过快，同时也是环境公害事件频发的诱因之一，这已经对资源环境承载力构成了严重挑战。综上所述，印度在资源、环境、人口等方面面临多重压力，如不及早改变现状，印度的发展也将陷入困境。

基于上述背景，印度政府成立了由总理任主席，内阁部长、气候变化专家、工业界和民间学术团体人员为主要成员的总理气候变化委员会，以更好

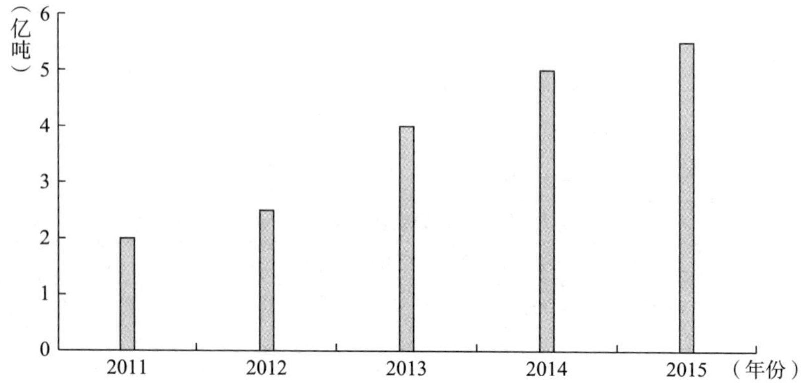

图 6－5　印度 2011～2015 年二氧化碳排放年均增量①

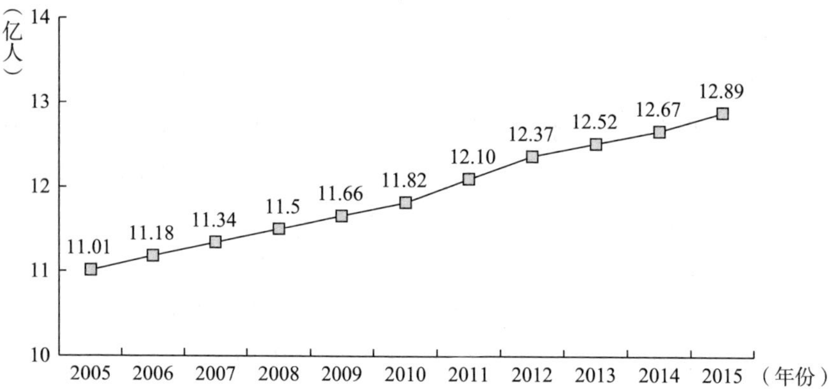

图 6－6　印度 2005～2015 年人口变化②

地促进印度经济向低碳方向转型。印度政府主张在发展优先的前提下，采取积极措施，努力降低温室气体排放。为有效推进这一发展转型，印度政府根据印度经济社会发展的实际情况，由总理气候变化委员会责成有关部门制定了国家行动计划以应对气候变化，其主要包括八大方面，简称“八大计划”。

（2）印度实现“八大计划”的主要途径。

①实施新能源发展战略，大力发展太阳能。2008 年印度召开的第十一届新能源和可再生能源五年计划会议确立了新能源发展战略的基本目标、新能

① 作者根据网络数据整理而得。

② 根据 2013 年印度人口普查数据及 2014、2015 年印度人口增长率数据整理而得。

源激励政策、新能源管理部门、新能源技术开发政策、新能源国际合作与国家安全等方面的内容。根据会议精神，印度政府已经将发展太阳能产业作为其应对气候变化政策的一个中心，同时公布了太阳能发展计划。为更好地推进新能源发展战略，印度计划由国家投资150亿美元，建立国家能源基金来资助新能源技术开发，包括太阳能技术、生物燃料技术、生物柴油、生物乙醇、生物质材种植技术、核能综合利用技术、混合燃料汽车技术、高能电池技术等。

②推动企业节能，实施提高能源使用效率计划。工业是印度最大的能源消耗部门。由于政府近年来的政策引导，企业积极地参与能源技术改造，印度的重化工企业的能源效率得到了极大提升，部分行业已接近世界领先水平。因此，为了提高工业行业的能源使用效率，印度提出了提高能源使用效率行动计划。该计划指出，将通过三个途径实现工业节能：一是行业节能技术改造与升级；二是行业企业管理技术的提高；三是转变燃料使用类型，由使用煤炭变为使用天然气，提高能源使用效率。行动计划同时提出，要通过建立市场机制、制定优惠政策等措施，引导工业发展低碳经济。为了使计划得到有效实施，政府制定了配套的控制政策。例如，政府对电厂、铝、水泥、钢铁等高耗能产业单位实行强制能源审计政策，要求这些单位每年汇报能耗数据。同时，政府还推行了节能证政策，规定能源使用效率高于标准的企业将在能源审计后获得节能证，该证可以向任何行业部门出售，未达标企业须整改或购买节能证，否则将处以高额的罚金。

③注重生活节能，推行可持续生活环境计划。这一计划主要目的在于建设人类可持续住所，旨在通过提高建筑物能源利用效率、加强废物管理以及转变公共交通方式，建立可持续的生活环境，实现节能减排。计划包括四部分内容：民用和商业建筑节能、城市固体废物管理、优化城市管理、发展大规模公共交通运输。

④注重水资源的利用，实施水资源计划。印度水资源十分短缺，加之印度人口数量庞大，其年人均水资源只有1000m^3，相当于其他多数国家的10%～20%。受气候变化的影响，印度水资源短缺问题将更为严峻。为此，印度十分重视水资源利用问题，提出了水资源计划，其总目标是通过水资源综合管理，保护水资源，最大限度地减少浪费，确保水资源在各邦均衡分

配。主要措施：实行差别水价和差别授权管理机制，优化水资源利用率，将其提高 20%；提高城市用水循环利用的比例；在沿海缺水地区，推广低温海水淡化技术，保证淡水供应；修改现有的国家水资源政策，在水资源短缺情况下，保证流域内不同地区水资源的均衡分配；加强地上与地下水资源的储存，发展雨水截蓄技术和设备；在农业灌溉上，制定新的价格激励体系，提高现有灌溉系统的效率，大力发展喷灌、滴灌、沟灌等节水灌溉技术。

⑤重视生态环境建设，实施喜马拉雅生态系统保护计划。喜马拉雅生态系统的稳定性，对印度全国地理环境的影响很大。喜马拉雅冰川退化将使恒河水量大大减少，影响恒河平原近 5 亿人的生活和农业灌溉用水。因此，印度政府十分重视喜马拉雅山的生态环境保护，提出了喜马拉雅山生态系统保护计划。该计划的主要内容包括：观察、检测喜马拉雅冰川是否退缩以及退缩程度，提出应对措施；与周边国家合作，建立喜马拉雅环境检测网络，对喜马拉雅淡水资源以及生态系统进行评估；以社区管理为基础，制定政策激励机制；为减少水土流失，防止土地退化，确保生态环境的稳定；在喜马拉雅山区，森林覆盖率要达到 2/3。

⑥大力推行植树造林，实施绿色印度计划。除了在经济上改变能源消费结构，从源头上减少碳排放量，印度非常重视森林在吸收 CO_2 方面的作用。因此，印度政府提出了绿色印度计划，其总体目标是增强森林的生态服务功能，发挥森林的“碳汇”作用。计划内容包括两部分。第一，增加森林面积和提高林分密度。这一部分工作主要由印度环境与林业部负责实施，计划总投资 600 亿卢比，其目的是将印度的森林覆盖率提高 10 个百分点，即由目前的 23% 提高到 33%。第二，提高森林系统的生物多样性。该部分内容包括：对濒危动植物遗传资源实行原位和非原位保护；在国家、县和当地农村三个层面，开展生物多样性注册，建立遗传多样性和传统知识档案；在野生动植物保护区严格执行《野生动植物保护法》；严格执行《国家生物多样性保护法》。

⑦重视农业发展，大力实施可持续农业战略。印度是世界上第二人口大国，农业对于印度的发展尤为重要。随着全球气候变化以及印度自身经济社会的发展，其农业发展面临水土资源减少、环境污染问题突出、生态承载力

下降等一系列问题。为此，印度政府十分关注农业的发展，并出台了一系列支持农业发展的政策，加快实施农业可持续发展计划。该计划的主要内容包括：加快推进旱地农业的研究和发展，推进农业灾害管理系统建设，加强信息技术、生物技术和其他新技术在农业生产中的应用等。与此同时，印度政府还出台各种政策，鼓励开发新的农产品，进行新的农作物播种方式的改革。

⑧密切关注气候变化，实施气候变化战略研究计划。IPCC 第四份报告指出，由于印度所处的热带和亚热带地区更为脆弱，气候变化可能改变印度自然资源的布局和质量。因此，印度政府高度重视气候变化的研究，提出了气候变化战略研究计划。其目的在于建立一个开放的平台，开展气候变化挑战以及应对措施战略研究。为有效推动这一计划开展，印度政府专门开辟了有关气候变化的高质量的专题研究，并进行重点资助。与此同时，印度政府还支持成立了专门的气候变化部门和相关的专业部门，负责对气候变化的研究结果进行传播。

6.2　国内绿色发展典型省份的经验借鉴

6.2.1　贵州省绿色发展的 SWOT 分析与经验总结

（1）贵州省绿色发展现状的 SWOT 分析。

①优势条件。贵州省由于自身的自然条件，在推进绿色发展方面具有很多得天独厚的优势，如自然资源储量丰富、地理与交通优势。同时，由于贵州省是第一批国家级生态文明示范省，在政策上获得了许多倾斜和支持（见表 6 - 2）。

表 6 - 2　贵州省绿色发展优势条件

优势条件		具体说明
自然资源总量丰富	水资源较丰富	贵州省位于长江和珠江两大水系上游的交错地带，长江流域面积达 115747 平方公里，占全省的 66.1%；珠江流域面积达 60420 平方公里，占全省的 35%；河流众多，年径流量达 1145.2 亿立方米；水能资源达 1874.5 万千瓦，居全国第六

续表

优势条件		具体说明
自然资源总量丰富	物种资源丰富	贵州省野生动物资源达1000余种，其中国家一级保护动物有14种，占全国同类物种的13%，二级保护动物69种，占全国同类物种的25.7%；森林覆盖率达48%，一级保护植物4种，二级保护植物39种；药用植物资源达3700余种，占全国同类资源的80%；工业用植物达600余种，食用植物达500余种，园林观赏植物达200余种；具有抗污染能力的环保植物达40余种
	旅游资源丰富	境内有闻名世界的黄果树大瀑布、龙宫、织金洞、马岭河峡谷等国家级风景名胜区，铜仁梵净山、茂兰喀斯特森林、赤水桫椤、威宁草海等国家级自然保护区；红色旅游资源丰富，有以遵义会址、乌江天险遗址、红军四渡赤水遗迹、娄山关战役遗址为代表的举世闻名的红军长征文化；拥有少数民族48个，少数民族居住数居全国第三位；冬无严寒、夏无酷暑，气候宜人，2006年被评为“避暑之都”
	矿产资源丰富	贵州有“沉积岩王国”之称，全省发现各类矿产136种，有资源储量的达86种；已查明矿产地3115处，其中能源矿产800处，金属矿产1091处，非金属矿产1224处
地区与交通优势		贵州位于大西南中部，周边省、市、区人口稠密、经济发展快、旅游消费能力强；贵州位于九寨沟、桂林、石林、三峡景区的中心区，有利于加强横向联合，建立高端旅游网络系统；贵广高铁、沪昆高铁、乌江航道、9市州机场“干支互补”
政策优势	国家层面	贵州省是继福建省之后第二个被纳入“生态文明示范先行省”的省份
	地方层面	2009年，《贵阳市促进生态文明建设条例》出台；2011年10月，《贵州省赤水河流域保护条例》出台；2013年实施“5个100工程”等

②劣势条件。贵州省的自然条件具有“两面性”。例如，贵州省自然资源虽然总量丰富，但结构不合理；贵州省独有的喀斯特地貌使得贵州省的生态环境承载力较为薄弱，生态环境容易遭破坏且难以恢复；同时，由于其地处山区，贵州省整体的经济社会发展受到制约，经济社会整体发展水平在全国排名靠后（见表6-3）。

表6-3　贵州省绿色发展劣势条件

劣势条件	具体说明
自然资源虽然总量丰富，但结构不合理	贵州省石油和天然气资源较为贫乏；从矿产资源储量来看，贵州省锰矿、磷矿、铝土矿分别居全国第二位、第三位、第三位，但铁、铜、铅、锌等战略性矿产资源十分缺乏；贵州省可用于农业生产的土地资源不多，人均耕地面积远低于全国平均水平

续表

<table>
<tr><th colspan="2">劣势条件</th><th>具体说明</th></tr>
<tr><td rowspan="3">经济社会发展劣势</td><td>产业结构层次较低</td><td>贵州省产业仍以资源导向型的工业为主，现代服务业发展滞后，新兴产业发展相对落后</td></tr>
<tr><td>人口教育水平较低</td><td>贵州省由于地处山区，长期以来观念较为落后，不注重教育的发展</td></tr>
<tr><td>区域发展定位不明确</td><td>贵州区域发展定位不明确，导致城市化水平低，吸引外资及对外贸易量较少、科技创新能力差等</td></tr>
<tr><td colspan="2">生态环境承载力较差</td><td>贵州的喀斯特地貌发育十分典型，地表崎岖破碎，城市的发展受到地形的严重制约。由于土地质量差，承受自然灾害的能力低，快速的人口增长和大规模的开垦引起严重的水土流失，使得土地更贫瘠，土地单位产出量远低于全国平均水平，进而导致农业生产率低下，严重限制了农村劳动力向城市转移，在很大程度上影响贵州城市化进程。薄弱的生态环境在工业化的过程中易遭到破坏，破坏后修复也十分困难</td></tr>
</table>

③发展机遇。在当前经济新常态下，贵州省绿色发展面临巨大的机遇。第一，贵州省发展相对滞后，在新常态下将呈现后发优势，这有利于贵州省实现跨越式发展。第二，在全国经济结构重点调整的大背景下，中东部产业将呈现大规模空间转移，西部地区面临承接东部产业转移的重要机遇，如何完善自身基础设施，构建承接产业的良好环境，有针对性地吸纳有利于贵州发展的产业将成为一个重大的现实问题。第三，生态文明建设的重要性被提升到新的高度，贵州省作为长江、珠江上游的生态屏障在生态建设方面理应受到重视，可借机探索生态补偿机制，为贵州省发展输入新的血液。另外，经济结构转型与优化的战略方向不仅是科学驱动型，更是生态驱动型，由于贵州省拥有丰富的生态资源，在生态驱动型产业发展方面具有极大的潜力，这有利于贵州省自身造血能力的不断提升。

④发展威胁。贵州绿色发展面临的威胁最主要的是绿色发展的产业体系发展尚不成熟。第一，产业结构总体低端，转型升级压力大。2010～2014年贵州省三次产业结构中，第一产业的比重始终高于全国平均水平，第二产业占比虽然逐年上升但仍低于全国平均水平，第三产业占比有下降态势（见图6－7）。说明贵州省的产业结构仍有待进一步调整升级，特别是第二产业发展相对薄弱，与发达地区和全国平均水平相比较，贵州省的工业化进程较为落后。进一步来看，贵州工业结构矛盾突出，产业链短、产业幅窄。贵州现

有的优势产业为资源密集型产业。第二产业内部能矿产业比重比较大，加工工业、高技术产业比重较小。而且矿产资源利用方式粗放，产业链偏低端，技术落后，产业整合不足[①]。工业技术投资不足，技术创新能力弱，工业整体技术装备水平不高。贵州工业技术起点低，生态技术投入特别是研发投入有限，生态环保设备制造缺乏成套化、标准化、自动化和电子化的技术支撑，制约了贵州工业化与生态文明协调发展[②]。

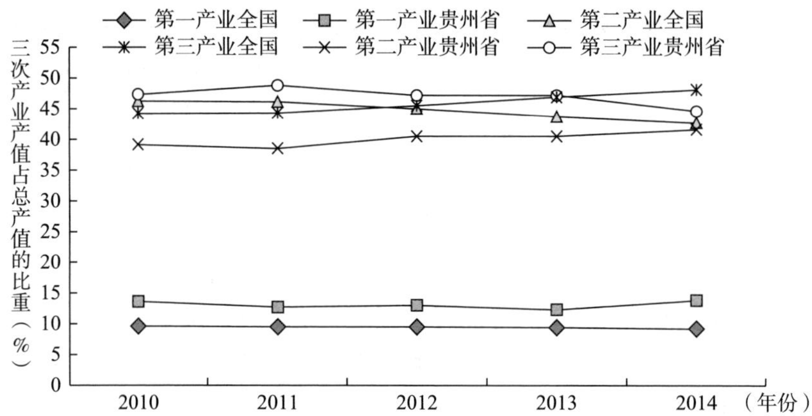

图 6-7　2010～2014 年贵州省三次产业结构与全国平均水平对比[③]

第二，战略性新兴产业总体规模较小、发展滞后。首先，新兴产业的企业主体创新能力不强、产业发展滞后。根据有关统计数据，截至 2014 年 6 月底，航空航天设备制造、电气机械、电子、仪器仪表行业企业数分别为 38 家、76 家、33 家和 8 家，合计占比仅为 4.4%。2013 年，航空航天设备制造、电气机械、电子、仪器仪表行业的户均主营业务收入、户均利税总额、户均利润等明显低于全省规模以上工业企业平均水平[④]。其次，贵州省企业自主创新能力不足，缺乏相关核心技术，使得本省企业总体处于产业链的下游。最后，贵州省产业布局较为分散，产业关联度和集中度低。未形成以骨

---

① 贵州省发展改革委：《贵州省“十二五”工业布局及重点产业发展专项规划》，https://wenku.baidu.com/view/3b69db41c77da26924c5b0a8.html。

② 潘家华、吴大华等：《生态引领 绿色赶超》，社会科学文献出版社，2015。

③ 《中国统计年鉴》，2011－2015 年。

④ 潘家华、吴大华等：《生态引领 绿色赶超》，社会科学文献出版社，2015。

干企业为核心，以配套企业为支撑的完整产业链和产业群，制约了高附加值、高技术含量产品的开发生产①。

第三，农业占总产值比重较大，但农业生产效率较低，现代农业体系尚未形成。一是受贵州自身的自然条件所限，可利用的优质农业土地资源较少。二是贵州省农业以粮食种植为主，经济作物种植数量较少，没有建立本省的特色农业。同时，农业科技转化为农业生产力的效率较低。据统计，贵州省农业科技对农业增长的贡献率在50%左右，低于我国发达地区10个百分点，更未达到发达国家水平（75%以上）。金融业对农业的支持力度有限，农业资金不足，加之农业人口素质较低，贵州省农业整体生产效率低下。三是农业的有关配套设施如大型农产品市场、现代物流中心的建设不足，农业的产业化水平低下。

第四，现代服务业发展十分滞后。一是现代服务业发展总量不足，对国民生产总值的贡献率与拉动率不高。贵州经济整体落后，造成生产性服务业总体有效需求和知识密集型生产性服务业有效需求不足，制约了生产性服务业整体发展和转型升级②。二是现代服务业层次较低。贵州省旅游资源丰富，但旅游资源并未得到充分利用，旅游配套服务、有关设施建设水平低；同时，在贵州省第三产业中，生产性服务业占有很大的比重，金融、保险、通信、物流等现代服务业的发展水平仍有待提高。三是贵州省服务业发展水平区域差距较大，例如贵阳、遵义、六盘水三市服务业增加值总和占全省服务业增加值的54.3%，超过其他地区总和，三市服务业增加值占GDP的比重分别为54.1%、44.3%和33.1%，且这一特征具有不断增强的趋势③。

⑤发展挑战。第一，生态环境面临较大压力。从贵州省绿色发展的劣势分析中可以看出，由于自身的自然条件，贵州省生态环境承载力十分脆弱，加之在开发过程中，环境保护意识不足，进行了过度开发，对生态环境系统造成了较大的负面影响，致使贵州省在生态环境方面面临了较大压力（见表6-4）。

---

① 贵州省人民政府：《贵州省“十二五”新兴产业发展规划》，http://www.kaili.gov.cn/wsfw/ggfw/zsyz/fzgh/201609/t20160926_1047233.html。

② 潘家华、吴大华等：《生态引领 绿色赶超》，社会科学文献出版社，2015。

③ 潘家华、吴大华等：《生态引领 绿色赶超》，社会科学文献出版社，2015。

表 6-4 贵州省生态环境困境

贵州省生态环境问题	具体情况
产业能源消耗过大，节能减排不到位	由于贵州省工业以资源密集型为主，对能源的消耗强度较大，尽管近年来其能源消费强度呈现下降的趋势，但与全国的平均水平相比，其能源消费强度仍过高
石漠化程度深，水土流失严重	贵州省是全国石漠化面积最大的省份，石漠化地区面积占全省的 20%，加之受到人类活动的影响，导致农牧交错区草地退化、沙化和盐碱化
湿地资源萎缩，生态功能减退	不断推进的工业化、城镇化进程，加上不合理的开发，导致建设用地不断增加、湿地面积逐年减少；同时由于破坏性开发，湿地污染和退化严重，从而湿地生态功能整体下降
草地生态系统服务功能下降、经济效益低	长期的自然灾害与人类开发活动导致贵州省草地出现不同程度的退化，表现为草地植被群落出现逆向演替，毒杂草数量不断增加，土壤有机质下降，鼠虫害加重，草地生物多样性受到威胁。一些草场（如龙里草场）退化率已达 80% 以上*
生物多样性下降趋势持续	贵州省近年来森林植被遭到破坏，局地生态功能退化，陆生野生动植物栖息地分布破碎化程度加剧，生物物种资源流失严重。水体污染直接影响水生和河岸生物多样性及物种栖息地。生物物种的群落偏小且分布孤立，基因交流较少，遗传多样性未得到有效保护
污染物排放量较大，环境污染严重	城市及工业区的江段和内河污染较严重，乌江水体水质综合评价为中度污染，总磷、高锰酸盐指数、溶解氧排放超标。酸雨污染状况未得到有效遏制，全省开展酸雨监测的 11 个城市年均降水 pH 值范围为 5.80～7.80。其中，都匀、凯里、仁怀、兴义和贵阳 5 个城市不同程度出现过酸雨。大气污染防治工作还需加强，2013 年全省可吸入颗粒物年均浓度值平均水平为 0.078 毫克/米^3，比 2012 年上升 0.010 毫克/米^3

* 潘家华、吴大华等：《生态引领 绿色赶超》，社会科学文献出版社，2015。

第二，绿色发展意识和文化建设力度不够。一是由于贵州省教育水平较全国落后，因此，绿色发展理念在全省范围内的推广有一定的困难。二是在宣传方式方面，仍停留在较为呆板的宣传形式上，与公众预期的宣传方式存在差距。三是贵州省的文化产业建设处于起步阶段，大多数生态文化企业目前还停留在对文化产品进行外加工阶段，对文化价值的深入挖掘不够，绿色生态文化产业建设投入也不足。四是环境信息公开制度不完善，环境立法过程的公众参与未得到法律切实保障，公众参与环境立法缺乏程序性规定。环境行政参与制度立法缺乏系统性和可操作性。五是公众环保意识较低，参与环境管理的深度浅，基本上还停留在对环境污染、生态破坏做出反应的被动阶段，属事后参与。

（2）贵州省绿色发展的经验总结。基于绿色发展的基本省情，贵州省政府于2015年根据国务院《中共中央国务院关于加快推进生态文明建设的意见》的精神，提出了本省的绿色发展（生态文明建设）的实施意见，其主要要点如下。

①结合贵州省山地较多的特点，推进山地特色新型城市化建设和“美丽乡村”建设。第一，推进山地特色新型城镇化。贵州省将以构建科学合理的城镇布局为原则，培育壮大黔中城市群，提高贵阳市和贵安新区首位度，优化发展交通节点城市，促进大中小城市和小城镇协调发展。同时，开展安顺市、都匀市国家新型城镇化综合试点工作。强化城镇自然景观保护，保持特色风貌，注重城镇形态多样性，建设绿色生态城区。第二，实施“四在农家·美丽乡村”六项行动计划。推进乡镇一级的基础设施建设并强化农村环境集中连片整治。同时建设城镇保障性安居工程，改造农村危房，建设扶贫生态移民房，促进“三房融合”。突出地方和民族特色，保护好溪流、林草、山丘等生态细胞和民族村寨、传统村落等文化元素，传承好传统文化、耕读文明、田园生活。开展“百村示范、千村整治、万户提升”行动，打造100个省级综合示范村，建立一批多彩贵州、美丽乡村旅游品牌[①]。

②努力改变现有产业发展较为低端的现状，打造独具贵州特色的新型绿色产业体系。第一，发展新兴产业。一是发展大数据引领的电子信息产业、以健康为目标的医药养生产业、以绿色有机无公害为标准的现代山地特色高效农业、以民族和山地为特色的文化旅游业、以节能环保低碳为主导的新型建筑建材业五大新兴产业，形成绿色循环低碳新的经济增长点。二是利用“三线”企业的基础和条件促进高端装备制造向精密化、节约化和绿色化方向发展。发展金融、现代物流、研发设计、检验检测、节能环保等生产性服务业。三是以贵阳市、贵安新区为核心创建国家级大数据产业发展聚集区，支持中国电信、中国移动、中国联通三大运营商建立数据中心，建成中国数谷。支持富士康贵州第四代绿色产业园建设，支持贵安新区节能环保产业园和毕节新能源汽车国家级高新技术产业化基地建设。第二，传统产业生态

① 贵州省人民政府：《贵州省生态文明先行示范区建设实施方案》，http://www.ndrc.gov.cn/zcfb/zcfbtz/201408/t20140804_621182.html。

化。结合贵州本省特色产业，发展酒、烟、茶、药、食品等优势轻工业，深入打造白酒品牌，建设以仁怀市为核心的国家优质酱香型白酒产业带。优化“两烟”生产。大力实施茶产业提升三年行动计划，扩大茶业规模、提升茶叶质量和品牌影响力。建设中药材基地，培育大宗药材品种和中药材、名牌中成药骨干企业，建设中药材主产省和民族药业大省。以农产品资源为依托，发展比较优势突出的特色食品，建设绿色有机无公害农产品大省。推进煤电磷、煤电铝、煤电钢、煤电化等资源深加工产业一体化，实施煤炭液化、煤炭气化、煤焦化、煤焦油深加工、煤层气综合利用和煤制烯烃、煤制芳烃、煤制醇醚、煤制油等项目，支持水钢等传统企业转型升级。第三，加快生态文化旅游创新区建设。依托环境优美、气候宜人、文化多彩和风景名胜资源丰富的独特优势，发展生态文化旅游产业，打造国际山地旅游目的地。推动旅游业转型升级，不断创造新的旅游产品，形成全方位、宽领域、多层级的大旅游格局。深入推进100个旅游景区建设，努力打造一批高品位的生态文化度假旅游区和旅游综合体。大力发展现代交通、信息等旅游相关产业，积极发展健康养老、休闲娱乐等生活性服务业。第四，注重科技创新力对绿色产业发展的驱动作用。以中药民族药、矿产资源、生物资源、喀斯特地貌环境基准等为主题进行有关科技研发，同时充分发挥贵阳科技园、贵州科学城等平台的作用，打造产学研相结合的创新载体。第五，加快科技创新成果的转化与运用，改变贵州省科技成果转化效率较低的现状[①]。

③实行资源的绿色开发与利用，打造节能减排体系。第一，积极发展循环经济。推进煤矸石、磷石膏、赤泥等大宗固体废弃物综合利用，推动新型利废墙体材料等资源综合利用重点工程建设，构建再生资源回收—再制造（再生）产品循环链，加快园区（基地）循环化改造步伐。推广种养结合、农牧结合、林牧结合的农业循环经济典型模式。逐步改变农村居民的燃料结构，鼓励使用电能、太阳能、沼气等清洁能源。组织开展循环经济示范行动，推广循环经济先进技术。推动贵阳市国家资源综合利用“双百工程”示范基地、贵州大龙经济开发区国家园区循环化改造试点园区、茅台生态循环

① 贵州省人民政府：《贵州省生态文明先行示范区建设实施方案》，http://www.ndrc.gov.cn/zcfb/zcfbtz/201408/t20140804_621182.html。

经济产业示范区建设，支持六盘水市创建国家循环经济示范城市，支持铜仁市万山区创建国家“城市矿产”示范基地，支持毕节市、兴义市创建国家餐厨废弃物资源化利用和无害化处理试点城市。第二，大力推动节能减排。开展重点用能单位节能低碳行动，大力实施节能改造、节能技术产业化示范等重点工程。实施绿色建筑行动计划，从标准、设计、建设等方面大力推广可再生能源在建筑上的应用，鼓励建筑工业化等建设模式。大力发展新能源、清洁能源汽车产业。支持节能新技术（产品）研发、示范与推广，培育和规范节能产品（技术）市场。鼓励使用高效节能农业生产设备。强化结构、工程、管理减排，继续削减主要污染物排放总量。加快低碳城市、低碳小城镇、低碳社区、低碳产业园区的试点示范。第三，推动矿产的绿色开发。大力发展绿色矿业，推进绿色矿山建设，提高矿产资源开采回采率、选矿回收率和综合利用率，建立健全矿业绿色发展运行和管理机制。大力推进页岩气、煤层气的开发利用①。

④加大对典型生态环境问题治理力度。第一，构筑“两江”上游重要生态安全屏障。以乌蒙山—苗岭、大娄山—武陵山生态屏障，乌江、南北盘江及红水河、赤水河、清水江、都柳江、草海等河流生态带，及生态重点区域为骨架，以重要河流上游水源涵养—水土保持区、石漠化综合防治—水土保持区、生物多样性保护—水土保持区等生态功能区为支撑，实施“县乡村造林绿化”三年规划，加快推进“绿色贵州建设”三年行动计划。着力推进草海等湿地恢复保护，启动退耕还湿。探索建立国家公园建设体制，开展国家公园建设试点。实施生物多样性保护战略及行动计划，深入开展物种资源调查，建立生物物种名录。加强水生生物保护，开展重要水域增殖放流活动。加快推广赤水河流域 12 项生态文明改革经验，并在乌江、清水江、南北盘江及红水河等全省八大主要流域渐次复制展开。第二，全面推进污染防治。实施大气污染防治行动，以 PM10 污染防治为突破口，强化大气污染物协同控制。全面整治燃煤小锅炉，加强机动车尾气治理。实施重点区域、流域水环境综合整治，坚持在全省八大流域实行“河长制”。加大退化、污染、

① 贵州省人民政府：《贵州省生态文明先行示范区建设实施方案》，http://www.ndrc.gov.cn/zcfb/zcfbtz/201408/t20140804_621182.html。

损毁农田改良和修复力度，推广绿色生物防控技术和专业化统防统治，加强农业面源污染防治，加大种养业特别是规模化畜禽养殖污染防治力度，规范化肥、农药的使用。继续实施重金属污染防治重点工程，综合利用重金属废渣。开展矿山地质环境恢复和综合治理。实施环境污染治理设施建设三年行动计划。第三，加快推进石漠化治理。实施“生态建设、水利建设、石漠化治理”三位一体规划，打造国家石漠化综合治理示范区。力争将全省1054万亩25°以上的坡耕地更多纳入国家试点工程。实施78个县石漠化综合治理重点工程，对深山区、石山区等居住条件恶劣的居民，有计划、有步骤地实施扶贫生态移民工程，“十三五”期间完成142万移民搬迁任务。在适宜地区推广黔西南州晴隆县草地畜牧业发展模式，扩大人工栽培草地，恢复岩溶草地生态，防治草地石漠化和水土流失①。

⑤构建绿色发展制度保障体系。第一，贵州省不断推进生态文明制度建设和体制机制创新，已初步建成绿色、循环、低碳发展的制度体系。贵州省进行了一系列立法工作并出台了一系列政策，已经形成了较为完善的立法与政策体系（见表6-5）。第二，完善生态环境保护标准，提高重点行业的准入门槛，对环境容量较小、生态环境脆弱、环境风险高的地区要设置污染物特别排放限值。第三，健全自然资源产权制度和用途管制制度。第四，健全生态保护补偿机制。第五，建立充分的市场机制，设立生态文明建设专项债券、生态文明建设基金、环保产业股权投资基金等，推进排污权抵押贷款和融资服务，积极开展节能量、碳排放权等交易试点工作。第六，加大环境执法力度。第七，落实考核问责制度②。

⑥培育绿色发展文化，构建绿色发展建设的全民参与体系。第一，提高全民生态文明意识。深入开展保护生态、爱护环境、节约资源、环保守法的宣传教育和知识普及，让“多彩贵州拒绝污染”深入人心，增强全社会践行生态文明的凝聚力。第二，培育发展绿色文化。保护和发掘山水文化、森林

---

① 贵州省人民政府：《贵州省生态文明先行示范区建设实施方案》，http://www.ndrc.gov.cn/zcfb/zcfbtz/201408/t20140804_621182.html。

② 贵州省人民政府：《贵州省生态文明先行示范区建设实施方案》，http://www.ndrc.gov.cn/zcfb/zcfbtz/201408/t20140804_621182.html。

表 6-5　贵州省环境立法与政策文件①

类别	具体名称
贵州省级环境保护地方立法	贵州省环境保护条例
	贵州省红枫湖百花湖水资源环境保护条例
	贵州省赤水河流域保护条例
	贵州省夜郎湖水资源环境保护条例
	贵州省生态文明建设促进条例
	贵州省大气污染防治条例
贵州省级环境资源地方立法	贵州省水土保持条例
	贵州省气候资源开发利用和保护条例
	贵州省防震减灾条例
	贵州省土地整治条例
	贵州省气象条例
	贵州省森林公园管理条例
	贵州省气象灾害防御条例
	贵州省风景名胜区条例
	贵州省地质环境管理条例
	贵州省节约能源条例
	贵州省土地管理条例
	贵州省矿产资源条例
	贵州省森林条例
	贵州省绿化条例
	贵州省生态文明建设促进条例
	贵州省饮用水水源环境保护办法（试行）
贵州省级绿色发展政策文件	贵州省实施《中华人民共和国水法》办法
	关于促进循环经济发展的若干意见
	关于加快推进节约用水和水价改革促进水资源可持续利用的意见
	关于贯彻落实科学发展观进一步做好新形势下人口资源环境工作的意见
	关于加强石漠化综合防治工作的意见
	关于加强旅游基础设施建设的意见
	关于深化旅游管理体制改革的意见
	关于大力发展乡村旅游的意见

① 潘家华、吴大华等：《生态引领 绿色赶超》，社会科学文献出版社，2015。

文化、茶文化、花文化、竹文化、中医药文化、建筑文化，积极开展倡导生态文明、普及生态知识、促进人与自然和谐相处的文学、影视、戏剧、书画、摄影、音乐、雕塑等多种艺术创作。着力发展绿色文化产业，将绿色文化融入文化旅游业、民族民间演出业、会展广告业、广播电影电视业、休闲娱乐业、网络新媒体与动漫网游业，培育一批绿色文化企业、产品和品牌，引导实施一批绿色文化产业项目，加快建设一批高起点、规模化、体现区域特点和未来产业发展方向的文化产业园区。第三，培育绿色生活方式。开展绿色生活行动，推进绿色消费。开展垃圾分类处理试点并逐步推广。推动绿色出行，确立公共交通在城市交通的主体地位，加快城市公共交通领域新能源、清洁能源车辆的推广应用。第四，鼓励公众积极参与。健全举报、听证、舆论和公众监督等制度，推进全民参与生态文明建设。引导生态文明建设领域各类社会组织健康有序发展，加强民间环保组织建设，推进生态文明志愿者队伍建设。鼓励和引导公众对环境污染、生态破坏以及未依法履行环境保护监督管理职责的行为依法进行举报。把各类生态文明创建活动作为吸纳公众积极参与的平台和载体，建设一批绿色机关、绿色学校、绿色社区、绿色企业和绿色家庭①。

6.2.2 江西省绿色发展的SWOT分析与经验总结

（1）江西省绿色发展现状的SWOT分析。

①优势条件。改革开放以来，江西省在经济发展过程中始终倡导绿色发展战略，确保青山常在，绿水长流，资源的循环利用。江西省的生态环境质量由21世纪初的全国第八位提升至全国第四位。绿色优势、生态优势成为江西省最大的优势和最大的财富。在江西省绿色发展过程中，其自身的自然特征和人文特征，使其在新时期的绿色发展过程中存在众多优势，其优势主要可以归纳概括为生态优势、基础条件优势、产业优势、资源优势和政策优势（见表6－6）。

②劣势条件。江西省在绿色发展的过程中也面临诸多的不利因素和现实

① 贵州省人民政府：《贵州省生态文明先行示范区建设实施方案》，http://www.ndrc.gov.cn/zcfb/zcfbtz/201408/t20140804_621182.html。

困境。总体来说，江西省绿色发展主要面临经济劣势、社会基础条件劣势和技术劣势三个方面的劣势（见表6－7）。

表6－6　江西省绿色发展优势条件①

优势条件		具体情况
生态优势		江西省完成500万元以上生态环境建设投资1544亿元，各级财政用于绿色生态建设支出达500亿元；江西省森林覆盖率达63.1%；水质达标率为80.5%；11个设区城市空气环境质量全部达到国家二级标准；造林绿化工程、农村清洁工程、水污染治理工程等资源环境保护工程先后实施；居民绿色意识日益增强
基础条件优势		多元化的新能源基础设施建设工程如彭泽核电工程、峡江水利枢纽工程、天然气入赣工程正在稳步推进；全省的高速公路通车里程至2011年底已达到3600公里；铁路运营里程达到2736公里；赣江石虎塘航电枢纽工程等水路交通基础设施建设正进一步提速；“一干七支”民航布局已经形成
产业优势		在新型工业方面，以新能源、新材料、光伏、航空工业、生物医药为主的战略新兴产业超常规发展，成为鄱阳湖生态经济区发展的最强大动力；江西省正在落实污水处理厂建设和工业园区绿化、生态化改造三大工程；在生态农业方面，江西省主打“生态鄱阳湖，绿色农产品”的品牌，着力建设无公害农产品、绿色农产品和绿色食品（原料）标准化示范基地；在生态旅游方面，鄱阳湖生态旅游区规划上升为国家旅游发展战略，乡村旅游、温泉旅游、森林旅游等生态旅游方式蔚然兴起，以鄱阳湖为中心的大型旅游网络基地基本形成
资源优势		江西省矿产资源大约有187种，其中有色金属、贵金属、稀土资源具有重要的战略意义；此外，江西省水资源较为丰富，拥有国内最大的淡水湖——鄱阳湖，境内水系发达、河流众多
政策优势	地方政策	江西省陆续出台了《江西省鄱阳湖湿地保护条例》《江西省森林条例》《关于加强森林资源保护和林业生态建设的决议》《江西省实施〈中华人民共和国水土保持法〉办法》《关于加强东江源区生态环境保护和建设的决定》；先后提出“既要金山银山，更要绿水青山”“建设绿色江西”等科学理念；先后提出“山江湖工程”“造林灭荒”“山上再造”等目标
	国家政策	以《鄱阳湖生态经济区规划》为起点，与40多个国家部门和央企签署了战略合作协议；自然资源部、财政部支持资金达24亿元；将鄱阳湖湿地和候鸟保护项目纳入国家计划，将鄱阳湖湿地保护纳入全球环境基金工作计划；财政部将江西省部分县、市纳入国家重点生态功能区转移支付范围；同时，国家还在江西省大力扶持和试点低碳项目

① 刘耀彬等编著《区域生态优势转化与生态文明建设》，社会科学文献出版社，2015。

表 6－7　江西省绿色发展劣势条件①

劣势条件	具体情况
经济劣势	江西省经济发展基础较弱，人均 GDP 较低；产业结构仍以第一、第二产业为主，第三产业规模较小；能源较为匮乏；基础设施建设水平较差
社会基础条件劣势	江西省农业人口仍占主导；总体收入水平在全国排名靠后；人口总体受教育水平较低；人口总体就业率较低；生活质量不高
技术劣势	高新技术起步较晚；高技术行业规模较小；技术水平较全国其他地区落后；研发投入占 GDP 比重较低；成果转化效率低下；自主创新能力缺乏

③发展机遇。第一，鄱阳湖生态经济区上升为国家战略。国务院于 2009 年 12 月 12 日正式批复了《鄱阳湖生态经济区规划》（以下简称《规划》），鄱阳湖生态经济区正式上升为国家战略。该经济区是以鄱阳湖为核心，以鄱阳湖城市圈为依托，以保护生态、发展经济为重要战略构想。根据《规划》，鄱阳湖生态经济区的发展定位是：建设全国大湖流域生态经济区；建设长江中下游水生态安全保障区鄱阳湖水利枢纽工程；加快成为中部地区崛起的重要带动地区；成为国际生态经济合作重要平台；成为连接长三角和珠三角的重要增长极；建设世界级生态经济协调发展示范区。加之鄱阳湖经济区是江西省的重要生态功能区，同时还是长江三角洲、珠江三角洲、海峡西岸经济区等重要经济板块的直接腹地，这将有利于江西省加速融入长三角和珠三角经济圈，给江西崛起和推进绿色发展带来重要机遇。第二，长江经济带的建设。2014 年 9 月，国务院印发《关于依托黄金水道推动长江经济带发展的指导意见》，提出将长江经济带建设成为具有全球影响力的内河经济带、东中西互动合作的协调发展带、沿海沿江沿边全面推进的对内对外开放带和生态文明建设的先行示范带。首先，长江经济带将为江西省的产业升级带来新机遇。江西可以结合本地资源禀赋特点，选择适合自己的产业承接模式，促进产业从低附加值向高附加值升级。其次，长江经济带也将为江西绿色崛起带来新机遇。江西地处长江中游，鄱阳湖是我国最大的淡水湖，也是长江的重要调蓄湖泊。因此，江西可以将融入长江经济带建设和鄱阳湖生态经济区建设与赣鄱生态“黄金水道”建设相结合，共同促进沿江沿湖经济文明和生态

① 刘耀彬等编著《区域生态优势转化与生态文明建设》，社会科学文献出版社，2015。

文明协调发展，构建好长江流域重要的生态屏障，这是江西对“长江绿色生态走廊”建设的贡献，更是江西实现科学发展、绿色崛起的必然选择[①]。第三，生态文明先行示范省的设立。江西省于 2014 年成为首批生态文明先行示范省，表明江西省过去生态文明建设方面的努力得到了肯定。同时，江西省的生态文明建设上升为国家战略，对于把生态优势转化为发展优势，实现绿色崛起，巩固长江中下游生态安全屏障，支撑长江经济带建设，推动发展方式向绿色循环低碳转变，提高资源高效清洁利用水平，实现在保护中发展、在发展中保护，为全国生态文明建设积累经验、提供示范，均具有重要意义。

④挑战与威胁。第一，江西省虽然总体生态环境较好，但仍面临一些问题。从统计数据上来看，2016 年，江西省设区市城区空气质量优良率为 86.2%，主要河流监测断面水质达标率为 88.6%，单位 GDP 能耗同比下降 4.9%左右，均超过了全国平均水平，其他多项环境指标也已达到国家标准，整体环境较好。但是，一些生态环境的破坏事件也时有发生，例如不合理的农业和渔业活动以及采砂活动对水生态系统破坏较大，对土地的不合理开发造成了水土流失，还有部分工业园区的污染企业违规偷排、超标排放的现象十分严重。这些问题都亟待得到有效的解决。第二，受到本省技术劣势的严重制约，高新技术以及生态技术发展较为滞后。江西面临高新技术起步较晚、规模较小，研发投入占 GDP 比重较小，自主创新能力缺乏等一系列问题。江西省研发投入与全国平均水平大致持平，部分年份甚至略低于全国平均水平（见图 6－8）。而要实现绿色发展，高新技术产业将成为重要推动力，生态技术将显著提高资源转换效率以及减少污染物的排放量。因此，江西对发展高新技术产业以及提升生态技术的需求十分迫切。第三，发展观念较为落后，绿色发展理念在全省范围内并未得到有效推广。由于某些根深蒂固的传统的粗放式发展理念，在对资源的开发与利用过程中不注意保护，生态问题时有发生。同时，由于全省人口素质尚待提高，绿色发展理念的推广存在一定的困难，有关制度建设还需要完善。

---

① 龚建文：《融入长江经济带江西大有可为》，《江西日报》2014 年 7 月 16 日。

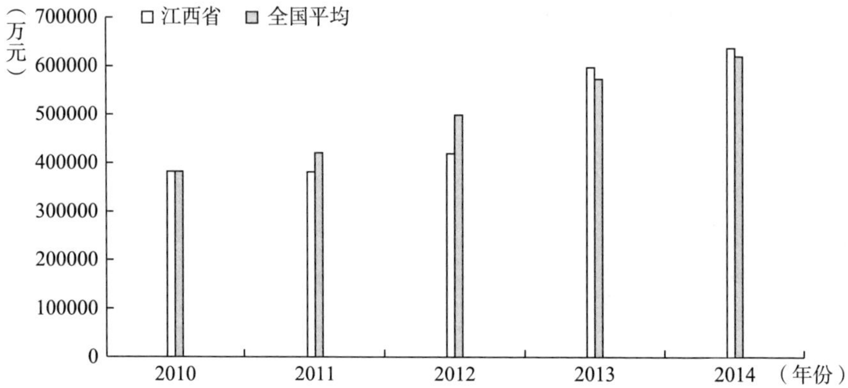

图 6－8　2010～2014 年江西省 R&D 投入与全国平均水平对比①

（2）江西省绿色发展的经验总结。从江西省绿色发展的基本条件出发，江西省在国家六部门批复的《江西省生态文明先行示范区建设实施方案》的基础上，提出了江西省绿色发展（生态文明建设）的基本意见，其基本要点就是构筑国土空间开发、绿色产业、节约集约的资源能源利用、生态环保、绿色文化、制度的六大体系，关键措施具体如下。

①构建国土空间开发的绿色体系。第一，完善主体功能区配套政策。加大省级财政对限制开发和禁止开发区域的均衡性转移支付和奖励补助力度。制定针对不同功能区的产业指导目录，明确不同区域的鼓励类、限制类、禁止类产业，对不同区域的投资项目实行不同的资源消耗、土地利用和生态保护等管理措施。启动省级试点，出台省级层面支持限制开发区域的政策措施。争取将武夷山脉、罗霄山脉、幕阜山脉、怀玉山脉、雩山山脉核心区域县（市），重要江河源头县（市），鄱阳湖湿地调整纳入国家重点生态功能区范围。第二，实施主体功能区空间管制措施。加快推进国家生态红线划定试点工作，将禁止开发区和重要江河源头、主要山脉、重点湖泊等生态功能极重要地区划入红线范围。将耕地林地保有量、基本农田保护面积列入市县科学发展综合考核评价体系。严格执行矿产资源规划分区管理制度。强化城乡规划约束力，划定城市禁建区、限建区、适建区。第三，建立健全河湖管

① 《中国统计年鉴》，2011～2015 年。

理与保护制度。以鄱阳湖为核心，以“五河”为纽带，干支流、上下游加强跨界流域水质及水量断面监测，建立跨行政区的水环境保护奖惩机制。在环境敏感区、生态脆弱区、水环境容量不足的区域，制定比国家标准更严格的水污染排放标准，生活、工业污水处理设施配套建设脱氮除磷设施。划定规模化畜禽养殖禁养区和适养区，在鄱阳湖最高水位线外一公里内严格控制化肥施用量大的农业活动。建立流域规划治导线管理制度，落实水域岸线用途管制。推进出台《江西省湖泊保护条例》，建立以河湖水环境、岸线管理、河道采砂等为重点的综合管理信息平台，开展联合执法，严厉打击破坏河湖水环境的违法违规行为。第四，推动市县空间规划改革创新。鼓励和支持县（市）探索国民经济社会发展、城乡建设、土地利用、环境保护等规划的“多规合一”，科学画定并落实用地、产业、生态等管控边界红线，形成合理的城镇、农业、生态空间布局。探索建立市县空间规划协调工作机制。支持鹰潭市、樟树市开展全国新型城镇化综合改革试点，支持于都县国家级和鹰潭市、萍乡市、乐平市、丰城市、吉安县、湖口县、婺源县省级“多规合一”试点工作，赋予其相关先行先试权力①。

②推动产业绿色转型，探索绿色低碳循环发展路径。第一，促进产业集聚发展。大力发展产业集群，重点培育60个重点工业产业集群和20个省级工业示范产业集群，发展壮大75个农业产业集群、35个旅游产业集群、16个现代物流产业集群，扶持一批现代服务业集聚区。加大龙头企业培育扶持力度，打造一批优强工业企业、销售收入超亿元的绿色食品企业和省级服务业龙头企业。第二，加快产业绿色转型升级。江西省推进产业的绿色转型与升级主要分为农业、工业和服务业三次产业的有关措施（见表6－8）。第三，完善绿色产业政策规划体系。制定完善新型农业经营体系、农村产权制度等方面的政策意见。进一步制定支持新能源汽车、智能装备等产业发展的措施。出台促进健康服务业、生产性服务业、旅游产业、体育产业发展的政策措施，编制全省电子商务发展、文化创意和设计服务与相关产业融合发展等专项规划。第四，推进循环化改造和清洁生产。进行工业园区循环化改

① 中共江西省委、江西省人民政府：《中共江西省委　江西省人民政府关于建设生态文明先行示范区的实施意见》，http://www.zhangshu.gov.cn/zt/hjzz/201512/t20151212_319319.html。

造，争取和推进一批国家级和省级“城市矿产”示范基地、循环经济示范园区、再制造产业示范基地、清洁化园区等试点示范。实施工业清洁生产促进工程，重点在重金属污染防治重点防控行业、产能过剩行业实施一批清洁生产项目。全面推广农业清洁生产技术，推动农业生产循环化改造，加快创建一批“猪—沼—果”、“秸秆—食用菌—有机肥—种植”、林禽渔立体复合种养等模式的循环型生态农业示范园。第五，优化能源结构。尽快启动彭泽核电站一期工程，进行万安烟家山核电厂址保护工作和吉安何魁、鹰潭铁山岭核电厂址论证工作。积极推进新干、井冈山等大中型水电项目前期工作，积极推进金沙江下游水电等直流特高压入赣工程。推进天然气建设工程，加快西气东输三线、新粤浙线、省级天然气管网工程等建设，推进赣州、新余新能源示范城市建设。加快光伏发电应用。积极推进风电、生物质发电项目建设。加快“上大压小”工程建设，进行火电清洁化改造①。

表 6－8　江西省三次产业绿色转型与升级路径

类别	具体路径
特色生态农业	推进农产品规模化、标准化、生态化生产，实施现代农业示范园区建设工程，创建一批国家级现代农业示范区和国家有机产品认证示范区。实施农产品注册商标和地理证明商标保护工程，打响江西绿色农产品品牌，打造一批全国知名的绿色食品原料基地
绿色工业	发展节能环保、新材料、新能源、装备制造等十大战略性新兴产业，推进重大新兴产业高端项目建设。推进传统产业绿色转型升级，重点推进一批技术改造和结构调整的重大项目建设，着力延伸产业链条。严格执行产能过剩行业项目禁批限批政策
现代服务业	推进骨干物流工程，发展第三方物流，开展国家级和省级工业园区“物流港”试点。加快推进南昌金融商务区和金融产业服务园建设，组建地方法人银行和保险公司。建立全省统一养老服务信息平台，培育一批新型养老产业集聚区和养老产业连锁集团。建设陶瓷、特色农产品等一批电子商务服务平台，培育一批电子商务集聚区。围绕发展旅游业，大力实施生态旅游示范工程，巩固和提升“江西风景独好”品牌形象

③构建节约集约的资源能源利用体系。第一，推进节能降耗，推进钢铁、有色、水泥、焦炭、造纸、印染等行业企业节能降耗技术改造。大力推广应用可再生、绿色建筑材料。大力倡导和推行公共交通出行，推广节能与

① 中共江西省委、江西省人民政府：《中共江西省委　江西省人民政府关于建设生态文明先行示范区的实施意见》，http://www.zhangshu.gov.cn/zt/hjzz/201512/t20151212_319319.html。

新能源汽车，推进“车船路港”低碳交通运输专项行动。制定城市综合体、公共机构办公场所等能源使用定额标准和效能标准，推行街道和楼宇能源智能管理系统。第二，加强水资源节约。深入落实“节水优先”方针。落实用水总量控制制度、用水效率控制制度、水资源管理责任制度和考核制度“三条红线”管理制度并推进和完善阶梯水价制度。加快城乡供水管网改造和水资源管理监测系统建设，完善重点行业节水标准，推进一批企业节水技术改造项目，制定出台推广节水技术、产品和鼓励非常规水源开发利用的激励政策，实施一批农业高效节水灌溉重大项目。第三，节约集约利用土地。对赣南等原中央苏区开展农村土地综合整治，对损毁建设用地和未利用地开发整理成园地并实行“占一补一”。实施城乡建设用地增减挂钩、工矿废弃地复垦利用、低丘缓坡荒滩等未利用地开发利用等试点工作。开展建设用地专项清理，依法收回闲置土地，切实提高土地利用率。第四，促进矿产资源合理开发利用。建设南方离子型稀土、硬岩型铀矿战略资源储备基地，组建中国南方大型稀土集团。加快江西铜矿、赣州稀土等国家级矿产资源综合利用示范基地建设，支持赣南地方钨矿、赣中铁矿田项目等列入第二批国家级矿产资源综合利用示范基地，支持萍乡市建设煤矸石综合利用基地、赣州市建设共伴生矿及尾矿综合利用基地和吉安市建设尾矿综合利用基地。通过复垦还绿、绿色矿山建设等方式，引导和鼓励社会资金投入矿山环境治理①。

④构建安全可靠的生态环保体系。第一，强化生态建设。加强对水源涵养区、江河源头区和湿地的保护，推进以赣江抚河下游尾闾地区水系综合整治工程为重点的“五河”尾闾河道疏浚、生态堤防建设、水系连通和生态整治。推进鄱阳湖流域水环境综合治理项目建设，开展鄱阳湖水利枢纽工程前期工作。编制江西省水生态文明建设规划，推进南昌、新余、萍乡水生态文明城市试点，开展水生态文明县、乡（镇）、村建设，构建四级联动水生态文明建设体系。加大中幼林抚育力度，启动实施低产低效林改造和珍贵阔叶林培育工程。加强生态公益林保护，启动水源涵养林建设，完成国家下达的

① 中共江西省委、江西省人民政府：《中共江西省委　江西省人民政府关于建设生态文明先行示范区的实施意见》，http://www.zhangshu.gov.cn/zt/hjzz/201512/t20151212_319319.html。

林地和湿地保有量任务。提升森林火灾和林业有害生物综合防控能力，确保全省森林资源安全。推进生物多样性优先区域物种资源调查、监测、预警和评价体系建设，实施国家级自然保护区生物廊道建设，打造国际生物多样性科普教育和研究基地。第二，严防土壤污染。以保护耕地和饮用水水源地土壤环境、严格控制新增土壤污染和提升土壤环境保护监督管理能力为重点，有针对性地开展保护和治理。严禁施用高毒禁限用农药，大力推广绿色防控技术和专业化统防统治，科学施用化肥，提高肥效，减少施用量，禁止使用重金属等有毒有害物质超标的肥料。第三，加强自然生态修复与环境保护。积极推进污水处理设施建设，大力实施污水配套管网工程，促进污水再生水利用，推进南昌市、赣州市国家餐厨垃圾资源化利用和无害化处理试点工作。着力推进农村人居环境综合治理，积极推广农业面源和农村生活污水与垃圾处理适用技术，按照“户分类、村收集、镇搬运、县处理”的模式，加大农村生活垃圾收运和无害化处理力度。建立以限制入河排污总量为控制核心的水功能区限制纳污制度，实施跨流域、跨市（县）水质联防联控考核制度。实施土壤重金属污染修复工程，推进赣江源头、乐安河流域、信江流域、袁河流域、湘江源头等区域修复治理历史遗留重金属污染。支持鹰潭、新余、萍乡等地开展农村重金属污染耕地农业结构调整试点。实施历史遗留废弃矿山和国有老矿山地质环境恢复治理工程。推进丰城工业固体废物综合利用基地建设试点。第四，推进大气污染防治和应对气候变化工作。实施重点行业脱硫、脱硝、除尘设施改造升级重点工程，逐步在各设区市开展负氧离子数据实时监测，加快鄱阳湖气候与生态遥感监测中心建设。加快温室气体排放制度建设，逐步在全省各设区市建立温室气体监测网。支持南昌、景德镇、赣州等城市开展低碳试点，支持南昌开展国家低碳交通试点城市建设，支持南昌、新余开展低碳工业园区试点建设，组织开展低碳社区试点工作。充分利用“世界低碳生态经济大会”等平台，加大国际合作项目引进力度，推动企业参与低碳领域等国际互惠交易活动。完善防灾减灾系统，加快灾害调查评价、监测预警、综合治理、应急救援等体系建设。第五，着力改善城乡人居环境。以“净化、绿化、美化”为重点，全面推进城乡人居环境综合整治。保护和扩大城市绿地、水域、湿地空间，着力推动城镇湿地公园和绿化工程建设，提升人居生活环境绿化质量。统筹城乡环保设施建设，推动城镇污水收集管网、垃圾收运体系向城乡接合部延伸。大力开展农村环境连片整治。推进美丽乡村建设，实施105国道、320国道等干道沿线乡村“六化”综合整治和乡村改造提升工程，打造昌铜高速生态经济带，保护开发历史文化名镇名村、传统村落①。

⑤构建绿色生态文化体系。第一，倡导生态文明行为。进一步开展保护生态、爱护环境、节约资源的宣传教育和知识普及活动，积极开展“绿色回收”进机关、进商场、进园区、进社区、进学校“五进”活动，促进资源循环利用。积极推行绿色出行“135”计划，倡导公众1公里步行、3公里骑自行车、5公里乘坐公交车。积极推动家庭垃圾分类处理计划，开展家庭垃圾分类处理试点。引导绿色消费，鼓励使用节能节水节材产品和可再生产品。推进政府绿色采购，推行无纸化和绿色节能办公。组织好世界环境日、世界水日、全国节能宣传周等主题宣传活动。第二，传承发展生态文化。充分挖掘、保护和弘扬赣鄱优秀传统生态文化，开发体现江西自然山水和生态资源特色，倡导生态文明、普及生态知识的图书、音像等文化产品。充分利用各类媒体、活动中心、鄱阳湖生态经济区规划馆以及其他文化科技场馆等传播生态文化，在生态文化遗产丰富、保存较完整的区域建设生态文化保护区。举办鄱阳湖国际生态文化节、龙虎山国际道教论坛、赣州国际脐橙文化节等生态文明主题活动，提升赣鄱文化品牌影响力。做大做强生态文化产业，建设一批特色生态文化产业示范园区、基地，培育一批生态文化企业、产品和品牌，引导实施一批生态文化产业项目。第三，开展各类生态创建行动。创建一批国家级生态市、生态县和生态乡镇。加快推进生态文明村、美丽乡村创建示范工程，建成一批宜居宜业的生态文明示范村和秀美示范乡村。开展绿色示范单位创建活动，建设一批绿色机关、绿色学校、绿色社区、绿色企业和绿色家庭，打造一批以绿色示范单位为主体的生态文化宣传教育基地。积极创建国家级文明城市、园林城市、森林城

---

① 中共江西省委、江西省人民政府：《中共江西省委　江西省人民政府关于建设生态文明先行示范区的实施意见》，http://www.zhangshu.gov.cn/zt/hjzz/201512/t20151212_319319.html。

市、卫生城市①。

⑥构建绿色制度保障体系。第一，完善体现生态文明要求的考评机制。建立科学完整的生态文明建设考核评价体系，把生态文明建设工作纳入领导干部年度述职重要内容。完善市县科学发展综合考核评价实施意见，逐步提高资源消耗、环境损害、生态效益等指标权重，形成与主体功能区相适应的考核评价制度和奖惩机制。探索自然资源资产负债表编制工作，实行领导干部自然资源资产离任审计制度，实施与生态环境质量监测结果相挂钩的领导干部约谈制度，建立生态环境损害责任终身追究制度。第二，建立自然资源资产产权管理制度。统一不动产登记信息平台，构建统一的自然资源监管体制机制。将有条件的地区纳入国家公园体制试点。全面推行矿业权评估、挂牌、交易制度。加快完成农村土地承包经营权确权登记颁证工作。鼓励农户采取多种形式自主流转土地承包经营权，完善农村宅基地管理制度。第三，探索建立生态补偿机制。建立财政转移支付与地方配套相结合的补偿方式。争取国家加大对重点生态功能区的转移支付力度，实施东江源生态补偿试点方案。研究推进赣江源、抚河源等流域生态补偿试点和鄱阳湖实施湿地生态补偿试点。健全矿产资源有偿使用、矿山地质环境保护和恢复治理保证金制度，建立矿产资源开发生态补偿长效机制。研究探索产业生态补偿机制，使企业对生产过程中产生的资源消耗和环境污染承担相应的生态补偿责任。第四，建立健全市场化机制。加快推进阶梯气价、水资源价格等制度改革，推动建立重要矿产资源开采回采率、选矿回收率、综合利用率激励约束机制。探索设立中国南方（江西）林业碳汇基金，推进碳汇造林和碳减排指标有偿使用交易，支持南方林业产权交易所建设成为辐射南方的区域性林权交易市场。探索建立水权交易制度，鼓励和引导地区间、用水户间的水权交易。第五，严格执行环境保护管理制度。进一步加强生态环境保护立法工作，严格执行污染物排放许可制度。制定重点流域、区域的环境容量及总量控制标准，实行企事业单位污染物排放总量控制制度，落实建设项目主要污染物排放总量指标管理办法。加快环境损害鉴定评估能力建设，推动开展环境损害

---

① 中共江西省委、江西省人民政府：《中共江西省委　江西省人民政府关于建设生态文明先行示范区的实施意见》，http://www.zhangshu.gov.cn/zt/hjzz/201512/t20151212_319319.html。

司法鉴定，创新环境公益诉讼制度，健全法律援助机制，推进环保法庭建设，鼓励公众参与环境违法监督①。

6.2.3　福建省绿色发展的SWOT分析与经验总结

(1) 福建省绿色发展现状的SWOT分析。

①优势条件。福建“八山一水一分田”，山清水秀，生物多样性丰富。2014年，福建省成为全国第四个生态建设试点省份，从此拉开了福建生态省建设的大幕，使福建经济社会进入绿色发展的时代。十多年来，福建省深入贯彻科学发展和可持续发展理念，在推进经济发展方式转变上取得了积极成效，在推动绿色发展进程方面的成效更为显著，为区域绿色化建设打下了坚实的基础（见表6-9）。

表6-9　福建省绿色发展优势条件

优势条件	具体情况
地理位置优势	福建地处东南沿海，拥有众多天然良港，大陆海岸线总长达3752千米，使福建在地理位置上就具有与外界进行交流联系的优势；福建北接浙江，南邻广东，这两省都是经济发达的地区，有利于福建引进国内外资本投资、学习新技术、承接新兴产业等；福建与台湾隔着台湾海峡相望，与台湾地区的交流由来已久，目前已成为大陆承接台湾合作交流项目的窗口
生态条件优势	福建省具有世界同纬度带最典型、面积最大、保存最完整的亚热带原生性森林系统，武夷山国家级自然保护区经国务院批准成为我国第一个国家自然保护区，同龙岩梅花山生态旅游区获得“国家生态旅游示范区”称号；已划定省级以上重点生态公益林4290万亩，占全省森林面积的31.3%；建立自然保护区85处，其中国家级11处，省级21处，保护小区3300处，保护面积占陆域面积的6.8%
减排治理优势	2015年，福建23个城市空气优良天数比例为99.5%，9个设区城市优良天数比例为97.9%；12条主要水系水域功能达标率和Ⅰ～Ⅲ级水质比例分别为98.1%、94.0%；近岸海域海水水质达到或优于二类标准的面积占66.1%；2015年城市（县城）建成区绿地率达38.9%，人均公园绿地面积12.9平方米；全省建成城镇污水处理厂132座、日处理能力461.5万吨，市县污水处理率88%；全省累计建成城镇生活垃圾无害化处理厂（场）70座，日处理能力2.5万吨。以二氧化硫排放量为例，与全国平均排放趋势对比，福建省的二氧化硫排放大约只有全国平均水平的一半，其他指标如废水排放量，亦是如此

① 中共江西省委、江西省人民政府：《中共江西省委　江西省人民政府关于建设生态文明先行示范区的实施意见》，http://www.zhangshu.gov.cn/zt/hjzz/201512/t20151212_319319.html。

②劣势条件。尽管福建省在绿色发展的建设方面有许多优势之处，但受各方面因素的制约，其在绿色发展过程中也存在劣势与不足（见表6－10）。

表6－10　福建省绿色发展劣势条件

劣势条件	具体情况
经济发展劣势	福建省在经济发展过程中，区域发展不均衡，且差距十分明显，部分地区发展仍然较为落后，且交通通达度不高
绿色发展结构性问题	流域性、区域性、行业性环境污染以及近岸海域污染问题仍较突出；环境状况波动性明显
土地资源匮乏	“八山一水一分田”之称，反映了福建地形以山地为主，耕地资源较为缺乏，加上福建城镇化发展水平较低，农村居住人口较多，目前福建省已成为全国人均耕地最少的省份之一。同时，由于人均耕地面积少且分散，不利于形成农业规模生产和机械化耕作，最终导致福建省农业生产效率较低*
制度建设不完善	制度体系建设有待完善，责任约束有待强化，绿色生态文化尚需精心培育，公众生态环保意识有待进一步提高

*郑子峰：《福建省农村生态文明建设面临的问题及对策研究》，《福建农林大学学报》（哲学社会科学版）2014年第1期。

③发展机遇。第一，“海峡西岸经济区”（简称海西经济区）的提出。“海峡西岸经济区”在2004年1月初举行的福建省十届人大二次会议上首次被完整、公开地提出。2006年两会期间，支持“海峡西岸”经济发展的字样出现在《政府工作报告》和“十一五”规划纲要中，计划通过10~15年的努力，使海峡西岸形成规模产业群、港口群、城市群，成为中国经济发展的发达区域，成为服务祖国统一大业的前沿平台。海西经济区的快速发展将带动福建省的经济和社会发展，同时，也为福建省的绿色发展带来机遇。第二，“一带一路”倡议带动。福建就是古代海上丝绸之路的重要枢纽和发祥地，在海丝申遗中，福建泉州被批准成为古代海上丝绸之路的起点。“一带一路”倡议中福建被定位为“21世纪海上丝绸之路核心区”。第三，生态文明示范省的设立。福建省是党的十八大以来，国务院确定的全国第一个生态文明先行示范区。对福建生态文明建设成就的肯定，也对福建省生态文明建设提出了新的目标要求，标志着福建的生态省建设由地方决策上升为国家战略。福建省生态文明先行示范区的战略定位涵盖四个方面：国土空间科学开发先导区、绿色循环低碳发展先行区、城乡人居环境建设示范区、生态文明

制度创新实验区。这意味着福建省的绿色发展进入了新阶段，也将面临更多新的机遇。

④挑战与威胁。第一，农村生产和生活污染问题较为严重。一是福建省化肥和农药的使用量十分大，特别是不可降解的农用地膜的过度使用进一步加剧了农村土地污染。同时，化肥和农药的平均利用率相对较低，流失的化肥和农药造成了地表水富营养化和地下水污染。二是畜牧业对环境的污染较为严重，很多小规模的畜禽养殖场，基本上没有配套有效的环境污染治理设施，未经处理的畜禽养殖污水直接被排放到江河湖泊，严重污染周边环境。三是矿产开采污染也十分严重，由于矿山开采时水土保持措施不到位，开采后没有生态恢复措施，大多数情况是矿山开采一处，裸露一片，给农村环境造成严重影响①。四是从生活领域看，绝大多数生活垃圾没有得到有效处理。福建全省的生活污水处理设施覆盖率不足20%②。生活污水和垃圾随意倾倒、随地丢放、随意排放，人粪尿不经化粪池或其他处理便直接排入江河，严重污染了水环境③。

第二，水土流失较为严重。由于无控制垦荒、乱砍滥伐以及对矿产资源的无序开采，地表结构和植被被破坏，进而造成严重的地表结构破坏和水土流失问题。2009年以来，虽然福建森林面积维持在766.67万hm^2左右，但森林总体质量退化，可采资源减少，出现了森林结构不尽合理、生态体系不够完备等不利情况。省水利厅课题组调查数据显示，福建省林地水土流失面积占全省水土流失总面积的67.39%，其中强烈级以上水土流失面积占林地水土流失面积的36.26%，而丘陵山区林地水土流失问题还未引起整个社会的足够认识和重视④。

---

① 郑子峰：《福建省农村生态文明建设面临的问题及对策研究》，《福建农林大学学报》（哲学社会科学版）2014年第1期。

② 郑子峰：《福建省农村生态文明建设面临的问题及对策研究》，《福建农林大学学报》（哲学社会科学版）2014年第1期。

③ 郑子峰：《福建省农村生态文明建设面临的问题及对策研究》，《福建农林大学学报》（哲学社会科学版）2014年第1期。

④ 郑子峰：《福建省农村生态文明建设面临的问题及对策研究》，《福建农林大学学报》（哲学社会科学版）2014年第1期。

第三，海洋生态面临挑战。沿海水域养殖密度过大，养殖饲料和渔民在渔排上的生活垃圾排放，造成近海海水严重污染。全省 6 个主要海域中，按水质保护目标评价，泉州海域水域功能达标率最高，为 69.2%；宁德海域达标率最低，为 8.3%。按功能区类别评价，泉州海域水域功能达标率最高，为 84.6%；厦门海域达标率最低，为 33.3%。全省 10 个主要港湾中，除湄洲湾水域功能达标外，其余港湾均不同程度低于水质保护目标要求①。

（2）福建省绿色发展的经验总结。①主体功能区建设。第一，突出主体功能定位。福州、厦门、泉州中心城区等优化开发区域要着力发展高新技术产业、现代服务业，推动产业结构向高端高效发展，沿海城市群等重点开发区域要坚持城市群、产业群、港口群联动发展。闽西北等农产品主产区要因地制宜发展特色生态产业，限制开发的重点生态功能区要实施生态保护与修复工程。禁止开发的重点生态功能区要实施强制性保护。积极推进泰宁、武夷山、永泰、永春等国家主体功能区建设试点示范。第二，推进“多规合一”。总结厦门市全国“多规合一”试点工作经验，加强对泉州、莆田、漳州、龙岩、平潭、福清、东山、石狮、晋江、南安、福鼎、邵武 12 个省级“多规合一”试点城市的工作指导，并在全省推广。整合各类规划空间信息，规范和统一“多规”基础数据标准，建立多部门共建共享的规划空间信息管理平台及相关部门子系统，实现规划信息的“多规合一”和多部门业务信息的“互联互通”。第三，统筹陆海空间开发布局。构建“一带、双核、六湾、多岛”的海洋开发新格局。强化陆海资源、产业、空间规划衔接，推动陆海资源互补、产业互动、协调发展。编制实施海岸带保护与利用规划，划分重点建设区、控制性保护利用区和重点保护区三类功能区域，实施功能分类管制。建立陆海统筹、区域联动的污染防治和海洋生态环境保护修复机制。第四，推进武夷山国家公园体制试点。成立由省政府垂直管理的武夷山国家公园管理局，对国家公园内自然空间进行统一确权登记、保护和管理，通过收储、租赁等方式，推动自然资源产权流转，建立法制和资金保障机

① 福州新闻网：《中国环境状况公报显示：闽江口水质由极差变为差》，http://news.66163.com/2013 - 07 - 03/784499.shtml。

制，形成突出生态保护、统一规范管理、明晰资源权属、创新经营方式的国家公园保护管理模式①。

②大力推进绿色城镇化。第一，优化城镇化布局。实施《福建省新型城镇化规划（2014—2020年）》，将生态文明理念融入城镇化全过程，走以人为本、绿色低碳的新型城镇化道路；优化城镇化布局，实施差异化发展战略，根据资源环境承载能力，调节城市规模，合理确定开发边界、开发强度和保护性空间，优化城镇化空间布局、规模结构。第二，发展绿色交通。加快推进铁路、公路、水运、航空等多种运输方式高效衔接，促进城际轨道交通和城市轨道交通相互融合，推动交通运输低碳发展；推进普通国省道“美丽交通生态公路”建设；落实城市公共交通优先发展战略，进一步优化公共交通线网布局，提高和扩大城市公共交通线网通达深度和覆盖面；开展厦门、漳州、泉州城际客运公交化运营试点，推动福州、莆田、泉州、厦门、漳州实现城乡短途客运公交化运营；积极发展城市步行和自行车交通，构建城市慢行交通系统；加快智能交通服务网络建设；积极开展低碳港口试点，继续推动福州港绿色港口主题试点项目建设；推进港口装卸设备油改电改造②。

③持续推进美丽乡村建设。持续推进生态省细胞工程建设，以改善农村人居环境为重点，科学编制村庄建设规划。实施新一轮“千村整治、百村示范”美丽乡村建设工程，每年整治改善1000个村庄人居环境，打造30条以上美丽乡村景观带。在农村社区规划整治建设“七好”要求基础上，加强农村基础设施建设，强化山水林田路综合治理，统筹农村饮水安全、改水改厕、垃圾处理和面源污染治理。实施农村生活垃圾治理5年专项行动，全面落实农村垃圾收集、处理和保洁的投入分担保障机制，完善乡镇垃圾处理和转运系统建设，普遍建立村庄保洁制度。全面完成“六江两溪”流域1公里范围内乡镇污水处理设施建设，加快其他乡镇污水处理设施建设。加大传统

① 福建省人民政府：《福建省“十三五”生态省建设专项规划》，http://www.fujian.gov.cn/fw/zwgk/ghxx/zxgh/201604/t20160420_1163994.htm。

② 福建省人民政府：《福建省“十三五”生态省建设专项规划》，http://www.fujian.gov.cn/fw/zwgk/ghxx/zxgh/201604/t20160420_1163994.htm。

村落保护力度，按照“一村一档”要求建立传统村落档案，统一设置保护标志，加强建设管理①。

④强化创新驱动。深入实施创新驱动发展战略行动计划。进一步强化企业技术创新主体地位，大力营造大众创业、万众创新的政策环境和制度环境，不断推动科技创新同经济社会对接、创新成果同产业需求对接、创新项目同现实生产力对接、科研人员创新劳动同其利益收入对接，推动创新成果加快转化为现实生产力，提高科技进步对经济发展的贡献度。强化组织创新，实施科技引领产业提升工程。汇聚创新资源，提升企业创新能力。鼓励社会多元主体参与建设众创空间。

⑤提升产业发展层次，加快实施“两化”融合，推动产业结构向中高端转型。第一，建设制造强省。实施“中国制造2025”行动计划、“互联网+”行动计划，推动电子信息产业突破技术含量高的上游环节，石化产业发展“高精特专”产品，机械装备产业扩大高端产能，推动主导产业强龙头促配套；推进智能制造试点和“数控一代”创新应用示范工程，推动互联网经济创新发展，培育工业互联网、智能电网、互联网教育等新业态，大力发展生物与新医药、新材料、新能源、节能环保等战略性新兴产业，促进新兴产业加速度上规模；完善落后产能退出机制，加快淘汰水泥、造纸等行业落后产能。第二，推动现代服务业大发展。统筹“清新福建”生态旅游空间布局，制定实施清新系列旅游标准体系，加快平潭国际旅游岛建设，发展休闲养生等新型旅游业态。发展现代物流业，加快综合交通运输网络配套物流设施、物流信息数据库、物流公共信息平台和物流标准服务平台建设。推进福州海峡西岸现代金融中心、厦门两岸区域性金融服务中心、泉州金融服务实体经济综合改革试验区建设。加快文化产业园区建设，推进福州、厦门、泉州、莆田等电子商务示范城市建设，支持农村电子商务发展。第三，发展现代农业。推动农业朝优质、高产、高效、生态、安全的方向发展，积极发展现代种业、生态农业和设施农业；加快建设闽东南高优农业、闽西北绿色农业、沿海蓝色农业三条特色农业产业带，重点打造茶叶、蔬菜、水果、畜禽、水

① 福建省人民政府：《福建省“十三五”生态省建设专项规划》，http://www.fujian.gov.cn/fw/zwgk/ghxx/zxgh/201604/t20160420_1163994.htm。

产、林竹、花卉苗木7个全产业链优势特色产业[①]。

⑥提升清洁低碳能源发展水平。安全高效发展核能，有序发展风能、抽水蓄能、太阳能、地热能、生物质能，提高清洁能源比重。稳步推进宁德、福清核电站建设，开工建设漳州、霞浦核电项目；推进厦门、永泰、周宁等抽水蓄能电站建设。合理开发陆上风电，有序推进莆田南日岛、莆田平海湾、福清海坛海峡、平潭大练岛、平潭长江澳等海上风电场建设。推广应用分布式能源系统，推进绿色能源县、新能源城市和可再生能源建筑应用城市示范建设。加快西气东输三线福建段、海西天然气管网二期、新粤浙管线赣闽浙支线福建段等输气管网，以及莆田、漳州、福清LNG接收站等天然气基础设施建设[②]。

⑦强化生态环境的治理。第一，加强水土流失治理。提升推广“长汀经验”，深入实施新一轮重点县的水土流失综合治理，推进水土流失治理企业化运作。“十三五”期间，完成治理面积6000平方公里，减少水土流失面积2000平方公里，4000平方公里的水土流失程度得到不同程度下降。水土流失区林草覆盖率提高10个百分点以上，水土流失治理区土壤侵蚀量减少50%以上，重点水土流失治理区减沙率达20%以上，治理区防洪减灾能力得到进一步加强，农业生产条件和人居环境得到进一步改善。第二，加强自然保护区和湿地保护建设。建设以“六江两溪”为主要水生态廊道，以武夷山—玳瑁山、鹫峰山—戴云山—博平岭两大山脉为核心的生态安全屏障与生态安全体系，维护生态系统稳定，保障生态服务功能。加强沙埕港、三都澳、罗源湾等12个沿海重要海湾和河口湿地的保护和修复，建立一批红树林湿地生态保护区，维护天然湿地的重要生态功能，推进滨海湿地固碳示范区建设。第三，加强造林绿化和森林资源保护。加强“三带一区”造林和林分修复。积极开展义务植树活动，推进城市片林、乡村公园绿地建设，加大乡村风景林、风水林营造和“四旁四地”植树。推进高速公路、国省道、铁

① 福建省人民政府：《福建省“十三五”生态省建设专项规划》，http://www.fujian.gov.cn/fw/zwgk/ghxx/zxgh/201604/t20160420_1163994.htm。

② 福建省人民政府：《福建省“十三五”生态省建设专项规划》，http://www.fujian.gov.cn/fw/zwgk/ghxx/zxgh/201604/t20160420_1163994.htm。

路等交通干线两侧及一重山造林绿化。推进重点河段及湖库水生态系统修复与保护，开展主要江河干流、一级支流两侧及水库周围一重山的造林、补植，推进沿海基干林带断带修复补齐和更新改造。持续实施天然林保护工程，全面禁止天然林商业性采伐，开展天然林资源和生态功能监测。第四，加强矿山生态环境恢复治理。综合运用矿山生态环境恢复治理、土地复垦等政策手段，督促矿山企业履行矿山生态环境恢复治理和土地复垦义务，全面推进矿区土地复垦。全面实施矿山环境恢复治理保证金制度。完成尤溪、大田铅锌矿业污染专项整治，新罗区、漳平市铁锰矿业污染专项整治任务。完成历史遗留尾矿库排查，制定综合整治方案。完成鳌江流域石板材污染整治。第五，加强水生态保护。落实“河长制”，用2~3年时间建立“一条岸线”“河岸生态保护、饮用水水源地保护、地下水警戒保护三条蓝线”。开展万里安全生态水系建设，从河水、河床、河滩、河岸四个方面着手，用生态方式改善河水、改良河床、恢复河滩、修复河岸，改善全省水系的水量、水质、水生态，积极运用卫星遥感等先进技术强化河湖监控，依法查处非法侵占河湖、非法采砂等行为①。

⑧强化海洋生态环境保护，科学开发海洋资源。坚持“点上开发、面上保护”，控制海洋开发强度，在适宜开发的海洋区域，加快调整经济结构和产业布局，积极发展海洋战略性新兴产业，严格生态环境评价，提高资源集约节约利用和综合开发水平。控制发展海水养殖，科学养护海洋渔业资源。开展海洋资源和生态环境综合评估。落实围填海总量控制制度，对围填海面积实行约束性指标管理，实行用海投资强度指标控制。建立自然岸线保有率控制制度，有序开发利用岸线资源，加强重要岸线的战略预留。开展蓝色海湾整治行动，继续实施“碧海银滩”工程，加强近岸海域典型受损海洋生态系统修复，开展沿海岸线整治和海岛生态恢复，加大重要滨海沙滩保护与恢复力度，建设一批海洋特别保护区及海洋公园。加强海岛生态保护，建设福鼎鸳鸯岛、平潭山洲列岛、秀屿大麦屿、惠安南洋屿、诏安城洲岛等一批海岛生态特别保护区。推进厦门、晋江、东山等海

---

① 福建省人民政府：《福建省“十三五”生态省建设专项规划》，http://www.fujian.gov.cn/fw/zwgk/ghxx/zxgh/201604/t20160420_1163994.htm。

洋生态文明示范区建设[①]。

⑨着力推进绿色发展体制改革。第一，健全自然资源资产产权制度和用途管制制度。对全省水流、森林、山岭、草原、荒地、滩涂等自然生态空间进行统一确权登记，明确国土空间的自然资源资产所有者、监管者及其责任。完善自然资源资产用途管制制度，明确各类国土空间开发、利用、保护边界，实现能源、水资源、矿产资源按质量分级、梯级利用。建立资源环境承载能力监测预警机制，对资源消耗和环境容量接近或超过承载能力的地区，实行预警提醒和限制性措施。第二，健全资源有偿使用和生态补偿制度。加快自然资源及其产品价格改革；完善矿业权出让制度。推进海洋资源市场化配置，完善海域、岸线和无居民海岛有偿使用制度，推动设立海洋产权交易中心，探索建立海洋资源价值评估机制和初始产权有偿取得机制。制定居民能源使用的阶梯定价制度和工业企业以能耗量为标准的能源使用差别顶级制度。健全生态保护财力支持机制，加大对限制开发区域、禁止开发区域的财政转移支付力度。构建以水环境质量改善为导向、以流域交界断面水质为评定依据的生态补偿奖惩机制，同时积极推进汀江—韩江跨省流域生态补偿试点，建立健全生态公益林补偿机制，探索建立湿地、海洋、水土保持、耕地及土壤生态补偿机制。第三，推进生态产品市场化改革。建立完善排污权、用能权、碳排放权和水权交易制度；建立绿色金融体系，积极推广绿色信贷，采取财政贴息等方式加大扶持力度，鼓励各类金融机构加大绿色信贷的发放力度。第四，健全绿色绩效评价考核和责任追究制度，强化考核评价导向；建立领导干部自然资源资产离任审计制度；建立生态环境损害责任终身追究制[②]。

⑩开展两岸生态环境保护交流合作。加强闽台绿色节能低碳经济交流，充分借鉴台湾地区在推广绿色科技、绿色产业、低碳城市等方面的成功经验，建立与台湾相关协会、企业和园区的生态科技交流与产业合作机制，推

① 福建省人民政府：《福建省“十三五”生态省建设专项规划》，http://www.fujian.gov.cn/fw/zwgk/ghxx/zxgh/201604/t20160420_1163994.htm。

② 福建省人民政府：《福建省“十三五”生态省建设专项规划》，http://www.fujian.gov.cn/fw/zwgk/ghxx/zxgh/201604/t20160420_1163994.htm。

进节能环保、新一代信息技术、新能源等新兴产业对接，深化两岸半导体照明、精密机械等产业合作，支持厦门建设两岸新兴产业和现代服务业合作示范区。进一步拓宽闽台农业、林业、环保、旅游、气象等领域合作，鼓励和支持台商扩大绿色经济投资。加强闽台海洋环境保护合作，协同开展增殖放流活动，共同养护台湾海峡水生生物资源。协同开展厦门—金门、马尾—马祖海域海漂垃圾治理和环境综合整治，加强台湾海峡海洋环境监测，推进海洋环境及重大灾害动态监测数据资源共享①。

6.3 中国绿色发展的区域耦合协调分析

6.3.1 研究思路和分析维度

（1）研究思路。第四章与第五章分别从绿色发展的状态水平、技术水平、效率、空间覆盖面四个维度对中国绿色发展的现状进行了分析。但是，从绿色发展的有关作用机制来看，绿色发展的状态水平、技术水平、效率和空间覆盖面并不是相互独立的，而是相互关联的。根据经济学对于技术进步和生产效率的解释，绿色发展技术上的进步必然会带来全要素生产率的提高，全要素生产率的提高带来的是投入产出比的提高和生产部门资源利用率的提高，而当前污染物的过量排放和生态环境破坏的一个重要原因就是投入产出比和资源利用率的低下。因此，技术水平和效率水平的提高将使得绿色发展点状态水平得到提升，而绿色发展状态水平的变化在空间上所产生的溢出效应使得绿色发展空间覆盖范围扩大。与此同时，绿色发展状态水平的不断提高将使得绿色发展阶段向前演进，为技术和效率的提高带来新的动力。空间覆盖范围的扩大将带动多个地区绿色发展状态水平的提升，同时也会带动绿色发展技术和效率的提升。因此，绿色发展技术和效率正向作用于状态水平，状态水平的提升将作用于空间覆盖，而状态水平与空间覆盖又会反过来作用于绿色发展的技术和效率。前者对后者的正向作用过程被称作行为过

① 福建省人民政府：《福建省“十三五”生态省建设专项规划》，http://www.fujian.gov.cn/fw/zwgk/ghxx/zxgh/201604/t20160420_1163994.htm。

程，后者对前者的反向作用过程被称为反馈过程。因此，这样一种相互联系的过程就可以被视为一种行为与反馈的循环过程。

（2）分析维度。从单个区域的角度来看，分析区域绿色发展的状态、技术、效率和空间覆盖之间的关联度有两个方面的含义：①体现的是区域绿色发展状态、技术、效率和空间覆盖之间相互关联的程度；②反映出来的是绿色发展的这四个方面在某一个区域上的协调程度。换句话说，从状态、技术、效率和空间覆盖四个维度来看，一个区域的绿色发展究竟是全面的发展还是片面的某一方面或某几方面的发展，也就是区域绿色发展“质”的判断问题。因此，对区域绿色发展状态、技术、效率、空间覆盖的有关指标进行耦合协调分析是十分有意义的。

6.3.2　研究方法和指标数据

（1）研究方法。鉴于指标的原始指标数据量纲不同，为能够进行不同区域之间的横向对比和纵向比较，在进行耦合关联分析之前，采用极差标准化的方法对数据进行无量纲化处理，具体公式如下：

$$Z_i = (X_i - \min_i X_i) / (\max_i X_i - \min_i X_i) \tag{6-1}$$

其中，Z_i表示第 i 个指标（绿色发展的状态指标、技术指标、效率指标）标准化之后的标准化值，X_i表示第 i 个指标的原始数据。

同时，为了进一步计算全国层面、地带性层面和城市层面的耦合关联度，本书借用下面的关联度计算公式计算区域绿色发展的状态、技术、效率的关联度水平：

$$\xi_{ij}(j)(t) = \frac{\min_i \min_j |Z_i(t) - Z_j(t)| + \rho \max_i \max_j |Z_i(t) - Z_j(t)|}{|Z_i(t) - Z_j(t)| + \rho \max_i \max_j |Z_i(t) - Z_j(t)|} \tag{6-2}$$

$\xi_{ij}(j)(t)$表示某一个区域 t 时刻的第 i 个指标和第 j 个指标的关联度水平，Z_i、Z_j是第 i 个或第 j 个指标经过极差标准化后的值，ρ 为调整系数，按通常惯例，一般取 0.5。

按照式（6－1）和式（6－2）计算出单个地区各指标间的关联度大小，同时按照区域样本的个数 K 求算术平均数，得到 $\gamma_{ij} = \frac{1}{K}\sum_{i=1}^{K} \xi_{ij}(j)(t)$ 。将这一串的算术平均数按行列可以排成一个耦合关联度矩阵 γ（见表 6 - 11）。耦合关联度矩阵可反映出绿色发展状态、技术、效率两两间的耦合关联度大小。通常来说，若γ_{ij}取 1，则说明两个指标之间的变化规律完全相同，属于最强的耦合关联程度；$0 < \gamma_{ij} < 1$ 时，说明第 i 个指标和第 j 个指标之间存在关联关系，γ_{ij}值越大，说明两项指标之间耦合关联程度越高，同时说明该区域的绿色发展在这两项指标的发展上协调程度越高，反之亦然；若 $0 < \gamma_{ij} \leq 0.35$，说明两项指标之间的耦合关联度为弱，该区域在该两项指标上的发展协调程度为低；若 $0.35 < \gamma_{ij} \leq 0.65$，说明两项指标之间的耦合关联度为中等，该区域在该两项指标上的发展协调程度为中；若 $0.65 < \gamma_{ij} \leq 0.85$，说明两项指标之间的耦合关联度为较强，该区域在该两项指标上的发展协调程度为较高；若 $0.85 < \gamma_{ij} \leq 1.0$，说明两项指标之间的耦合关联度为极强，该区域在该两项指标上的发展协调程度为极高。

表 6 - 11　中国区域绿色发展状态、技术、效率的关联度矩阵

	状态与技术	状态与效率	技术与效率
状态与技术	γ_{11}	γ_{12}	γ_{13}
状态与效率	γ_{21}	γ_{22}	γ_{23}
技术与效率	γ_{31}	γ_{32}	γ_{33}

（2）指标和数据来源。分全国层面、东中西地带性层面和城市层面的绿色发展状态水平、技术水平和效率的测度方法和原始数据来源与前面的研究相同。本书将继续按照全国层面 30 个省级行政单位、东中西三大地带、23 个生态文明先行示范市三个维度，选取典型年份 2000 年、2005 年、2010 年和 2015 年四个年份对绿色发展状态水平、技术水平和效率两两间的耦合关联度水平进行测算。

6.3.3　结果分析和研究启示

（1）结果分析。分别从全国层面、东中西地带性层面和生态文明城市三个层面进行分析。①全国层面耦合关联度（见表 6 - 12）。第一，从数值上来看，中国 30 个省级样本状态与技术、状态与效率、技术与效率两两之间的关联度大部分为 0.65 ~0.85，属于较强的耦合关联度，而 2010 年与 2015 年技术与效率达到了 0.85 ~1 的极强关联度水平；同时，将状态与技术、状态与效率、技术与效率之间的耦合关联度进行对比可以发现，技术与效率之间的耦合关联度水平最高，而状态与技术和状态与效率之间的耦合关联度水平大致相当。第二，从时间维度上来看，中国全国层面绿色发展的状态与技术的耦合关联度、状态与效率的耦合关联度都呈现了先升后降的趋势，而技术与效率之间的耦合关联度呈现先升然后稳定在最高值处的趋势。第三，在区域层面上，2015 年中国 30 个省份状态与技术、状态与效率的空间分布呈现南北两头较高，处于极强耦合关联度水平，而中间相对较低，处于较强耦合关联度和中等耦合关联度的水平。因此，状态与技术、状态与效率的分布呈现“南北两头较高，中间较低”的分布特征；而对于省级样本的技术与效率的耦合关联度，除了吉林、辽宁、山东、福建四省处于较强耦合关联度水平外，其余各省份均处于极强耦合关联度水平，呈现耦合关联度普遍很强的特征。

表 6 - 12　中国 30 个省级样本状态、技术、效率关联度

关联度	2000 年	2005 年	2010 年	2015 年
状态与技术关联度	0.68022	0.76317	0.75605	0.73503
状态与效率关联度	0.63706	0.77574	0.75946	0.72963
技术与效率关联度	0.73078	0.84624	0.91137	0.91040

②地带性层面耦合关联度（见表 6 - 13）。第一，从数值上来看，东部地区的状态与技术的耦合关联度水平除 2010 年在 0.65 ~0.85 较强耦合关联度区间外，其余年份均在 0.35 ~0.65，属于中等耦合关联度。因此，东部地区状态与技术的整体关联度水平处于中等耦合关联向较强耦合关联过渡的阶段；东部地区状态与效率的耦合关联度水平亦是处于这样的阶段；而东部地区技术与效率的耦合关联度水平总体处于 0.65 ~0.85 的较强耦合关联度水平。中部地区状态与技术的耦合关联度以及状态与效率的耦合关联度水平在 2005 年均出现了较低的异常值，除去这两个数据，三项耦合关联度水平均处在由中等耦合关联度向较强耦合关联度过渡的阶段。而西部地区的耦合关联

表 6-13　中国三大区域状态、技术、效率关联度

年份	东部地区			中部地区			西部地区		
	状态与技术关联度	状态与效率关联度	技术与效率关联度	状态与技术关联度	状态与效率关联度	技术与效率关联度	状态与技术关联度	状态与效率关联度	技术与效率关联度
2000	0.57634	0.54171	0.83477	0.67963	0.63302	0.69796	0.61789	0.64797	0.66499
2005	0.64590	0.67779	0.78832	0.48437	0.53503	0.64873	0.60430	0.61134	0.65699
2010	0.67226	0.65443	0.90706	0.62789	0.70360	0.74086	0.63260	0.62726	0.62647
2015	0.64521	0.60204	0.84713	0.70749	0.64740	0.58517	0.74980	0.68263	0.75912

度与中部地区类似，也属于中等耦合关联度至较强耦合关联度水平。第二，从时间维度的变化规律来看，东部地区的三项耦合关联度水平都出现了升降相互交错的波动变化的趋势；中部地区的状态与技术、状态与效率的耦合关联度呈现先降后升的趋势，技术与效率的耦合关联度则呈现先降后升再降的趋势；而西部地区三项耦合关联度先降后升的趋势明显。第三，从区域对比的角度来看，在状态与技术以及状态与效率这两项耦合关联度上，除去异常值，中部地区与西部地区水平相当，东部地区在这两项指标上相对偏低。而在技术与效率的耦合关联度水平上，东部地区明显领先于中部地区和西部地区。

②城市层面耦合关联度（见表6－14）。第一，从数值上来看，23个生态文明先行示范市样本状态与技术、状态与效率的耦合关联度大部分为0.65～0.85，属于较强的耦合关联度，技术与效率之间的耦合关联度水平最高，除2015年为较强耦合关联度水平以外，其余耦合关联度水平均为0.85～1，属于极强耦合关联度水平。第二，从时间维度上来看，23个生态文明先行示范市样本在2000年、2005年和2010年期间呈现稳定中略有上升的趋势，但在2015年则出现了较为明显的回落。第三，在区域层面上，2015年23个生态文明先行示范市样本三项耦合关联度水平呈现了“两头较低，中间较高”的分布态势，与省级的分布状况正好相反。

表6－14 中国23个生态文明先行示范市状态、技术、效率关联度

关联度	2000年	2005年	2010年	2015年
状态与技术关联度	0.73937	0.73077	0.81613	0.67745
状态与效率关联度	0.72446	0.71711	0.74753	0.65258
技术与效率关联度	0.89276	0.85889	0.87174	0.72048

（2）研究启示。①从整体上来看，不论是省级、三大区域还是城市层面，中国绿色发展的状态、技术、效率的两两耦合关联度大致属于较强级别。而耦合关联度水平可以被视为区域绿色发展状态、技术、效率三者的协调程度，这说明从总体上来说，中国绿色发展状态、技术、效率的协调程度较高。其中，从全国层面、东中西地带性层面和生态文明示范城市层面均可

以发现，技术与效率的耦合关联度最高，这是因为从经济学的角度看，技术进步表现形式之一就是全要素生产率的提高，二者具有内生关联性。

②将全国层面的耦合关联度和东中西三大地带以及23个生态文明示范城市的耦合关联度对比可以发现，全国层面的耦合关联度普遍明显高于东中西三大地带和生态文明示范城市的耦合关联度，这说明当前中国绿色发展状态、技术、效率的协调程度的区域差距较大，区域分布不均衡。

③从东中西三大地带对比的角度来看，东部地区技术与效率的耦合关联度最高，这说明东部地区技术优势较为显著，技术优势同时表现为绿色发展的效率水平较高。而中部地区和西部地区的技术与效率的耦合关联度相对偏低，说明当前绿色发展技术水平和效率水平仍有待提高。但通过对比也可以发现，中部地区和西部地区的状态与技术、状态与效率的耦合关联度水平总体高于东部地区，这表明虽然东部地区在技术和效率上具有较为明显的优势，但是技术成果的转化效率较低，也就是说东部地区并没有充分发挥技术成果对绿色发展的驱动作用。

6.4 中国绿色发展的区域实现路径分析

6.4.1 中国绿色发展的途径

（1）发展高新技术，以创新驱动绿色发展是根本途径。根据资源与环境经济学的相关理论，通过技术进步，可提高对现有生产要素的使用效率，同时，将原来一些不可利用的自然资源逐渐开发与利用，从而达到在更少的资源消耗的前提下，将产出最大化。环境污染是因为人们受各种经济和技术水平的制约，无法对经济活动所产生的各类污染物进行有效处理，进而造成环境质量不断下降。因此，提高技术水平，发展高新技术，可以减少对资源的过度消耗，还可以减少各类污染物的排放，这是推动绿色发展的根本途径所在。推动技术创新在所有样板中几乎均有涉及，例如，美国的“清洁能源研发基金”和智能电网、超导电网建设，日本的低碳经济技术线路图设计和有关低碳技术研发的资金投入，中国广东省推动科技创新人才队伍建设和打造珠三角国家自主创新示范区。因而，在绿色发展进程中，必须充分发挥技术创新的作用，以技术创新驱动绿色发展。

（2）加快产业结构升级调整，打造绿色、低碳、循环的产业链是方向。产业演进理论表明，一个国家经济和社会的发展，其国民经济的主导产业部门都经历了由第一产业向第二产业转移，再由第二产业向第三产业转移的过程。经济成长阶段理论也表明，在一个国家或地区经济发展由起飞阶段向成熟阶段推进的过程中，工业是国民经济的主导部门，而迈入追求消费和生活质量的阶段后，服务业会成为国民经济的主导部门。发达国家的实践经验同样表明，在国民经济以重工业为主导产业的阶段，工业的发展对资源的消耗较多，对环境的破坏较为强烈，世界上处于这一阶段的国家，都经历过较为严重的环境问题的困扰。因此，要实现一个区域的绿色发展，必须促进该区域的产业升级，由带来环境问题较多的重工业发展阶段向高新制造业和服务业阶段迈进。由于大多数发达国家已经走过了工业化阶段，产业结构的升级对于各发展中国家来说显得尤为迫切。从国内各区域的实践经验来看，四个生态文明示范省均制定了产业发展规划，如江西省促进农业生态化，打造“物流港”，福建省打造制造业强省和“清新福建”的生态旅游品牌。

打造绿色、低碳、循环的产业链则是实现产业升级的重要载体之一。从国内的实践经验来看，贵州省积极推动贵阳市国家资源综合利用“双百工程”示范基地、贵州大龙经济开发区国家园区循环化改造试点园区、茅台生态循环经济产业示范区建设，大力推动循环经济，将平潭等地打造成为“低碳示范园”，江西省加快创建一批“猪—沼—果”、“秸秆—食用菌—有机肥—种植”、林禽渔立体复合种养等模式的循环型生态农业示范园等。

（3）生态环境治理、环境保护是绿色发展的重要抓手。中国经济目前面临工业化、城市化和农业现代化的同步发展，经济社会发展方式与环境承载力之间不协调，经济发展生态环境代价大，生态环境问题已成为制约经济绿色发展一个至关重要的因素，进行生态环境治理和采取环境保护措施迫在眉睫。从国内生态环境治理实践来看，有贵州的构筑“两江”生态安全屏障及水土流失和荒漠化治理、江西的“五河治理”工程、广东的绿化广东大行动和生态修复工程等。绿色发展呈现发展时期长，且环境和生态效益体现慢的特点。因此，生态环境的治理和环境保护要在未来相当长的一段时间内持续推进。

（4）绿色发展制度建设是保障绿色发展路径的关键所在。绿色发展制度建设可以为区域的绿色发展路径提供制度保障和政策指导，同时也是贯彻实施循环经济和低碳经济的管理需要，为资源节约型、环境友好型的生产生活方式提供机制保障，因此，绿色发展的制度设计对于绿色发展至关重要。从国内绿色发展的制度建设来看，其制度建设路径主要有设立环境法规规章、设定生态标准体系、建立自然资源资产产权制度和用途管制制度、完善生态环境监管制度、设定资源消耗上限、推出生态环保的经济政策、推行市场化机制、健全生态保护补偿机制、健全政绩考核制度等。

（5）市场机制是提升绿色发展效率的内在驱动力。绿色发展是经济发展的一种新模式，是一种以市场经济为依托的发展方式。要摆脱传统高消耗的经济发展路径，给予绿色发展以生命力和活力，必须在政府的合理引导下发挥市场机制的作用，以市场的能力为绿色发展提供新的驱动，以市场机制与规范对绿色发展因势利导，只有这样才能发挥出绿色发展的优势和能量。从上述四个生态文明示范先行省的经验来看，国内绿色发展的市场机制应主要体现在配额有偿发放机制、低碳发展基金、碳金融市场、碳普惠制、水权交易制度、水权交易试点、排污权交易市场和绿色金融体系等。

（6）培育绿色发展文化，鼓励全社会参与是绿色发展的必由之路。各个区域的绿色发展的实践经验表明，推进绿色发展进程不仅仅取决于技术的开发和应用，管理模式、社会选择、生产方式以及生活消费方式的转变对于绿色发展进程也会产生重大影响。无论何种政策措施，最终都将落实到单个的管理者和单个的消费者身上。培育良好的绿色发展文化，将绿色发展文化植入各管理者和消费者心中，将使得绿色发展理念深度融入上述的各个方面，从而带动绿色发展。绿色文化的培育也是一个全社会参与的过程，绿色发展的过程会涉及全社会每一个人的方方面面，只有全社会参与，才能发挥各种政策措施的效能。国内绿色发展文化的培育集中在以下几个方面：通过报刊、网络等多种形式的大众传媒和教育活动倡导绿色发展理念，在衣、食、住、行等生活各方面倡导绿色生活方式，加强国际绿色文化交流，等等。

（7）推进区域绿色发展的过程中应当注重绿色发展各方面的协调发展。当前中国绿色发展状态、技术、效率的协调程度的区域差距较大，区域分布不均衡，并且各个协调度随时间的推移出现先增后降的趋势。因此，应当更加注重绿色发展各方面的相互协调，不仅注重绿色发展水平的提升，更注重绿色发展的“质”。

6.4.2　中国绿色发展的区域路径

（1）东部地区绿色发展的实现路径。①推动科技创新。东部地区教育基础和技术发展水平领先全国，因此，充分发挥本地区的技术优势，以科技创新推动产业转型，从而实现绿色发展也就成为东部地区当前重点。从目前来说，东部很多省份如广东省、长三角地区的主要省份、京津冀地区主要省份都在加强重大科学技术问题研究，开展以能源节约、资源循环利用、新能源开发、污染治理、生态修复、农业绿色科技等领域为主题的关键技术创新攻关。同时，发挥市场机制，调动市场活力，强化企业技术创新主体地位，充分发挥市场对绿色产业发展方向和技术路线选择的决定性作用，推动相关配套服务业的发展建设。与此同时，在现有基础上完善科技创新体系，支持绿色生态领域工程技术类研究中心、实验室和实验基地建设，完善科技创新成果转化机制，加快成熟适用技术的示范和推广。

②推进节能减排，提高资源的使用效率。基于现有技术优势，东部地区全面推进重点领域节能减排技术，如低碳经济、循环经济技术的提升，开展重点用能单位节能低碳行动，实施重点产业能效赶超计划。在这一点上，广东省制订了 2020 年 200 家省级工业园区的循环改造计划，福建省也已制定了循环经济的引领计划。在行业的绿色标准上，东部各省份也正不断推出更严格的标准，如在建筑领域，严格执行建筑节能标准，加快推进既有建筑节能改造，推广可再生能源在建筑上的应用，鼓励建筑工业化等建设模式。在交通运输领域，优先发展公共交通，加快轨道交通建设，优化运输方式，推广节能与新能源交通运输装备，发展甩挂运输和水运等，如福建省的城际公交客运化试点和建设低碳港口、绿色港口行动。

③大力推进绿色城镇化。东部地区城镇化水平相对较高，如何根据资源

环境承载能力，构建科学合理的城镇化宏观布局推进绿色城镇化，是当前形势下东部地区绿色发展亟须解决的又一重要问题。东部地区推进绿色城镇化的主要路径可以总结为以下几点。第一，严格控制特大城市规模，增强中小城市承载能力，促进大中小城市和小城镇协调发展。第二，注重自然空间格局，合理布局城镇各类空间，保持特色风貌，注重城市历史文化传承，实现历史文化遗产的永续利用。第三，科学确定城镇开发强度，提高城镇土地利用效率、建成区人口密度，划定城镇开发边界，从严供给城市建设用地，推动城镇化发展向内涵提升式转变，严格落实新城、新区设立条件和程序。第四，注重城镇化过程中节能减排体系的构建。第五，丰富“绿道”内涵，提升综合服务能力。加强城市立体绿化，推进绿色生态城区建设。

④培育绿色生活方式。东部地区经济较为发达，人口受教育程度相对较高，因此，绿色消费观、绿色文化在东部地区更容易得到推广。当前，东部各省份都出台了许多措施倡导勤俭节约的消费观，广泛开展绿色生活行动。首先是推动全民在衣、食、住、行、游等方面加快向勤俭节约、绿色低碳、文明健康的生活方式转变，坚决抵制和反对各种形式的奢侈浪费、不合理消费。其次是积极引导消费者购买节能与新能源汽车、高能效家电、节水型器具等节能环保低碳产品，减少一次性用品的使用，限制过度包装。再次是大力推广绿色低碳出行，倡导绿色生活和休闲模式，严格限制发展高耗能、高耗水服务业。最后是结合本省份的特色，打造绿色文化产业体系。

⑤海洋资源的科学开发与海洋生态的保护。由于东部地区大部分都沿着中国的海岸线分布，因此，海洋资源的合理开发利用和海洋生态环境的保护也就成为东部地区绿色发展无法绕开的一环。东部地区大部分省份在绿色发展（生态文明建设）规划中都涉及海洋资源的开发和海洋生态的保护问题。如福建省的蓝色海湾整治行动和“碧海银滩”工程以及构建“一带、双核、六湾、多岛”的海洋开发新格局。另外，作为生态文明先行示范省的广东省也提出了建设粤港澳、粤闽、粤桂琼三大海洋经济合作圈，构建科学统筹海岸带（含海岛地区）、近海海域、深海海域三大海洋保护开发带的“三区、三圈、三带”的海洋综合发展新格局，并在三大海洋保护开发带实施红树林、珊瑚礁等滨海湿地修复和“生态岛礁”修复工程，科学开发海洋资源，

保护海洋生态①。

(2) 中部地区绿色发展的实现路径。①注重各主要水域的生态环境治理。中部地区河流湖泊众多，长江黄河的中游地区是中部地区大城市和重要产业的集聚地，也是中部地区重要的生态屏障。中部地区水域生态治理措施有以下几个要点。第一，将重要江河源头、重点湖泊等生态功能极重要地区划入生态红线范围，严格限制或禁止开发，如在河流上游以及湖泊水源区严控农药、化肥的使用，禁止设立重化高污染企业等。第二，建立健全河湖管理与保护制度。以江西省的鄱阳湖为例，目前江西省正在建立以鄱阳湖为核心，以“五河”为纽带，加强干支流、上下游跨界流域水质及水量断面监测，建立跨行政区的水环境保护奖惩机制。第三，加强对水源涵养区、江河源头区和湿地的保护，推进以赣江抚河下游尾间地区水系综合整治工程为重点的“五河”尾间河道疏浚、生态堤防建设、水系连通和生态整治。第四，对各江、河干流、支流沿岸实施有毒、有害物质的防治。如安徽省的“三防一供”工程。

②依托既有产业优势，发展具有特色的新兴绿色产业。中部地区制造业基础雄厚，机械、化工、新能源等产业具有较强的竞争力。未来，中部地区的绿色产业发展不仅有巨大的市场需求，而且将得到强有力的国家战略和政策的支持。中部地区目前正发挥现有产业优势，大力发展包括绿色农业、现代服务业在内的新兴绿色产业，加快产业结构转型升级，其措施包括以下几个要点。第一，发展特色生态农业。例如江西省正在打造赣东北、赣西北、赣中、赣南的优势茶叶产区和高产油茶林基地。第二，发展低碳、循环产业体系。如逐步淘汰重金属等落后产能产业和完善现有工业企业的产业链。第三，建设现代服务业。如打造特色生态旅游产业，挖掘本省生态文化价值等。

③加强基础设施建设，特别是农村地区基础设施建设。相对于东部地区来说，中部地区整体基础设施建设还较为落后。基础设施的缺乏正在不但严

---

① 中共广东省委、广东省人民政府：《中共广东省委 广东省人民政府关于加快推进我省生态文明建设的实施意见》，http://www.gepf.org.cn/index.aspx? lanmuid = 62&sublanmuid = 539&id = 1642。

重侵蚀城乡的生态环境，而且严重限制中部广大地区的发展。对此，中部地区主要省份均提出了大力实施基础设施建设的有关措施，其要点如下。第一，大力建设城市环境设施，如城市污水处理系统，脱硫、脱硝等设施。第二，推进城市防灾、减灾设施的建设。第三，加快城市环境信息数据网络平台的建设。第四，在农村兴建农业基础设施，如水利灌溉设施。第五，加快农村环境基础设施的建设，如农村污水处理系统，农村沼气工程，禽畜粪便处理系统以及秸秆循环利用系统等。

（3）西部地区绿色发展的实现路径。①实施生态环境质量提升工程，构建可靠的生态环境保护体系。第一，由于西部地区生态环境状况相对较为复杂，且西部有不少地区是重要的生态环境屏障区，因此，西部地区生态问题的治理离不开复杂地质条件的改造，如贵州省的喀斯特地貌改造工程和水土流失治理。第二，扎实推进生物物种多样性的保护工作。西部地区物种较为丰富，如何实现五种资源的可持续利用便成为构造可靠的生态环境保护体系的重点工作。其主要工作重点包括建立健全生物多样性保护和生物安全监管体制机制，提高调查、评估、监测预警的能力，提升对各级自然保护区、森林公园、风景名胜等的保护管理能力等。第三，由于西部地区近年来工业化城镇化的快速推进，西部地区环境污染严重，严控污染物排放成为西部地区生态治理的重点工作，不少省份如贵州、云南等省都制定了严格的污染物排放标准。

②加快产业升级转型的步伐。高污染、高能耗的产业显然无法实现可持续的绿色发展。因此，西部地区必须加快产业转型的步伐。第一，进一步扩大现有特色产业的优势，如贵州省以本省中草药为特色，建设中药材主产省和民族药业大省。第二，努力建设新兴产业。例如贵州省正以电子信息大数据产业为抓手推动本省新型产业的发展。第三，西部地区旅游资源丰富，因此包括云南、贵州、新疆等地都将发展现代生态旅游业作为产业转型的另一个着力点。第四，承接东部地区的产业转移，并以此为契机促进产业的进一步升级和转型。

③严格考核问责。环境治理工程必须有相关制度作为保障，因此，西部地区也在着手完善问责与考核制度。第一，把资源消耗、环境损害、生态存

量、生态增量等指标纳入经济社会发展综合评价体系，增加考核权重。第二，将生态文明建设综合考评指数优劣状况，作为综合考核市县两级领导班子和领导干部政绩的重要内容，把考核结果作为干部选拔任用的重要依据和管理监督干部的重要参考。第三，健全领导干部任期生态文明建设责任制，完善节能减排目标责任考核及问责制度。第四，探索自然资源资产负债表编制，实行领导干部自然资源资产离任审计，建立生态环境损害责任终身追究制度。第五，对推动生态文明建设工作不力的，要及时诫勉谈话；对不顾资源和生态环境盲目决策、造成严重后果的，要严肃追究有关人员的领导责任；履职不力、监管不严、失职渎职的，要依纪依法追究有关人员的监管责任。

④加大对以提升人力资本为目的的各类工程的投入，解决贫困问题。贫困问题是西部地区发展的又一瓶颈。因此，西部各省份均在加大贫困问题的解决力度。第一，强化区域绿色基础设施建设和生态服务供给。经验表明，基础设施（交通、通信、教育等）建设是有效解决区域贫困问题的重要手段之一。第二，西部地区当前在人力资本方面十分缺乏。因此，提升人力资本水平也成为当前西部地区实现绿色发展的重点。

第7章
中国绿色发展的政策工具比较与情景模拟

7.1 国内外现有绿色发展政策工具梳理

7.1.1 国外绿色发展政策工具梳理

（1）发达国家环境政策工具的形成过程。从外国的生态环境治理经验来看，其鲜有提到“绿色发展”这一概念，而西方国家生态环境治理政策主要集中在环境政策方面。有学者提出，从西方国家环境治理的政策演变过程来看，政策工具类型的变迁说到底就是政府与企业在环境管理过程中的关系变革，这一关系在不断的变化过程中逐渐趋于一致[①]。一般来说，政府与企业在环境管理上的态度经历了一个从不信任、管制到信任、支持和从消极、抵触到积极、主动的过程。因此，西方国家生态环境政策工具类型的演进过程也大致对应三个主要阶段，即第一代“命令控制型”政府管制工具，第二代市场化工具或基于市场的政策工具，第三代自愿环境管制政策工具[②]。具体来看，第一代强制“命令控制型”工具主要是为了纠正环境资源型物品的外部性而最先引入的政府强制干预的手段，该手段主要表现为政府采取强制命令的控制管制，对污染物排放设置数量限制或指定使用特定的消除技术；第二代经济激励型的工具旨在为污染厂商内部化外部性创造市场激励，为企业提供灵活性选择控制污染成本的方法；第三代自愿环境管制政策工具的产生主要源自政府的干预往往出于政治压力和利益考虑，或者由于信息的缺乏往

① 秦颖、徐光：《环境政策工具的变迁及其发展趋势探讨》，《改革与战略》2007 年第 12 期。

② 肖建华：《生态环境政策工具的治道变革》，知识产权出版社，2010。

往产生“政府失效”，因此，为了寻找降低治理环境成本的有效方法，管制范式朝着鼓励企业自愿行动的方向发展[①]（见图7-1）。

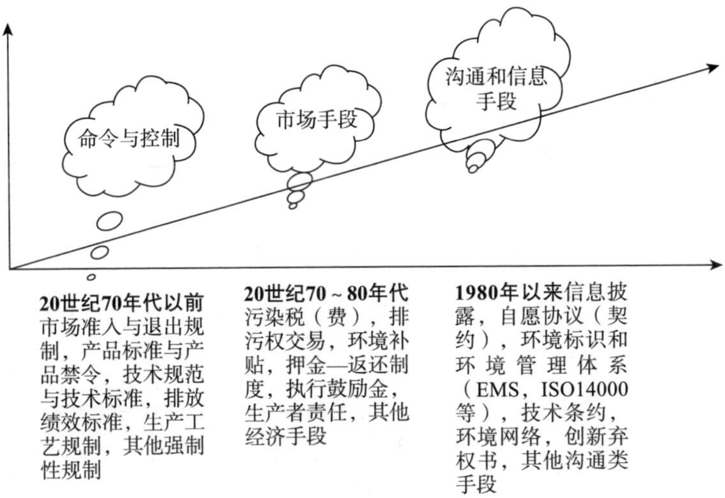

图7-1　OECD国家环境政策的演变与创新[②]

《世界银行1997年度报告》将环境政策分为四种类型：利用市场、创建市场、环境管制、公众参与（见表7-1）。

表7-1　世界银行环境政策分类[③]

利用市场	创建市场	环境管制	公众参与
补贴削减 环境税费 使用者收费 押金—退款制度 有指标的补贴	产权与地方分权 可交易许可证和权力 国际补偿机制	标准 命令 许可证与限额 区分 责任	公众参与 信息公布

（2）国外环境政策工具的实施状况。国外现有的生态环境政策工具主要可以分为四大类型：命令控制型、基于市场型、自愿协议型、信息公开型。①命令控制型政策工具实施现状。命令控制型政策工具以许可、审批、标准

① 肖建华：《生态环境政策工具的治道变革》，知识产权出版社，2010。

② 任志宏、赵细康：《公共治理新模式与环境治理方式的创新》，《学术研究》2006年第9期。

③ 《世界银行1997年度报告》，中国财政经济出版社，1997。

控制等手段为主，同时环境立法和环境标准大量出现，环境管理机构在各个国家普遍设立①。因此，国外的命令控制型政策工具主要有环境立法、环境标准、环境影响评价、排污许可证制度等（见表7－2）。

表7－2　世界各国采用的不同类型的命令控制型政策工具②

政策工具	国家或地区	具体措施
环境立法	美国	《国家环境政策法》《能源政策法》《低碳经济法案》《绿色能源法案》《固体废弃物处置法》《资源回收法》《资源保护及回收法》《清洁空气法》《联邦水污染控制法》等
	欧洲	《欧盟环境保护法》《环境法典》《环境管理法》《希腊共和国宪法》《俄罗斯联邦环境保护法》《包装废弃物处理法》及英国碳预算立法等
	日本	《环境基本法》、《低碳绿色增长基本法》、日本循环经济基本法、循环经济综合性法律、循环经济专项法等
环境标准	美国	USEPA环境标准体系，水、空气污染物和固体污染物分行业排放标准
	欧洲	《欧洲联盟条约》以及水、空气、噪声、固体废弃物、化学品及转基因制品、核安全与放射性废物、野生动植物及基础标准构成的欧盟环境标准体系
	其他国家或地区	尼日利亚《1991年国家环境保护（限制排放）管理办法》《1991年国家环境保护（工业及产生废水的设施减少污染）的管理办法》，泰国《国家环境质量法》，拉丁美洲和加勒比海地区国家授权政府制定环境标准，印度、韩国推行环境标志和生态标志制度
环境影响评价	美国、欧盟、加拿大	开展战略环境影响评价（SEA）
	澳大利亚	开展项目环境影响评价（EIA）
排污许可证制度	美国	NPDES许可证制度、空气质量许可证制度

②基于市场型政策工具实施状况。基于市场的政策工具主要是根据价值规律，利用价格、税收、信贷、投资、保险等微观或宏观刺激政策影响市场主体，从而消除污染行为的一种手段③。常用的基于市场的绿色发展政策工

① 肖建华：《生态环境政策工具的治道变革》，知识产权出版社，2010。

② 肖建华：《生态环境政策工具的治道变革》，知识产权出版社，2010。

③ 肖建华：《生态环境政策工具的治道变革》，知识产权出版社，2010。

具有绿色财税工具、绿色金融与绿色信贷工具、可交易排污许可等工具。从各发达国家的具体实践来看，运用最为广泛的是绿色财税工具，而绿色金融与绿色信贷工具及排污许可交易近年来正成为各国政府所青睐的基于市场型的政策工具（见表7－3）。表7－3分别从绿色财税、绿色金融与绿色信贷、可交易排污许可三方面总结各发达国家的实践经验。

表7－3　世界各国采用的不同类型的基于市场型政策工具①

政策工具	国家或地区	具体措施
绿色财税	美国	清洁燃料机动车税收优惠，能效设备税收优惠，预算资金投入可再生能源的研发、推广、使用，可再生能源项目赠款，优惠贷款、抵押贷款、贷款担保，环境优先性采购，“能源之星”认证产品采购
	英国	气候变化税，对可再生能源免税，向能源技术研究机构提供政府资金支持，国家援助补助，居民节能补贴，可再生能源项目特别融资，贴息贷款或免息贷款
	德国	能源税，对可再生能源电力免税，对住宅及工业生产能源和能效技术的研发与示范投入财政资金，为安装太阳能光伏设备及建筑节能设施提供财政补助，“10万住户太阳能”项目提供低息贷款
	日本	加速折旧、直接折旧等税收优惠，节能技术开发项目政府拨款，技术开发设备推广和示范项目财政补贴，财政投融资，贴息担保，政府的绿色采购
绿色金融与绿色信贷	美国	颁布“超级基金法案”，要求企业为其引起的环境污染负责，美国证券管委会要求上市公司披露自身环境表现，联邦经济刺激方案中强调对电力传输技术和可再生能源技术提供贷款担保，部分进出口银行制定了环境评估政策
	欧洲	西德曾于1974年成立第一家环境银行，1991年波兰成立环保银行，英国注册会计师协会规定要在财务报告中考虑环境审计事项，1998年立陶宛实施清洁生产项目融资授信额度政策，英国政府规定对节能环保技术和设备的开发、投资予以贷款贴息或免息，瑞典国家开发署为环保项目提供信用升级担保和绩效担保
	日本	通产省调高了对能源环境相关的财政投资和贷款额度，日本政策性投资银行开展促进环保节能的投资业务，日本政策银行打造“环境评级贴息贷款业务”
	澳大利亚	通过了《金融服务改革法案（修正案）》并要求金融机构在回报投资中考虑环境保护因素

① 肖建华：《生态环境政策工具的治道变革》，知识产权出版社，2010。

续表

政策工具	国家或地区	具体措施
排污权交易	美国	美国国家环保局制定公布了“总量控制与交易”规则，实施“酸雨计划”，在电力行业实施 SO_2 排放总量控制与交易制度，环保局对参加单位每年进行一次许可证的审核与调阅
	德国	由国家管理部门制定一个排污量上限，同时依据排污量发放许可证，排污许可证可在市场上进行交易
	英国	给予英格兰和威尔士发电厂更为灵活的“排污权交易”，成立英国排放配额交易团体，并提出了一套关于英国排放额交易安排的概括性建议

③自愿协议型政策工具实施状况。自愿协议型政策工具的定义解释：通过自愿协议方式建立政府与企业间、企业与企业间、企业与其他组织间的相互制约关系，旨在促进企业或行业改进其环境管理行为，改善环境质量或提高资源的利用效率的方法或手段①。目前，自愿环境协议工具基本可以被划分成三类，即单边协议、公共自愿型协议及协商性协议。由于单边协议是为改善一方环境，而不顾及其他方环境权益的工具，不符合绿色发展的理念，因此表 7－4 不再举例说明。目前，自愿协议型工具在欧美发达国家已经得到了广泛的采用。

表 7－4　世界各国采用的不同类型的自愿协议型政策工具②

政策工具	国家或地区	具体措施
协商性协议	日本	日本是最早提出自愿型环境协议的国家，1964 年，日本的一家子公司和当地政府达成了一项环境协议以保持低水平污染排放，1992～1993 年日本地方政府与商业部门已达成超过 2000 个自愿型环境协议
	法国	通过“河流合同”就河流水污染和其他事项的处理而达成的协议
	荷兰	1992 年签订减排二氧化碳的长期协议，与企业达成“一体化环境目标”，与公司签署“公司环境计划”
	美国	33/50 有毒化学物质削减计划、为环境而设计计划、绿色化学项目、绿光项目、能源之星项目、天然气之星项目

① 肖建华：《生态环境政策工具的治道变革》，知识产权出版社，2010。

② 肖建华：《生态环境政策工具的治道变革》，知识产权出版社，2010。

续表

政策工具	国家或地区	具体措施
公共自愿型协议	美国	“责任与关怀”计划、补偿环境项目、国家环境表现跟踪计划
	德国	《循环经济与废物法》规定：自我承诺措施优于立法措施

④信息公开型政策工具实施状况。基于信息的政策工具一般被解释为通过各种媒体将环境行为主体的有关信息进行公开，通过社区、公众和媒体的舆论对环境行为主体的行为产生一定的压力，从而促使其改善环境行为①。托马斯·恩德纳认为，环境信息已经独立于其他的环境管理方法而成为一种新的环境管理手段，这是继环境管理法律规制和基于市场的工具之后被称作环境政策制度的“第三波”②。因此，环境信息公开型的政策工具越来越成为世界各国普遍采用的调控手段（见表7－5）。

表7－5　世界各国采用的不同类型的信息公开型政策工具③

国家或地区	具体措施
美国	《资源保护与回收法》规定，美国国家环境保护局必须鼓励、协助公众参与法规的制定、修改、实施；环境局提出的草案需在《联邦公告》或《联邦登记簿》上公布，且允许公民评论。《清洁空气法》《清洁水法》《应急计划和社区知情权法》等规定了环境信息对公众公开的内容，明确了公众知情权，建立了环境信息公开的法律制度；《环境会计理论》等文件规定了企业应在财务报告中披露的内容
英国	1992年制定了环境信息获取制度，并于1998年修订为《环境信息条例修订案》，该法案明确了政府公开环境信息的义务和公民了解环境信息的权利。英联邦全国环境研究委员会为落实贯彻信息自由法和环境信息条例又制定了专门的实施办法
欧盟	1990年通过《有关环境的信息公开自由指令》，规定了公众享有公平、平等的和定时的以合理成本获取环境信息的权利；1991年通过各成员国报告环境信息的91/692号指令，规定了欧盟成员应当每年报告其饮用水和空气质量信息，每三年报告其他信息；《综合污染预防和控制指令》提出，许可和决定应当暴露于公众视野之中；《奥胡斯公约》中达成了公众参与决策过程和公民获取信息的共识

① 肖建华：《生态环境政策工具的治道变革》，知识产权出版社，2010。

② 托马斯·思德纳：《环境与自然资源管理的政策工具》，张蔚文、黄祖辉译，上海人民出版社，2005。

③ 肖建华：《生态环境政策工具的治道变革》，知识产权出版社，2010。

续表

国家或地区	具体措施
加拿大	《环境保护法》中规定了加拿大政府应当“向加拿大人民提供加拿大环境状况的信息”
俄罗斯	俄罗斯《联邦环境保护法》第二部分规定，公民有权要求获取环境的完整可靠信息

7.1.2 国内绿色发展政策工具梳理

（1）国内绿色发展政策工具形成过程。中国开始关注环境问题始于1972年的人类环境会议，中国以此次参会为契机，开始推进环境管理，并将环境保护作为国策[①]。1973年，国家颁布的第一个环境标准GBJ4－73《工业“三废”排放试行标准》，这是国内颁布的首个环境标准。同年，国务院颁布了《关于保护和改善环境的若干规定（试行草案）》。这些标志着国内环境政策工具应用的起步。随后，国内环境标准的制定数量和相关法律规章的制定数量均进入一个快速增长的阶段[②]。在环境标准方面，20世纪70年代制定环保标准2项，80年代制定环境标准142项，90年代制定环境标准308项。在立法方面，1979年颁布《环境保护法（试行）》，1986年颁布《建设项目环境保护管理办法》，1989年12月七届全国人大常委会正式通过了《环境保护法》。可以看出，在这一时期，国内的环境调控手段主要依赖于颁布环境标准，运用法律以及行政规制约束环境破坏行为[③]。

随着市场经济改革的不断深入，市场机制对于生态环境保护建设的作用愈发体现出来，国内较早采用的是排污费制度。这项制度来自1989年通过的《环境保护法》中第二十八条的规定。根据《环境保护法》中的精神，首先政府根据相关标准对于企业的超标排污部分从量征收排污费，然后基于排污费收入成立专项基金，用于排污费的返还。这项制度与发达国家的排污税和生态环境补贴制度有一定相似之处，但是这类排污费并不被纳入我国政

① 肖建华：《生态环境政策工具的治道变革》，知识产权出版社，2010。
② 肖建华：《生态环境政策工具的治道变革》，知识产权出版社，2010。
③ 肖建华：《生态环境政策工具的治道变革》，知识产权出版社，2010。

府的各级财政税收体系，因此缺乏有效的监管，出现了大量非法滥用的情况。加之排污费制度本身具有缺陷，如强制性较差、被动型、烦琐性等，这项制度几乎处于失控和无效的状态[①]。另一项运用市场机制的环境政策工具是排污权交易。该项制度始于1987年的上海市COD（化学需氧量）交易制度，该制度在上海市已取得不错的成效，并得以推广。1991年国家环境保护总局将包头、开远、柳州、太原、平顶山和贵阳6个城市作为大气排污交易的试点城市。2002年国家环境保护总局又在山东、山西等省市开展“二氧化硫排放总量控制及排污交易试点”项目。2007年，嘉兴市成立了国家首家排污权储备交易中心[②]。2009年，两会政府工作报告中，温家宝指出“加快建立健全矿产资源有偿使用制度和生态补偿机制，积极开展排污权交易试点”[③]。近年来，随着市场机制改革的不断深化，运用金融信贷、证券、基金等新型环境政策工具进行调控也越发受到人们的关注，但由于国内绿色金融市场建设还不完善，绿色金融政策工具并未得到很好的执行。

世界各国的生态环境治理经验表明：公众作为一个主体，在生态环境治理过程中将发挥不可或缺的作用。因此，国内在运用生态环境政策工具时，也开始更多地考虑公众参与。公众参与主要包括公众自身的绿色行为以及对政府决策的监督[④]。从二十世纪八九十年代开始，关于环境保护的教育逐渐被纳入中小学生的课程中。2008年，国务院颁布了《政府信息公开条例》和《政府信息公开办法》，其中将企业的环境信息和政府环境信息纳入信息公开的范围，同时明确了公众对环境信息公开的监督权利。这两项文件被认为打破了以往政府以及企业环境信息相对闭塞的局面，使公众能更多地参与生态环境治理过程[⑤]。如今，随着大众传媒的不断发展，关于对公众的绿色消费、绿色文化的宣传教育活动，形式上越来越丰富、内容上越来越生动，这也使得公众在绿色发展与生态环境治理中发挥了更加积极的作用。

---

① 肖建华：《生态环境政策工具的治道变革》，知识产权出版社，2010。

② 肖建华：《生态环境政策工具的治道变革》，知识产权出版社，2010。

③ 中华人民共和国国务院：《2009年国务院政府工作报告》。

④ 肖建华：《生态环境政策工具的治道变革》，知识产权出版社，2010。

⑤ 肖建华：《生态环境政策工具的治道变革》，知识产权出版社，2010。

党的十八大以来，生态文明建设已成为“五位一体”总体布局和“四个全面”战略布局的重要内容。在新的时期，绿色发展的制度建设以及配套的政策工具运用也进入一个全新的阶段。2015 年 7 月，中央深改组第十四次会议审议通过《环境保护督察方案（试行）》，中央环保督察大幕正式拉开。2015 年 4 月，中共中央、国务院印发《关于加快推进生态文明建设的意见》，明确了生态文明建设的总体要求、主要目标、重点任务等[①]。同年 9 月，《生态文明体制改革总体方案》发布，提出到 2020 年，构建起 8 项重要制度：自然资源资产产权制度、国土空间开发保护制度、空间规划体系、资源总量管理和全面节约制度、资源有偿使用和生态补偿制度、环境治理体系、环境治理和生态保护市场体系、生态文明绩效评价考核和责任追究制度[②]，即生态文明制度建设的“四梁八柱”。“四梁八柱”制度建设所对应的政策工具应用既包括行政命令、立法与规划等政府强制手段如环境治理、绩效考评、问责等，也包括运用市场机制的手段如资源有偿使用、生态补偿机制、生态保护市场体系等，同时不乏公众主体参与生态文明建设的政策如生态文化、公众监督等。可以说，“四梁八柱”体系是对以往各类政策工具的有机整合和再创新。

不难看出，国内的绿色发展政策工具大致可以分为三类，即规制管控型、市场建设型和公众参与型[③]，这与发达国家的政策工具类型大体相似。其中，规制管控型政策工具主要包括立法手段、环境强制标准、行政规划手段、环境评价制度等。市场建设型主要包括绿色财税、绿色金融、绿色证券等。公众参与型主要包括教育文化手段、听证公正手段、信息公开手段等。从发展历程上来说，中国的绿色发展政策工具的运用大致可以分成以下四个阶段：从 20 世纪 70 年代至 80 年代，规制管控型工具占据绝对主导地位；20 世纪 80 年代末至 21 世纪初，以规制管控型工具为主，辅以市场建设型工具；

① 中共中央、中华人民共和国国务院：《中共中央　国务院关于加快推进生态文明建设的意见》，http://www.scio.gov.cn/xwfbh/xwbfbh/yg/2/Document/1436286/1436286.htm。

② 中共中央、中华人民共和国国务院：《生态文明体制改革总体方案》，http://www.gov.cn/guowuyuan/2015-09/21/content_2936327.htm。

③ 肖建华、游高端：《生态环境政策工具的发展与选择策略》，《理论导刊》2011 年第 7 期。

2008 年之后，公众参与型工具逐步被运用；2015 年至今，“四梁八柱”体系确立，三大类型的政策工具被有机整合，相辅相成（见图 7－2）。

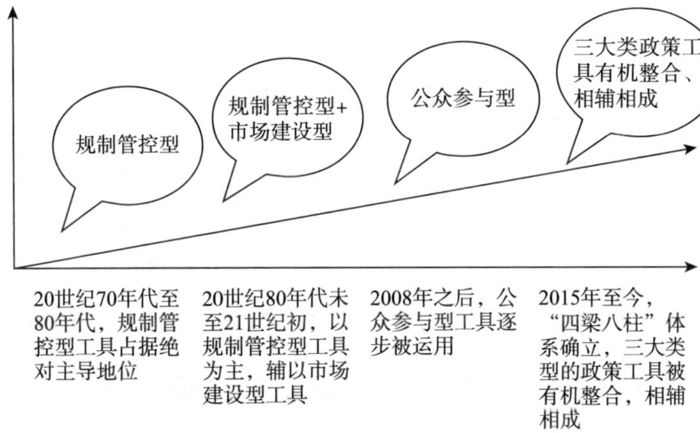

图 7－2　中国绿色发展政策工具体系形成过程

（2）国内绿色发展政策工具总结。绿色发展政策工具是指政府为实现绿色发展政策目标所采用的具体调控手段，根据国内实际情况，绿色发展政策工具大致可以分为规制管控型、市场建设型、公众参与型三大类型（见表 7－6）。

表 7－6　国内绿色发展现有政策工具体系①

类型	内容
规制管控型	强制性法律法规：《环境保护法》《节约能源法》《可再生能源法》《标准化法》《计量法》等
	干预性行政命令：环境影响评价、主体功能区规划、强制性技术标准、认证、标识、资源环境审计等
市场建设型	绿色税收征收：环境（排污）税、能源税、资源税 税收减免：绿色技术研发、绿色设备及产品 绿色财政：政府绿色采购、绿色转移支付、绿色补贴 绿色基础设施建设：智能电网“三废处理” 绿色信贷：绿色研发、项目、设施、生产优惠贷款扶持，差别利率排污耗能限制与惩罚性高利率

① 肖建华：《生态环境政策工具的治道变革》，知识产权出版社，2010。

续表

类型	内容
市场建设型	绿色保险：以企业发生污染事故对第三者造成损害依法应承担的赔偿责任为标的的保险 绿色证券：股票、债券要符合绿色发展要求，才可发行或再融资 绿色基金：资助绿色发展项目、技术、产品人员 排污权有偿使用及交易 生态服务资源有偿使用及交易
公众参与型	教育文化手段：以社会各阶层为对象的社会教育，以大中小学生和幼儿为对象的基础教育，以培养环保专门人才为目的的专业教育和以提高职工素质为目的的成人教育 举行论证会、听证会征求有关单位、专家和公众对环境影响的评价 鼓励建立民间环保组织等机构

7.2　中国绿色发展政策工具优劣比较和效果评价

7.2.1　中国绿色发展政策工具优劣比较

根据对国内现有绿色发展政策工具以及具体的执行情况的分析可以发现，国内现有政策工具大致可以分为规制管控型、市场建设型、公众参与型。可以发现，每种类型的政策工具在执行过程中，其本身就具有一定的优势和劣势。因此，本书运用矩阵法（列表）展示每类政策工具本身的优势和劣势（见表7－7）。

表7－7　国内现有绿色发展政策工具优劣比较①

类型	内容	优势	劣势
规制管控型	强制性法律法规 干预性行政命令	具有很强的确定性和可操作性； 对于应对复杂生态和技术风险有独到优势； 可以有效解决完全竞争市场中无法克服的“外部性”问题	没有考虑不同厂商承担污染份额的不同所带来的成本差异，即存在“一刀切”的问题； 不存在使企业超量减排的经济激励，可能阻碍新技术发展； 在信息不完全的经济环境中，为了有效监督行政命令的执行而带来的收集信息的成本是巨大的

① 肖建华、游高端：《生态环境政策工具的发展与选择策略》，《理论导刊》2011年第7期。

续表

类型	内容	优势	劣势
市场建设型	绿色税收征收 绿色财政 绿色信贷 绿色保险 绿色证券 绿色基金 排污权有偿使用及交易 生态服务资源有偿使用及交易	以市场信号为导向对企业进行激励，使得激励效率更高； 市场激励通常会驱动企业追求经济利益，从而有助于治污技术的创新与传播； 有效调动市场机制可以大大节约政策实施的成本	市场机制本身会出现市场失灵的状况，从而使政策工具效果大打折扣； 市场建设型政策容易受到污染物本身特质、空间、监督能力的制约
公众参与型	教育文化手段 举行论证会、听证会 鼓励建立民间环保组织等机构	可以激发企业乃至公众内在的保护生态的动力，提高政策执行效率； 有助于降低监管成本，更有效地促进技术创新； 随着信息化时代的到来，信息系统的完善更有利于民众自发的监督	在实施过程中有时只是流于形式，对实施效果缺乏有效保障； 政府责任的减轻会使得缺乏有效的追踪和监控，容易对竞争造成潜在的破坏

7.2.2　中国绿色发展政策工具作用机理分析

（1）规制管控型政策工具的作用机制。规制管控型政策工具主要是通过立法形式和各种行政命令强制影响企业的能源利用与排污过程，以达到促进绿色发展的效果。一般的立法或者是行政命令是直接干预企业的行为。如直接限制企业的资源消耗和污染物排放的上限额，制定行业准入标准，对于高污染高能耗的企业采取罚款或强制关停等措施。此类做法一般效果比较迅速，且可以直接减少企业对于能源的消耗总量以及污染物的排放总额，从而推动一个地区的绿色发展进程。总的来说，规制管控型政策工具对绿色发展的影响较为直接，本身作用过程也较为简单。

（2）市场建设型政策工具的作用机制。相对于规制管控型政策工具，市场建设型政策工具一般是运用市场的力量，通过影响企业实现利润最大化目标的过程和个人实现效用最大化目标的过程以达到促进区域绿色发展的效果。且市场建设型政策工具种类繁多。因此，市场建设型政策工具对绿色发展的作用机制相较于规制管控型政策工具更加复杂。

首先，市场建设型政策工具中最常被使用的是绿色财税工具。绿色财税工具主要体现为对各种高污染高能耗的生产活动和消费活动征收税额较高的税，对环境友好型的生产活动和消费活动进行补贴。这种绿色财税政策通常会有一种“杠杆效应”。单个的生产者和单个的消费者都是追求利润或效用最大化的个体。对于生产者来说，生产高污染高能耗的产品会被征收高额的赋税，这将导致企业生产活动的成本上升，企业利润减少，从而减少企业高污染高能耗的生产活动；同时赋税导致的企业成本的上升会反映到价格的上升上。对于消费者来说，一方面产品价格的上升将带来收入效应和替代效应，另一方面消费高污染高能耗的产品也会被征收消费税。从上述两方面来看，消费者将减少对高污染高能耗产品的消费量。因此，从供给和需求两方面来看，高污染高能耗产品的供给量和需求量都会减少，进而高污染高能耗商品的市场将缩小，最终达到促进区域绿色发展的目的。另外，绿色财税政策还可以达到一种资本配置的效应，政府可以将向高污染高能耗企业征收的赋税以补贴的形式转移到环境友好型企业和消费环境友好型产品的消费者那里，促进绿色消费行为，扩大环境友好型产品的供给量和需求量，扩大其市场份额。因此，通过财税杠杆最终可以加快区域绿色发展进程。

其次，绿色金融和绿色信贷政策工具也是一种十分有效率的市场建设型绿色发展政策工具。黄建欢等指出，金融信贷工具主要通过资本支持效应、资本配置效应、企业监督效应、绿色金融效应等对绿色发展产生作用。从资本支持的角度来看，绿色金融工具将借助金融市场和金融中介的作用，通过各类融资渠道为满足绿色发展要求的企业提供资金支持，将各类资金转化为绿色资本，解决绿色企业资金约束的问题，促进绿色技术的研发和创新，从而提升绿色企业的收入，吸引更多的企业进入绿色产品市场；反之，对于高污染高能耗行业可以运用信贷手段减少对其资金支持，从而限制高污染高能耗行业的发展。从资本配置的角度来看，金融机构可以通过资金的融通，吸收闲余资金，并将其配置到那些环境友好型的企业上，同时，在资金配置的过程中，还会产生一种引导作用，将资金引向绿色企业，从而起到促进绿色投资的作用。从企业监督效应的角度来看，金融市场不仅会为企业提供资金支持，还可以通过规范化和强制性的信息披露，定期要求企业公布其财务信息和生产信息，从而可以对企业的生产行为更好地监督。此外，由于现代企业的运作都需要银行贷款的支持，通过银行贷款，可以及时对企业的生产行为进行审查，对超量使用能源超标排放的企业减少或不提供贷款支持，从而限制高污染高能耗的生产行为①。

最后，排污权交易是目前仍在进行尝试的一种政策工具。其相当于将企业污染物的排放权利转化为一种商品，在市场中进行交易。由于企业的目的是获利，将排污权进行交易就是运用市场调节的力量，使得企业要在生产与购买排污权而增加成本之间做出权衡。因此，通过企业自身追求利润最大化的过程，调控了企业的排污决策。

（3）公众参与型政策工具的作用机制。公众参与型政策工具就是通过公民自身的力量达到促进区域绿色发展的一种政策工具。一般来说，公众参与型政策工具对于绿色发展的作用机制可以分成两个方面来看。其一，通过各种形式的教育手段，增强公民的生态文明意识，从而使得公民在充当生产者角色的过程中，自觉践行绿色发展观，做到绿色生产，在充当消费者的过程中做到绿色消费。同时，使得公民自身在日常生活中具备良好的生态文明观，从自身的角度规范自己的行为，从而减少违反绿色发展观的行为。公民参与听证会和建立有关的民间组织，可以调动广大公民参与环境决策和生态文明建设的积极性，同时可以发挥广大公民的智慧，使得绿色发展的相关决策更为合理化。其二，对企业生产行为而言，广大公民和民间组织可以产生一种无形的监督作用，使得企业在生产过程中采取环境不友好行为时更加慎重。通过以上两种机制，公众参与型政策可以达到推动绿色发展进程的效果。

（4）三大类绿色发展政策共同作用机制。绿色发展政策工具的基本作用就是通过不同的途径影响区域绿色发展的路径，加速绿色发展的进程。那么，不同类型的绿色发展政策工具究竟是如何影响绿色发展的？由于绿色发展系统是复杂的、非线性的，绿色发展政策工具所带来的冲击本身也是复杂的，本节概括了中国三大类绿色发展政策对绿色发展系统的作用机理（见图7－3）。

① 黄建欢、吕海龙、王良健：《金融发展影响区域绿色发展的机理——基于生态效率和空间计量的研究》，《地理研究》2014年第3期。

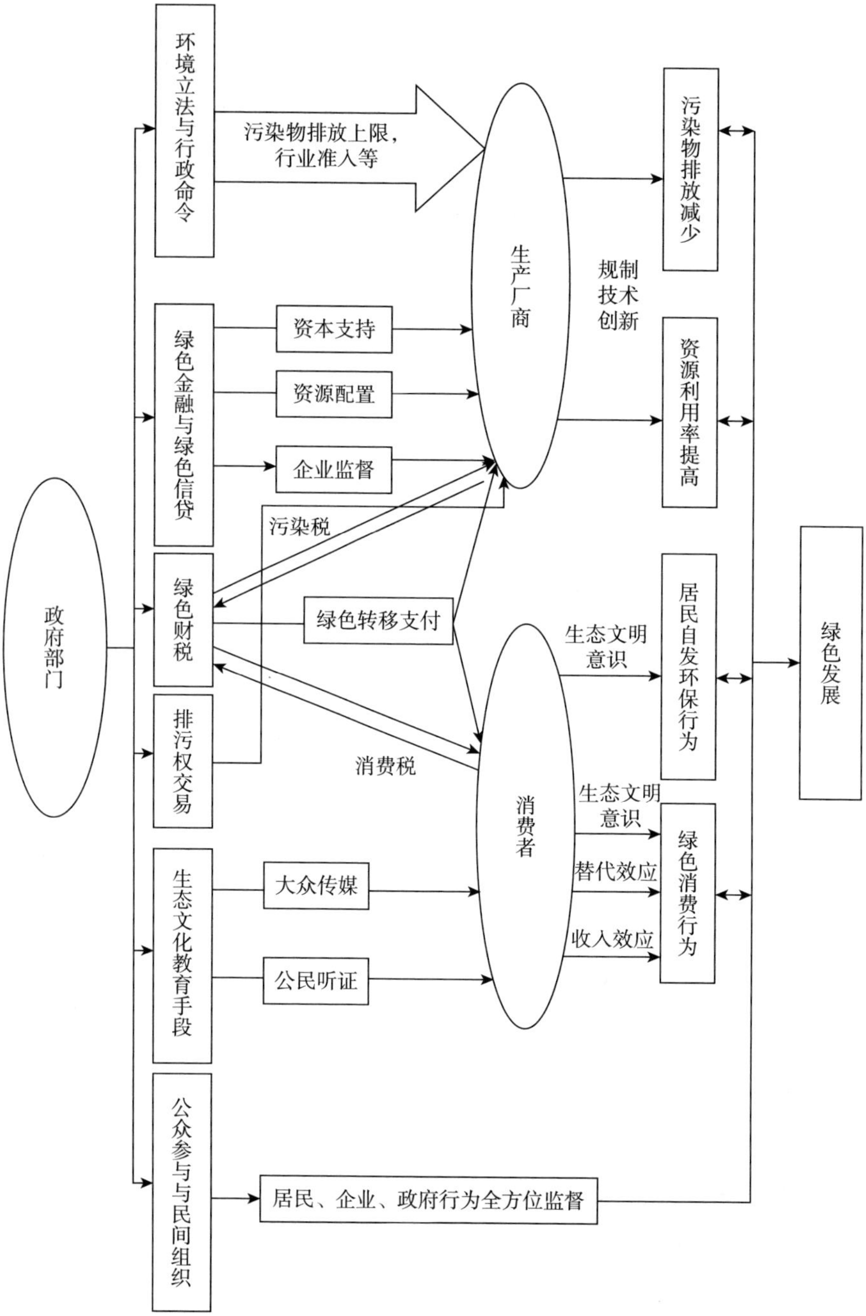

图 7-3　中国三大类绿色发展政策对绿色发展系统的作用机理

7.2.3 中国绿色发展政策工具实施效果评价

（1）研究思路。主要运用倍差法（DID）对比绿色发展政策工具实施前后两个不同地区的绿色发展水平，以评价绿色发展政策工具实施效果。设立生态文明示范区可以被视为各类政策工具的组合运用，同时考虑到数据的可得性和研究的可行性，本节将主要运用倍差法研究设立生态文明示范区对于绿色发展的推动作用是否显著。由于对不同区域来说，区域内部绿色发展情况差异十分巨大，这种干扰因素可能对倍差法的评价结果造成影响。因此，在运用倍差法对绿色发展政策工具进行评价前，需要将样本进行配对，将区域绿色发展程度相近的省份进行匹配，尽可能消除这种干扰，以保证倍差法评价结果的准确性。

（2）研究方法。①倾向得分匹配法。倾向得分匹配法主要分为两步：计算倾向得分值和配对。其基本思路是将一系列影响一个地区是否设立生态文明示范区的控制变量转化为倾向分值一个指标，根据该分值的高低进行配对。因此，首先运用 probit（或 logit）模型计算某个地区设立生态文明示范区的概率分值，即：

$$P = prabability(D = 1 | X) = \Phi(X) \tag{7-1}$$

其中，D 表示是否设立生态文明示范区的虚拟变量，若已设立示范区则记为1，没有设立示范区则记为0；X 表示影响一个地区是否设立生态文明示范区且可被观测的控制变量。通过这一步，某一地区是否设立生态文明示范区成为一个随机事件。

其次，根据式（7－1）的计算结果，具有相近的实施某项绿色发展政策的概率的省份将被一对一或一对多配对。这样一来，实施某项政策的区域和未实施某项政策的区域的可观测控制变量 X 可以被最大限度地控制在相近的程度。运用 stata 12 软件中的 psmatch2 命令可自动完成上述步骤。

②倍差法。为了进一步估计设立生态文明示范区是否对区域绿色发展水平产生显著的促进作用，引进下式：

$$Y_i = \beta_0 + \beta_1 D + \beta_2 T + \alpha D \cdot T + \varepsilon_i \tag{7-2}$$

其中Y_i为衡量i地区绿色发展水平的变量；D为区域是否设立生态文明示范区的政策处理效应虚拟变量；T为表示时间处理效应的虚拟变量，$T=0$表示设立生态文明示范区以前，$T=1$表示设立生态文明示范区以后；$D\cdot T$为政策处理效应与时间处理效应的交叉项，当其为1时表示该地区设立了生态文明示范区，且时间处于设立生态文明示范区之后，当其为0时表示该地区没有设立生态文明示范区，或是设置了生态文明示范区但时间在设立之前；ε_i表示随机扰动项。由于样本已经进行了psm匹配，其他变量可认为已经被控制，因而不需要设置控制变量。可以看出，估计设立生态文明示范区的政策效应即估计参数α。但由于执行示范区政策的地区在执行政策以后，其不执行政策的情况在实际中无法观测，因此，传统的估计方法难以对参数α进行有效的估计。倍差法（DID）很好地解决了这一问题，其思路为对于执行示范区政策的处理组来说，执行政策以前绿色发展可以表示为$E(\Delta Y_i \mid D=1,T=0)=\beta_0+\beta_1$，执行政策之后可以表示为$E(\Delta Y_i \mid D=1,T=1)=\beta_0+\beta_1+\beta_2+\alpha$，两期之间的差异可以表示为（即一阶差分）：

$$E(\Delta Y_i \mid D=1,T=1)-E(\Delta Y_i \mid D=1,T=0)=\beta_2+\alpha \tag{7-3}$$

未设立生态文明示范区的地区两期间的差异可以表示为：

$$E(\Delta Y_i \mid D=0,T=1)-E(\Delta Y_i \mid D=0,T=0)=\beta_2 \tag{7-4}$$

再用式（7-3）减式（7-4）可得二阶差分：

$$E(\Delta Y_i \mid D=1,T=1)-E(\Delta Y_i \mid D=0,T=1)=\alpha+E(Y_i \mid D=1,T=0)-E(\Delta Y_i \mid D=0,T=0) \tag{7-5}$$

DID方法假设在政策执行前，实验组与对照组的有关特征应保持一致，即$E(\Delta Y_i \mid D=1,T=0)-E(\Delta Y_i \mid D=0,T=0)$应等于0。在实际运用过程中，借助psm方法可以使得样本数据的$E(\Delta Y_i \mid D=1,T=0)-E(\Delta Y_i \mid D=0,T=0)$等于0或趋近于0。因此，参数$\alpha$，也即设立生态文明示范区对区域绿色发展的推动效应的一致估计量可以表示为：

$$\alpha=E(\Delta Y_i \mid D=1,T=1)-E(\Delta Y_i \mid D=0,T=1) \tag{7-6}$$

（3）指标与样本数据。①指标选取。首先，对于绿色发展的有关指标，本节将延续前面章节的做法，将绿色发展分解为状态、技术、效率三个维度，分别从以上三个维度对区域的绿色发展水平进行评价。其次，关于 psm 中 logit 回归步骤的控制变量，本节结合《中国绿色发展指数报告 2014》中有关绿色发展的回归分析控制变量的选取，选择产业结构 perc、能源消耗 energy、环境规制 regulation、技术创新 innov 四个控制变量。再次，本节根据国家生态文明先行示范区（第一批）建设名单，选取 23 个生态文明先行示范市作为 DID 分析中的实验组，具体名单在前述章节中已有表述，本处不再赘述，其余参照组选取《中国绿色发展指数报告 2014》中除去 23 个生态文明先行示范市的城市绿色发展指数样本数据。最后，关于政策执行时间点的选择，2008 年 1 月环保部就已经提出了《生态县、生态市、生态省建设指标（修订稿）》，对一个区域的生态文明建设准入进行规范，但是对生态文明城市的生态社会和生态制度建设考虑并不周全。2013 年 5 月环保部印发《国家生态文明建设试点示范区指标（试行）》，对 2008 年版文件的有关内容进行了补充。因此，本节将政策实施时间设置为 2013 年。

②样本数据。第一，对于绿色发展状态、技术、效率的有关数据，本节将沿用第四章与第五章测得的结果。第二，产业结构 *perc* 采用第三产业产值占总产值的比重表示，能源消耗 *energy* 采用工业用电量与 GDP 的比重表示，环境规制 *regulation* 采用工业二氧化硫去除量与工业二氧化硫产生量的比值表示，技术创新 *innov* 采用科学支出与 GDP 的比值表示，所有数据均源自《中国城市统计年鉴》，对于部分缺失数据运用 Excel 的 *trend* 函数补齐。第三，政策处理效应虚拟变量 D 与时间处理效应虚拟变量 T 的设置规则如上文所示，同时运用 stata 12 中的 gen $D \cdot T$ 命令生成交叉项数据。本书将政策执行前的时期设定为 2010 ~ 2012 年，执行后的时期设定为 2013 ~ 2015 年。

（4）结果分析。①倾向得分匹配结果分析。借助 stata 12 软件，本书将实验组样本与对照组样本进行匹配，由于存在不同年份的实验组样本匹配到同一个对照组样本，实验组 138 个观测值共匹配到 94 个对照组观测值，其中 2010 年对照组共 14 个样本成功匹配，2011 年为 12 个，2012 年为 19 个，2013 年为 13 个，2014 年为 16 个，2015 年为 20 个。从表 7 - 8 的平衡性检验结果来看，控制变量 *perc*、*energy*、*regulation* 的匹配后的标准差绝对值均在5%以内，*innov* 的标准差值略高于5%，说明匹配变量与匹配方法的选择总体较为合理，同时可以发现，*perc*、*energy*、*regulation*、*innov* 四项控制变量匹配后的 *t* 检验结果均显示不显著，这说明匹配后实验组变量与控制组变量不存在显著差异，即在给定倾向得分值的条件下，处理与否独立于匹配变量，这确保了 DID 估计结果的可靠性。

②倍差法结果分析。在上面的倾向得分匹配结果的基础上，运用 stata 12 软件对式（7－1）进行回归处理，由于绿色发展 Y_i 由状态、技术、效率三个维度构成，因此，回归一共分三次进行，分别研究设立生态文明先行示范市对于中国地级市样本绿色发展状态、技术、效率的促进作用（见表7－9）。

表7－8　倾向得分匹配法平衡性检验结果

变量名称		平均值		标准差/%		t 检验	
		实验组	对照组	标准差值	减少幅度	t 统计量	p 值
perc	匹配前	0.3696	0.4034	－37.4000	91.9000	－3.6700	0.0000
	匹配后	0.3705	0.3904	2.9200		0.6600	0.6300
energy	匹配前	0.0224	0.0300	－30.5000	93.8000	－2.8000	0.0050
	匹配后	0.0227	0.0232	－1.9000		－0.2400	0.8090
regulation	匹配前	0.5863	0.6690	－47.7000	98.9000	－5.4500	0.0000
	匹配后	0.5924	0.5932	－0.5000		－0.0400	0.9680
innov	匹配前	0.0021	0.0018	14.0000	－93.9000	1.5000	0.1330
	匹配后	0.0021	0.0014	5.6000		0.8400	0.5540

表7－9　中国绿色发展地级市样本 DID 分析回归结果

被解释变量	解释变量	系数	稳健标准误	t 统计量	p 值	95% 置信区间
$Y_{状态}$	T	－0.0244	0.0457	－0.5300	0.5930	[－0.1145，0.0656]
$Y_{状态}$	D	－0.0384	0.0572	－0.6700	0.5030	[－0.1513，0.0743]
$Y_{状态}$	$D \cdot T$	0.0514	0.0854	0.6000	0.5480	[－0.1169，0.2197]
$Y_{状态}$	β_0	0.0223	0.0337	0.6600	0.5100	[－0.0442，0.0887]
$Y_{技术}$	T	0.0539	0.0115	4.7000	0.0000	[0.0313，0.0765]
$Y_{技术}$	D	－0.0111	0.0130	－0.8500	0.3960	[－0.0367，0.0146]
$Y_{技术}$	$D \cdot T$	0.0249	0.0189	1.3200	0.1890	[－0.0123，0.0620]

续表

被解释变量	解释变量	系数	稳健标准误	t 统计量	p 值	95% 置信区间
$Y_{技术}$	β_0	-0.0181	0.0077	-2.3600	0.0190	[-0.0332, -0.0030]
$Y_{效率}$	T	0.0201	0.0154	1.3100	0.1920	[-0.0102, 0.0504]
$Y_{效率}$	D	0.0158	0.0177	0.8900	0.3730	[-0.0191, 0.0507]
$Y_{效率}$	$D \cdot T$	0.0023	0.0258	0.0900	0.9280	[0.0484, 0.0531]
$Y_{效率}$	β_0	0.0135	0.0128	1.0500	0.2950	[-0.0118, 0.0387]

其中，$Y_{状态}$表示以状态指标的数据为被解释变量数据进行的回归，$Y_{技术}$表示以技术指标的数据为被解释变量数据进行的回归，$Y_{效率}$表示以效率指标的数据为被解释变量数据进行的回归。从表 7-9 的回归结果可以看出：对于三次回归结果，交叉项系数 α，即设立生态文明先行示范市的政策效应均为正值，但 t 检验结果显示三次回归均不能拒绝 $\alpha=0$ 的原假设，回归结果均不显著；从 t 检验的 p 值来看，对绿色发展技术的回归 p 值最小，显著性相对最高，而对绿色发展效率的回归 p 值最大，显著性相对最低。

这一结果表明：绿色发展政策工具的运用可以促进绿色发展，但其对绿色发展，不论是状态、技术还是效率的推动作用均是一个长期逐渐显现的过程，在短期内这一推动作用可能表现不显著。显著性检验结果表明绿色发展政策效果对绿色发展的效率指标影响最不显著，这说明绿色发展政策工具对效率的作用是一个复杂的、间接的过程，在较短的时间内，这一政策效应可能难以体现；而绿色发展政策效果对绿色发展技术的推动作用相对最为显著，这并不能说明绿色发展政策工具对绿色发展技术的促进作用最为明显，因为结合虚拟变量 T 的系数 β_1 的 p 值和虚拟变量 D 的系数 β_2 的 p 值可以看出，绿色发展技术的时间效应较为显著，而政策效应较不显著，表明绿色发展技术水平的提升是由于技术随时间的推移而进步所引起的，政策对其促进作用较弱。

综上所述，现阶段中国绿色发展政策工具的运用仍处在起步阶段，目前，其对中国绿色发展水平提高的促进作用尚未体现出来，未来仍需要对绿色发展政策工具的效果进行进一步的跟踪。从 DID 的结果来看，中国绿色发展政策工具效果不显著，因此，应当加大对绿色发展政策工具的运用力度，并对绿色发展政策工具体系进行进一步优化，以期最大化地发挥绿色发展政策工具对绿色发展的促进效能，进而实现中国的绿色发展。

7.3 中国绿色发展政策工具情景模拟

7.3.1 环境政策 CGE 模型介绍

(1) 标准 CGE 模型的函数模块构成。标准的 CGE 模型包括生产函数、消费者效用函数、产品分配函数和产品需求函数。①生产函数。在大多数 CGE 模型中，通常采用恒定替代弹性（CES）生产函数的形式。因此，本节也将 CES 生产函数用于各生产模块的生产函数。CES 生产函数通常只包含两种投入，而为了分析多种投入需要进行生产函数的嵌套，即如下形式：

$$q = A\ (\delta_1 x_1^{\rho} + \delta_2 x_2^{\rho})^{\rho} \tag{7-7}$$

$$x_1 = A\ (\delta_1 x_3^{\rho} + \delta_2 x_4^{\rho})^{\rho} \tag{7-8}$$

其中，x_3、x_4 为要素 x_1 的中间投入，若进行更多要素的嵌套可以此类推。

②消费者效用函数。消费者效用函数多数情况下采用线性效用函数或 Stone-Geary 效用函数，本节将采用 Stone-Geary 效用函数，其具体形式如下：

$$U(C) = \prod_{i=1}^{n} (C_i - \theta_i)^{\mu_i} \tag{7-9}$$

其中，C_i为第 i 种商品的消费总量，θ_i为为满足生活最低需求而消费的第 i 种商品的数量，μ_i为边际预算比例，且满足 $\sum_{i=1}^{n} \mu_i = 1$ 。

③产品分配函数。产品分配函数采用 CET 型，即如下形式：

$$\max \sum_{i=1}^{n} P_i X_i \tag{7-10}$$

$$\text{s. t. } V = (g_i X_i^{\nu})^{\frac{1}{\nu}} \tag{7-11}$$

其中，X_i表示第 i 个市场上的产品供给，P_i为价格向量，V 为各个市场上的总供给，ν 为不同产品市场上的替代弹性。

④产品需求函数。在 CGE 模型中，产品需求函数一般假设国内的总需

求由国内生产国内供给与进口构成，同时国内生产国内供给的产品与进口产品之间可以相互替代，但是不一定可以完全替代，在模型中用 CES 函数表示相互之间的关系，这个 CES 关系又被称为阿明顿（Armington）假设。消费者的行为是在进口品与国内产品之间进行优化组合，以实现成本最小化，具体函数形式如下：

$$\max\{PD \cdot XD + PM \cdot XM\} \tag{7-12}$$

$$\text{s. t. } XA = (\beta_d XD^{\rho} + \beta_m XM^{\rho})^{\rho} \tag{7-13}$$

其中，XD 为国内商品的销售数量，XM 为进口商品的消费数量，XA 为国内商品的总需求量，PD、PM 分别为国内商品和进口商品的价格，ρ 为不同产品需求的替代弹性，且 $0<\rho<1$。

（2）CGE 模型的闭合规则。一般情况下，CGE 模型的闭合规则有新古典宏观闭合、凯恩斯宏观闭合和路易斯闭合三种。新古典宏观闭合认为，市场中的所有资源均已得到充分利用，即劳动力已充分就业，投资与储蓄已达到均衡状态，市场上不存在闲置资源。因此，基于新古典宏观闭合，模型中厂商对于劳动和资本的需求应当等于其供给并由外生确定，而其价格应当由内生确定。凯恩斯宏观闭合认为，市场中的资源未得到充分利用，存在大量的闲置劳动力和闲置资本，因此，劳动和资本的供应量应当由内生确定，而要素价格由外生确定，同时，投资和政府支出由外生确定。路易斯闭合认为，资本通常是短缺的，而市场有大量闲置劳动力。因此，路易斯闭合将劳动价格视为外生给定，而将劳动供给设置为无穷大，将政府支出设置为内生给定，同时，还应当加上一个价格基准。路易斯闭合通常被认为与发展中国家的要素市场状况较为符合。闭合选择的关键是根据具体国情以及需要解决的具体问题而定，始终以经济学理论为指导，没有必要完全遵守某种规则，可以较为灵活地进行上述规则的组合运用①。

（3）绿色发展 CGE 模型产业部门的划分和产业部门的集合。按照我国社会生产活动历史发展的顺序，将产业结构划分为三大产业。产品直接取自

① 娄峰：《中国经济—能源—环境—税收动态可计算一般均衡模型理论及应用》，中国社会科学出版社，2015。

自然界的部门称为第一产业，对初级产品进行再加工的部门称为第二产业，为生产和消费提供各种服务的部门称为第三产业。按照我国的基本划分标准，第一产业一般包括农业（包括种植业、林业、牧业和渔业）；第二产业包括工业（包括采掘业，制造业，电力、煤气及水的生产和供应业）和建筑业；第三产业主要包括流通部门（交通运输、仓储及邮电通信业，批发和零售贸易、餐饮业）和服务部门（金融、保险业，地质勘查业、水利管理业，房地产业，社会服务业，农、林、牧、渔服务业，交通运输辅助业，综合技术服务业，教育、文化艺术及广播电影电视业，卫生、体育和社会福利业，科学研究业，公共服务部门）。为了更好地反映能源消耗对部门产出以及绿色发展的影响，本章将能源生产部门从三次产业中单独区分开来。从目前中国的一次能源消费的结构出发，将能源部门划分为两个具体的部门：一个是由煤炭、石油、天然气、火电等组成的传统能源部门，另一个是由核电、太阳能、风能等新型清洁能源组成的清洁能源部门。

基于上面产业部门的划分，可以将所有的产业部门定义为集合 i。同时，为了更好地体现能源投入对部门产出的影响，将产业部门集合中除能源要素之外的其他要素投入定义为子集 oth，将所有的污染物定义成集合 p。在本书进行 CGE 模型的构建过程中，与生产活动有关的变量下标将采用上述记号（见表 7－10）。

表 7－10　CGE 模型产业部门的划分和产业部门集合元素

集合	元素
i	第一产业、轻工业、重工业、服务业、传统能源部门、清洁能源部门
oth	第一产业、轻工业、重工业、服务业
p	工业废水、二氧化硫、固体垃圾

7.3.2　中国绿色发展政策工具组合情景设计

（1）设计思路。主要运用可计算的一般均衡模型（CGE），并以生态文明示范先行省之一的江西省为例，模拟在不同政策组合的冲击下江西省绿色发展的变化过程。系统要素间存在相互作用和相互依存的复杂联系，由于经济行为的传导性，情景变化导致模型中任一或多个变量的价、量变化时，整个 CGE 模型描述的经济活动会发生连锁变化。

（2）情景组合方案。通过 CGE 模型可以模拟并分析不同情景下，政策冲击或其他条件变化对整个经济系统的影响。为了分别探究单一政策以及组合政策工具带来的政策工具效应，结合 CGE 模型的特征，本节设计四个单一政策工具情景——环境技术标准情景、环境税情景、环境补贴情景、生产补贴情景，和两个组合政策工具情景——市场建设型组合工具情景、规制管控—市场建设型组合工具情景。

①环境技术标准情景。环境有关的技术标准是各国政府较为常用的规制管控（命令—控制）型政策工具。目前，我国现行的环保标准根据性质、内容、适用范围和作用可以分成“三级五类”：“三级”，即国家标准、地方标准和环保行业标准；“五类”包括环境质量标准、污染物排放（控制）标准、环境监测方法标准、环境标准样品标准和环境基础标准五类。从江西省来看，其环境标准体系大致也可归纳为上述的“五类”。由于污染物的排放对生态环境系统具有较为直接的冲击，对绿色发展的影响较大，因此，本节将重点模拟“五类”标准中的污染物排放（控制）标准的设置对于经济环境系统的政策效应。2015 年，工信部联合财政部发布了《工业领域煤炭清洁高效利用行动计划（2015—2020）》，其要求以地区为单位清洁高效利用煤炭，提升区域煤炭清洁高效利用整体水平，同时，工信部将会同有关部门加快制定焦化、工业炉窑、煤化工、工业锅炉等领域煤炭清洁高效利用技术标准和规范[①]。因此，在污染物排放（控制）标准的基础上，本节还将进一步探究能源的清洁高效利用相关技术标准的制定对于绿色发展的政策效应。国际经验表明，污染物排放（控制）标准与能源清洁高效利用标准同时运用，往往能达到更好的效果，因此本政策情景将环境技术标准与能源利用标准组合成能源环境技术标准，对其政策效应进行模拟。

为了对比在不同的排污密度及减排率的变动下，模型中其他内生变量的响应有何不同，环境技术标准情景将下设五个子情景分别进行模拟：排污密

① 工业和信息化部、财政部：《能源发展战略行动计划（2014－2020 年）》，http://www.miit.gov.cn/n1146285/n1146352/n3054355/n3057542/n3057544/c3607954/content.html。

度 $d_{p,i}$降低 1%，同时减排率 $cl_{p,i}$提高 1%；排污密度 $d_{p,i}$降低 2%，同时减排率 $cl_{p,i}$提高 2%；排污密度 $d_{p,i}$降低 3%，同时减排率 $cl_{p,i}$提高 3%；排污密度 $d_{p,i}$降低 4%，同时减排率 $cl_{p,i}$提高 4%；排污密度 $d_{p,i}$降低 5%，同时减排率 $cl_{p,i}$提高 5%。

②环境税情景。环境税最早起源于 1964 年的法国，后盛行于西方发达国家，且取得了较为显著的效果。环境税工具的优势在于其可以较好地发挥市场机制的作用，相当于给外部不经济制定一个负价格，以污染物的排放量作为负价格的基础，从而制定环境税率。对于理性的经济人来说，这会使得其污染控制的边际成本等于支出的污染税费，从而起到控制企业排污的作用[①]。国内与其对应的是排污费这一概念，排污费率大致相当于环境税的税率。鉴于环境税自身的优势且在国外已取得了良好的成效，国内也开始考虑引入环境税工具。2008 年初，我国相关部门即开始联手研究环境税开征工作，2010 年 7 月，环境税征收方案初稿出炉，2013 年初步确定开征的时间表，2016 年全国人大常委会首次审议环境保护税法草案。草案拟将现行的"排污费"改为"环保税"，规定应税污染物包括"大气污染物、水污染物、固体废物和噪声"。由此可见，环境税未来将成为中国绿色发展市场建设型政策工具体系中十分重要的一环。因此，本节将环境税作为政策情景之一，模拟开征环境税对绿色发展的影响。由于环境税并未实际开征，相关数据缺乏，本节的环境税税率将参考江西省环境保护厅公布的排污收费标准（见表 7-11）。

表 7-11　江西省排污费征收标准[②]

征收项目	收费标准
废水排污费	0.7 元/当量
废气排污费	0.6 元/当量
噪声排污费	按照超标分贝数计征，详见《排污费征收标准管理办法》
危险废物排污费	1000 元/吨

① 保罗·R. 伯特尼、罗伯特·N. 史蒂文斯主编《环境保护的公共政策》，穆贤清、方志伟译，上海三联书店、上海人民出版社，2004。

② 江西省生态环境厅官方网站。

为了对比在不同的环境税率的变动下，模型中其他内生变量的响应有何不同，环境税情景将下设五个子情景分别进行模拟：环境税率 tpe_p 提高 10%；环境税率 tpe_p 提高 20%；环境税率 tpe_p 提高 30%；环境税率 tpe_p 提高 40%；环境税率 tpe_p 提高 50%。

③环境补贴情景。环境补贴是指政府在经济主体由于意识上的偏差或资金上的私有制不能有效进行环保投资的情况下，为了解决环保问题，或是出于政治、经济原因而对企业进行各种补贴，以帮助企业进行环保设备使用、环保工艺改进的一种政府行为。环境补贴是当前政府常用的一种市场建设型政策工具，主要存在排污削减设备补贴和污染减排补贴两种类型。环境补贴制度是我国目前有效治理环境污染，建设资源节约型和环境友好型社会的需要，也是目前我国在外贸中提高企业竞争力，应对绿色壁垒的有效措施。从江西省对于环境补贴工具的运用来看，江西省在“十二五”期间，累计投入节能减排资金 113 亿元，主要用于支持淘汰落后产能奖励、工业企业清洁生产补助、主要污染物减排补贴、污水处理营运奖励、分类支持城镇污水处理设施配套管网建设等；建立全流域生态补偿机制，投入环境保护资金 18 亿元，支持“五河”和东江源源头生态保护区奖励、省级自然保护区环境保护奖励、农村环境综合整治、省级重点污染源治理工程“以奖代补”、试点优质湖泊水污染防治资金、赣州市东江流域环境整治试点等项目，并计划在“十三五”期间，进一步加大重点生态功能区转移支付力度，逐步扩大补偿范围，提高补偿标准，创新补偿机制。重点支持“净空”“净水”“净土”行动。实施重点行业脱硫脱硝、除尘设施改造升级，机动车尾气污染和工地扬尘防治等工程，建立大气污染跨区域联防联控机制。加强污水处理设施建设和运营管理，对城镇污水处理厂污水处理达标排放实施奖励政策。由此可见，环境补贴工具的运用是江西省推进绿色发展，实施生态文明建设中关键的一环。因此，本节将设置环境补贴情景，模拟环境补贴工具对于江西省绿色发展的政策效应。

环境补贴情景将下设五个子情景分别进行模拟：环境补贴率 re_p 提高 10%；环境补贴率 re_p 提高 20%；环境补贴率 re_p 提高 30%；环境补贴率 re_p 提高 40%；环境补贴率 re_p 提高 50%。

④生产补贴情景。生产补贴制度是一种与生产税相对应的市场建设型制度，它是协调分配关系的经济杠杆，是发挥财政分配机制作用的特定手段。目前，国内对于新能源、高新行业都实行不同程度的补贴政策，例如：2015年财政部制定了《可再生能源发展专项资金管理暂行办法》，对可再生能源行业实施专项资金补贴；同年发布《节能减排补助资金管理暂行办法》，对企业节能减排实施专项补贴；2017年发布的《江西省"十三五"能源发展规划》明确指出，加大财政对本省能源特别是可再生能源开发利用的支持力度[①]。可以看出，财政补贴工具是现阶段国内扶持新兴产业、促进绿色发展的一项重要政策工具。因此，本节将设置财政补贴情景，模拟财政补贴工具对绿色发展的影响。为了简化，本节重点模拟对于清洁能源行业的补贴和对居民的转移支付。

为了对比在不同的生产补贴率的变动下，模型中其他内生变量的响应有何不同，生产补贴情景将下设五个子情景分别进行模拟：生产补贴率 rc_i 提高10%；生产补贴率 rc_i 提高20%；生产补贴率 rc_i 提高30%；生产补贴率 rc_i 提高40%；生产补贴率 rc_i 提高50%。

⑤市场建设型组合工具情景。在现实中，环境税与补贴工具往往配合使用。政府通过征收税费获取收入，再通过转移支付与补贴的形式将收入再分配，实现有关的政策目标。从政策工具的分类来说，环境税与补贴都属于绿色发展政策工具中市场建设型政策工具中的财税工具，而财税工具是市场建设型工具中发展最为成熟、应用最广且可操作性最强的政策工具。因此，将财税工具的组合作为市场建设型政策工具的代表，探究市场建设型政策工具组合的政策效应，对环境税与补贴的组合情景进行模拟。

为了对比在不同的政策变量的变动下，模型中其他内生变量的响应有何不同，环境税与补贴组合情景将下设五个子情景分别进行模拟：环境税率 tpe_p、环境补贴率 re_p、生产补贴率 rc_i 同时提高10%；环境税率 tpe_p、环境补贴率 re_p、生产补贴率 rc_i 同时提高20%；环境税率 tpe_p、环境补贴率 re_p、生产补贴率 rc_i 同时提高30%；环境税率 tpe_p、环境补贴率 re_p、生产补贴率 rc_i 同时

① 江西省人民政府：《江西省"十三五"能源发展规划》，http://www.jxgb.gov.cn/2017-6/20176271055040.htm。

提高 40%；环境税率 tpe_p、环境补贴率 re_p、生产补贴率 rc_i同时提高 50%。

⑥规制管控—市场建设型组合工具情景。情景①至情景④分别探究了环境技术标准、环境税、环境补贴、生产补贴等单一政策工具的政策效应，情景⑤探究了市场建设型政策工具组合的政策效应。然而，如将规制管控型政策工具与市场建设型政策工具相组合，其政策效应又如何？其对于绿色发展的推动效应能否达到 1+1>2 的效果？为了对此进行探究，设置能源环境技术标准—环境税—补贴的组合情景，并对此进行模拟。

为了对比在不同的生产补贴率的变动下，模型中其他内生变量的响应有何不同，规制管控—市场建设型组合工具情景下设五个子情景分别进行模拟：排污密度 $d_{p,i}$降低 1%，减排率 $cl_{p,i}$提高 1%，同时，环境税率 tpe_p、环境补贴率 re_p、生产补贴率 rc_i提高 10%；排污密度 $d_{p,i}$降低 2%，减排率 $cl_{p,i}$提高 2%，同时，环境税率 tpe_p、环境补贴率 re_p、生产补贴率 rc_i提高 20%；排污密度 $d_{p,i}$降低 3%，减排率 $cl_{p,i}$提高 3%，同时，环境税率 tpe_p、环境补贴率 re_p、生产补贴率 rc_i提高 30%；排污密度 $d_{p,i}$降低 4%，减排率 $cl_{p,i}$提高 4%，同时，环境税率 tpe_p、环境补贴率 re_p、生产补贴率 rc_i提高 40%；排污密度 $d_{p,i}$降低 5%，减排率 $cl_{p,i}$提高 5%，同时，环境税率 tpe_p、环境补贴率 re_p、生产补贴率 rc_i提高 50%。

（3）情景模拟流程。①在现有政策环境下，计算出模型的基准解，并将其作为基准情景；②通过改变模型中的相关参数，模拟以上 6 个政策情景，并将政策冲击后的解与基准解相比较。

7.3.3　中国绿色发展 CGE 模型构建与模拟

（1）模块构成。中国绿色发展 CGE 模型包括生产模块、贸易与产品分配模块、居民模块、政府模块、投资—储蓄—存货变动模块、均衡模块福利模块、GDP 模块及动态模块。①生产模块。主要包括非能源部门和能源部门。为准确反映各基本生产要素和各中间投入与各产品的投入产出关系，本书将采用 6 层次嵌套的生产函数（见图 7-4）。

最高层次的嵌套主要包括产业部门 i 的最终产出 QX_i，其对应价格为 PX_i，以及两项投入——增值 KEL_i和中间投入 ND_i，其中增值 KEL_i为资本投

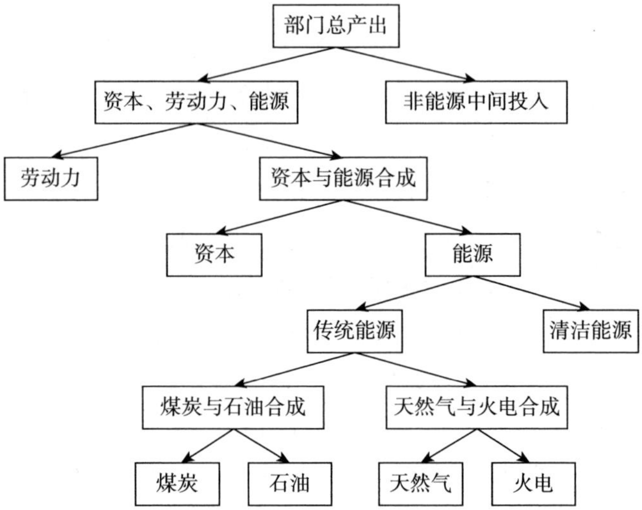

图 7－4　生产部门生产函数的嵌套结构

入 K_i、劳动力投入 L_i 和能源投入 E_i 的合成投入要素，其对应的要素价格为 $PKEL_i$，中间投入 ND_i 为产业部门 i 生产所消耗的所有中间投入的加总，其对应的要素价格为 PND_i。最高层次投入与产出之间的关系采用下面的 CES 型生产函数表示：

$$QX_i = AP1\left(\beta_{keli} KEL_i^{\rho_i^q} + \beta_{ndi} ND_i^{\rho_i^q}\right)^{1/\rho_i^q} \tag{7-14}$$

其中，$AP1$ 可被视为该层函数技术水平，β_{keli} 表示产业部门 i 中的增值部分，即资本—能源—劳动力合成投入要素在生产中的份额参数，β_{ndi} 表示中间投入在生产中的份额参数，ρ_i^q 是一个和替代弹性 σ_i^q 有关的参数。替代弹性 σ_i^q 的意义在于当两项要素投入的相对价格 $PKEL_i/PND_i$ 变动 1% 时，产业部门 i 为了维持同样水平的最终产出，其要素投入之比 KEL_i/ND_i 将变动 σ%。ρ_i^q 和 σ_i^q 的具体关系为 $\sigma_i^q = 1/(1-\rho_i^q)$，具体证明可参考有关文献①。

根据微观经济学中厂商对要素使用的原则，产业部门 i 最优化要素使用应当遵循既定产出 QX_i 使得要素投入的成本 C_i 最小化的原则，这一决策问题可以表述为在式（7－14）的约束下使得要素成本最小化，要素成本方程为：

① 张欣：《可计算一般均衡模型的基本原理与编程》，格致出版社、上海人民出版社，2010。

$$C1_i = PKEL_i KEL_i + PND_i ND_i \tag{7-15}$$

构建拉格朗日函数，可得：

$$L = PKEL_i \, KEL_i + PND_i \, ND_i - \lambda [AP1 \, (\beta_{keli} \, KEL_i^{\rho_i^q} + \beta_{ndi} \, ND_i^{\rho_i^q})^{1/\rho_i^q} - QX_i] \tag{7-16}$$

对有关变量关于上面的拉格朗日函数求偏导可得到下面的一阶条件：

$$\frac{\partial L}{\partial KEL_i} = PKEL_i - \lambda AP1 \frac{1}{\rho_i^q} (\beta_{keli} \, KEL_i^{\rho_i^q} + \beta_{ndi} \, ND_i^{\rho_i^q})^{1/\rho_i^q - 1} \beta_{keli} \cdot \rho_i^q \cdot KEL_i^{\rho_i^q - 1} = 0 \tag{7-17}$$

$$\frac{\partial L}{\partial ND_i} = PND_i - \lambda AP1 \frac{1}{\rho_i^q} (\beta_{keli} \, KEL_i^{\rho_i^q} + \beta_{ndi} \, ND_i^{\rho_i^q})^{1/\rho_i^q - 1} \beta_{ndi} \cdot \rho_i^q \cdot ND_i^{\rho_i^q - 1} = 0 \tag{7-18}$$

$$\frac{\partial L}{\partial \lambda} = A \, (\beta_{keli} \, KEL_i^{\rho_i^q} + \beta_{ndi} \, ND_i^{\rho_i^q})^{1/\rho_i^q} - QX_i = 0 \tag{7-19}$$

将式（7－17）和式（7－18）移项后相除可得：

$$\frac{PKEL_i}{PND_i} = \frac{\lambda AP1 \frac{1}{\rho_i^q} (\beta_{keli} \, KEL_i^{\rho_i^q} + \beta_{ndi} \, ND_i^{\rho_i^q})^{1/\rho_i^q} \beta_{keli} \cdot \rho_i^q \cdot KEL_i^{\rho_i^q - 1}}{\lambda AP1 \frac{1}{\rho_i^q} (\beta_{keli} \, KEL_i^{\rho_i^q} + \beta_{ndi} \, ND_i^{\rho_i^q})^{1/\rho_i^q} \beta_{ndi} \cdot \rho_i^q \cdot ND_i^{\rho_i^q - 1}} = \frac{\beta_{keli}}{\beta_{ndi}} \left(\frac{ND_i}{KEL_i} \right)^{1-\rho_i^q} \tag{7-20}$$

式（7－20）是部门 i 在既定最终产出 QX_i 下，要素投入成本最小化的优化条件，$\frac{\beta_{keli}}{\beta_{ndi}} \left(\frac{ND_i}{KEL_i} \right)^{1-\rho_i^q}$ 为技术替代率，也是等产量线的斜率。同时，将式（7－20）与式（7－14）相结合并根据 $\sigma_i^q = 1/(1-\rho_i^q)$ 这一关系可得部门 i 对两项要素投入的需求函数：

$$KEL_i = \frac{1}{AP1} \left(\frac{\beta_{keli}}{PKEL_i} \right)^{\sigma_i^q} (\beta_{keli}{}^{\sigma_i^q} \, PKEL_i{}^{1-\sigma_i^q} + \beta_{ndi}{}^{\sigma_i^q} \, PND_i{}^{1-\sigma_i^q})^{-\frac{1}{\rho_i^q}} QX_i \tag{7-21}$$

$$ND_i = \frac{1}{AP1} \left(\frac{\beta_{ndi}}{PND_i} \right)^{\sigma_i^q} (\beta_{keli}{}^{\sigma_i^q} \, PKEL_i^{1-\sigma_i^q} + \beta_{ndi}{}^{\sigma_i^q} \, PND_i^{1-\sigma_i^q})^{-\frac{1}{\rho_i^q}} QX_i \tag{7-22}$$

将式（7－21）和式（7－22）同时代入式（7－15）中，可以得到部门

i 的要素使用成本函数：

$$C_i = \frac{1}{AP1}\left(\beta_{keli}{}^{\sigma_i^q} PKEL_i^{1-\sigma_i^q} + \beta_{ndi}{}^{\sigma_i^q} PND_i^{1-\sigma_i^q}\right)^{1-\frac{1}{\rho_i^q}} QX_i \tag{7-23}$$

为了进一步描述厂商的利润最大化决策，做如下定义。

首先，参考国内外大多数环境能源 CGE 模型的做法，将产业部门 i 的第 p 种污染物的排放$TD_{p,i}$定义为与部门 i 的最终产品产出QX_i成正比关系，比例系数为$d_{p,i}$，其可以被视为部门 i 第 p 种污染物的排污密度：

$$TD_{p,i} = d_{p,i} \cdot QX_i \tag{7-24}$$

部门 i 对于第 p 种污染物的减排数量$CD_{p,i}$可以被定义为：

$$CD_{p,i} = cl_{p,i} \cdot TD_{p,i} \tag{7-25}$$

其中，$cl_{p,i}$为部门 i 对于第 p 种污染物的减排率。因此，部门 i 的第 p 种污染物的净排放量可被定义为：

$$DE_{p,i} = TD_{p,i} - CD_{p,i} \tag{7-26}$$

其次，从政府的角度来看。本章假设政府只对生产部门征收两种税：生产间接税和排污税。对所有产业部门 i 生产的单件最终产品以tc_i的税率从价征收间接税。同时，政府对 i 部门的第 p 种污染物的净排放以$tpe_{p,i}$的税率从量征收排污税，这一税率可以看作企业排污的价格。同时，政府对于部门 i 单件最终产出以rc_i的补贴率进行生产补贴。结合式（7－26），可得产业部门 i 的利润函数：

$$\pi_i = \left(PX_i + rc_i + \sum_p re_p\, k_p cl_{p,i}\, d_{p,i}\right) QX_i - \left[C_i + \sum_p tpe_p\, k_p d_{p,i}(1 - cl_{p,i})\right] QX_i \tag{7-27}$$

其中，部门 i 的总收入可表示为

$$\left(PX_i + rc_i + \sum_p re_p k_p cl_{p,i} d_{p,i}\right) QX_i \tag{7-27-1}$$

部门 i 使用的要素总成本可表示为

$$C_i \cdot QX_i \tag{7-27-2}$$

部门 i 的生产间接税支出可表示为

$$tc_i \cdot QX_i \tag{7-27-3}$$

部门 i 的排污税支出可表示为

$$\left[\sum_p tpe_p k_p d_{p,i}(1-cl_{p,i})\right]QX_i \tag{7-27-4}$$

部门 i 在生产过程中寻求利润最大化，因此，对式（7－27）求无条件极值，对变量 QX_i 求偏导可得一阶条件：

$$\frac{\partial \pi_i}{\partial QX_i} = (PX_i + rc_i + \sum_p re_p\, k_p cl_{p,i}\, d_{p,i})\, QX_i - [C_i + \sum_p tpe_p\, k_p\, d_{p,i}(1-cl_{p,i})]\, QX_i = 0 \tag{7-28}$$

移项后可得：

$$PX_i + rc_i + \sum_p re_p\, k_p\, cl_{p,i}\, d_{p,i} = C_i + \sum_p tpe_p\, k_p\, d_{p,i}(1-cl_{p,i}) \tag{7-29}$$

式（7－29）表明当最终产品的价格等于边际成本时，部门 i 无论其产量如何，将实现利润最大化。将式（7－29）两端同时乘以 QX_i，可得：

$$\begin{aligned} PX_i\, QX_i &= PKEL_i\, KEL_i + PND_i\, ND_i + \\ &[\sum_p tpe_p\, k_p\, d_{p,i}(1-cl_{p,i}) + rc_i + \sum_p re_p\, k_p\, cl_{p,i}\, d_{p,i}]\, QX_i \end{aligned} \tag{7-30}$$

式（7－30）等号左边为企业的现金净流入量，右边为企业的生产成本，这表明在完全竞争条件下，企业的净利润应当为0。

式（7－13）、式（7－20）、式（7－30）便构成了生产模块最高层嵌套的优化关系。

第二层嵌套主要研究资本—能源—劳动力合成要素 KEL_i 和中间投入要素 ND_i。首先将 KEL_i 看成资本—能源的合成要素 KE_i 和劳动力要素 L_i 的 CES 合成：

$$KEL_i = AP2\,(\beta_{kei}\, KE_i^{\rho_i^{kel}} + \beta_{li}\, L_i^{\rho_i^{kel}})^{1/\rho_i^{kel}} \tag{7-31}$$

其中，$AP2$ 为该层函数技术水平，β_{kei} 表示产业部门 i 资本—能源合成投入要素在生产中的份额参数，β_{li} 表示劳动力投入在生产中的份额参数，替代弹性 σ_i^{kel} 与参数 ρ_i^{kel} 的意义与第一层嵌套中相关参数的意义相似，且满足 σ_i^{kel} =

$1/(1-\rho_i^{kel})$。

将KE_i的价格表示为PKE_i，将L_i的价格表示为W_i，合成要素的成本方程可以写为：

$$C2_i = PKE_i\ KE_i + W_i\ L_i \tag{7-32}$$

与第一层嵌套相同，部门 i 在使用要素KE_i和L_i时应当满足成本最小化原则，因此，部门 i 的决策为在式（7－31）的约束下成本（$C2_i$）最小化。这一优化问题的拉格朗日函数一阶条件的求解过程与第一层嵌套类似，求解过程后文不再赘述，其应当满足优化条件：

$$\frac{PKE_i}{W_i} = \frac{\beta_{kei}}{\beta_{li}}\left(\frac{KE_i}{L_i}\right)^{1-\rho_i^{kel}} \tag{7-33}$$

而合成要素使用的利润最大化应满足：

$$PKEL_i\ KEL_i = PKE_i\ KE_i + W_i L_i \tag{7-34}$$

式（7－31）、式（7－33）、式（7－34）构成了生产模块第二层嵌套合成要素KEL_i使用的优化关系。

对于部门 i 的中间要素投入ND_i来说，按照惯例，采用列昂惕夫函数进行合成。因此，中间要素投入应满足下面的关系：

$$UND_{oth,i} = \alpha_{oth,i}\ ND_i \tag{7-35}$$

其中，$UND_{oth,i}$表示生产部门 i 的产出所需要的部门 oth 的中间投入量，ND_i表示部门 i 所使用的中间投入的加总。$\alpha_{oth,i}$为直接消耗系数，表示生产 1 单位部门 i 总的中间投入所需要的部门 oth 产品的投入数量。中间投入价格PND_i可以表示为以$\alpha_{oth,i}$为权重的加权价格：

$$PND_i = \sum_{oth} \alpha_{oth,i}\ PX_i \tag{7-36}$$

通过求解可以发现，式（7－36）中已经包含了在固定产出下利润最大化这一条件，因此，（7－35）、（7－36）两式构成了中间要素投入合成的优化条件。

第三层嵌套将资本—能源合成要素KE_i进一步分解为资本要素K_i和能源

合成要素E_i，用 CES 函数表示这一关系则为：

$$KE_i = AP3\left(\beta_{ki} K_i^{\rho_i^{ke}} + \beta_{ei} E_i^{\rho_i^{ke}}\right)^{1/\rho_i^{ke}} \tag{7-37}$$

其中，$AP3$ 为该层函数技术水平，β_{ki}表示产业部门 i 资本投入要素在生产中的份额参数，β_{ei}表示能源投入在生产中的份额参数，替代弹性σ_i^{ke}与参数ρ_i^{ke}满足$\sigma_i^{ke} = 1/(1-\rho_i^{ke})$。$R_i$表示部门 i 资本要素的价格，PE_i表示能源合成要素的价格，合成要素KE_i的总成本为：

$$C3_i = R_i K_i + PE_i E_i \tag{7-38}$$

在式（7－37）的约束下，最小化式（7－38），构建拉格朗日函数可解得要素使用的最优条件：

$$\frac{R_i}{PE_i} = \frac{\beta_{ki}}{\beta_{ei}}\left(\frac{K_i}{E_i}\right)^{1-\rho_i^{ke}} \tag{7-39}$$

利润最大化条件应当满足：

$$PKE_i\ KE_i = R_i K_i + PE_i E_i \tag{7-40}$$

第四层嵌套将能源合成要素E_i进一步分解为传统能源的合成要素HE_i和清洁能源要素 LE_i，用 CES 函数表示这一关系则为：

$$E_i = AP4\left(\beta_{hei} HE_i^{\rho_i^{e}} + \beta_{lei} LE_i^{\rho_i^{e}}\right)^{1/\rho_i^{e}} \tag{7-41}$$

其中，$AP4$ 为该层函数技术水平，β_{hei}表示产业部门 i 传统能源投入要素HE_i在生产中的份额参数，β_{lei}表示清洁能源投入要素 LE_i在生产中的份额参数，替代弹性 σ_i^e与参数 ρ_i^e的意义与第一层嵌套中相关参数的意义相似，且满足$\sigma_i^e = 1/(1-\rho_i^e)$。$PHE_i$表示部门 i 传统能源要素的价格，PLE_i表示清洁能源要素的价格。能源合成要素E_i的总成本为：

$$C4_i = PHE_i HE_i + PLE_i LE_i \tag{7-42}$$

在式（7－41）的约束下，最小化式（7－42），构建拉格朗日函数可解得要素使用的最优条件：

$$\frac{PHE_i}{PLE_i} = \frac{\beta_{hei}}{\beta_{lei}}\left(\frac{HE_i}{LE_i}\right)^{1-\rho_i^{e}} \tag{7-43}$$

利润最大化条件应当满足：

$$PEN_iE_i = PHE_iHE_i + PLE_iLE_i \tag{7-44}$$

第五层嵌套将HE_i分解为煤炭与石油的合成能源ECP_i和天然气与火电的合成能源EGE_i，CES 合成形式如下：

$$HE_i = AP5\left(\beta_{ecpi}\ ECP_i^{\rho_i^{he}} + \beta_{egei}\ EGE_i^{\rho_i^{he}}\right)^{1/\rho_i^{he}} \tag{7-45}$$

其中，AP5 为该层函数技术水平，β_{ecpi}表示产业部门 i 的煤炭与石油的合成要素ECP_i在生产中的份额参数，β_{egei}表示天然气与火电的合成要素EGE_i在生产中的份额参数，替代弹性 σ_i^{he} 与参数 ρ_i^{he} 的意义与第一层嵌套中相关参数的意义相似，且满足$\sigma_i^{he} = 1/(1-\rho_i^{he})$。$PECP_i$表示部门 i 煤炭与石油的合成要素的价格，$PEGE_i$表示天然气与火电的合成要素的价格。合成要素HE_i的总成本为：

$$C5_i = PECP_iECP_i + PEGE_iEGE_i \tag{7-46}$$

在式（7－45）的约束下，最小化式（7－46），构建拉格朗日函数可解得要素使用的最优条件：

$$\frac{PECP_i}{PEGE_i} = \frac{\beta_{ecpi}}{\beta_{egei}}\left(\frac{ECP_i}{EGE_i}\right)^{1-\rho_i^{he}} \tag{7-47}$$

利润最大化条件应当满足PHE_i的要素合成价格等式：

$$PHE_iHE_i = PECP_iECP_i + PEGE_iEGE_i \tag{7-48}$$

式（7－45）、式（7－47）、式（7－48）构成了第五层HE_i合成的优化条件。

第六层嵌套主要由两部分组成，第一部分是对煤炭与石油的合成要素ECP_i的分解，第二部分是对天然气与火电的合成要素EGE_i的分解。本节将ECP_i分解为煤炭要素EC_i与石油要素EP_i，CES 合成形式如下：

$$ECP_i = AP6\left(\beta_{eci}\ EC_i^{\rho_i^{ecp}} + \beta_{epi}\ EP_i^{\rho_i^{ecp}}\right)^{1/\rho_i^{ecp}} \tag{7-49}$$

其中，AP6 为该层函数技术水平，β_{eci}表示产业部门 i 煤炭要素EC_i在生产中的份额参数，β_{epi}表示EP_i在生产中的份额参数，替代弹性σ_i^{ecp}与参数ρ_i^{ecp}

的意义与第一层嵌套中相关参数的意义相似，且满足$\sigma_i^{ecp}=1/(1-\rho_i^{ecp})$。$PQ_{eci}$表示部门$i$煤炭要素的使用价格，$PQ_{epi}$表示石油要素的使用价格。合成要素$ECP_i$的总成本为：

$$C6_i = PQ_{eci}EC_i + PQ_{epi}EP_i \tag{7-50}$$

在式（7-49）的约束下，最小化式（7-50），构建拉格朗日函数可解得要素使用的最优条件：

$$\frac{PQ_{eci}}{PQ_{epi}} = \frac{\beta_{eci}}{\beta_{epi}}\left(\frac{EC_i}{EP_i}\right)^{1-\rho_i^{ecp}} \tag{7-51}$$

利润最大化条件应当满足$PECP_i$的要素合成价格等式：

$$PECP_iECP_i = PQ_{eci}EC_i + PQ_{epi}EP_i \tag{7-52}$$

式（7-49）、式（7-51）、式（7-52）构成了第六层ECP_i合成的优化条件。

本节将EGE_i分解为天然气要素EG_i与火电要素EE_i，CES合成形式如下：

$$EGE_i = AP7\left(\beta_{egi}EG_i^{\rho_i^{ege}} + \beta_{eei}EE_i^{\rho_i^{ege}}\right)^{1/\rho_i^{ege}} \tag{7-53}$$

其中，$AP7$为该层函数技术水平，β_{egi}表示产业部门i天然气要素EG_i在生产中的份额参数，β_{eei}表示EE_i在生产中的份额参数，替代弹性σ_i^{ege}与参数ρ_i^{ege}的意义与第一层嵌套中相关参数的意义相似，且满足$\sigma_i^{ege}=1/(1-\rho_i^{ege})$。$PQ_{egi}$表示部门$i$天然气要素的使用价格，$PQ_{eei}$表示火电要素的使用价格。合成要素$EGE_i$的总成本为：

$$C7_i = PQ_{egi}EG_i + PQ_{eei}EE_i \tag{7-54}$$

在式（7-53）的约束下，最小化式（7-54），构建拉格朗日函数可解得要素使用的最优条件：

$$\frac{PQ_{egi}}{PQ_{eei}} = \frac{\beta_{egi}}{\beta_{eei}}\left(\frac{EG_i}{EE_i}\right)^{1-\rho_i^{ege}} \tag{7-55}$$

利润最大化条件应当满足$PEGE_i$的要素合成价格等式：

$$PEGE_iEGE_i = PQ_{egi}EG_i + PQ_{eei}EE_i \tag{7-56}$$

式（7-53）、式（7-55）、式（7-56）构成了第六层EGE_i合成的优化条件。

②贸易与产品分配模块。贸易与产品分配模块包括 CET 产品分配模块和 Armington 贸易模块。第一，CET 产品分配模块。本书将进入最终产品市场的产品分成三部分：一是国内生产并用于出口的部分，记为QE_i；二是本国生产且用于国内销售的部分，记为QD_i；三是从国外进口的商品，记为QM_i。国内生产的产品QX_i由用于国内销售的QD_i和用于出口的部分QE_i组成，这种关系采用下面的 CET 分配函数表达：

$$QX_i = AC(\xi d_i QD_i^{\rho_{ei}} + \xi e_i QE_i^{\rho_{ei}})^{1/\rho_{ei}} \tag{7-57}$$

其中，AC 表示国内的供给与出口的转换系数，σ_{ei}表示国内供给与出口的替代弹性系数，$\rho_{ei}=1/(1-\sigma_{ei})$，$\rho_{ei}$表示国内供给与进口的替代弹性系数的相关系数，$\xi d_i$表示商品 i 国内供给的份额参数，ξe_i表示商品 i 出口供给的份额参数。

定义进口和出口产品的价格：

$$PM_i = PMW_i \cdot EXR \tag{7-58}$$

$$PE_i = PEW_i \cdot EXR \tag{7-59}$$

其中，PM_i、PE_i表示进口商品 i、出口商品 i 在国内市场上的价格，PMW_i、PEW_i表示进口商品 i 和出口商品 i 在国际市场上的价格，EXR 表示汇率。

供给者在选择本国供给或出口时，主要考虑利润最大化问题：

$$\min PX_i QX_i - (PD_i QD_i + PE_i QE_i)$$

$$PD_i = PX_i AC(\xi d_i QD_i^{\rho_{ei}} + \xi e_i QE_i^{\rho_{ei}})^{\frac{1}{\rho_{ei}}-1} \xi d_i QD_i^{\rho_{ei}-1} \tag{7-60}$$

$$PE_i = PX_i AC(\xi d_i QD_i^{\rho_{ei}} + \xi e_i QE_i^{\rho_{ei}})^{\frac{1}{\rho_{ei}}-1} \xi e_i QE_i^{\rho_{ei}-1} \tag{7-61}$$

将式（7-60）除以式（7-61）可得到部门 i 在国内供给和出口之间最优选择的必要条件：

$$\frac{PD_i}{PE_i} = \frac{\xi d_i}{\xi e_i} \cdot \left(\frac{QE_i}{QD_i}\right)^{1-\rho_{ei}} \tag{7-62}$$

将市场上部门 i 的产品价格定义成国内供给价格PD_i和出口价格PE_i的加

权价格：

$$PX_i \cdot QX_i = PD_i QD_i + PE_i QE_i \tag{7-63}$$

式（7－57）、式（7－58）、式（7－59）、式（7－62）、式（7－63）构成本 CGE 模型产品分配模块的核心方程。

第二，Armington 贸易模块。国内市场上销售部门 i 的产品 QQ_i 由本国生产且本国销售的产品 QD_i 和从国外进口的产品 QM_i 两个部分组成。由于 QD_i 和 QM_i 具有不完全替代性，因此其合成关系采用 CES 型函数，也即 Armington 假设，具体表达形式如下：

$$QQ_i = AA\left(\xi D_i QD_i^{\rho_{mi}} + \delta m_i QM_i^{\rho_{mi}}\right)^{1/\rho_{mi}} \tag{7-64}$$

其中，AA 表示国内的供给与进口的转换系数，σ_{mi} 表示国内供给与进口的替代弹性系数，$\rho_{mi} = 1/(1-\sigma_{mi})$，$\rho_{mi}$ 表示国内供给与进口的替代弹性系数的相关系数，ξD_i 表示商品 i 国内供给的份额参数，δm_i 表示商品 i 进口供给的份额参数。

Armington 假设中的价格已在式（7－58）中被定义，本处不再赘述。

一个典型的国内需求者在国内生产的产品 i 与进口产品 i 之间进行选择时，应遵循成本最小化原则，本模型假设不考虑关税，因此这一决策可以表达成：

$$\min PQ_i QQ_i - (PD_i QD_i + PM_i QM_i)$$

与 CET 函数类似，求无条件极值可得下列的一阶条件：

$$PD_i = PQ_i AA\left(\xi D_i\, QD_i^{\rho_{mi}} + \delta m_i QM_{mii}^{\rho}\right)^{\frac{1}{\rho_{mi}}-1} \xi d_i\, QD_i^{\rho_{mi}-1} \tag{7-65}$$

$$PM_i = PQ_i AA\left(\xi D_i\, QD_i^{\rho_{mi}} + \delta m_i\, QM_i^{\rho_{mi}}\right)^{\frac{1}{\rho_{mi}}-1} \delta m_i\, QM_i^{\rho_{mi}-1} \tag{7-66}$$

将式（7－65）与式（7－66）相除可得需求者关于国内供给的 i 商品和从国外进口的 i 商品最优选择的必要条件：

$$\frac{PD_i}{PM_i} = \frac{\xi D_i}{\delta m_i} \cdot \left(\frac{QM_i}{QD_i}\right)^{1-\rho_{mi}} \tag{7-67}$$

国内市场上产品 i 的价格 PQ_i、国内生产产品 i 的价格 PD_i、国外进口的

产品 i 的价格 PM_i 之间的关系与 CET 模块相似，采用加权价格形式表达这一关系：

$$PQ_i \cdot QQ_i = PD_i QD_i + PM_i QM_i \tag{7-68}$$

式（7－64）、式（7－67）、式（7－68）构成本 CGE 模型 Armington 假设的核心方程。

③居民模块。居民模块包括居民收入和消费行为两个方程。第一，居民收入。假设居民通过提供劳务获得劳务收入 LI，同时居民拥有资本，从资本市场获取资本收入 KI，政府对居民存在转移支付 $HSUB$，最终获得总收入 HY。同时，居民将一部分收入按照一定的边际储蓄率 rhs 作为储蓄 HS，具体定义如下：

$$LI = \sum_i L_i \tag{7-69}$$

$$KI = \sum_i K_i \tag{7-70}$$

$$HY = LI + KI + HSUB \tag{7-71}$$

$$HS = rhs \cdot HY \tag{7-72}$$

第二，消费行为。在 CGE 模型的构建过程中，国际上有不少学者采用 ELES 型消费函数描述居民的消费行为，但鉴于国内 ELES 型消费函数的参数数据不易获取，同时为了简化处理，本章将消费者的效用函数假设为 Cobb-Douglas 型，居民对于产出部门 i 对应的产品的消费记为 HC_i，消费者的效用函数 U 则可以写成：

$$U = AH \prod_i HC_i^{\rho_{hi}} \tag{7-73}$$

其中，AH 为转换系数，ρ_{hi} 是一个与各种商品消费份额有关的参数，下文将进一步说明。

一个理性消费者在给定收入和商品价格的前提下，通过选择不同的商品消费组合实现效用最大化，居民用于消费的收入可以被定义为居民的总收入 HY 减去居民总储蓄 HS，同时根据式（7－61），这一最优化问题可以被描述成：

$$\max AH \prod_i HC_i^{\rho_{hi}} \tag{7-74}$$

$$\text{s. t.} \quad \sum_{i} PQ_i \cdot HC_i = HY$$

通过求解上述最优化问题可以解得马歇尔需求函数：

$$HC_i = \rho_{hi} \cdot \frac{HY}{PQ_i} \tag{7-75}$$

从式（7－75）中可以看出，ρ_{hi}为各种商品的消费支出占总消费支出的比重。

式（7－69）至式（7－72）与式（7－75）构成CGE模型居民模块的核心方程。

④政府模块。政府模块包括政府收入和政府支出两个方程。第一，政府收入。本模型假设政府收入 *GY* 由税收收入组成，且假设只考虑生产间接税收入 *INDTAX* 及排污税收入 *PETAX*，不考虑增值税、关税、消费税等其他税收收入。同时政府将按照政府的边际储蓄率 *rgs* 将收入的一部分作为政府储蓄。因此，做如下定义：

$$INDTAX = \sum_{i} tc_i \, PX_i QX_i \tag{7-76}$$

$$PETAX = \sum_{i} \sum_{p} tpe_{p,i} (d_{p,i} - cl_{p,i}) \, QX_i \tag{7-77}$$

$$GY = INDTAX + PETAX \tag{7-78}$$

$$GS = rgs \cdot GY$$

第二，政府支出。政府支出主要有政府对各类商品 *i* 的消费 $\sum_{i} GC_i$，政府对于一般生产部门 *i* 的生产补助 *CSUB*，以及对居民的转移支付 *HSUB*。假设政府的消费行为与前面所述的居民消费行为完全相同，因此，进行如下的定义：

$$CSUB = \sum_{i} rcsub_i \, QX_i \tag{7-79}$$

$$HSUB = rhsub \cdot GY \tag{7-80}$$

$$GC_i = \rho_{gi} \cdot \frac{GY}{PQ_i} \tag{7-81}$$

其中，ρ_{gi}的含义与居民需求函数的相同，表示各类商品的消费支出占政府收入的份额，$rcsub_i$为对部门 *i* 的从量补贴率，*rhsub* 则表示政府按照该比重将政府收入的一部分支付给居民。

式（7－76）至式（7－81）构成了 CGE 模型的政府模块的核心方程。

⑤投资—储蓄—存货变动模块。投资—储蓄—存货变动模块包括投资—储蓄行为和存货投资与存货变动两个方面的方程。第一，投资—储蓄行为。首先，假设投资者的收益为 RPS，使用 Cobb-Douglas 型效用函数与投资的商品需求INV_i相关联，这一关系可以表达为：

$$RPS = AI\prod_i INV_i^{\rho_{ii}} \tag{7-82}$$

其中，AI 为转换系数，ρ_{ii}表示各类商品投资需求占总投资的份额。

假定一个投资者在给定总投资 $TINV$ 和商品价格PQ_i的条件下通过选择不同商品的投资需求水平实现收益最大化，这一问题可以表述为：

$$\begin{aligned} &\max RPS = AI\prod_i INV_i^{\rho_{ii}} \\ &\text{s.t. } TINV = \sum_i PQ_i\, INV_i \end{aligned} \tag{7-83}$$

求解这一问题可以得到投资者对于各类商品的需求函数：

$$INV_i = \rho_{ii}\frac{TINV}{PQ_i} \tag{7-84}$$

通过居民模块和政府模块的分析可知，总储蓄应当由居民储蓄和政府储蓄两部分构成，因此，总储蓄 $TSAV$ 可以写成下面的形式：

$$TSAV = HS + GS \tag{7-85}$$

而根据宏观经济学中投资储蓄的均衡状态，意愿投资和储蓄应当相等，因此：

$$TSAV = TINV \tag{7-86}$$

第二，存货投资与存货变动。参考潘浩然（2016）的做法，投资活动对存货变动的需求量 $INVS$ 按照总投资 $TINV$ 的固定比例 ivs 算出①：

$$INVS = ivs \cdot TINV \tag{7-87}$$

① 潘浩然：《可计算一般均衡模型建模初级教程》，中国人口出版社，2016。

存货变动对商品的需求量SC_i等于按照全部存货变动支出的固定比例分配的商品存货变动支出除以商品价格，如下面所示：

$$SC_i = \rho_{si} \cdot \frac{INVS}{PQ_i} \tag{7-88}$$

其中，ρ_{si}表示商品 i 的存货变动占总存货的份额。

从总投资 $TINV$ 中扣除商品投资和存货投资，为对国外的投资额 $INVF$：

$$INVF = TINV - \sum_i PQ_i \, INV_i - INVS \tag{7-89}$$

式（7－84）至式（7－89）为 CGE 模型投资—储蓄—存货变动模块的核心方程。

⑥均衡模块。均衡模块包括劳动力市场均衡、资本市场均衡、国际贸易均衡、政府收支均衡和产品市场均衡。第一，劳动力市场均衡。该方程可以表达为：

$$\sum_i K_i = \overline{KS} \tag{7-90}$$

第二，资本市场均衡。该方程可以表达为：

$$\sum_i L_i = \overline{LS} \tag{7-91}$$

其中，$\overline{KS}$、$\overline{LS}$分别为资本和劳动的供给量。

第三，国际贸易均衡。该方程可以表达为：

$$\sum_i PE_i \, QE_i = \sum_i PM_i \, QM_i + INVF \tag{7-92}$$

第四，政府收支均衡。该方程可以表达为：

$$GY = GC_i \tag{7-93}$$

第五，产品市场均衡。非能源产品和能源产品的方程可以分别表述为：

$$QQ_{oth} = \sum_{oth} UND_{oth,oth} + HC_{oth} + GC_{oth} + INV_{oth} + SC_{oth} \tag{7-94}$$

$$QQ_n = \sum_i EC_i + HC_n + GC_n + INV_n + SC_n$$

⑦福利模块。为了进一步研究绿色发展中的居民福利问题，定义 CES 型

居民福利函数：

$$EV = AEV\left(\beta_{hev}\sum_{i} HC_i^{\rho^{ev}} + \beta_{hcv}\sum_{p}\sum_{i} CD_i^{\rho^{ev}}\right)^{1/\rho^{ev}} \tag{7-95}$$

其中，EV 表示居民的绿色福利水平，AEV 为转换系数，σ_i^{ev} 为消费与污染物减排之间的替代弹性，$\sigma_i^{ev}=1/(1-\rho_i^{ev})$。可以看出，居民的绿色福利水平由消费和污染物减排决定。

⑧GDP 模块。为了研究 GDP，本书将单独定义名义 *GDP*、实际 *GDP* 与 *GDP* 价格指数：

$$RGDP = \sum_{i} HC_i + \sum_{i} GC_i + \sum_{i} INV_i + \left(\sum_{i} QE_i - \sum_{i} QM_i\right) \tag{7-96}$$

$$GDP_i = W \cdot L_i + R \cdot L_i + PX_i\, QX_i \tag{7-97}$$

$$GDP = \sum_{i} GDP_i \tag{7-98}$$

$$PGDP = \frac{GDP}{RGDP} \tag{7-99}$$

其中，$RGDP$ 为实际 GDP，GDP_i 为部门 i 的名义产出，GDP 为名义 GDP，$PGDP$ 为 GDP 价格指数。式（7－96）至式（7－99）在模型外部计算，不增加额外的方程与变量。

⑨动态模块。为了研究绿色发展政策工具对绿色发展的长期冲击效应，本书将设置动态模块。一般而言，动态模块有两种选择：一是设计消费者的跨期消费数量的选择，从而形成消费数量的动态效应；二是设置劳动、资本与技术存量的动态递归机制。考虑到消费者的跨期消费选择中的部分参数难以估计，因此，本书选择劳动、资本与技术存量的动态递归机制。

第一，劳动的动态递归：

$$LS_t = LS_t\, e^{nt} \tag{7-100}$$

其中，LS_t 为第 t 期劳动要素市场的劳动要素供给量，n 为各期劳动力的增长率。

第二，资本的动态递归：

$$KS_{t+1} = \sum_{i} INV_i - \delta \sum_{i} K_i \tag{7-101}$$

其中，KS_{t+1} 为第 t＋1 期资本要素市场上的资本供给量，δ 为资本折旧率。

第三，技术存量的动态递归：

$$A_t = A_t e^{\alpha t} \quad (7-102)$$

其中，A_t为各期技术存量，α 为技术的进步速度。

同 GDP 模块类似，式（7－100）至式（7－102）属于在模型外部对模型各期数据进行更新的设定，本身不产生额外的方程与变量。

上面的各优化条件以及变量的定义式构成本 CGE 模拟的流程（见图 7－5）。

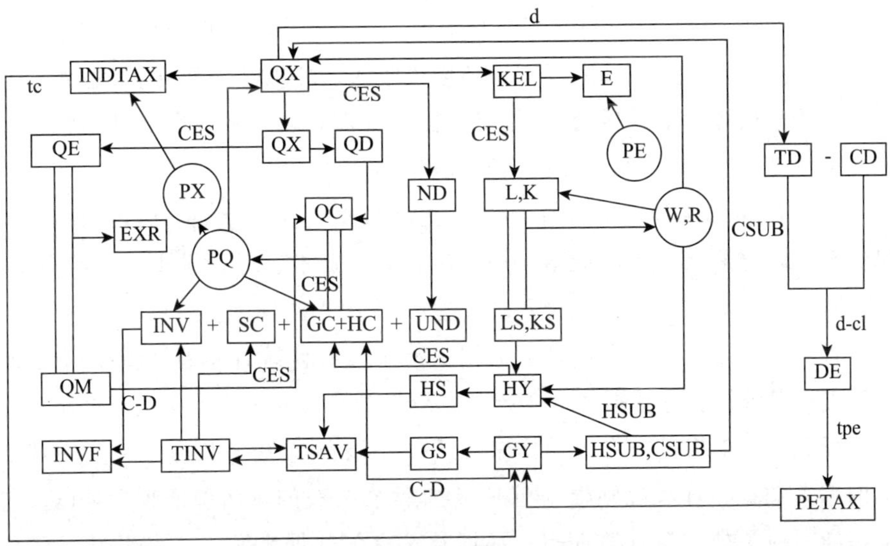

图 7－5　中国绿色发展 CGE 模拟流程

（2）SAM 数据基础的构建。SAM 表恰好是一套连接所有经济交易（包括生产、收入分配、流通、消费、储蓄和投资等内容），对生产活动、生产要素及社会经济主体进行分解和分类的完整数据体系，它能定量描述一个经济体内部有关生产、要素收入分配、经济主体收入分配和支出的循环关系①。一般来说，SAM 表的行方向代表收入，而列方向代表开支。通过行列平衡关

① 张建松：《实现我国税收制度绿色化的路径》，《工业技术经济》2006 年第 8 期。

系使得经济体在基期状态达到均衡，使得 GCE 模型可解。根据对于本书能源环境 CGE 模型变量的设置，对标准 SAM 表进行改造，最终建立本书所需要的开放经济体的宏观社会核算矩阵。

其中，“活动”账户主要包括各行业的生产厂商，“产出”账户主要核算最终产品的流通分配活动，“劳动”与“资本”账户主要用于核算生产要素的流通与分配，“居民”账户主要核算居民的收支活动。为了更好地研究市场建设型工具，本书将标准 SAM 表的“政府”账户拆分成“政府收支”“生产税”“生产补贴”“环境税”“环境补贴”五项子账户，“政府收支”账户的功能相当于标准 SAM 表中的“政府”账户，用于核算政府所有的收支活动，“生产税”“生产补贴”“环境税”“环境补贴”四个账户用于专项核算生产税收入、生产补贴开支、环境税收入、环境补贴开支。“国外”账户主要用于核算进出口活动，“投资—储蓄”账户用于核算所有的储蓄活动与投资活动，“存货”账户专门用于核算存货的变动。

宏观 SAM 表数据来源：中间投入矩阵数据、国内商品、居民消费、居民储蓄、政府消费、政府储蓄、进出口、固定资本、存货投资、劳动需求、资本需求、劳动收入、资本收入以及生产间接税数据均直接来源于 2012 年江西省投入产出表；而生产补贴数据来源于《江西统计年鉴 2013》中的政府开支有关数据，并根据各产业产出占当年总产出的比重，将生产补贴拆分至各行业；污染物排放有关数据来源于《中国环境统计年报 2013》中江西省的相关数据；环境税则根据 2012 年江西省公布的排污费征收标准以及各类污染物的净排放量计算而得；环境补贴有关数据来源于《江西统计年鉴 2013》中政府对生态环境保护的开支项，并根据各行业的污染物去除量将其拆分至各行业。

将所有数据代入表 7 - 12 后，在 Excel 2010 软件中运用手工“一步一标”法将 SAM 表的行和列调平。

（3）模型参数的估计。本模型参数的估计包括替代弹性系数和份额参数。①替代弹性系数。模型中需要标定主要有生产函数的替代弹性系数、Armington 函数与 CET 函数的替代弹性系数。生产函数的替代弹性大小决定了各种投入要素或产品之间的相互替代难易程度，从而对各种外部冲击政策

表 7－12 开放经济体的宏观 SAM 结构表

	活动	产出	劳动	资本	居民	政府收支	生产税	生产补贴	环境税	环境补贴	国外	投资	存货	总计
活动		国内商品									出口			国内商品
产出	中间投入				居民消费	政府消费						固定资本形成	存货投资	国内产出
劳动	劳动需求													劳动需求
资本	资本需求													资本需求
居民			居民劳动收入	居民资本收入										居民总收入
政府收支							生产税收入	减：生产补贴	环境税收入	减：环境补贴				政府总收入
生产税	生产税额													生产税总额
生产补贴	减：生产补贴													生产补贴总额
环境税	环境税额													环境税总额
环境补贴	减：环境补贴													环境补贴总额
国外		进口												总进口

续表

	活动	产出	劳动	资本	居民	政府收支	生产税	生产补贴	环境税	环境补贴	国外	投资	存货	总计
储蓄					居民储蓄	政府储蓄					国外储蓄			总储蓄
存货												存货投资总额		总存货
总计	部门支出	国内商品供给	劳动供给	资本供给	居民总支出	政府总支出	生产税总额	生产补贴总额	环境税总额	环境补贴总额	总出口	总投资	存货总额	

对整个经济系统所产生的影响有决定性的作用。如果生产函数中各种投入品之间的替代弹性大，企业易于针对外来冲击调整各种投入品，且调整成本比较小，外来冲击对经济系统造成的影响就比较小①。

目前关于 CGE 模型中生产函数、贸易函数中的替代弹性系数，一般通过计量经济学方法或者咨询相关专家取得。目前国内已经有不少学者在这方面做了大量的研究，如贺菊煌等（2002）②、王灿等（2003）③、谭显东等（2008）④。本节直接参考以往学者的研究结果并做调查（见表 7－13、表 7－14、表 7－15）⑤。

表 7－13　生产函数替代弹性

类别	农林牧渔	重工业	轻工业	服务业	传统能源	清洁能源
σ_i^q	0.30	0.30	0.30	0.30	0.30	0.30
σ_i^{kel}	0.80	0.80	0.80	0.80	0.80	0.80
σ_i^{ke}	0.60	0.60	0.60	0.60	0.60	0.60
σ_i^e	0.90	0.90	0.90	0.90	0.90	0.90

表 7－14　Armington 函数替代弹性

类别	农林牧渔	重工业	轻工业	服务业	传统能源	清洁能源
σ_{mi}	3.00	3.00	3.00	2.00	3.00	1.10

表 7－15　CET 函数替代弹性

类别	农林牧渔	重工业	轻工业	服务业	传统能源	清洁能源
σ_{ei}	4.00	4.00	4.00	3.00	4.00	0.50

① 宣晓伟：《用 CGE 模型分析硫税对中国经济的影响》，《调查研究报告》2002 年第 197 期。

② 贺菊煌、沈可挺、徐嵩龄：《碳税与二氧化碳减排的 CGE 模型》，《数量经济技术经济研究》2002 年第 10 期。

③ 王灿、陈吉宁、邹骥：《可计算一般均衡模型理论及其在气候变化研究中的应用》，《上海环境科学》2003 年第 3 期。

④ 谭显东、胡兆光、张克虎、李存斌、徐敏杰：《构建多 Agent 模型研究差别电价对行业的影响》，《中南大学学报》（自然科学版）2008 年第 1 期。

⑤ 郭正权：《基于 CGE 模型的我国低碳经济发展政策模拟分析》，中国矿业大学（北京），博士学位论文，2011。

②份额参数。包括 CGE 模型中 CES 生产函数、Armington 函数、CET 函数的份额参数、技术系数。CES 生产函数参数标定，对于第一层次嵌套，根据KEL_i和ND_i要素使用一阶条件式（7－20）以及$\beta_{keli}+\beta_{ndi}=1$ 这一关系，可以解得 β_{keli}和 β_{ndi}的校准表达式：

$$\beta_{keli} = \frac{\beta_{keli}\ KEL_i^{1-\rho_i^q}}{\beta_{keli}\ KEL_i^{1-\rho_i^q} + \beta_{ndi}\ ND_i^{1-\rho_i^q}} \tag{7-103}$$

$$\beta_{ndi} = \frac{\beta_{keli}\ KEL_i^{1-\rho_i^q}}{\beta_{keli}\ KEL_i^{1-\rho_i^q} + \beta_{ndi}\ ND_i^{1-\rho_i^q}} \tag{7-104}$$

同理，根据其他层次各要素使用的一阶条件以及份额参数的关系，其他层级生产函数的份额参数以及 CET 函数、Armington 函数的国内生产国内消费以及进出口的份额参数校准表达式为：

$$\beta_{kei} = \frac{\beta_{kei}\ KE_i^{1-\rho_i^{kel}}}{\beta_{kei}\ KE_i^{1-\rho_i^{kel}} + \beta_{li}\ L_i^{1-\rho_i^{kel}}} \tag{7-105}$$

$$\beta_{li} = \frac{\beta_{li}\ L_i^{1-\rho_i^{kel}}}{\beta_{kei}\ KE_i^{1-\rho_i^{kel}} + \beta_{li}\ L_i^{1-\rho_i^{kel}}} \tag{7-106}$$

$$\beta_{ki} = \frac{\beta_{ki}\ K_i^{1-\rho_i^{ke}}}{\beta_{ki}\ K_i^{1-\rho_i^{ke}} + \beta_{ei}\ E_i^{1-\rho_i^{ke}}} \tag{7-107}$$

$$\beta_{ei} = \frac{\beta_{ei}\ E_i^{1-\rho_i^{ke}}}{\beta_{ki}\ K_i^{1-\rho_i^{ke}} + \beta_{ei}\ E_i^{1-\rho_i^{ke}}} \tag{7-108}$$

$$\beta_{hei} = \frac{\beta_{hei}\ HE_i^{1-\rho_i^{e}}}{\beta_{hei}\ HE_i^{1-\rho_i^{e}} + \beta_{lei}\ LE_i^{1-\rho_i^{e}}} \tag{7-109}$$

$$\beta_{lei} = \frac{\beta_{lei}\ LE_i^{1-\rho_i^{e}}}{\beta_{hei}\ HE_i^{1-\rho_i^{e}} + \beta_{lei}\ LE_i^{1-\rho_i^{e}}} \tag{7-110}$$

$$\beta_{ecpi} = \frac{\beta_{ecpi}\ ECP_i^{1-\rho_i^{eh}}}{\beta_{ecpi}\ ECP_i^{1-\rho_i^{eh}} + \beta_{egei}\ EGE_i^{1-\rho_i^{eh}}} \tag{7-111}$$

$$\beta_{egei} = \frac{\beta_{egei}\ EGE_i^{1-\rho_i^{eh}}}{\beta_{ecpi}\ ECP_i^{1-\rho_i^{eh}} + \beta_{egei}\ EGE_i^{1-\rho_i^{eh}}} \tag{7-112}$$

$$\beta_{eci} = \frac{\beta_{eci}\, EC_i^{1-\rho_i^{ecp}}}{\beta_{eci}\, EC_i^{1-\rho_i^{ecp}} + \beta_{epi}\, EP_i^{1-\rho_i^{ecp}}} \tag{7-113}$$

$$\beta_{epi} = \frac{\beta_{epi}\, EP_i^{1-\rho_i^{ecp}}}{\beta_{eci}\, EC_i^{1-\rho_i^{ecp}} + \beta_{epi}\, EP_i^{1-\rho_i^{ecp}}} \tag{7-114}$$

$$\beta_{egi} = \frac{\beta_{egi}\, EG_i^{1-\rho_i^{ege}}}{\beta_{egi}\, EG_i^{1-\rho_i^{ege}} + \beta_{eei}\, EE_i^{1-\rho_i^{ege}}} \tag{7-115}$$

$$\beta_{eei} = \frac{\beta_{eei}\, EE_i^{1-\rho_i^{ege}}}{\beta_{egi}\, EG_i^{1-\rho_i^{ege}} + \beta_{eei}\, EE_i^{1-\rho_i^{ege}}} \tag{7-116}$$

$$\xi d_i = \frac{PD_i \cdot QD_i^{1-\rho_{mi}}}{PD_i \cdot QD_i^{1-\rho_{mi}} + QE_i^{1-\rho_{mi}} \cdot PE_i} \tag{7-117}$$

$$\xi e_i = \frac{QE_i^{1-\rho_{mi}} \cdot PE_i}{PD_i \cdot QD_i^{1-\rho_{mi}} + QE_i^{1-\rho_{mi}} \cdot PE_i} \tag{7-118}$$

$$\xi D_i = \frac{PD_i \cdot QD_i^{1-\rho_{mi}}}{PD_i \cdot QD_i^{1-\rho_{mi}} + PM_i \cdot QM_i^{1-\rho_{mi}}.} \tag{7-119}$$

$$\delta m_i = \frac{PM_i \cdot QM_i^{1-\rho_{mi}}}{PD_i \cdot QD_i^{1-\rho_{mi}} + PM_i \cdot QM_i^{1-\rho_{mi}}.} \tag{7-120}$$

将SAM表中各变量的数据以及表中的替代弹性数据代入式（7－103）至式（7－120）可以计算出各份额参数的数据（见表7－16）。

（4）技术系数估计。各层CES生产函数、CET函数、Armington函数中的技术系数的校准主要基于份额参数和CES表达式进行，基于式（7－103）至式（7－120）以及各层的CES函数可得各技术系数的校准表达式：

$$AP1 = \frac{QX_i}{(\beta_{keli}\, KEL_i^{\rho_i^q} + \beta_{ndi}\, ND_i^{\rho_i^q})^{1/\rho_i^q}} \tag{7-121}$$

$$AP2 = \frac{KEL_i}{(\beta_{kei}\, KE_i^{\rho_i^{kel}} + \beta_{li}\, L_i^{\rho_i^{kel}})^{1/\rho_i^{kel}}} \tag{7-122}$$

$$AP3 = \frac{KE_i}{(\beta_{ki}\, K_i^{\rho_i^{ke}} + \beta_{ei}\, E_i^{\rho_i^{ke}})^{1/\rho_i^{ke}}} \tag{7-123}$$

$$AP4 = \frac{E_i}{(\beta_{hei}\, HE_i^{\rho_i^e} + \beta_{lei}\, LE_i^{\rho_i^e})^{1/\rho_i^e}} \tag{7-124}$$

$$AP5 = \frac{HE_i}{(\beta_{ecpi}\, ECP_i^{\rho_i^{he}} + \beta_{egei}\, EGE_i^{\rho_i^{he}})^{1/\rho_i^{he}}} \tag{7-125}$$

表 7-16 份额参数

	农林牧渔	轻工业	重工业	服务业	煤炭	石油	天然气	火电	清洁能源
β_{kel}	0.5920	0.3158	0.3439	0.4832	0.6334	0.7883	0.8170	0.6250	0.6490
β_{nd}	0.4080	0.6842	0.6561	0.5168	0.3666	0.2117	0.1830	0.3750	0.3510
β_{ke}	0.0350	0.8544	0.9042	0.5493	0.9396	0.9933	0.9595	0.9071	0.9222
β_{l}	0.9650	0.1456	0.0958	0.4507	0.0604	0.0067	0.0405	0.0929	0.0778
β_{k}	0.0637	0.7745	0.6156	0.7385	0.1898	0.1301	0.2689	0.3746	0.3240
β_{e}	0.9363	0.2255	0.3844	0.2615	0.8102	0.8699	0.7311	0.6254	0.6760
β_{he}	0.7089	0.7116	0.7545	0.7248	0.8538	0.9337	0.9515	0.7185	0.7607
β_{le}	0.2911	0.2884	0.2455	0.2752	0.1462	0.0663	0.0485	0.2815	0.2393
β_{ecp}	0.3047	0.2351	0.4716	0.4514	0.6977	0.8243	0.4106	0.2541	0.4338
β_{ege}	0.6953	0.7649	0.5284	0.5486	0.3023	0.1757	0.5894	0.7459	0.5662
β_{ec}	0.6675	0.7646	0.7893	0.6695	0.4784	0.3270	0.0993	0.9847	0.4986
β_{ep}	0.3325	0.2354	0.2107	0.3305	0.5216	0.6730	0.9007	0.0153	0.5014
β_{eg}	0.0422	0.0342	0.0706	0.1139	0.3445	0.7650	0.8512	0.0012	0.1618
β_{ee}	0.9578	0.9658	0.9294	0.8861	0.6555	0.2350	0.1488	0.9988	0.8382
ξD	0.6515	0.6122	0.6006	0.6350	0.5384	0.4475	0.5423	0.5528	0.5633
δm	0.3485	0.3878	0.3994	0.3650	0.4616	0.5525	0.4577	0.4472	0.4367
ξd	0.5653	0.5858	0.5984	0.8750	0.9506	0.9506	0.9996	0.9989	0.9879
ξe	0.4347	0.4142	0.4016	0.1250	0.0494	0.0494	0.0004	0.0011	0.0121

$$AP6 = \frac{ECP_i}{(\beta_{eci}\ EC_i^{\rho_i^{ecp}} + \beta_{epi}\ EP_i^{\rho_i^{ecp}})^{1/\rho_i^{ecp}}} \tag{7-126}$$

$$AP7 = \frac{EGE_i}{(\beta_{egi}\ EG_i^{\rho_i^{ege}} + \beta_{eei}\ EE_i^{\rho_i^{ege}})^{1/\rho_i^{ege}}} \tag{7-127}$$

$$AC = \frac{QX_i}{(\xi d_i\ QD_i^{\rho_{ei}} + \xi e_i\ QE_i^{\rho_{ei}})^{1/\rho_{ei}}} \tag{7-128}$$

$$AA = \frac{QQ_i}{(\xi d_i\ QD_i^{\rho_{mi}} + \delta m_i\ QM_i^{\rho_{mi}})^{1/\rho_{mi}}} \tag{7-129}$$

将份额参数数据代入式（7－121）至式（7－129）可计算得到技术系数数据（见表7－17）。

表7－17　技术系数

	AP1	AP2	AP3	AP4	AP5	AP6	AP7	AA	AC
农林牧渔	1.9467	1.1288	1.2424	1.7471	1.8000	1.8592	1.0969	1.7463	1.9373
轻工业	1.8201	1.4611	1.6834	1.7412	1.6479	1.6663	1.0782	1.8464	1.7841
重工业	1.8606	1.3193	1.9417	1.6411	1.9955	1.6075	1.1650	1.8734	1.8143
服务业	1.9983	1.9884	1.7585	1.7115	1.9868	1.8560	1.2729	1.7896	1.2919
煤炭	1.8970	1.2112	1.6003	1.3845	1.7944	1.9976	1.8383	1.9797	1.0820
石油	1.5730	1.0283	1.4435	1.1722	1.4984	1.8501	1.5867	1.9627	1.0533
天然气	1.4990	1.1471	1.7726	1.1258	1.9558	1.3082	1.3626	1.9756	0.9423
火电	1.9091	1.3106	1.9314	1.7257	1.6921	1.0534	1.0028	1.9622	0.9441
清洁能源	1.8724	1.2651	1.8663	1.6260	1.9757	2.0000	1.3965	1.9465	0.9771

（5）结果分析。

①环境技术标准情景。按照环境技术标准情景的设置，本情景主要通过 $d_{p,i}$ 的降低及 $cl_{p,i}$ 的提高来实现。从理论传导机制来说，$d_{p,i}$ 的降低及 $cl_{p,i}$ 的提高首先将对厂商的污染物排放［式（7－24）］、减排［式（7－25）］以及净排放［式（7－26）］产生影响，使得污染物的总排放 $TD_{p,i}$ 下降，污染物的减排量 $CD_{p,i}$ 提高，污染物的净排放 $DE_{p,i}$ 下降。同时，$DE_{p,i}$ 的变动将影响厂商的最终产品价格 PX_i 合成等式（7－30）中厂商应交的环境税额 $\sum_p tpe_p k_p d_{p,i}(1 - cl_{p,i}) QX_i$ 和厂商获得的环境补贴额 $\sum_p re_p k_p\ cl_{p,i} d_{p,i}\ QX_i$，

从而对产品的最终价格PX_i造成影响，进而对产出QX_i产生影响。而QX_i的变动将改变产品的CET分配与Armington条件，造成国内消费者的产品消费HC_i的变动，改变居民总支出与居民储蓄*HS*的关系，最终影响居民的绿色福利水平*EV*的变动。将江西省2012年的SAM数据代入模型，可以得出以下结果。

第一，GDP变动。本部分图表横轴表示期数，纵轴表示与基准情景相比变量变动的百分率，后文不再赘述。环境技术标准情景的各子情景下，实际GDP在第13期至第16期存在一个较快的增长过程。在其余各期中，2%子情景下，实际GDP在第30期和第43期有两个增长过程，其增长幅度分别为3%和4.15%；5%子情景在快速增长之后，在第18期快速下跌4.75%，同时，在第40期至第50期先增长2.73%和1.85%再下跌4.71%；而其余子情景下，实际GDP变动总体平稳（见图7-6）。剔除实际GDP的变动后，名义GDP的变动主要反映政策工具对于总体价格水平的冲击。各子情景下，名义GDP波动幅度较大，其中4%子情景下，名义GDP的增长最为明显，其从第18期开始出现了多次增长过程，最大增幅为5.85%。显然，4%子情景使得价格水平的上涨幅度最大。而其余子情景均使得名义GDP出现多次上升下降的过程（见图7-7）。综上所述，环境技术标准情景中，2%子情景使实际GDP增长较快，4%子情景使价格水平的上涨幅度最大。其余子情景下，实际GDP变动较小，而价格水平则出现大幅的上下波动。可以看出，在各类子情景中，2%子情景对于拉动GDP最为有效。

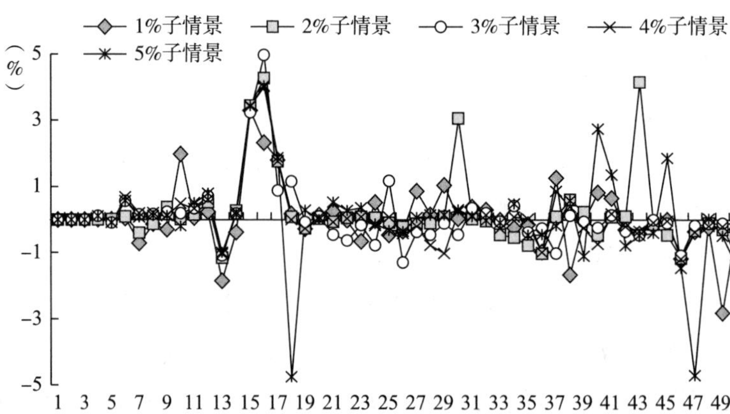

图7-6　环境技术标准情景实际GDP变动

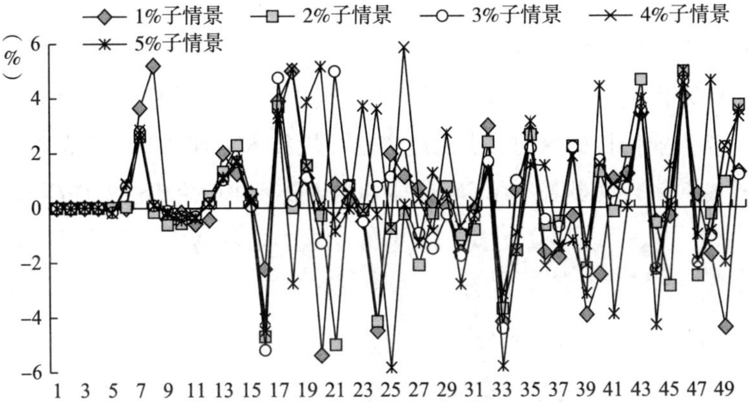

图7-7　环境技术标准情景名义GDP变动

第二，产业结构变动。环境技术标准情景下，各子情景服务业的产值比重在第16期出现大幅下降，其下降幅度大约为4.7%。在第19期以后，1%、2%、5%子情景在剩余各期服务业产值比重均出现了几次增长过程，其中，5%子情景增长次数最多，且总体增幅最大；3%子情景变化相对平稳；而在4%子情景下，服务业产值比重出现两次小幅下降（见图7-8）。在环境技术标准情景下，各子情景清洁能源业产值比重在第16期均出现了大幅增长，其中2%子情景下增幅达到最大，为4.94%。随后在第22期，各子情景下的清洁能源业产值比重均出现了一定程度的下降，降幅约为3%。

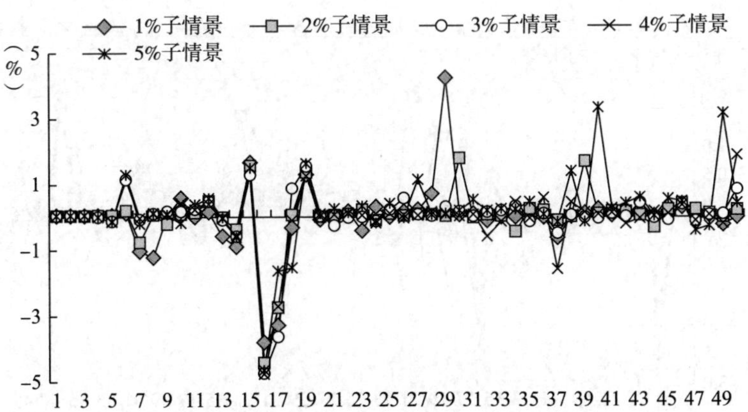

图7-8　环境技术标准情景服务业产值比重变动

而在其余各期，1%子情景清洁能源业产值比重在第10期出现了较大幅度下降，2%子情景出现多次小幅上升，3%子情景变动较为平稳，4%子情景在第28期出现了下降，5%子情景则反复出现上升下降过程（见图7-9）。综上所述，从产业结构的变动上来说，实施环境技术标准的2%子情景对清洁能源业的扶持效果较为显著，而5%子情景则对服务业产值比重的提高较为有利。

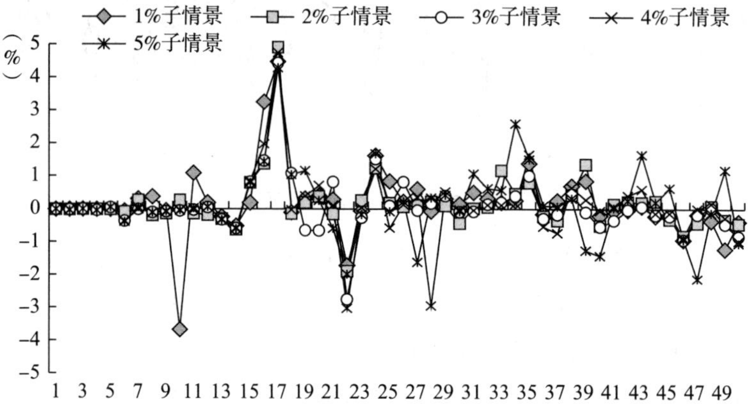

图7-9　环境技术标准情景清洁能源业产值比重变动

第三，污染物净排放变动。环境技术标准情景下，工业废水的净排放在第3期和第16期出现了大幅下降，其每次下降幅度为1.5%～2.5%，而在随后各期出现上下波动的态势（见图7-10）。二氧化硫净排放在第1期就

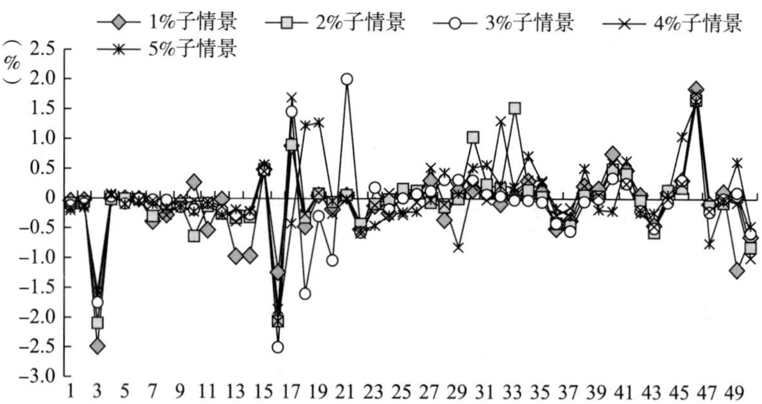

图7-10　环境技术标准情景工业废水净排放变动

出现明显的减少，同时在第 16 期出现较大降幅，约为 2%，随后其呈现上下波动的态势（见图 7－11）。固体垃圾的净排放变动总体相对平稳。而其中在 3% 子情景下，其出现了几次小幅下降过程，4% 子情景下，其多次上升，并在第 17 期出现 4.81% 的最大增幅（见图 7－12）。从总体上来看，环境技术标准 1% 与 3% 子情景对于三类污染物的减排较为有效，而 2% 与 4% 子情景减排效果较差。

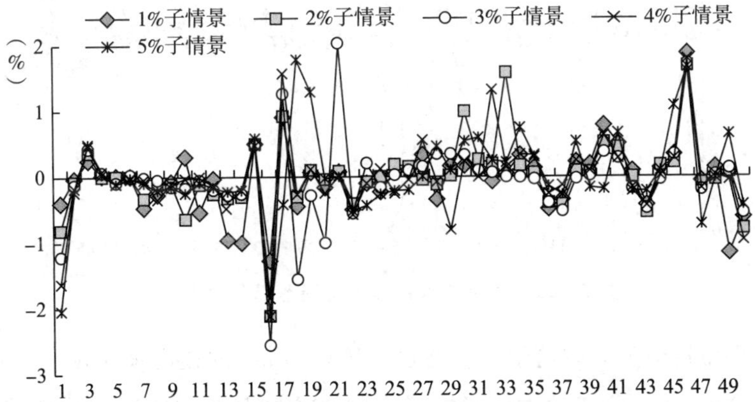

图 7－11　环境技术标准情景二氧化硫净排放变动

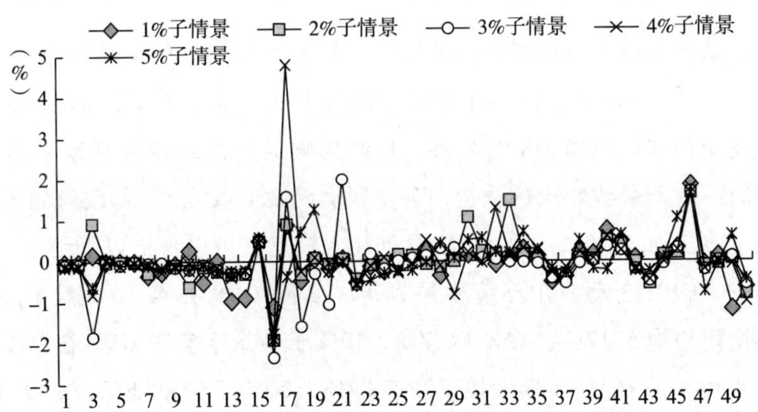

图 7－12　环境技术标准情景固体垃圾净排放变动

第四，福利变动。在环境技术标准工具的冲击下，绿色福利水平在第 14 期与第 16 期至第 18 期出现了较为显著的下降过程，其中第 16 期至第 18 期降幅最大，约为5%。而之后各子情景下绿色福利水平虽有一定程度的上升，但其幅度较小（见图7－13）。因此，从整体上来看，环境技术标准情景对于绿色福利水平的提升效果不明显。

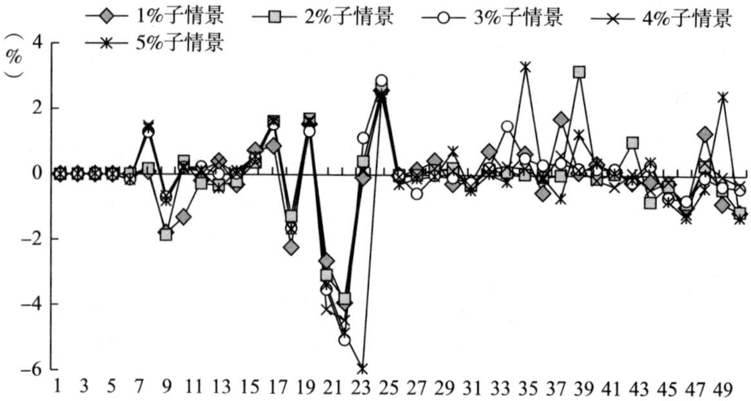

图7－13　环境技术标准情景绿色福利水平变动

②环境税情景。本情景主要通过环境税率 tpe_p 的提高来实现。从理论传导机制来说，tpe_p 的变动主要影响厂商的最终产品价格 PX_i 合成等式（7－30）中厂商应交的环境税额 $\sum_{p} tpe_p k_p d_{p,i}(1-cl_{p,i})QX_i$，从而对产品的最终价格 PX_i 造成影响，进而对产出 QX_i 产生影响。而 QX_i 的变动将改变产品的CET分配与Armington条件，造成国内消费者的产品消费 HC_i 的变动，改变居民总支出与居民储蓄 HS 的关系，最终影响居民的绿色福利水平 EV 的变动。同时，由于税收收入的改变，环境税会对政府收入 GY 与政府储蓄 GS 产生影响。将江西省2012年的SAM数据代入模型，可以得出以下结果。

第一，GDP变动。在环境税情景下，实际GDP在第16期出现大幅上升，其增幅约为5.17%。在随后各期，10%子情景下实际GDP在第19期大幅上涨4.04%，在第43期大幅下跌5.84%；20%子情景则呈现多次上升和下降过程；30%和50%子情景下，实际GDP变动总体平稳；40%子情景下，实际GDP在第20期下跌4.95%（见图7－14）。环境税工具对于名义GDP的冲击较大，使得名义GDP在各子情景下呈现大规模的上下振荡，其中30%子情景的变动相对较小（见图7－15）。结合图7－14分析可知，环境税会对价格水平造成较大程度的冲击。综上所述，环境税容易造成整体价格水平的波动。综合实际 GDP 和名义 GDP 两方面，环境税的 30% 子情景对宏观经济指标的提升最为有效。

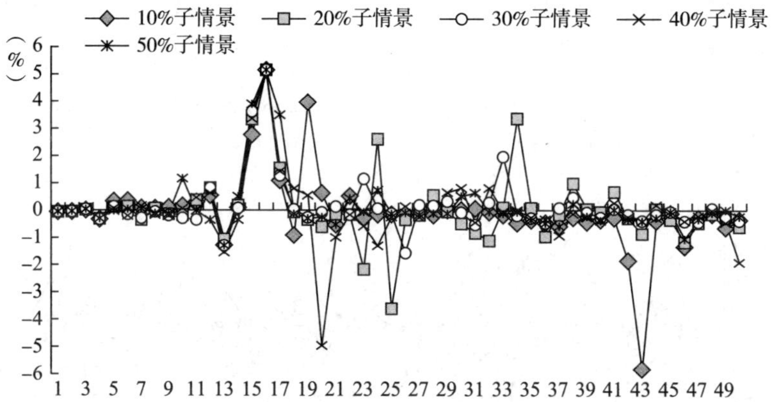

图 7-14　环境税情景实际 GDP 变动

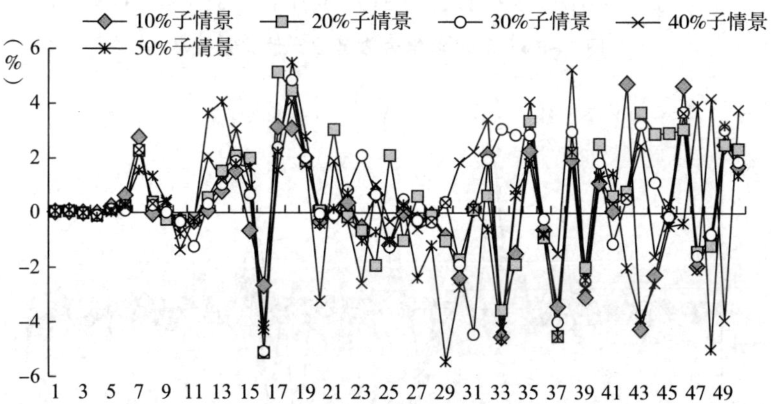

图 7-15　环境税情景名义 GDP 变动

第二，产业结构变动。在环境税情景下，服务业产值比重在第 13 期至第 19 期出现了大幅度的上下波动，其中 50% 子情景下达到最大增幅 4.08%。而随后各期中，10% 子情景的变动较为平缓，20%、30% 子情景出现了多次小幅上下波动，40% 子情景在第 47 期出现增幅 3.83%（见图 7-16）。环境税情景下，清洁能源业产值比重在第 17 期出现最大增幅，其值约为 5%，并在第 22 期出现了小幅下跌。在其余各期，10%、40% 子情景清洁能源业产值比重变动相对平稳，20% 子情景在第 34 期出现了 3.09% 的增幅，30% 子情景在第 31 期、第 33 期、第 44 期出现了几次下降，50% 子情景在第 12 期出现了 2.89% 的增幅（见图 7－17）。从对产业结构的影响上来看，环境税 50% 子情景对于服务业产值比重和清洁能源业产值比重的提升均较为有利。

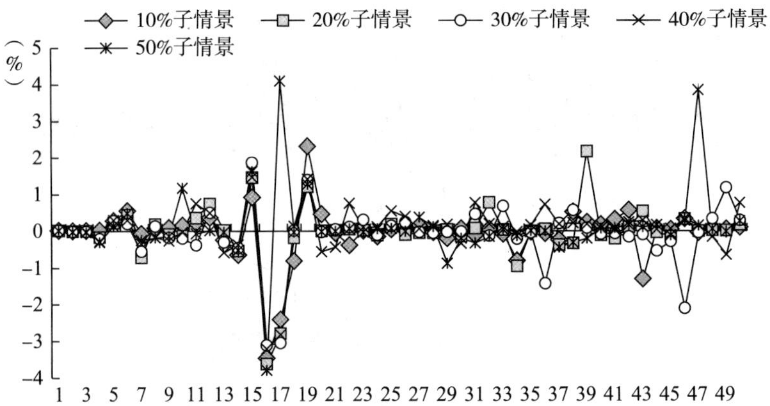

图 7－16　环境税情景服务业产值比重变动

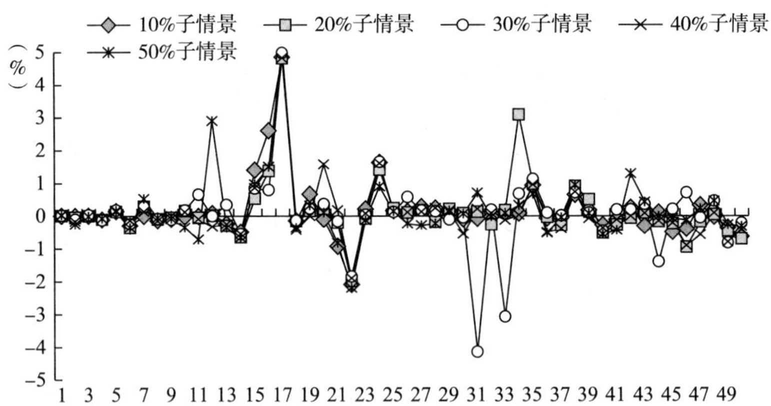

图 7－17　环境税情景清洁能源业产值比重变动

第三，污染物净排放变动。在环境税情景下，工业废水净排放总体呈现平稳的振荡过程。其中，40% 子情景下，工业废水净排放在第 47 期出现了最大的降幅，为 4.71% 左右（见图 7－18）。二氧化硫净排放的变动规律较为类似，但其在第 1 期至第 3 期存在一个较为明显的增长过程（见图 7－19）。固体垃圾净排放 20% 子情景出现了三次明显的小幅度下降过程，40% 子情景在第 47 期达到最大跌幅 4.57%，50% 子情景在第 15 期至第 17 期出现较大幅度的上下波动，10% 和 30% 子情景变动相对平稳（见图 7－20）。综上所述，40% 子情景对于三类污染物的减排最为有利，20% 子情景虽然也能起到减排作用，但其减排幅度相对较小。

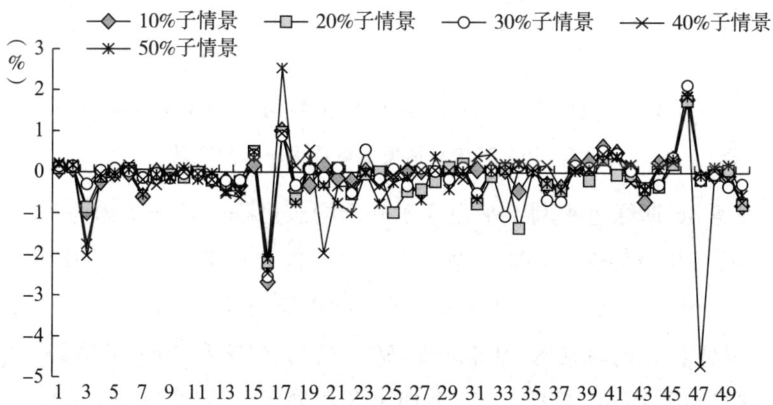

图 7－18　环境税情景工业废水净排放变动

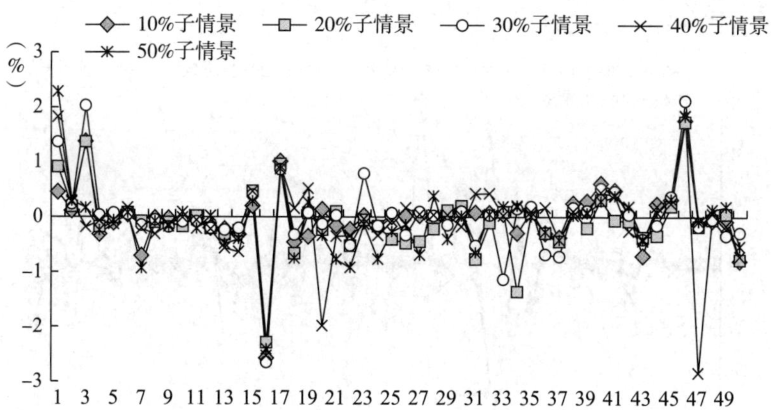

图 7－19　环境税情景二氧化硫净排放变动

第四，福利变动。环境税情景下，绿色福利水平在第 15 期至第 19 期出现大幅震荡，其中 50% 子情景先下降 3.5%，而后在第 17 期出现 4.65% 的

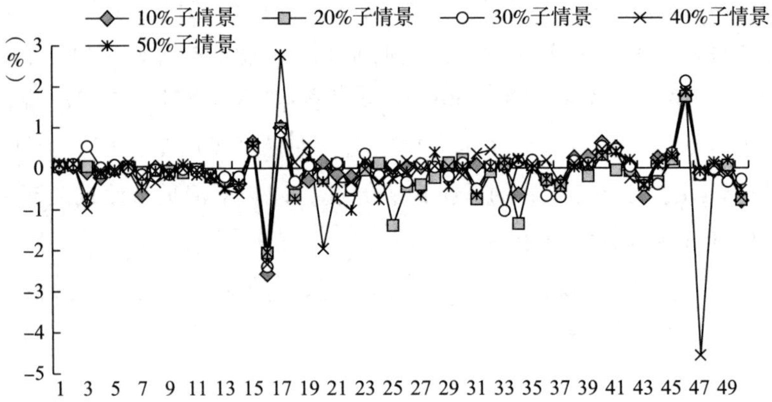

图 7-20　环境税情景固体垃圾净排放变动

增幅。在第 46 期绿色福利水平出现了一个增长过程，其涨幅约为 3%（平均水平）。而在其余各期，10% 子情景下，绿色福利水平在第 22 期出现最大增幅 5.84%；50% 与 20% 子情景分别在第 10 期与第 32 期出现了 2.31% 和 3.8% 的增幅，并同时在第 19 期增长 3% 左右；30% 和 40% 子情景下，绿色福利水平则分别在第 36 期、第 47 期出现了降低，降幅为 2% ~4%（见图 7-21）。综上所述，环境税 10% 子情景与 50% 子情景对于绿色福利水平的提升较为有效。

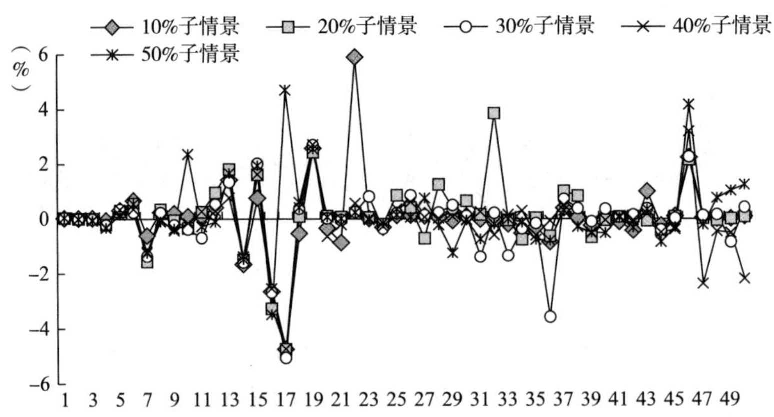

图 7-21　环境税情景绿色福利水平变动

③环境补贴情景。本情景主要通过环境补贴率 re_p 的提高来实现。从理

论传导机制来说，re_p的变动主要影响厂商的最终产品价格 PX_i合成等式(7－30）中厂商获得的环境补贴额 $\sum_p re_p k_p cl_{p,i} d_{p,i} QX_i$ ，从而对产品的最终价格 PX_i造成影响，进而对产出 QX_i产生影响。而 QX_i的变动将改变产品的 CET 分配与 Armington 条件，造成国内消费者的产品消费 HC_i 的变动，改变居民总支出与居民储蓄 HS 的关系，最终影响居民的绿色福利水平 EV 的变动。同时，环境补贴会增加政府开支 $ESUB$，减少政府储蓄 GS。将江西省 2012 年的 SAM 数据代入模型，可以得出以下结果。

第一，GDP 变动。在环境补贴 10%、30%、50% 子情景下，实际 GDP 在第 14 期至第 15 期呈现了较为显著的上涨，其涨幅为 4.8% 左右，而在其余各期的变动相对平稳。20% 子情景下，实际 GDP 在第 14 期至第 18 期出现了两次增长过程，其涨幅分别为 3.17% 和 1.53%，同时出现了两次小幅下跌过程；在第 37 期出现了最大涨幅 4.68%。40% 子情景下，实际 GDP 分别在第 34 期和第 42 期出现两次增长，而在第 40 期和第 47 期出现了两次下跌，其中第 40 期为最大跌幅 5.33%（见图 7－22）。环境补贴情景对名义 GDP 的扰动在第 1 期至第 13 期较小，而在第 13 期之后，其对名义 GDP 的冲击十分剧烈，造成名义 GDP 大幅度上下波动，同时可以看出，其上涨幅度略大于下跌幅度。因此环境补贴工具会使得总体价格水平大幅度地提升（见图 7－23）。综上所述，环境补贴 10%、30%、50% 子情景均对于实际 GDP 具有一定的提升效果，但从名义 GDP 的角度来看，环境补贴的各子情景效果均不理想。

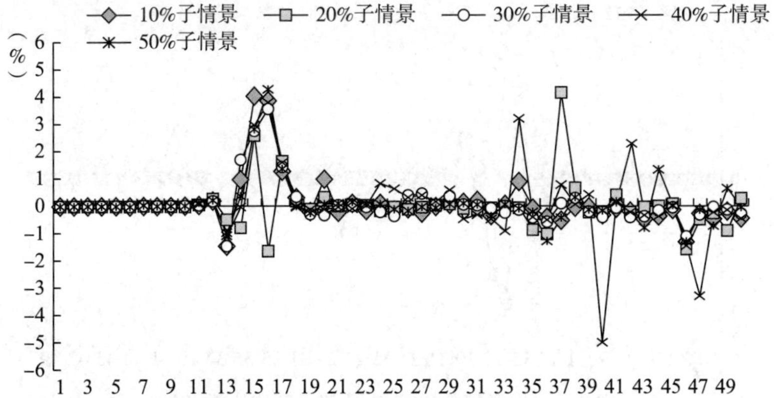

图 7－22　环境补贴情景实际 GDP 变动

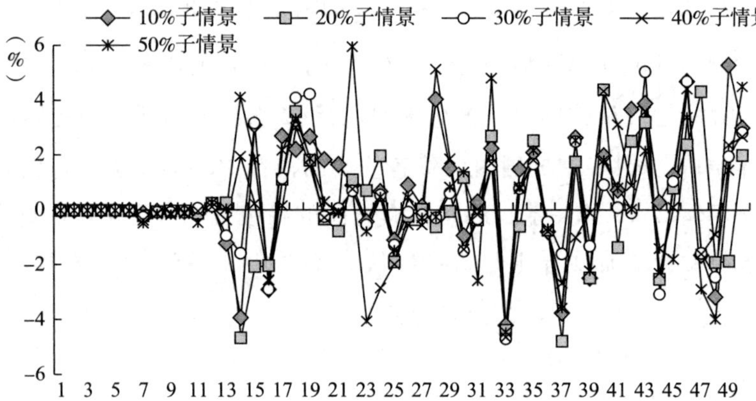

图 7－23　环境补贴情景名义 GDP 变动

第二，产业结构变动。环境补贴情景下，服务业产值比重除在第 13 期至第 18 期出现较大幅度的波动，在其余各期变动相对平稳。而在第 13 期至第 18 期，20% 子情景服务业产值比重出现了两次下降和一次大幅上升过程，其增幅和减幅大致相抵，而其余子情景下，下跌幅度明显大于上涨幅度。因此，环境补贴工具对于服务业产值比重的提升效果不明显（见图 7－24）。在所有子情景下，清洁能源业的产值比重整体有所提升，虽然存在几次下降过程，但幅度相对较小，其中，30% 子情景下，清洁能源业产值比重在第 14 期达到了最大增幅（见图 7－25）。总体而言，环境补贴工具对于服务业产

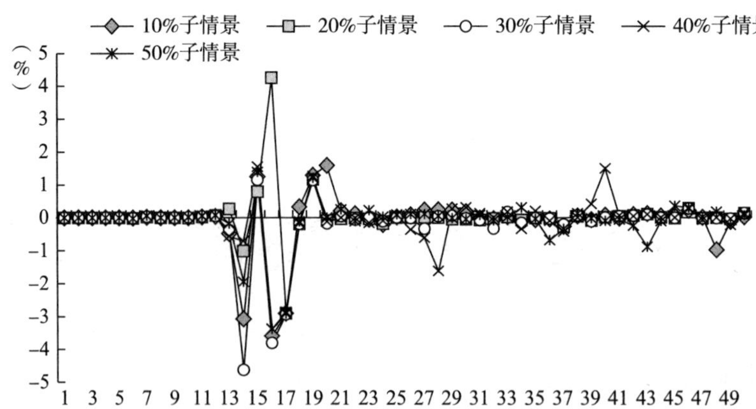

图 7－24　环境补贴情景服务业产值比重变动

值比重的提升效果不明显，而对清洁能源业产值比重的提升具有一定的效果，其中40%子情景的提升效果最为理想。

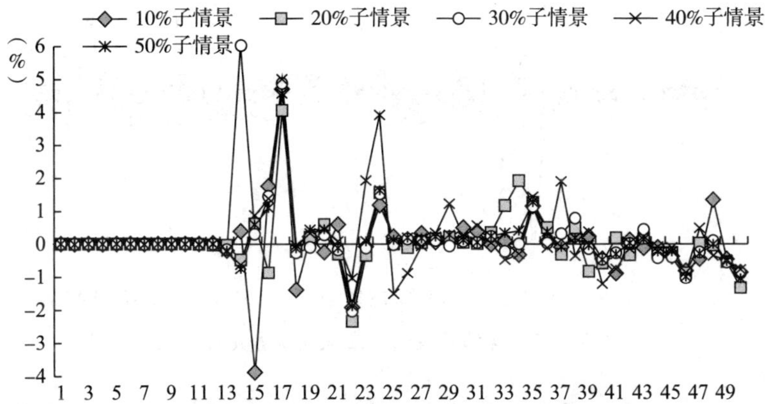

图 7－25　环境补贴情景清洁能源业产出比重变动

第三，污染物净排放变动。在环境补贴情景下，三类污染物的净排放在20%子情景下，均在第16期和第46期出现了增长过程。在40%子情景下则出现了多次增长过程，特别是二氧化硫和固体垃圾净排放出现了较大幅度的增长。50%子情景下三类污染物的净排放则呈现上下波动态势。10%和30%子情景下，三类污染物的净排放变化幅度不大（见图7－26至图7－28）。因此，总体来看，环境补贴工具对于污染物的减排效果不理想。

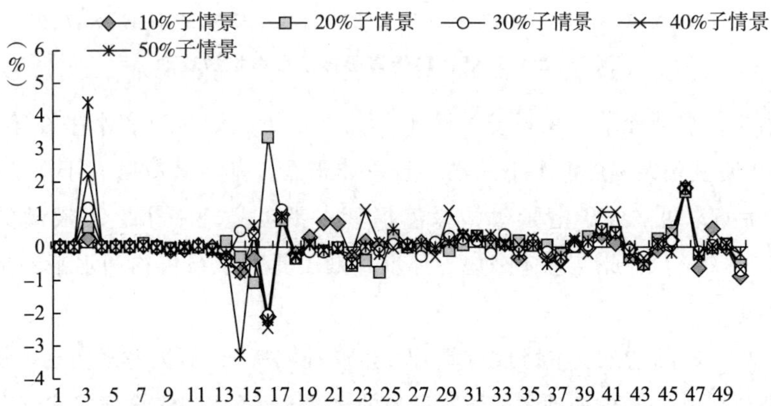

图 7－26　环境补贴情景工业废水净排放变动

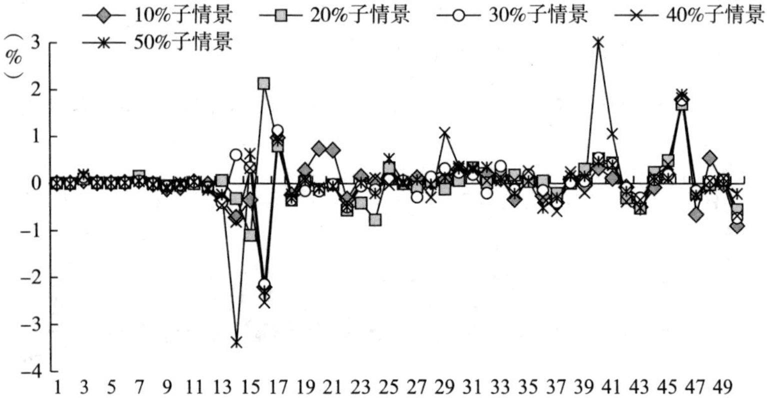

图 7－27　环境补贴情景二氧化硫净排放变动

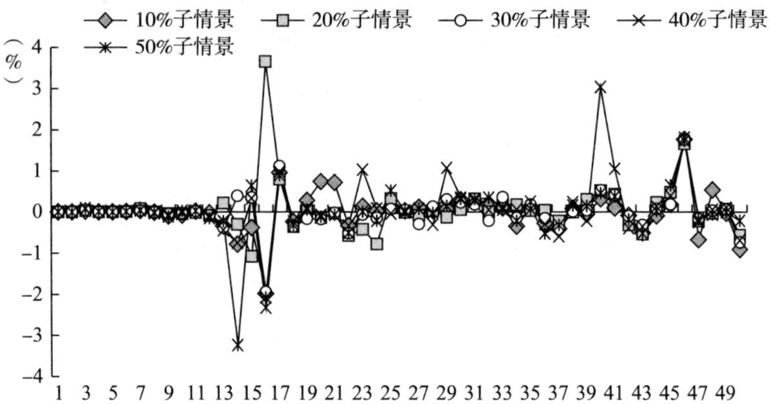

图 7－28　环境补贴情景固体垃圾净排放变动

第四，福利变动。在环境补贴工具的冲击下，绿色福利水平在第 13 期至第 19 期呈现大幅度的上下波动，且总体来看，其下降幅度大于上涨幅度。而在最后 15 期，各子情景下，绿色福利水平也呈现一个上下波动的过程（见图 7－29）。因此，总体来说，环境补贴工具对于绿色福利水平的提升效果不理想。

④生产补贴情景。本情景主要通过生产补贴率 rc_i 的提高来实现。从理论传导机制来说，rc_i 的变动主要影响厂商的最终产品价格 PX_i 合成等式（7－30）中厂商获得的生产补贴额 $\sum_p rc_i QX_i$，从而对产品的最终价格 PX_i 造成影响，

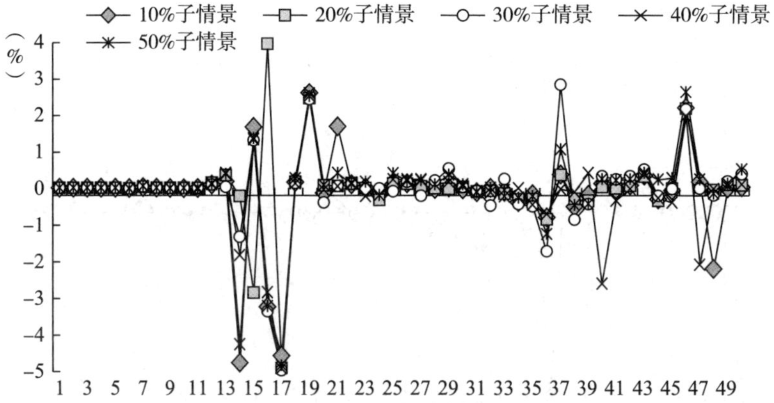

图 7-29　环境补贴情景绿色福利水平变动

进而对产出 QX_i 产生影响。而QX_i的变动将改变产品的 CET 分配与 Armington 条件，造成国内消费者的产品消费HC_i的变动，改变居民总支出与居民储蓄 *HS* 的关系，最终影响居民的绿色福利水平 *EV* 的变动。同时，生产补贴会增加政府开支 *CSUB*，减少政府储蓄 *GS*。将江西省 2012 年的 SAM 数据代入模型，可以得出以下结果。

第一，GDP 变动。模拟结果发现，不论是实际 GDP 还是名义 GDP，在生产补贴情景下，均与基准情景的变动规律一致，生产补贴工具对于 GDP 指标没有产生冲击效应。

第二，产业结构变动。在生产补贴情景下，服务业产值比重在第 13 期出现了大幅下跌，其跌幅达 4.29%。而后在第 34 期出现了一定的上升，其增幅为 2.09%。在其余各期，服务业产值比重呈现小幅度上下波动的态势（见图 7-30）。可以看出，生产补贴工具对于服务业产值比重的提升效果不明显。生产补贴情景下，清洁能源业产值比重在第 13 期和第 20 期出现两次较为明显的下降过程，其降幅分别为 2.85% 和 2.23%。在第 45 期、第 48 期和第 49 期出现了三次明显的上升过程，增幅分别为 1.98%、2.7% 和 3.53%。总体来看，生产补贴情景下，清洁能源业产值比重的上升幅度略大于下降幅度，表明生产补贴工具对于清洁能源业产值比重的提升有一定的效果，但作用相对有限（见图 7-31）。综上所述，生产补贴工具对于服务业产值比重的提升基本没有效果，而对清洁能源业产值比重的提升具有一定的效果，但十分有限。

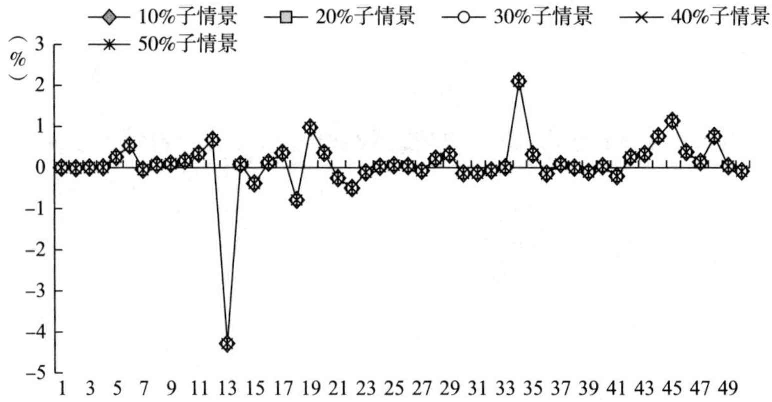

图 7-30　生产补贴情景服务业产值比重变动

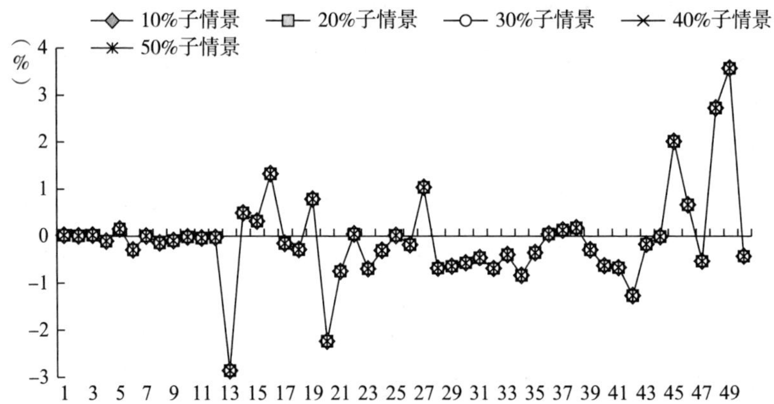

图 7-31　生产补贴情景清洁能源业产值比重变动

第三，污染物净排放变动。在生产补贴情景下，三类污染物的净排放分别在第 13 期和第 49 期大幅增长，其增幅分别为 4.9% 和 2.77%。而在其余各期，三类污染物的净排放呈现小幅振荡的态势。显然，生产补贴工具不但不能抑制污染物的排放，反而会使污染物的排放增加（见图 7-32 至图 7-34）。

第四，福利变动。生产补贴工具使得绿色福利水平呈现上下波动的趋势，有多次较为明显的上升和下降过程，其中最大增幅为 3.34%，最大跌幅为 1.6%。总体来看，其上升幅度与下降幅度大致相抵（见图 7-35）。因

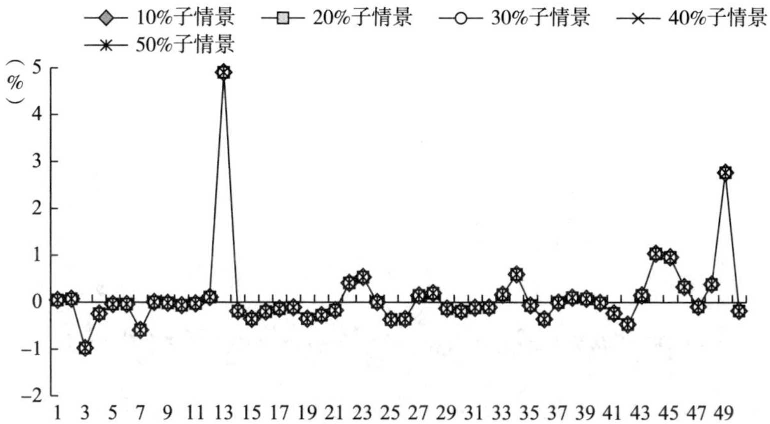

图 7－32　生产补贴情景工业废水净排放变动

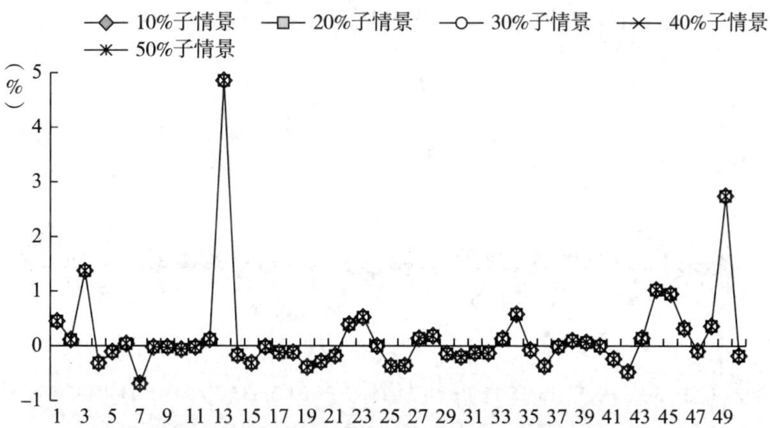

图 7－33　生产补贴情景二氧化硫净排放变动

此，生产补贴对于绿色福利水平的提升作用不明显。

⑤市场建设型组合工具情景。市场建设型组合工具通过同时提高环境税率 tpe_i、环境补贴率 re_p、生产补贴率 rc_i 实现。运用江西省 2012 年的 SAM 表数据可得出以下结果：

第一，GDP 变动。市场建设型组合工具情景在不同子情景下，实际 GDP 在第 25 期至第 30 期均出现了不同程度的下跌。其中，30% 和 50% 子情景下跌程度较大，其跌幅分别为 7.08% 和 5.67%。而在其余各期，实际 GDP 在 10% 子情景下，分别在第 20 期上升 2.74%、第 48 期上升 7.06%，在第 36

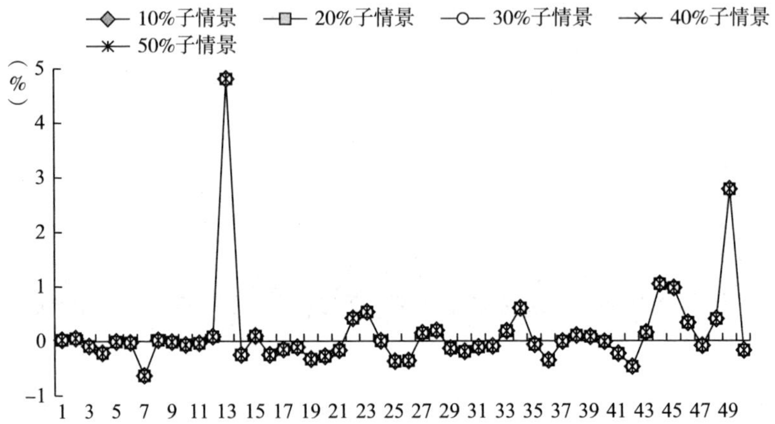

图 7－34　生产补贴情景固体垃圾净排放变动

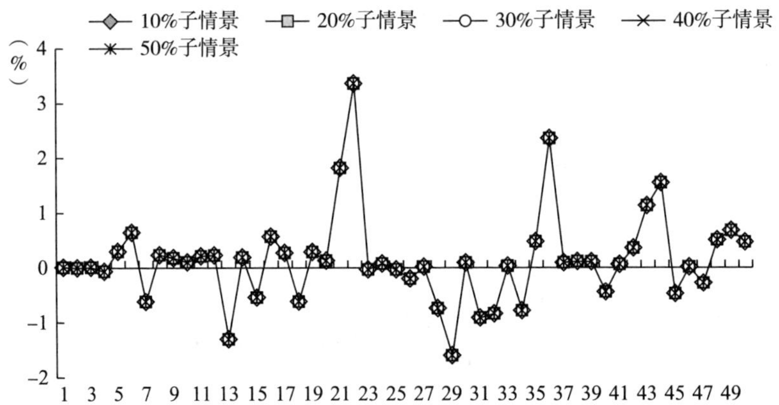

图 7－35　生产补贴情景绿色福利水平变动

期和第 40 期小幅下降；而在 20% 子情景下，实际 GDP 在第 35 期至第 39 期出现连续增长过程，其最大增幅可达 6%；40% 子情景下，实际 GDP 虽在第 27 期小幅下降 2.5%，但在第 32 期和第 40 期小幅上升，其增幅分别为 3.71%、3.89%；50% 子情景下，实际 GDP 出现了多次下降过程，最大降幅为 5.67%（见图 7－36）。市场建设型组合工具使得名义 GDP 在第 7 期之后呈现大幅度的上下波动。其中，在 30% 子情景下，名义 GDP 的波动幅度最大；而 40% 子情景下，名义 GDP 出现多次下降，且下降幅度大于上升幅度（见图 7－37）。综合对比实际 GDP 和名义 GDP 两方面可以发现，市场建设型组合工具的 40% 子情景对于拉动 GDP 最为有利。

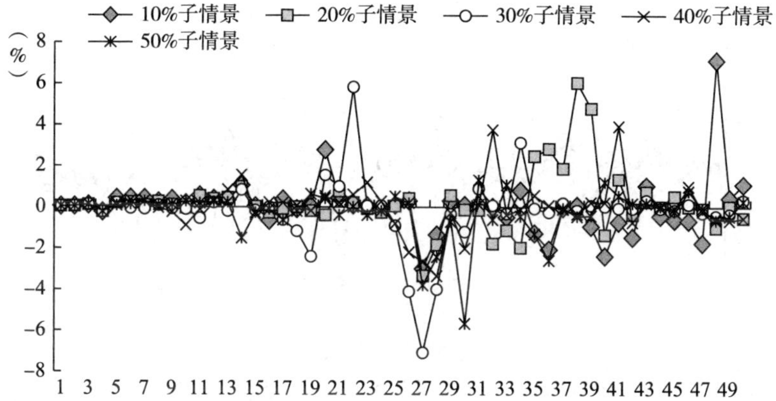

图 7－36　市场建设型组合工具情景实际 GDP 变动

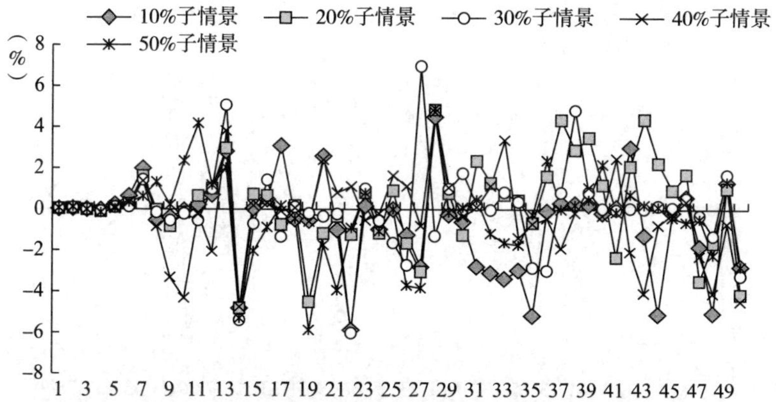

图 7－37　市场建设型组合工具情景名义 GDP 变动

第二，产业结构变动。市场建设型组合工具情景的 20% 和 30% 子情景下，服务业产值比重出现了多次上下波动，且总体跌幅超过了涨幅。10%、40% 与 50% 子情景下，服务业产值比重出现了多次下降过程。显然，市场建设型组合工具对于服务业产值比重的提升效果不明显（见图 7－38）。市场建设型组合工具使得清洁能源业产值比重呈现上下波动态势，其中 20% 与 30% 子情景下，其波动幅度较大。但总体而言，清洁能源业产值比重的变动幅度不大（见图 7－39）。综上所述，市场建设型组合工具对于两类产业产值比重的提升作用均十分有限，其对产业结构的优化能力不足。

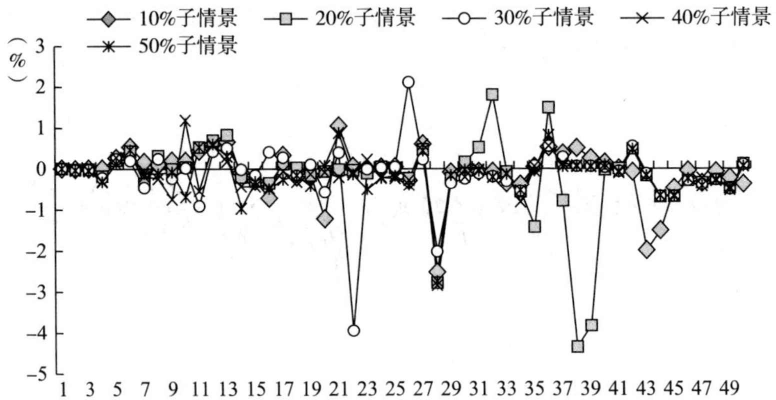

图 7－38　市场建设型组合工具情景服务业产值比重变动

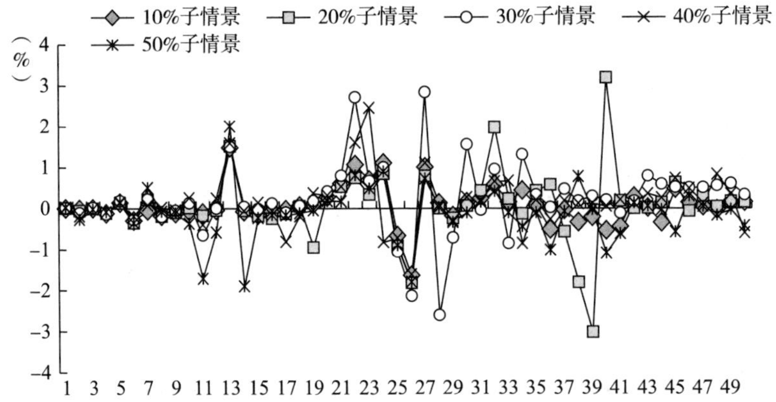

图 7－39　市场建设型组合工具情景清洁能源业产值比重变动

第三，污染物净排放变动。工业废水净排放在第 3 期出现了小幅下降。在之后的各期，工业废水净排放在 30% 子情景下在第 22 期和第 28 期出现了两次较为明显的下降过程，其幅度分别为 5.17% 和 3.84%；在 20% 子情景下，工业废水净排放在第 38 期和第 39 期出现了连续下降，其降幅为 3.73%、4.39%，但在第 40 期，出现了 2.54% 的小幅度回升；而其余子情景下，工业废水净排放变动相对平稳（见图 7－40）。二氧化硫净排放在第 1 期至第 5 期出现了小幅上升过程，其增幅约为 1.5%，其余各期的变化规律与工业废水大致类似（见图 7－41）。固体垃圾净排放的变化规律总体与工业废水相似（见图7－42）。从三类污染物的减排来看，市场建设型组合工具情景下的20%与30%子情景均有显著的效果，其中30%子情景的减排效果最佳。

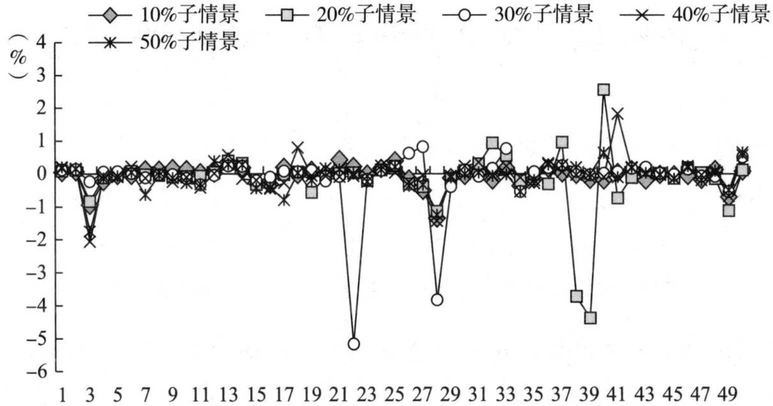

图7－40　市场建设型组合工具情景工业废水净排放变动

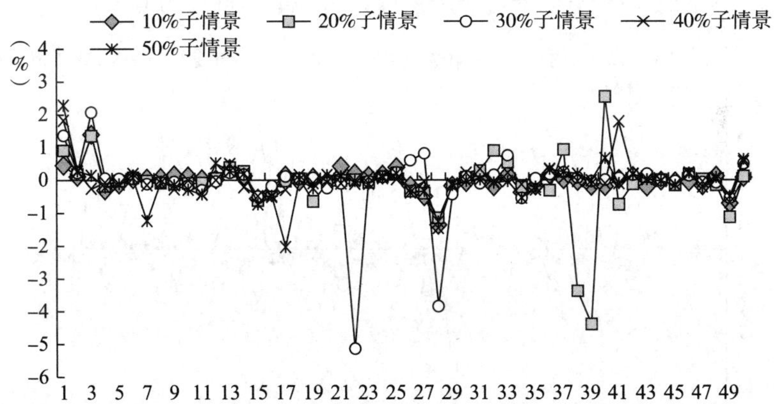

图7－41　市场建设型组合工具情景二氧化硫净排放变动

第四，福利变动。市场建设型组合工具下的20%、30%、40%子情景均使得绿色福利水平呈现多次增长过程。其中，20%子情景下，绿色福利水平有三次较为明显的上升过程，但在第35期与第37期至第39期存在两次小幅下降的过程；30%子情景下，绿色福利水平在第26期与第33期有两次明显的上升过程，其增幅分别为4.81%和4.89%，但在其余各期，绿色福利

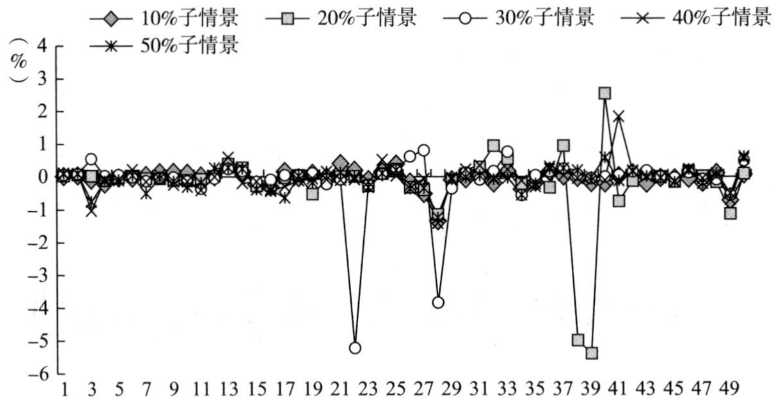

图 7-42　市场建设型组合工具情景固体垃圾净排放变动

水平有多次小幅下降过程；40%子情景下，绿色福利水平在第10期、第34期、第41期有三次较为明显的上升过程，其最大增幅为4.89%；50%子情景下，绿色福利水平则存在多次波动（见图7-43）。综上所述，市场建设型组合工具下的40%子情景对于绿色福利水平的提升最为有效。

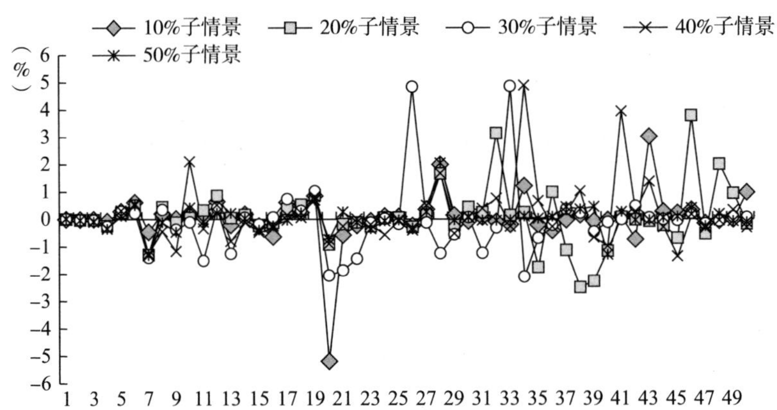

图 7-43　市场建设型组合工具情景绿色福利水平变动

⑥规制管控—市场建设型组合工具情景。规制管控—市场建设型组合工具通过同时减少各类污染物排污密度 $d_{p,i}$，增加各类污染物的减排率 $cl_{p,i}$、环境税率 tpe_i、环境补贴率 re_p 以及生产补贴率 rc_i 实现。运用江西省2012年的SAM表数据可计算得出以下结果。

第一，GDP变动。规制管控—市场建设型组合工具对于实际GDP的扰动程度相对不大。其中，在子情景 1 下，实际 GDP 在第 34 期和第 35 期连续两期大幅增长，其涨幅为 5.98% 和 5.71%；而在子情景 2 下，实际 GDP 在第 42 期出现大幅下降，其降幅为 6.18%；在子情景 3 与子情景 4 下，实际 GDP 的变动幅度总体较小；在子情景 5 下，实际 GDP 总体上有所下降（见图 7-44）。规制管控—市场建设型组合工具对于名义 GDP 的扰动程度较大。其中，子情景 1 与子情景 5 的波动相对较大，且子情景 1 对名义 GDP 有较为明显的拉升作用，而子情景 5 对于名义 GDP 的上升有一定的抑制作用；子情景 2 在第 13 期、第 28 期和第 39 期存在三次小幅上升过程，但在第 19 期、第 21 期至第 22 期、第 42 期至第 43 期存在三次下降的过程，最大降幅可达 6.18%，且总体降幅大于增幅，对名义 GDP 存在一定的拉低作用；子情景 3 在第 19 期至第 21 期存在一个连续上升过程，但在其余各期出现了多次下降，总体增幅与降幅大致抵消，其对名义 GDP 的影响不大；而子情景 4 下名义 GDP 的总体变化幅度较小，对于名义 GDP 的冲击相对较小（见图 7-45）。综上所述，规制管控—市场建设型组合工具的子情景 1 虽然可以起到推动实际 GDP 增长的作用，但同时其也会拉动价格水平上升，并造成价格大幅波动。而其余子情景对于实际 GDP 的拉动作用不显著，同时会造成价格水平大幅度波动。可以看出，规制管控—市场建设型组合工具对于 GDP 指标的推动效果不理想。

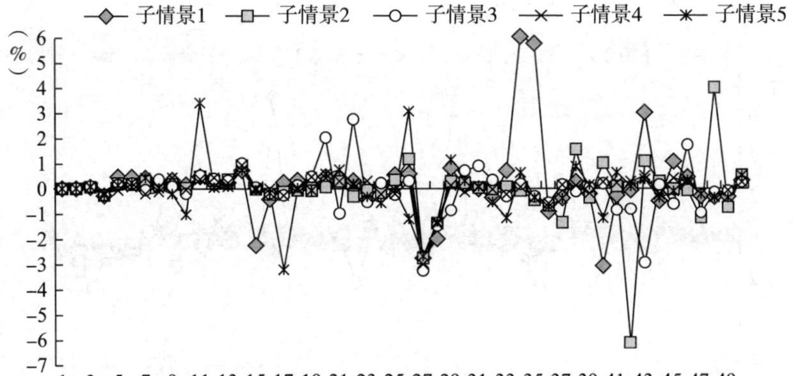

图 7-44　规制管控—市场建设型组合工具情景实际 GDP 变动

第二，产业结构变动。规制管控—市场建设型组合工具情景的子情景 1

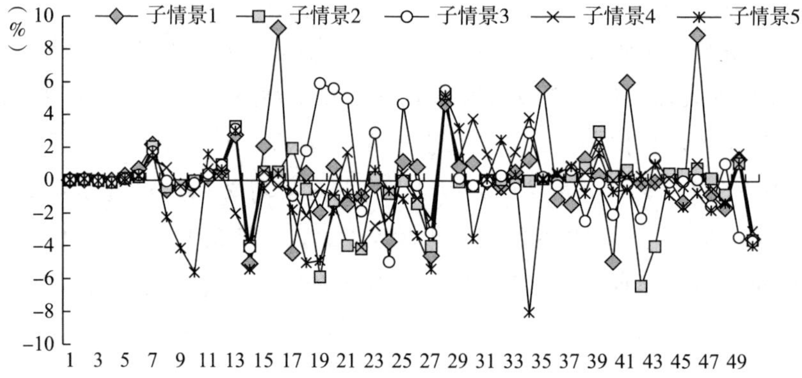

图 7-45　规制管控—市场建设型组合工具情景名义 GDP 变动

使得服务业产值比重在第 34 期和第 40 期出现显著的上升，其涨幅分别为 6.89% 和 3.46%；子情景 2 使得服务业产值比重在第 42 期出现较为明显的下降；子情景 3 下，服务业产值比重在第 21 期出现最大增幅 7.62%；而在子情景 4 与子情景 5 下，服务业产值比重的变化幅度总体较小（见图 7-46）。规制管控—市场建设型组合工具情景 3 使得清洁能源业产值比重在第 20 期先小幅下降 3.17%，而后在第 21 期出现大幅增长，其增幅可达 7.83%；而在子情景 5 下，清洁能源业产值比重在第 19 期先出现大幅增长，增幅达 6.83%，而后在第 26 期出现大幅下跌，跌幅达 4.98%；而在其余子情景下，清洁能源业产值比重总体变化幅度较小（见图 7-47）。综合考虑

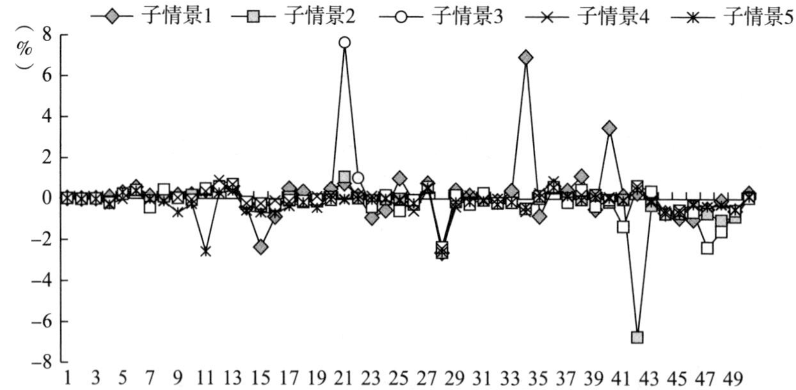

图 7-46　规制管控—市场建设型组合工具情景服务业产值比重变动

服务业和清洁能源业两方面，规制管控—市场建设型组合工具下的子情景 3 对于产业结构的优化作用最为理想。

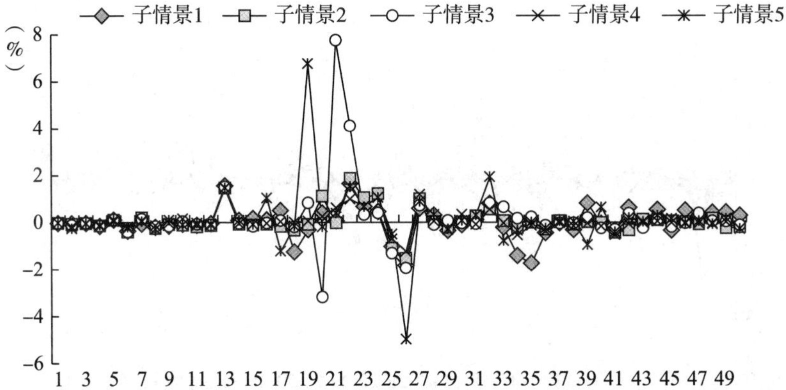

图 7－47　规制管控—市场建设型组合工具情景清洁能源业产值比重变动

第三，污染物净排放变动。工业废水净排放在子情景 1 下在第 15 期、第 23 期、第 35 期出现多次下降过程，其中，第 35 期跌幅最大，为 3. 16%，在第 40 期虽有所回升，但其幅度仅为 1. 26%；子情景 2 下，工业废水净排放在第 42 期达到了最大跌幅 3. 26%，在其余时期变化较为平稳；子情景 3 下，工业废水净排放减少幅度有限，反而在第 21 期达到最大增幅 2. 96%；在子情景 4 与子情景 5 下，工业废水净排放在第 3 期有所下降，降幅约为 2%，而在其余各期，子情景 4 使得工业废水净排放在第 25 期上升了 1. 14%，子情景 5 使得工业废水净排放上下波动（见图 7－48）。二氧化硫净排放在子情景 1 下出现了多次下降，并在第 35 期达到了最大降幅 3. 16%；在子情景 2 与子情景 3 下，二氧化硫净排放在第 3 期和第 21 期出现上升，最大增幅为子情景 3 下的第 21 期，可达 2. 39%；子情景 4 与子情景 5 下，二氧化硫净排放的变动幅度总体不大（见图 7－49）。固体垃圾净排放在子情景 1 下的第 35 期达到了较大降幅 3. 16%；子情景 2 下，固体垃圾净排放在第 42 期达到了最大降幅 3. 77%；子情景 3 下，固体垃圾净排放在第 21 期达到最大增幅 4. 39%；而在子情景 4 与子情景 5 下，固体垃圾净排放出现一定程度的上下波动，但总体变化幅度有限（见图 7－50）。综合三类污染物的减排效应来说，规制管控—市场建设型组合工具下的子情景 1 对于三类污染物排放的抑制作用最明显，而子情景3对于污染物的排放不但不会产生抑制作用，反而会使其出现反弹。

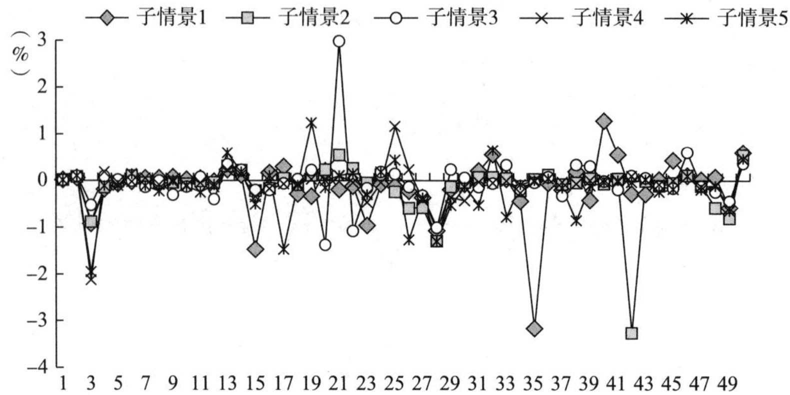

图7-48　规制管控—市场建设型组合工具情景工业废水净排放变动

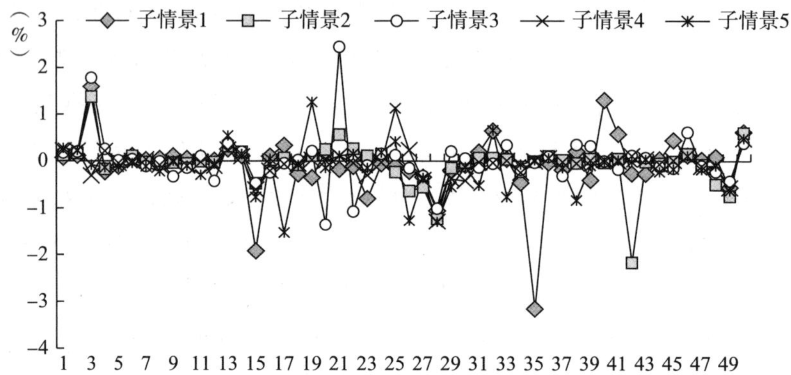

图7-49　规制管控—市场建设型组合工具情景二氧化硫净排放变动

第四，福利变动。规制管控—市场建设型组合工具对于绿色福利水平的冲击作用较为明显，使得其上下波动。其中，子情景1下，绿色福利水平在第28期、第34期、第39期、第40期、第43期出现显著提升，其最大增幅在第34期，其值为5.12%，而在第15期和第35期出现明显下降，其下降幅度均在3.5%左右，总体而言，绿色福利水平在子情景1下的上升幅度超过了下降幅度；子情景2下，绿色福利水平在第42期出现最大跌幅4.43%；子情景3下，绿色福利水平虽在第21期出现了4.87%的上升，但在其余时

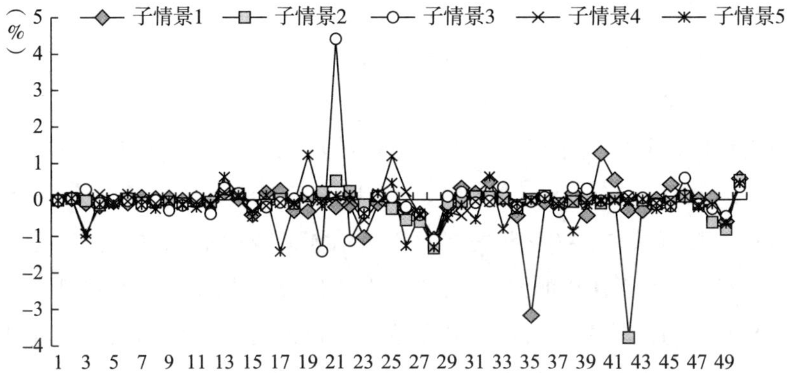

图 7－50　规制管控—市场建设型组合工具情景固体垃圾净排放变动

期出现了多次小幅下降，总体来看，上升幅度与下降幅度大致相同；子情景 4 下，绿色福利水平的变动总体较小；而子情景 5 下，绿色福利水平出现较大幅度的上下震荡（见图 7－51）。综上所述，规制管控—市场建设型组合工具下的子情景 1 对于绿色福利水平的提升较为有效，但其对绿色福利水平的提升效应具有十分明显的时间滞后性。

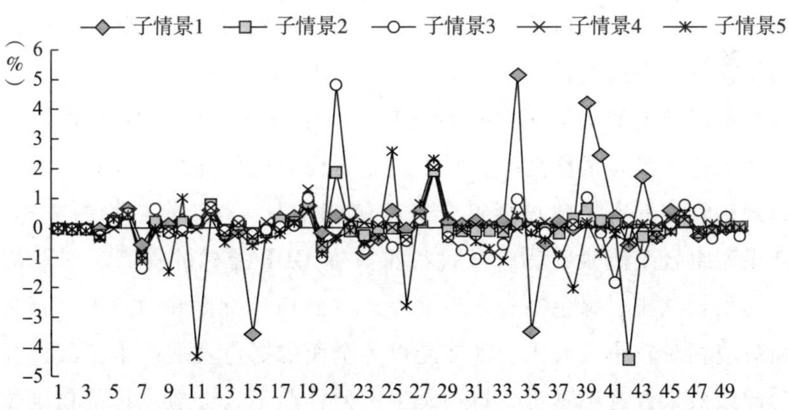

图 7－51　规制管控—市场建设型组合工具情景绿色福利水平净排放变动

（5）总体结论。

①从各项政策工具情景来说，在环境技术标准情景下，1% 子情景与 3% 子情景对于污染物的减排来说最为有效，2% 子情景对于拉动 GDP 指标以及清洁能源业产值比重的提升具有一定的效果，5% 子情景对于服务业产值比

重的提升较为有效，所有子情景对于绿色福利水平的提高均效果不明显；在环境税情景下，10%子情景对于绿色福利水平的提升较为有效，30%子情景对于GDP指标的提升有明显的效果，40%子情景对于污染物的排放具有明显的抑制作用，50%子情景对于产业结构的优化和绿色福利水平的提升具有显著的促进效应；在环境补贴情景下，10%、30%、50%子情景对于实际GDP的提升具有效果，40%子情景对于清洁能源业产值比重的提升有一定的作用，而对于名义GDP的提高、服务业产值比重的提升、污染物的减排、绿色福利水平的提升等方面，环境补贴工具效果均不明显；在生产补贴情景下，不论何种子情景，清洁能源业产值比重均能得到一定的提升，而对于GDP指标的提高、服务业产值比重的提升、污染物的减排、绿色福利水平的提升等方面，生产补贴工具没有效果，反而会造成污染物排放的升高；在市场建设型组合工具情景下，30%子情景的污染物减排效应最为明显，40%子情景对于GDP指标和绿色福利水平的提升较为有效，但市场建设型组合工具对产业结构的优化没有明显效果；在规制管控—市场建设型组合工具情景下，子情景1的污染物减排效应最明显，同时对于绿色福利水平的提升具有促进作用，而子情景3对于产业结构的优化具有较为良好的效果，但其会造成污染物排放的明显反弹。

②将不同类型的政策工具进行比较，可以发现：对于GDP指标的提高来说，环境税工具是最优选择；对于产业结构的优化和绿色福利水平的提升来说，规制管控—市场建设型组合工具最具效果；对于污染物的减排来说，市场建设型组合工具最有力；环境税工具在GDP指标的提高、产业结构的优化、污染物减排、绿色福利水平的提升方面均具有良好的效果，且其带来的负面效应相对较小，属于一种功能较为全面的绿色发展政策工具；补贴型工具的政策效果普遍不理想，特别是生产型补贴工具会造成污染物排放的反弹；组合型政策工具的政策效应并不是单一型政策工具效应的简单叠加，不同类型政策工具在组合之后，其效果可能出现强化或抵减。

③从政策冲击的时间效应来看，绿色发展政策工具的政策效应往往具有十分明显的时间滞后性。在大多数情景下，政策效应的显现会滞后5~10期，部分情景下甚至可滞后30~40期。

第8章
主要结论和政策建议

8.1 主要结论

（1）对绿色发展理论分析和分析框架的研究发现。①绿色发展是一种新的发展方式和模式，从本质上看是一种可持续发展模式，从表现上看是环状的发展过程，从动力上看是绿色驱动，从途径上看是增殖发展，从目标上看是实现人的全面发展。②绿色发展具有时间上的持续性和阶段性，空间上的渗透性和非均匀性，发展方向非线性并呈螺旋式上升，导向是通过价值增殖解决人地协调问题，技术是可传承和跃迁的，但政策工具的选择会改变其发展路径。③绿色发展具有状态、速度和效率三个维度特性，在状态上要求可持续发展，在速度上要求生态循环，在效率上要求低碳高效。④绿色发展具有显著性阶段特征，是人类社会继原始文明、农业文明和工业文明之后的一种最高级的新型文明形态。⑤绿色发展基于系统论和复合系统理论的视角，从点状态和区间状态、点速度和区间速度、点效率和区间效率、点弹性和区间弹性、点覆盖和区间覆盖五个维度分别刻画绿色发展的状态、速度、效率、弹性和覆盖。

（2）对中国绿色发展现状、过程和未来挑战的研究发现。①从绿色发展现状来看，样本研究期间，中国绿色发展水平总体呈现稳定提高态势，极具增长潜力，内部存在典型的地带性差异，东部、中部和西部地区绿色发展水平存在显著地区差异，尤其是 23 个生态文明示范城市总体水平偏低，且内部发展不平衡。②从绿色发展过程来看，样本研究期间，中国绿色发展的重心逐渐向沿海地区转移，但是仍然存在显著的地带性差异，东部、中部和西部地区重心转移的方向存在差异，且转移的程度是不同的，23 个生态文明示范城市的转移态势也存在明显差异。③从绿色发展的未来挑战来看，在全国层面、地带性层面以及城市层面，资源危机和环境危机、体制机制缺陷、法律法规与政策工具保障不足以及社会绿色价值和道德体系未能全面建立这四大障碍始终是制约中国未来绿色发展的主要挑战。未来，中国绿色发展应该着手从这四个方面去解决问题。

（3）对中国绿色发展技术路线图的研究发现。①从绿色发展效率来看，中国绿色发展效率提高的持续性不强，空间主体地区范围扩大，工业技术创新能力较弱，内部存在明显的地带性和个体差异，东部绿色发展效率较高但工业技术创新能力未表现明显优势，东部绿色发展空间分布范围收缩而中西部分布范围扩大，23 个生态文明示范城市绿色发展时间、空间和产业差异与城市类型相关联。②从绿色发展技术路线图来看，总体上，技术进步类型依据贡献程度高低依次为清洁环境型、市场型和节能型，但地带和个体技术进步次序呈现显著差异；节能型和清洁环境型技术分布范围呈明显收缩态势，三大地带技术分布范围呈现区域异质性，而城市层面技术分布范围扩大；工业技术研发和成果转化仍有很大的提升空间，内部发展不平衡。

（4）对中国绿色实现路径的研究发现。①国外典型国家和国内典型省份具有比较好的经验、模式和发展启示。②从整体上来看，中国绿色发展的状态、技术、效率的耦合关联度大致属于较强级别，中国绿色发展状态、技术、效率的协调程度之间的区域差距较大，中部地区和西部地区当前绿色发展技术水平和效率水平仍有待提高，而技术成果的转化效率较低。③不仅应从创新驱动、产业结构、生态治理、制度建设、市场机制、绿色文化与公众参与、绿色发展七个共性发展推进中国绿色协调发展，而且应注重区域差异和区域发展的阶段性，实现中国绿色特色发展和质量发展。

（5）对中国绿色政策模拟的研究发现。①通过列表法和机理分析的讨论发现各类绿色发展政策工具各有优劣，其对绿色发展的作用复杂的、非线性的过程。②PSM-DID 结果显示，绿色发展政策工具对绿色发展的作用是一个长期的过程，在短期阶段，其政策效应难以体现，其评价需要长期跟踪。③政策模拟结果表明，在不同子情景下，各政策工具效果差异很大；组合型政策工具的政策效应并不是单一型政策工具效应的简单叠加，不同类型政策工具在组合之后，其效果可能出现强化或抵减；绿色发展政策工具的政策效应往往具有十分明显的时间滞后性。

8.2 政策建议

（1）客观分析中国绿色发展的状态、过程和发展趋势，因势利导实现绿色持续、增殖和长效发展。①实现绿色持续发展。中国绿色发展现状总体稳中有进，内部发展存在巨大差异。因此，必须首先认清本地绿色发展水平、识别绿色发展阶段、判别绿色发展相关情况，在科学评判本地绿色发展的基础上，因地制宜、因时制宜，制定区域绿色发展政策。②实现绿色增殖发展。绿色发展是一个动态变化的复杂过程，不同地区不同尺度区域，其发展阶段和特征存在显著差异。要实现地区绿色增殖发展，首先要科学认识本地绿色发展情况，并且以动态的视角看待地区绿色发展；其次，东部地区由于自身优势，在全国各大板块中，绿色发展水平独占鳌头，加强东部、中部和西部地区的互动合作是促进中国绿色发展的重要途径，地区内部不同城市间应优势互补，利用空间优势，合作共赢，共同实现增殖式发展。③实现绿色长效发展。中国绿色全要素生产率和绿色技术创新效率提高没有持续性，空间分布范围呈现缩小的趋势，明确区域资源禀赋，因地制宜，扬长避短，构建绿色发展长效机制显得尤为重要。

（2）科学把握中国绿色发展的效率和技术路线谱系演变规律，顺势而为实现绿色提质、扩散和创新发展。①实现绿色提质发展。绿色发展效率有巨大提升空间，内部发展呈现差异。因此，必须把握绿色发展效率总体态势，区分地带和个体差异，基于不同的资源禀赋，差异化制定绿色发展政策，兼顾资源高效利用和环境保护，同时实现发展的经济效益和环境效益。②实现绿色扩散发展。先进技术主体地区范围收缩，提高技术进步辐射范围显得尤为重要。首先，必须从总体上识别各技术类型分布情况，清洁环境型和节能型技术进步范围收缩现象明显，因此要从国家层面把清洁技术和节能技术放在突出位置，长期坚持技术发展优先的原则，以点带面，扩大绿色先进技术主体地区；其次，结合区域资源禀赋和经济发展情况，针对性制定典型城市技术进步规划，做好示范，为全国其他城市绿色技术进步提供经验借鉴。③实现绿色创新发展。工业技术研发和成果转化仍有很大的提升空间，挖掘研发和成果转化潜力，渐进式提升区域工业技术创新效率。必须明确区域创新价值链的薄弱环节，以绿色发展理念为支撑，以市场为导向，合理优化资源配置，将资金和人力资本放在最为关键的位置，如东部成果转化效率较低，可进一步优化企业营销管理体系建设，强化绿色成果转化能力。

（3）遵循绿色发展的共性规律，清晰分析绿色发展的区域差异。①发挥技术创新对区域绿色发展的驱动作用，着力发展清洁技术、节能技术等。②着力打造区域特色产业，发挥优势产业对地区经济的助推作用，坚持打造区域特色产业体系。③加大生态环境治理力度，把生态环境治理作为区域绿色发展的重要抓手，让“天更蓝，地更绿”。④加强绿色发展制度建设，打造全国以及地方的两级绿色发展制度体系，用制度为绿色发展保驾护航。⑤注重区域绿色文化建设，建立区域绿色发展观，提高居民的绿色发展意识，使得公众逐渐成为绿色发展建设的主体力量。⑥区域绿色发展应当立足于区域自身条件，更注重差异化路径选择，使得区域在推动绿色发展时可以“扬长避短”。

（4）绿色发展政策工具的选择应当注重不同类型政策工具的组合运用。市场建设型绿色发展政策工具具有效率较高、较为灵活、政策执行成本较低等众多的优势。因此，应当健全完善市场机制，充分发挥市场机制的作用，将市场建设型政策工具作为主要的政策调控手段。制定政策时，应当根据本省绿色发展的实际需求，正确选择绿色发展政策工具和设计环境技术标准关于污染物排污上限、环境税率、补贴率等的政策参数。在运用绿色发展政策工具保障绿色发展的同时，可以考虑将宏观经济政策或社会公共政策等配合绿色发展政策共同使用，以减少或消除绿色发展政策工具所带来的负面效应。绿色发展政策应当具有政策延续性，需要在一个中长期的时间范围内持续推行，以使绿色发展政策工具产生最大的政策效应。

8.3 讨论

（1）理论分析和方法论研究还未形成体系。本书首次定量化刻画绿色发展的点状态和区间状态、点速度和区间速度以及点覆盖和区间覆盖，从状态、速度和覆盖三个维度揭示了绿色发展内涵，但是由于方法和学科的局限性，并没有探讨状态、速度和覆盖三者之间的内部关系和互动，而且测度方法沿袭可持续发展状态评价、效率评价和空间状态评价方法，未能形成本书独特的方法体系，未来可以进一步探讨状态、速度和覆盖的内部关系和互动，设计三维度的测度方法体系。

（2）效率分析和区域路径选择针对性依然不够。本书是基于全要素生产率的分析框架，提出中国绿色发展综合技术路线图。效率分析框架具有成熟的理论基础，测度模型由静态模型发展为动态模型，但是学术界仍然没有一个模型用于科学测度区间效率。虽然本书采用了最新的动态效率测度方法，但科学识别区间效率、完善区间效率测度模型仍是未来研究的重要方向。

（3）对于地级样板绿色发展实现路径的研究尚有欠缺。对于区域绿色发展的实现路径而言，应当同时考虑省级、三大地域、地级市三个层次的区域，然而鉴于地级市有关数据和研究资料的缺乏，本书没有涉及地级市样板区域绿色发展的实现路径。在今后的研究中，如可以获取到更多相关研究资料，则可选取地级市样板研究区域绿色发展的实现路径。

（4）政策情景设计尚不完善，政策模拟和案例比较相对动态性不足。①受到 CGE 模型固有的限制，难以将公众参与型政策工具进行定量化分析。因此，未设计公众参与型政策情景是政策情景设计及模拟的一个缺陷。②为了使模型不过于复杂，本书在动态能源环境 CGE 的技术动态递归等式中将技术进步速度 α 设置为外生变量，从而忽略了投资对技术进步的影响，在今后研究中可以对此进行扩展。

参考文献

[1] Addo, H. et al., *Development as Social Transformation: Reflections on the Global Problematique* (Boulder, CO, US: Westview Press, 1985).

[2] Anselin, L., "Local Indicators of Spatial Association—LISA", *Geographical Analysis* 27 (2), 1995, pp. 93 - 115.

[3] Baumol, W. J., "On Taxation and the Control of Externalities", *American Economic Review* 62 (3), 1972, pp. 307 - 322.

[4] Borowitzka, M. A., *Limits to Growth ‖ Wastewater Treatment with Algae* (New York, NY, US: Springer, 1998).

[5] Boulding, K. E., Jarrett, H., *Environmental Quality in a Growing Economy* (Baltimore, MD, US: Johns Hopkins University Press, 1966).

[6] Carson, R., *Silent Spring* (Boston, MA, US: Houghton Mifflin Harcourt, 2002).

[7] Coase, R. H., "The Problem with Social Cost", *Journal of Law and Economics* 3 (1), 1960, pp. 1 - 44.

[8] Elliott, M., "The Role of the DPSIR Approach and Conceptual Models in Marine Environmental Management: An Example for Offshore Wind Power", *Marine Pollution Bulletin* 44 (6), 2002.

[9] Getis, A., Ord, J. K., "The Analysis of Spatial Association by Use of Distance Statistics", *Geographical Analysis* 24 (3), 1992, pp. 189 - 206.

[10] Grossman, G. M., Krueger, A. B., "Economic Growth and the Environment". *NBER Working Papers* 110 (2) 1995, pp. 353 - 377.

[11] Harvey, A. C., *Forecasting Structural Time Series Models and the Kalmen Filter* (Cambridge, England, UK: Cambridge University Press, 1989).

[12] The Western Sydney Regional Organisation of Councils Ltd (WSROC),

"Western Sydney Regional State of the Environment Report 2000", 2011.

[13] Luenberger, D. G., *Introduction to Dynamic Systems: Theory, Models, and Applications* (New York, NY, US: John Wiley, 1979).

[14] Moran, P. A., "Notes on Continuous Stochastic Phenomena", *Biometrika* 37 (1-2), 1950, p. 17.

[15] Pearce, D. W., Turner, R. K., *Economics of Natural Resources and the Environment* (Baltimore, MD, US: Johns Hopkins University Press, 1990).

[16] Pearce, D., *Blueprint for a Green Economy* (Oxfordshire, England, UK: Earthscan, 1989).

[17] Hsu, A. et al., *The Environmental Performance Index* (New Haven, CT, US: Yale University, 2016).

[18] Porter, M. E., *National Competitive Advantage Theory* (Boston, MA, US: Harvard Business School Press, 1990).

[19] Roegen, N. G., *The Entropy Law and the Economic Process* (Cambridge, MA, US: Harvard University Press, 1971).

[20] Smeets, E., Weterings, R., Environmental Indicators: Typology and Overview, 1999.

[21] Solow, R. M., "Georgescu-Roegen versus Solow-Stiglitz", *Ecological Economics* 22 (3), 1997, pp. 267-268.

[22] Stern, N., *The Econometrics of Climate Change: The Stern Review* (Cambridge, England, UK: Cambridge University Press, 2007).

[23] UNDESA, "Green Economy in the Context of Sustainable Development and Poverty Eradication", 2014.

[24] Vennemo, H., Aunan, K., Lindhjem H. et al., "Environmental Pollution in China: Status and Trends", *Review of Environmental Economics & Policy* 3 (2), 2009, pp. 209-230.

[25] Victor, P., "Questioning Economic Growth", *Nature* 468 (7322), 2010, pp. 370-371.

[26] Wang, L., Szirmai, A., "Technological Inputs and Growth in China's

High-Tech Industries", *China Economic Quarterly* 7 (3), 2008, pp. 913 - 932.

[27] Westing, A. H. "The Environmental Component of Comprehensive Security", *Security Dialogue* 20 (2), 1989, pp. 129 - 134.

[28] 北京师范大学：《2011 中国绿色发展指数报告：区域比较》，北京师范大学出版社，2011。

[29] 戴彦德、朱跃中、白泉：《中国 2050 年低碳发展之路——能源需求暨碳排放情景分析》，《经济研究参考》2010 年第 26 期。

[30] 卜华白、卜时珍：《低碳经济背景下企业实施绿色化生产的经济绩效研究》，《生态经济》(中文版) 2011 年第 3 期。

[31] 曹红军：《浅评 DPSIR 模型》，《环境科学与技术》2005 年第 S1 期。

[32] 陈端计：《绿色发展：中国"十二五"发展转型升级的必然选择》，《经济问题探索》2011 年第 8 期。

[33] 陈家刚：《生态文明与协商民主》，《当代世界与社会主义》2006 年第 2 期。

[34] 陈劭锋、周志田：《效率革命：实现可持续发展的有效途径》，《科学与社会》2004 年第 4 期。

[35] 陈盛光：《中国税制"绿色化"与生态税》，《中央财经大学学报》2003 年第 1 期。

[36] 陈诗一：《中国的绿色工业革命：基于环境全要素生产率视角的解释(1980—2008)》，《经济研究》2010 年第 11 期。

[37] 单豪杰：《中国资本存量 K 的再估算：1952～2006 年》，《数量经济技术经济研究》2008 年第 10 期。

[38] 董敏杰、李钢、梁泳梅：《中国工业环境全要素生产率的来源分解——基于要素投入与污染治理的分析》，《数量经济技术经济研究》2012 年第 2 期。

[39] 方时姣：《也谈发展低碳经济》，《光明日报》2009 年 05 月 19 日。

[40] 方世南：《深刻认识生态文明建设在五位一体总体布局中的重要地位》，《学习论坛》2013 年第 1 期。

[41] 高宏伟:《谈我国经济绿色化发展的制度支持》,《经济问题》2004 年第 11 期。

[42] 谷树忠、谢美娥、张新华等:《绿色发展:新理念与新措施》,《环境保护》2016 年第 12 期。

[43] 郭立伟、沈满洪:《以生态文明建设促进区域经济协调发展的政策选择》,《生态经济》(中文版)2011 年第 12 期。

[44] 郭正权:《基于 CGE 模型的我国低碳经济发展政策模拟分析》,中国矿业大学(北京)博士学位论文,2011。

[45] 韩晶、宋涛、陈超凡等:《基于绿色增长的中国区域创新效率研究》,《经济社会体制比较》2013 年第 3 期。

[46] 何剑、王欣爱:《区域协同视角下长江经济带产业绿色发展研究》,《科技进步与对策》2017 年第 11 期。

[47] 黄爱宝:《生态文明与政治文明协调发展的理论意蕴与历史必然》,《探索》2006 年第 1 期。

[48] 黄萃、徐磊、钟笑天等:《基于政策工具的政策-技术路线图(P-TRM)框架构建与实证分析——以中国风机制造业和光伏产业为例》,《中国软科学》2014 年第 5 期。

[49] 黄建欢、吕海龙、王良健:《金融发展影响区域绿色发展的机理——基于生态效率和空间计量的研究》,《地理研究》2014 年第 3 期。

[50] 黄奇、苗建军、李敬银等:《基于绿色增长的工业企业技术创新效率空间外溢效应研究》,《经济体制改革》2015 年第 4 期。

[51] 黄志斌、姚灿、王新:《绿色发展理论基本概念及其相互关系辨析》,《自然辩证法研究》2015 年第 8 期。

[52] 季铸、白洁、孙瑾等:《中国 300 个省市绿色经济与绿色 GDP 指数(CCGEI2011)绿色发展是中国未来的唯一选择》,《中国对外贸易》2012 年第 2 期。

[53] 蒋南平、向仁康:《中国经济绿色发展的若干问题》,《当代经济研究》2013 年第 2 期。

[54] 井绍平、陶宇红:《基于消费者需求视角的产品绿色化创新路径》,

《河北大学学报》(哲学社会科学版) 2013 年第 4 期。
[55] 匡远凤、彭代彦:《中国环境生产效率与环境全要素生产率分析》,《经济研究》2012 年第 7 期。
[56] 李斌、彭星、欧阳铭珂:《环境规制、绿色全要素生产率与中国工业发展方式转变——基于 36 个工业行业数据的实证研究》,《中国工业经济》2013 年第 4 期。
[57] 李静、倪冬雪:《中国工业绿色生产与治理效率研究——基于两阶段 SBM 网络模型和全局 Malmquist 方法》,《产业经济研究》2015 年第 3 期。
[58] 李兰冰、刘秉镰:《中国区域经济增长绩效、源泉与演化:基于要素分解视角》,《经济研究》2015 年第 8 期。
[59] 李琳、张佳:《长江经济带工业绿色发展水平差异及其分解——基于 2004~2013 年 108 个城市的比较研究》,《软科学》2016 年第 11 期。
[60] 李晓西、刘一萌、宋涛:《人类绿色发展指数的测算》,《中国社会科学》2014 年第 6 期。
[61] 晓西、潘建成:《中国绿色发展指数的编制——〈2010 中国绿色发展指数年度报告——省际比较〉内容简述》,《经济研究参考》2011 年第 2 期。
[62] 李佐军:《绿色发展的制度保障》,《西部大开发》2014 年第 5 期。
[63] 林卫斌、陈彬:《经济增长绿色指数的构建与分析——基于 DEA 方法》,《财经研究》2011 年第 4 期。
[64] 刘纪远、邓祥征、刘卫东等:《中国西部绿色发展概念框架》,《中国人口·资源与环境》2013 年第 10 期。
[65] 刘瑞翔、安同良:《资源环境约束下中国经济增长绩效变化趋势与因素分析——基于一种新型生产率指数构建与分解方法的研究》,《经济研究》2012 年第 11 期。
[66] 刘思华:《科学发展观视域中的绿色发展》,《当代经济研究》2011 年第 5 期。
[67] 刘思华:《社会主义初级阶段生态经济的根本特征与基本矛盾》,《广

西社会科学》1988 年第 4 期。

[68] 刘燕华：《关于绿色经济和绿色发展若干问题的战略思考》，《中国科技奖励》2010 年第 12 期。

[69] 刘耀彬等编著《区域生态优势转化与生态文明建设》，社会科学文献出版社，2015。

[70] 娄峰：《中国经济—能源—环境—税收动态可计算一般均衡模型理论及应用》，中国社会科学出版社，2015。

[71] 卢丽文、宋德勇、李小帆：《长江经济带城市发展绿色效率研究》，《中国人口·资源与环境》2016 年第 6 期。

[72] 陆大道等：《中国区域发展的理论与实践》，科学出版社，2003。

[73] 罗良文、梁圣蓉：《中国区域工业企业绿色技术创新效率及因素分解》，《中国人口·资源与环境》，2016 年第 9 期。

[74] 吕福新：《绿色发展的基本关系及模式——浙商和遂昌的实践》，《管理世界》2013 年第 11 期。

[75] 潘家华、吴大华等：《生态引领 绿色赶超》，社会科学文献出版社，2015。

[76] 潘岳：《生态文明的前夜》，《瞭望》2007 年第 43 期。

[77] 庞瑞芝、李鹏：《中国新型工业化增长绩效的区域差异及动态演进》，《经济研究》2011 年第 11 期。

[78] 齐建国：《循环经济与绿色发展——人类呼唤提升生命力的第四次技术革命》，《经济纵横》2013 年第 1 期。

[79] 钱丽、肖仁桥、陈忠卫：《我国工业企业绿色技术创新效率及其区域差异研究——基于共同前沿理论和 DEA 模型》，《经济理论与经济管理》2015 年第 1 期。

[80] 钱争鸣、刘晓晨：《资源环境约束下绿色经济效率的空间演化模式》，《吉林大学社会科学学报》2014 年第 5 期。

[81] 秦颖、徐光：《环境政策工具的变迁及其发展趋势探讨》，《改革与战略》2007 年第 12 期。

[82] 申曙光：《生态文明及其理论与现实基础》，《北京大学学报》（哲学社会科学版）1994 年第 3 期。

[83] 沈坤荣：《把握经济新常态适应经济新常态》，《光明日报》2015 年 01 月 29 日。

[84] 盛济川、曹杰：《低碳产业技术路线图分析方法研究》，《科学学与科学技术管理》2011 年第 11 期。

[85] 汪锦、孙玉涛、刘凤朝：《中国企业技术创新的主体地位研究》，《中国软科学》2012 年第 9 期。

[86] 王兵、刘光天：《节能减排与中国绿色经济增长——基于全要素生产率的视角》，《中国工业经济》2015 年第 5 期。

[87] 王兵、唐文狮、吴延瑞等：《城镇化提高中国绿色发展效率了吗?》，《经济评论》2014 年第 4 期。

[88] 王立彦：《环境成本与 GDP 有效性》，《会计研究》2015 年第 3 期。

[89] 王玲玲、张艳国：《“绿色发展”内涵探微》，《社会主义研究》2012 年第 5 期。

[90] 王奇、王会、陈海丹：《中国农业绿色全要素生产率变化研究：1992 - 2010 年》，《经济评论》2012 年第 5 期。

[91] 王如松、欧阳志云：《社会 - 经济 - 自然复合生态系统与可持续发展》，《中国科学院院刊》2012 年第 3 期。

[92] 王毅：《厘清“绿色发展”理念》，《北京观察》2011 年第 6 期。

[93] 王玉庆：《我国实现绿色发展的关键问题》，《经济研究参考》2013 年第 1 期。

[94] 习近平：《携手推进亚洲绿色发展和可持续发展》，《光明日报》2010 年 04 月 11 日。

[95] 向书坚、郑瑞坤：《中国绿色经济发展指数研究》，《统计研究》2013 年第 3 期。

[96] 肖建华、游高端：《生态环境政策工具的发展与选择策略》，《理论导刊》2011 年第 7 期。

[97] 肖建华：《生态环境政策工具的治道变革》，知识产权出版社，2010。

[98] 谢红彬、林明水、黄柳婷：《工业绿色化评价指标体系框架设计》，《福建师大学报》（自然科学版）2006 年第 4 期。

[99] 谢雄标、熊艳:《资源密集型地区构建现代产业体系的路径研究》,《理论月刊》2013 年第 11 期。

[100] 许凌筠、宋涛、施发启:《中国绿色减贫指数研究》,《经济研究参考》2015 年第 10 期。

[101] 许新桥:《生态经济理论阐述及其内涵、体系创新研究》,《林业经济》2014 年第 8 期。

[102] 杨朝飞、里杰兰德:《中国绿色经济发展的机制与政策创新研究》,中国环境科学出版社,2012。

[103] 杨多贵、高飞鹏:《“绿色” 发展道路的理论解析》,《科学管理研究》2006 年第 5 期。

[104] 杨振兵、邵帅、杨莉莉:《中国绿色工业变革的最优路径选择——基于技术进步要素偏向视角的经验考察》,《经济学动态》2016 年第 1 期。

[105] 杨志江、文超祥:《中国绿色发展效率的评价与区域差异》,《经济地理》2017 年第 3 期。

[106] 尹传斌、蒋奇杰:《绿色全要素生产率分析框架下的西部地区绿色发展研究》,《经济问题探索》2017 年第 3 期。

[107] 余春祥:《对绿色经济发展的若干理论探讨》,《经济问题探索》2003 年第 12 期。

[108] 俞可平:《科学发展观与生态文明》,《马克思主义与现实》2005 年第 4 期。

[109] 曾鹏:《基于技术路线图的区域技术战略决策研究》,《科技进步与对策》2014 年第 1 期。

[110] 张金锁、张伟、许建等:《区域煤炭资源安全绿色高效开采技术路线图研究——以陕西省为例》,《科技管理研究》2016 年第 8 期。

[111] 张鹏、于伟:《基于社会网络分析的我国绿色全要素生产率增长空间特征及其动因研究》,《经济问题探索》2017 年第 2 期。

[112] 张松林、张昆:《全局空间自相关 Moran 指数和 G 系数对比研究》,《中山大学学报》(自然科学版) 2007 年第 4 期。

[113] 张同斌、董文泉、高铁梅、王金明:《经济周期波动的分析与预测方

法》，吉林大学出版社，1998。
[114] 张欣：《可计算一般均衡模型的基本原理与编程》，格致出版社、上海人民出版社，2010。
[115] 赵璐、赵作权：《基于特征椭圆的中国经济空间分异研究》，《地理科学》2014 年第 8 期。
[116] 赵作权：《空间格局统计与空间经济分析》，科学出版社，2014。
[117] 郑子峰：《福建省农村生态文明建设面临的问题及对策研究》，《福建农林大学学报》（哲学社会科学版）2014 年第 1 期。
[118] 钟茂初：《产业绿色化内涵及其发展误区的理论阐释》，《中国地质大学学报》（社会科学版）2015 年第 3 期。
[119] 周生贤：《积极建设生态文明》，《求是》2009 年第 22 期。
[120] 朱有为、徐康宁：《中国高技术产业研发效率的实证研究》，《中国工业经济》2006 年第 11 期。
[121] 诸大建、朱远：《生态文明背景下循环经济理论的深化研究》，《中国科学院院刊》2013 年第 2 期。

图书在版编目(CIP)数据

中国绿色发展效率与政策工具选择 / 刘耀彬著. --
北京：社会科学文献出版社，2021.1
ISBN 978-7-5201-7857-0

Ⅰ.①中… Ⅱ.①刘… Ⅲ.①绿色经济-经济发展-经济政策-研究-中国 Ⅳ.①F124.5

中国版本图书馆 CIP 数据核字(2021)第 015137 号

中国绿色发展效率与政策工具选择

著　　者 / 刘耀彬

出 版 人 / 王利民
责任编辑 / 高　雁
文稿编辑 / 胡　楠

出　　版 / 社会科学文献出版社 · 经济与管理分社（010）59367226
地址：北京市北三环中路甲 29 号院华龙大厦　邮编：100029
网址：www.ssap.com.cn
发　　行 / 市场营销中心（010）59367081　59367083
印　　装 / 三河市东方印刷有限公司

规　　格 / 开　本：787mm × 1092mm　1/16
印　张：20.75　字　数：329 千字
版　　次 / 2021 年 1 月第 1 版　2021 年 1 月第 1 次印刷
书　　号 / ISBN 978-7-5201-7857-0
定　　价 / 158.00 元